KB240164

이정배의
생명과 종교 이야기

이정배의
생명과 종교 이야기

이정배 지음

도서출판 모시는사람들

그간 여러 권의 책을 펴냈으나 필자의 이름을 앞세워 책 제목을 정하기는 이번이 처음이다. 그래도 되는지 염려가 되기도 했고 그렇게 해 보고 싶은 마음도 솔직히 없지 않았다. 신학을 공부하기 시작한 지 벌써 40년 세월이 흘렀고, 그간 필자의 생각이 생명이란 주제로 혹은 종교 간 평화로 집약되었기에, 그리고 동료들이 생명 신학자 내지 종교 간 대화론자로 불러주었던 까닭에 용기를 내어 본 것이다. 그럼에도 저자 이름이 밝혀지지 않는 책이 없건만 역시 제목 앞에 이름을 내세우는 것은 심적으로 부담이 있다. 책 제목에 걸맞게 살아 보려는 필자의 열망이 담긴 것으로 믿고 너그럽고 넉넉한 마음으로 이 책의 출판을 이해해 줄 것을 기대해 본다.

이 책에 실린 글은 주로 지난 2011~2012년 두 해에 걸쳐 쓴 것들이다. 생명에 관한 이야기는 감리교단에서 발간하는 〈신앙세계〉란 잡지에 1년간 연재한 것을 기본으로 했다. 당시 구제역 파동을 비롯하여 대운하 사업, 강정마을 해군기지 건설, 미군기지 오염 그리고 평창 동계올림픽 개최지의 환경파괴 등 제법 굵직한 사건들이 연이어 터졌고, 필자는 이에 대한 생명(생태)신학적 성찰을 이야기 식으로 풀어냈다. 독자층이 학자나 학생들이 아니라 주로 교계 목사, 평신도들이었기에 이들 현안 문제가 설교나 성경 공부 때 신학적으로 쉽게 이해될 수 있도록 돕기 위함이었다. 새길 교회에서 네 차례에 걸쳐 생명신학에 관한 특강한 내용도 여기에 함께 편집되어 있다. 특별히 성탄절의 생태학은 특별히 터키문화원에서 기독교의 성탄절을 이슬람교도에게 소개할 목적으로 다시 쓴 것으로 〈종교와 평화〉 신문에 기고한 것이다.

이 책의 두 번째 부분인 종교 이야기는 주로 한국종교인평화회의(KCRP) 산하 종교간대화위원회 위원장으로 활동하면서 행한 강연문들로 구성되어 있다. 국내 7대 종단 대표들이 해마다 몇 차례씩 종교 간 평화와 협력을 목표로 하여 모였던 자리에서 발표한 것들이다. 더러는 종교간대화위원회 자체에서 상호 간 이해를 위해 토론한 글도 있다. 또한 지금껏 유불선 종교들과의 관계에 집중했던 필자에게 한국종교인 평화회의는 이슬람 종교들의 세계로 눈을 돌릴 수 있도록 기회를 주었다. 이란에서 열리는 종교 간 평회회의에 가톨릭 김희중 대주교와 함께 강연할 기회를 얻은 것이다. 테헤란에서 열렸던 본 대회를 통해 이슬람의 고뇌와 한계 그리고 의미를 헤아릴 수 있었고 터키 문화원을 통해 지금도 이슬람과의 교제는 계속되고 있다. 여기에 실린 몇몇 주요 글들 중에서 몇몇은 종교 간 갈등 방지 차원에서 정부 산하 사회통합위원회에서 개최했던 포럼을 통해 강연했던 것들이기도 하다. 송순재 교수 주선으로 서울시 교육 연수원에서 특강했던 내용도 포함되었고 필자가 설교하는 겨자씨 교회에서 교우들과 나눈 이야기 몇 편도 함께 수록되어 있다.

이렇듯 필자의 신학적 삶을 대변하는 두 주제의 글을 모으니 300쪽을 훌쩍 넘기는 책이 되었다. 앞서 언급했듯이 생명과 종교 혹은 생태와 영성은 필자가 신학을 마치는 날까지 짊어지고 가야 할 학문적 화두이자 실천해야 할 과제이다. 필자에게 이 두 개념 쌍은 결국 하나로 수렴될 수밖에 없다. 생명은 종교보다 크고 영성 없는 종교는 애시당초 불가능한 것이라 믿는 까닭이다. 이 책에서 역설했듯이 이 땅의 기독교, 교회들이 영성을 통해 모두와 소통하는 생명의 종교로 다시 태어나길 소망한다. 제도적 은총기관으로 안주하기보다 어느덧 생태맹이 되어 반생명적 종교로 전락한 자신의 실상을 옳게 성찰해야 할 것이다. 일찍이 본회퍼가 말했듯 예수의 제자를 키우지 못하고 교회를 추종하는 무리들만 양산하는 기독교는 더 이상 우리 사회가 용납하지 않을 것이기 때문이다.

　필자는 종교개혁 500주년이 되는 2017년을 한국 교회의 분수령으로 셈하고 있다. 어떻게 이 시점을 지나느냐에 따라 한국 교회의 운명이 달라질 것이란 생각이다. 그날을 위해 하루하루를 최선을 다해 연구하고 이에 걸 맞는 삶을 살아 내는 것이 필자가 감당할 마지막 과제이자 하느님이 주신 소명일 것이다. 이는 필자에 이어 기독자 교수협의회 현직 회장으로 일하고 있는 이은선 교수와 평생 동안 함께할 일이다. 뜻있는 동료 학자들 그리고 제자들 역시도 이 일에 힘을 보탤 것이라 확신하며 이런 바람이 성사될 수 있도록 주변에서 많은 성원을 기대한다. 그렇기에 부족하지만 이 책이 이러한 여망을 담은 책으로 읽혀질 수 있었으면 좋겠다. 비록 근간에 논의되었던 WCC에 관련된 주제가 빠져 있으나 향후 출판될 책에서 깊게 다루어질 것이다.

　끝으로 소박한 필자의 글을 좋게 보아 주시고 즉시 출판을 허락하신 도서출판 모시는사람들의 대표님 이하 모든 분들에게 감사드리며 이 책이 필자가 바라는 역할을 다할 수 있기를 두 손 모아 기도한다.

2013년 6월 4일
부암동 현장 아카데미에서
이정배 씀

차례

02 종교 이야기

—01—

생명 이야기

생태영성의 첫걸음
생태맹, 생태적 수치심 그리고 두려움의 발견술

오랜 세월에 걸쳐 필자는 환경문제에 관한 글들을 써 왔다. 글을 쓰면서 필자는 생태신학적 원리를 소개한 적도 있었으나 오늘 한국 땅에서 벌어지는 반(反)생태적 실상을 고지하고 그에 대한 신학적 반성을 첨언하는데 몰두해 왔다. 돌이켜 보면 매일 크고 작은 생태 및 생명 파괴의 실상이 신문 지상에 보도되었고, 그에 대한 신학적 성찰이 요청되었다. 구제역 파동에서 비롯하여 제주 강정마을 해군기지에 이르기까지 지금도 한반도 안에서는 피조물의 울부짖음이 멈추지 않고 있다.

이처럼 한국 사회에서 빈도수가 증가하며 거듭 반복되는 생명 파괴의 실상은 한국이 그만큼 총체적 위기에 직면해 있다는 반증이다. 이에 필자는 이 글에서, 신학적 반성을 총체적 시각에서 재론할 것인 바, 기독교 고유한 창조신앙을 갖고 있으면서도 생태맹(生態盲)으로 살고 있는 우리의 실상을 고발하고, 이에 대한 생태적 수치심을 느끼는 것이야말로 우리 시대가 필요로 하는 생태영성에로 첫걸음을 떼는 것임을 강변할 것이다. 그 어느 때보다 지구 환경의 급속한 몰락을 두려워해야 할 기독교인의 안일한 신앙적 삶을 근본에서부터 되물어야 할 때란 생각에서다. 하나밖에 없는 지구의 사실적 종말 위기를 보면서도 아무런 실천 없이 전능하사 천지를 창조하신 하느님이나 고백하고 있다면 그것은 본말이 전도된 소치이다. 따라서 본고에서는 생태영성의 본질부터 생각해 보고자 한다. 하느님과 예수가 진정 우리 삶의 주님이자 대답이라 고백한다면 그럴수록 우리는 우리 사회의 문제가 무엇인지를 더욱 치열하게 생각해야만 하는 것이다.

기독교인에게 생태영성이란

우선 생태영성은 성서뿐 아니라 자연 역시도 하느님 계시의 영역으로 인정할 때 가능한 일이다. 기독교 역사 초기 성서와 자연은 저마다 하느님을 드러내는 두 지평이었다. 하느님과 자연이 분리된 것은 근대 이후 시대가 만들어 낸 오류일 뿐이다. 그렇기에 성서 66권—가톨릭의 경우 73권—속에 하느님 계시가 완벽하게 구비되었다는 제사장적 확신은 생태영성과 조우하기 어렵다. 그래서 미국의 데야르 샤르뎅이라 불리는 토마스 베리(Thomas Berry) 신부는 역설적 언사이지만 '당분간 성서를 읽지 말고 자연에 집중할 것'을 주문했다. 성서가들의 백합화와 공중을 나는 새에게로 우리의 눈을 향하도록 했는데 정작 우리는 문자만 읽고 있다는 반성에서이다. 이로 인해 자연이 얼마나 망가져가고 있는지를 도무지 모르고 살고 있는 것이다.

이는 성서를 신앙과 의심, 나아가 자기발견의 눈으로 다시 읽을 것을 요구한다. 지구 46억만 년의 역사, 지금도 팽창되는 우주, 종의 멸종 속도가 생성 속도보다 100배 빠른 현실 등은 종전과 달리 그리고 새롭게 성서를 만나야 할 이유를 적시한다. 성서가 사람(이성, 상식)들을 짓누르는 무거운 돌덩이가 아닌 진정 생명의 빵이 되고자 한다면 우리가 직면한 문제로부터 성서를 다시 읽는 일이 필요한 것이다. 따라서 짧게 정의한다면 생태영성은 역사뿐 아니라 우주(자연) 속에서 자신을 느끼고 자신 속에서 우주를 만나는 일, 소위 'one in all, all in one'의 상태라 말할 수 있겠다. 이는 슈바이처(Albert Schweitzer, 1875-1965)가 말했듯 살려는 나의 의지와 우주의 생명 의지가 합일되는 경지라 말할 수 있다.

생태맹으로서의 기독교

한국에 들어온 기독교의 경우 선교의 주제가 개화를 거쳐 독립 그리고 민주화인 시대가 있었고 지금은 통일 나아가 생명평화가 회자되는 시점에 있다. 1990년 정의, 평화 그리고 창조 질서의 보전(JPIC) 모임을 통해 한국이야말로 온갖 모순의 집합체인 것이 공식화되었던 까닭이다. 재화의 잘못된 분배를 수정하고 인간의 지구 의존성이 높아지지 않는 한 기독교의 구원은 요원하다는 것이다. 지금 한국은 OECD 국가 중에서 욕망지수가 가장 높은 나라라는 것이 영국 BBC 방송의 전언이다. 포르노 대국, 명품 짝퉁 대국, 성형수술에 정신 팔린 나라, 그리고 자연 개조를 능사로 아는 토건 왕국이란 비난을 받고 있다. 본래 종교와 욕망은 반비례해야 정상이거늘 선교사를 가장 많이 파견한다는 기독교 강국의 위상은 실제로는 허상인 셈이다. 350여만 마리의 가축을 생매장한 나라이며, 지켜야 할 천혜의 환경 보전 지역(강정마을)을 며칠 만에 졸속으로 파괴하는 정부이고, 조선 시대부터 지켜왔던 산림을 스포츠 경기장으로 내주는 국가가 되어 버렸다. 살아 있는 것 모두가 살려고 하는 생명에 둘러싸인 살려고 하는 생명인 것을 잊고 생명 자체에 대한 경외심을 개발과 경제 논리로 실종시켜 버린 탓이다.

이 점에서 "물질적 진보가 정신적 진보를 앞지를 때 문화의 몰락이 발생한다."는 슈바이처의 말이 다시 생각난다. 이웃 종교인 원불교 역시도 "물질이 개벽하니 정신을 개벽하자."라고 말한 바 있다. 물질문명을 옳게 인도할 정신의 발전이 수립되지 못했음을 염려하는 것이다. 이는 기독교가 자본주의를 기독교화한 것이 아니라 자본주의가 기독교를 자본주의화했다는 우리의 자화상이다. 남들보다 좀 더 고민했겠으나 결국 욕망이란 이름의 전차에 승차한 우리도 여전히 생태맹들이다. 필요 이상의 것들로 가득 찬 집안 장롱 속을 살펴본다면 누구도 이를 부정하지 못할 것이다. 아울러 이들에겐 자신의 일상적 경제활동 속에서 행해지는 간접적 악에 대한 성찰이 없다. 하지만 생태영성을 논하려면 광고 홍수 속에서 '그린 워싱(green washing)'에 휘둘리지 않고 '윤리적 소비'를 실천하며 죽음의 밥상을 식탁으로부터 물리치는 방식으로 자신의 삶을 총체적으로 반성하는 에코 지능을 개발해야 하는 바, 그 힘만이 생태맹의 멍에를 벗길 수 있을 것이다. 그럴싸하게 포장된 자본주의적 상품 속에 숨겨진 생태비용을 고려할 수 없다면 우리는 모두 환경에 관한 한 간접적 범죄자일 뿐이다.

녹색성장은 생태맹의 궤변

최근 들어 보수언론은 녹색성장이란 말을 빌려 환경 생태론자들에게 자연을 종교화하는 이상주의자라 자주 별칭하고 있다. 녹색과 성장, 곧 지속성과 발전이 양립할 수 있다는 주장을 통해 개발을 반대하는 환경 논리에 일침을 가하려는 목적에서다. 하지만 이는 영구불변하리라 믿었던 자연이 급격히 무너져 내리고 있는 현실에 대한 안이한 이해 탓이다. 지금 군사 전문가들조차 환경 재앙을 통해 예상되는 식량 및 영토 약탈 전쟁의 가상 시나리오를 준비하는 중이다. 이 점에서 지속 가능한 개발은 오히려 고통을 잊게 하는 마취제이자 백성을 호도하는 미래가 없는 임시방편의 정책으로 평가받아 마땅하다. 일명 생태적 근대화로 불리는 녹색성장(지속 가능한 개발)은 산업의 초고도화로 오염 물질이 해결될 수 있다고 믿으며, 여기에 세제, 환경기준 등의 제도 개혁이 뒷받침되고 산업구조 자체가 바뀌면 환경과 경제 간의 충돌 자체가 사라질 것이라고 낙관한다. 하지만 기술의 발전과 제도의 뒷받침으로 자연의 한계마저 극복하고 극복될 것이라 믿는 것은 문제가 많다. 지금껏 인간은 자연의 한계를 극복하는 데 주력했으나 이제는 오히려 한계 그 자체를 힘의 원천으로 삼아야 할 시점에 이른 것이다. 인간과 달리 자연의 뭇 생명체가 그 한계 안에서 자신의 생존 능력을 키워 왔듯이 말이다. 세대 간, 대륙 간 그리고 종(種) 간의 형평성(정의)을 위해서라도 한계는 지켜지는 것이 옳다. 주지하듯 성서 역시도 다음의 두 한계(원칙) 하에서 인간의 축복된 미래를 예고했다. 사람들 눈에서 억울한 눈물을 흘리게 하지 말 것과 동물을 피(생명)흐르는 채로 먹지 말라는 것이 바로 그것이다. 기독교인이라면 누구든지 이런 한계 안에서 사는 삶을 배우고 익혀 사회 속에서 실천해야 옳다. 그럴 경우 하느님 역시도 인간을 축복하실 수 있다.

생태맹의 세계적 실상

이제는 좀 더 눈을 들어 세계를 바라보자. 흔히들 오늘 인간의 현실을 '붐비고 평평하며 뜨거운 세계'라 부른다. 붐빈다는 것은 세계적 인구 증가의 증가를, 평평한 것은 모두가 미국식 삶을 추구하고 있음을, 그리고 뜨거움은 그 결과 지구온난화가 가중된다는 것을 적시한다. 이런 정황을 일컬어 학자들은 인류가 모두 부자병(affluenza)에 걸린 탓이라 하였다. 이것은 부자 혹은 풍부함을 상징하는 'affluence'와 전염병이란 'influenza'의 합성어이다. 이로부터 '아메리쿰'(Americum)이란 말도 생겨나고 있는 중이다. 5천만 명의 인구가 개인당 5천 달러 이상으로 삶을 살 때 사용되는 에너지 총량이 바로 '아메리쿰'이란 말이다. 과거에는 소수의 아메리쿰만 있었으나 지금은 수없이 많아졌고 아메리쿰에 이르고자 하는 차상위 계층과 국가들도 부지기수가 되었다. 우리나라만 하더라도 몇개에 해당하는 아메리쿰이 형성되었다고 하겠다. 이런 이유로 점차 미래를 걱정하는 소리가 점차 커진다.

JPIC가 있었던 1990년을 기점으로 지구 온도가 3도 오를 경우, 대략 그 시점을 2045년으로 예상하는 바, 그때 지구 안의 사람들은 서로 굶어 죽지 않고자 약탈 전쟁, 이주 전쟁으로 난장판이 될 것이란 전망이 나오고 있다. 이런 예측이 말했듯이 군사 전문가들의 시나리오 속에 있다고 하니 실상이 될 확률이 너무도 크다. 금세기 안에 6도가 오르지 않아도 지구 온도 3도 상승 이하의 상태에서도 얼마든지 충분히 지옥을 경험할 수 있다는 것은 참으로 무서운 일이다. 향후 20년 동안 모든 나라들이 힘을 합쳐 온실가스 배출을 80% 이상 줄여야만 파국에서 벗을 길이 있다는 전망은 녹색성장, 지속 가능한 개발이란 말을 무색케 한다. 필자에게 이는 자연이 그랬듯 자연의 한계를 받아들여 살라는 메시지로 들린다. 산호초의 파괴로 이산화탄소 흡수 능력이 급속히 떨어진 바다. 시베리아 영구 동토층에 갇힌 메탄가스의 방출 같은 요인으로 지구는 상상을 초월할 정도로 뜨거워질 수 있는 것이다.

『기후대전』의 저자 권 다이어는 이 점에서 지속 가능한 기술을 말하지 않는다. 환경 회담에서 난제 중의 난제였던 것으로 선진국과 후발국 간의 빅딜밖에는 길이 없음을 강조했다. 선진국이 200년간 앞서 따먹은 과실을 가난한 이웃을 위해 토해 내야 한다는 것이다. 소 잃고 외양간 고치는 뒷북치는 일이 없기 위해서라도, 나누고 비우는 일이 어느 때보다 소중한 시점이 되었고, 이를 위해 종교의 역할이 어느 때보다 중요한 것인데 종교조차 아직 이런 문제의식에 눈뜨지 못하고 있다. 종교가 어찌 이 일을 앞장서 해결할 수 있는 동력이 될 것인지를 깊이 숙고해야 할 시점이다. 이로부터 필자는 종교, 기독교가 무엇보다 생태적 수치심을 갖는 일이 중요하다고 역설하고 싶다. 지금껏 자연을 온전하게 생명으로 대접하지 못했던 기독교, 동일성 철학에 근거하여 자연 및 타민족을 식민화(Dominium Terrae 창:1:28)시키기에 혈안이 되었던 기독교의 기존 사고방식으로서는 생태적 영성을 쉽게 자신의 것으로 동화시키기 어려운 까닭이다. 기독교에게는 오히려 그간의 삶에 대한 생태적 수치심을 맘껏 느끼도록 하는 것이 생태영성의 첫걸음이자 하느님의 일차적 은총이란 생각이다.

생태적 수치심에서 두려움의 발견으로

지금껏 기독교는 니체(Nietzsche, Friedrich Wilhelm, 1844-1900)가 말했듯 땅 어머니에 대한 하늘 아버지의 승리를 선호한 종교였다. 그간 교회에서 고백된 주기도문, 사도신경 어느 것을 보아도 자연을 구원하는 일에 대한 관심이 희미했다. 그리스도 안의 새 인간을 약속하고 축복하는 세례의식에서 조차 자연을 구원하고 그와 공생하는 일에 대한 언급이 부재하다. 자연을 창녀의 은유(metaphor)로 이해했고 기술과학으로 땅을 지배하고 정복하는 일을 그리스도의 구원을 성사시키는 것과 등가(等價)로 생각한 적도 있었다. 하지만 이 세상 만물이 살아남지 못하는 한 인간의 생존 역시 가능치 않다. 이 점에서 기독교(인)는 지구 생명체 속에 내주한 영적 측면을 무시하고 함부로 살아왔던 지난 세월에 대해 한없는 생태적 수치심을 느껴야 마땅하다. 인간중심주의를 표방한 신생대 문화 속에서 인간이 그간 문화 중독증에 걸려 살았던 것을 부끄럽게 생각해야 한다는 것이다.

예컨대 음료수 판매를 위해 광물질로 만들어진 캔이 사용되고 쉽게 버려지는 현실을 가슴아프게 직시하란 말이다. 개인이 한 달 동안 사용할 수 있는 산소를 한 시간에 소비하는 자동차, 장롱 속에 처박혀 입을 수도, 버릴 수도 없는 무수한 넥타이와 옷들, 이 모두는 문화 중독증에 걸린 우리의 부끄러운 현 실태이다. 영원히 존재하리라 믿었던 자연의 토대 그 자체가 붕괴되는 현실에서 자본주의와 동전의 양면처럼 역할을 분담했던 기독교로서 수치심마저 잃어버린다면 그것은 지구에 대한 도리가 아니다. 이 점에서 향후 신학자는 하늘을 향한 'Theologian'이 아니라 지구와 함께 사는 지구신학자

'Geologian'이 되어야 마땅하다. 이것은 지질학자를 일컫는 'Geologist'와도 구별된다. 수치심과 은총을 함께 말해야만 하는 까닭이다. 물질과 생명의 희생을 과다하게 요구하며 살았던 신생대의 문화 중독증을 치유하기 위해선 생태적 수치심이 유일한 약이란 말이다. 이로부터 최소한의 것으로 인생을 살 수 있는 길이 열릴 것이다. 자연이 인간 보다 먼저인 것을 아는 것이 은총인 바, 이것은 생태적 수치심이 주는 선물임을 명심할 일이다. 인간이 자연이 만든 지구에 무임승차한 존재라 해도 과언이 아닐 듯싶다. 하느님께서 인간 보다 땅을 먼저 당신의 파트너로 삼으셨다는 것이 창세기 본문의 내용인 것도 숙고해야 할 이유이다.

만약 우리가 생태적 수치심을 옳게 경험한다면 그것은 우리를 '두려움의 발견술'로 이어 가게 할 것이다. 망가진 자연 생태계 앞에서 인간은 수치심과 더불어 당면하게 될 두려움을 맘껏 발현시킬 수 있을 터이다. 수치심에서 두려움을 발견하는 일, 바로 그로부터 새로운 책임 의식이 생겨날 수 있다면 그것이 은총일 것이고 생태영성을 말할 수 있는 토대가 될 듯하다. 수치심이 은총이었듯 '두려움의 발견술'에 의해 책임 의식이 발원되었다면 그 책임 또한 은총이 아니고 무엇이겠는가? 본래 사막 풍토에서 생겨난 기독교는 신(인간)과 자연의 분리에 기초한 자신만의 특수한 신학적 관점을 일정 부분 상대화시킬 필요가 충분히 있다. 지금껏 기독교는 문화, 문명을 일궜으나 그것으로 인해 문화 중독증에 걸려 버린 것이다. 활자 발견의 덕택으로 종교개혁이 성공했으나 활자의 노예가 된 것이 바로 오늘의 개신교인 것과 비견될 만한 일이다. 일체 자연을 부정한 종교개혁의 시좌로부터 다시금 자유로워질 것을 생태영성은 오늘 우리에게 요청하고 있다.

도시 문화를 넘어서

녹색 신앙의 길

해마다 6월은 교회력으로 성령 강림 절기이며 세계 환경 주일이자 평신도 주일로 지키는 시점이다. 신학이 성령 강림을 강조하는 데에는 다음 몇 가지 이유가 있다. 성령은 살리는 영으로서 이 땅(자연)에 내주하며 삶의 열매(행위)를 중시하고 약자를 배려하고 함께 차이의 축제를 벌이는 것을 허락하기 때문이다. 다시 말해 성령의 활동은 우리에게 새로운 문화를 창조할 것을 명하는 것이다. 지금껏 자신만을 척도로 하여 살아온 우리에게 타자의 존재를 확인시키며, 말만 무성하던 우리에게 행위를 요구하고 자연이 소유의 대상이 아니라 하느님의 영이 활동하는 공간임을 알려주며, 그리고 이 땅의 수많은 약자(희생양)들과의 연대적 삶을 살도록 권면하고 있는 것이다. 따라서 성령 강림과 자연 환경 그리고 평신도의 일상성은 분리될 수 없이 상호 연결된 주제라 생각한다.

도시문화는 죽음의 문화

주지하듯 문화가 중요한 시대가 되었다. 문화 경쟁력 확보를 통해 문화 강국을 일구어 보자는 이야기도 회자된다. 이에 발맞추어 대학의 종교학과, 심지어 국문학과까지 문화 콘텐츠 학과로 학과명이 바뀌고 있다. 모두가 문화를 말하고 있는 이때, 다시 물을 것은 '정말 무엇이 문화인가?' 하는 것이다.

영화 및 IT 산업의 부흥, 감각적 예술 활동, 가상현실 속에서의 삶, 쾌락으로서의 성, 레저 활동 등 이전 세대가 경험하지 못한 새로운 문화 현상에 노출되어 있다. 오늘의 대중사회는 문화를 소비재로만 인식하고 일회적 오락으로 즐기고 있다. 또한 소비라는 것이 상품의 소비만이 아닌 신분상의 차이를 나타내는 기호를 소비하는 일이기도 하다. 더구나 도시 문화는 기능주의와 실용주의에 편승하여 더 많은 기호의 소비를 위해 경쟁을 부추기고 있다. 종교마저도 자신의 본질적인 것에 대한 관심보다도 이런 대중문화(CCM, Worship dance)를 더 많이 소비하고자 기를 쓰는 듯 보인다. 하지만 그런 매체를 통해 자신의 본질을 드러낼수록 서구적 정신상황에서 비롯한 것이기에 문화적 종속을 심화시키며 세대주의적 신앙 양태를 초래할 수 있다. 그러나 한나 아렌트가 말했듯이 문화란 어떤 영구한 것을 현실 속에서 형상화해 내는 확장된 의식, 일종의 성(聖)의 차원을 지녀야 마땅하다. 더구나 그것이 일시적으로가 아니라 세계 내에 지속적으로 영향을 미치는 방식으로 말이다. 모두가 문화를 말하며 그것을 경쟁력으로 인식하는 이때, 정말 도시 문화 속에 지속 가능한 '거룩'의 차원이 내재하는 것인가를 묻는 것이 종교(신앙)인의 태도일 것이다. 문화를 더 많이 소비하려고 기(氣) 쓰기보다는 아프리카 밀림 한가운데서 세계대전을 통한 서구 문명의 몰락을 지켜보며 생명 외경을 토대로 최소한의 소비에 근거 새 문화를 재건하려 했던 슈바이처의 마음이 오늘 우리에게도 필요한 이유이다.

이런 맥락에서 성서의 다음 이야기는 큰 도움이 된다. 어떤 사람이 큰 잔치를 준비하고 사람들을 초대하기로 하였다. 그러나 저마다 분주하여 그 부름에 응하지 않았다. 어떤 이는 밭을 샀기에 그 밭을 돌보러 나가야 한다고 이유를 말했고, 어떤 이는 소를 여러 마리 샀기에 그를 돌보기에 여념이 없다고 했다. 또 다른 이는 장가를 갔기에 분주한 일이 많아 초대에 응하지 않았다.

급기야 초대한 주인은 화가나 거리의 사람들을 초대하여 잔치 자리를 채웠고 그들과 즐거움을 나누었다. 성서는 이전에 초대받은 자들이 결단코 잔치의 맛을 경험하지 못했음을 강조하고 있다. 본문에 대한 다양한 해석이 가능하겠으나 필자는 여기서 도시 문화의 실상을 보고 싶다. 하느님은 우리를 초대하여 자신과 더불어 뜻과 정신 그리고 삶을 나눌 수 있는 시간과 공간을 만들기를 원했다. 다시 말해 자신의 본질에 상응하는 기독교 문화를 꽃피우려 했다는 것이다.

물론 자신들만의 언어로, 자신들의 교회 공간에서 생산되고 소비되는 고립적 기독교 문화가 있는 것도 사실이다. 그러나 그것은 엄밀한 의미에서 문화라고 할 수 없다. 세상과 민족에게 지속적 영향력을 줄 수 있는 기독교 본질적인 것이 아직 문화화되지 못한 까닭이다. 역사적으로 볼 때 인류 최초의 종교인 샤머니즘이 생존을 위한 존재의 현재적 기반을 강조하는 종교 문화를 만들었다면 불교는 과도한 현세적 삶의 영역에 대한 집착을 거부하고 무화시키는 힘을 보여주었으며, 유교는 일상을 '거룩'의 영역으로 승화시킨 예(禮)의 문화를 창출해 냈다. 이런 종교 문화를 앞세워 이 땅에 들어온 기독교는 이 민족을 위해 또 다른 문화 양식을 제시하고 기존 종교 문화의 부정적 현상을 고쳐 나가야 할 책임이 있다.

하지만 현실의 기독교 교회는 도시 문화 속에 길들여져 있고 오히려 자본주의 문화의 기저 역할을 하고 있다. 사람들이 하느님 초대에 응할 수 없었던 이유가 밭과 소와 가정에 대한 집착이었음을 유념해야 할 것이다. 여기서 밭은 물질 소유에 대한 상징이며 소는 도구, 곧 컴퓨터로 대변되는 기술문명 대한 상징이고, 결혼이란 가족주의 내지는 자유로운 성문화를 지칭한다고 말할 수 있겠다. 이런 일로 모두가 분주하게 된 것이 바로 도시 문화의 실상이다. 이런 것을 얻고 더 많이 소유하려는 욕망과, 그리고 남과 비교된 불만족 때문에 우리는 하느님의 소리를 들을 수가 없고 그와 함께 하는 삶(문화)을 만들지 못한 것이다.

카인 설화의 생태적 의미

온갖 편의와 안락을 보장해 주는 도시, 그런 풍요로움의 공간을 맨 처음 세운 사람은 아우인 아벨을 돌로 쳐 죽이고 고향을 떠난 카인인 것을 성서는 말한다. 프랑스 신학자 자크 엘륄(Jacques Ellul, 1912-1994)은 카인이 고을을 세운 것을 더 이상 신의 보살핌을 받을 수 없게 된 인간이 스스로의 안전을 도모한 결과로 이해했다. 신 없이 살겠다는 의지가 카인으로 하여금 도시를 건설하도록 했다는 것이 카인 설화의 중심 메시지란 것이다. 신 없이 스스로 존재하려는, 즉 신의 초대를 거절하고 자신의 욕망을 분주하게 실현시키려는 인간들의 거주 공간이 도시라는 것은 중요한 통찰이다. 성서는 카인 후예들의 삶을 열거하며 카인이 지은 죄보다 도시문명 속에 길들어 살아온 그의 후예들, 곧 라멕이 지은 죄가 훨씬 크고 중하다고 기록하였다. 돈(경제) 되는 것만 중시하고 그렇지 않은 것을 경시하며, 돈을 위해 폭력도 마다하지 않는 것이 도시 문화의 현실태라는 것이다.

르네 지라르(Rene Girard, 1923-)는 도시 문화 속에 만연된 폭력에 대해 새로운 견해를 밝혔다. 타자의 욕망을 그대로 배우고 모방하는 탐욕적 욕망(Mimesis)이 폭력의 발단이라는 것이다. 경험하는 바, 도시 문화에 길들여진 인간은 이러한 욕망을 자신의 생득적 본성으로 알고 그럴수록 주체적 삶을 살지 못하며 타자의 기호에 좌우되는 노예로서의 삶을 추구할 뿐이다. 더욱 본질적인 것은 저마다 탐욕적 욕망을 무한정 갖게 되면 그 실현을 위해 엄청난 폭력이 행사되고 그렇게 되면 차이, 곧 변별력의 상실을 두려워한 나머지 인간 사회는 자신의 기득권 유지를 위해 희생양을 요구할 뿐이다. 욕망의 모방이 폭력을 부르고 차이를 유지하기 위해 타자를 희생시키는 악순환이 거듭되는 곳, 바로 이곳이 우리가 발 딛고 사는 도시의 본질이다. 밭 때문에, 소 때문에 그리고 결혼 때문에, 다시 말해 폭력적 모방으로 인해 하느님의 소리가 들려지지 않을 때 우리는 기독교 문화, 살리시는 하느님 영의 역사에 참여할 수 없다. 제우스에게 미움을 샀기에 일평생을 물속에 갇혀 있지만 정작 한 모금의 물을 마실 수 없어 일생 목마른 자(탄탈로스)의 운명을 짊어지는 존재로 살게 된다는 말이다. 성서에 나오는 바벨탑 이야기도 같은 의미를 담고 있다. 성서 속의 사람들 역시 커다란 도시를 세우고 탑을 하늘에 닿게 만들고자 했다. 그리하여 자신들의 이름을 만방에 떨치기를 소망한 것이다. 그러나 하느님께서 사람들의 언어를 달리하여 의사 소통의 길을 막아 도시의 지속을 허락하지 않았고 탑 또한 무너져 내렸다. 사람들의 득실거림, 그 속에서의 욕망의 확대 재생산, 즉 많고 크고 빠른 것이 좋다는 믿음, 바로 이로 인해 자연이 엉겅퀴와 가시덤불을 내고, 사람 사이에 폭력이 난무했고 상호간 소통의 길이 막혀 살 수 없는 세상이 되어 버렸다는 것이 바벨탑 이야기의 요지이다. 도시에서 보는 것은 인간의 지혜[僞]와 힘뿐이고 탐욕적 욕망뿐이다. 종교마저 도시 문화에 길들여져 있고 도시 문화의 가치를 종교의 본질로 여기는 것이 오늘의 현실이다. 이는 결국 살리시는 하느님의 영을 탄식하게 하는 일이다. 자신의 소리만을 너무 크게 내며 살고 있기에 하느님 영의 탄식을 못 들을 뿐이지 그 신음은 너무도 크고 깊은 소리로 다가오고 있다. 이 점에서 성령 강림절은 어쩌면 평소 듣지 못하고, 아니 듣지 않으려 했던 이런 탄식의 소리를 듣는 절기라 말해도 좋다.

성사적 문화를 창조하는 기독교

이런 맥락에서 오순절은 하늘과 땅을 잇고 사람들(남녀노소) 간의 의사소통을 회복시킨 하느님 영이 이 땅 위에서 성사적(sacrament) 문화를 만든 사건이라 할 것이다. 성사적 문화란 신이 인간이 되어 죽기까지 세상을 사랑하고, 전 자연 안에서 탄식하면서도 이 땅에 내주하는, 살리시는 하느님 영의 존재 양식을 말한다. 하느님과 인간, 인간과 인간 그리고 인간과 자연 간의 의사소통 구조를 재탄생시킨 것이다. 욕망 때문에 신과 반목한 인간은 형제인 이웃에게 폭력을 행사했고, 그로 인해 자연이 인간을 토해낸 것이 바로 죽음의 문화였고 모두가 흩어져 통할 이치를 상실한 도시 문화의 실상인 것에 반해, 성사 문화는 하느님, 인간 그리고 자연 간의 잘못된 관계를 회복하고 치유하는 힘(영성)을 행사한다. 자신의 울타리를 넓히는 일만 관심을 갖고 양화된 사고에 길들어 있으며 조그만 불편함도 참아내지 못하는 성급함이 어느덧 인간 제2의 본성으로 자리 잡고 있는 현실에서 기독교 성사 문화는 세상의 치유와 회복을 위해 새 차원의 신앙과 구원의 길, 곧 녹색 신앙과 녹색 구원을 제시한다. 녹색 신앙은 일회적 은총에 의해 완성되길 바라지 않고 일상적 삶의 안팎을 거룩하게 만들어 가는 지속적 과정을 중시한다. 종교 유무(有無)를 막론하고 자율적이 될수록 종속적이 되며, 빨라질수록 더 바빠지며, 많이 지닐수록 박탈감이 커지는 이율배반적인 삶과의 단절이 우리의 일상이다. 그럴수록 물질의 힘에 의지해 소비자로만 전락하는 자신의 일상을 반성하며 손발의 역할, 곧 노동을 중시하고 몸의 느낌에 충실하며 땅의 생명성에 감동하며 가능한 한 최소한의 물질로 사는 삶을 소망한다. 이는 종교 없는 영성은 가능하지만 영성 없는 종교는 존재할 수 없다고 믿는 성령의 시대가 도래하는 것과 무관치 않다. 하느님께서 홍수 이후에 새 문명을 개척한 사람 노아가 카인의 후예가 아니라 아담과 하와의 또 다른 아들 셋의 후손이라고 알려주신 것은 대단히 의미 깊다.

　이제 이 땅의 기독교는 성사적 문화 창출을 위해 일상의 가치를 소중히 여기고, 남녀 간의 의사소통 구조를 만들며, 산 자와 죽은 자의 연대인 제의(祭儀) 문화 가치를 존중하고, 공공(公共)성에 대한 관심을 증진시키고, 소비적 문화에 넋을 빼앗기지 않도록 정신을 바짝 차려야만 한다. 이것이 바로 이 땅에 뿌리내려야 할 한국 기독교의 문화 정체성이다. 소를 샀다고, 밭을 샀다고 그리고 가족을 돌보고 성적인 쾌락을 즐기고 싶다고 변명하며 하느님의 초대에 응하지 않았던 어리석음을 중단해야 될 때이다. 하느님과 함께하는 잔치 자리, 그 맛에 취하기 위해 우리는 새로운 문화를 이 땅에 만들어 가야 마땅하다. 이를 위해 오늘의 기독교는 교리나 신조가 아니라 불고 싶은 대로 부는 하느님 영의 바람에 자신을 내맡겨야 한다. 살리시는 하느님 영은 기독교 생명력을 위해 우리가 만든 어떤 담론의 벽도, 욕망의 울타리도 단숨에 넘어서실 수 있는 까닭이다. 성령에 사로잡힌 삶은 그래서 때론 세상 사람들에게 걸려 넘어지는 돌(Skandalon)이 될 것이다. 불고 싶은 대로 부는 성령의 바람에 우리 자신을 내어 맡기기면 그동안 듣지 못했던 수많은 탄식의 소리도 들릴 것이고 하느님의 초대의 소리도 귀에 쟁쟁하게 될 것이다. 영에 취한 사람이 될 때 비로소 우리는 세상의 '스캔들'이 되어 새 문화, 기독교 문화를 창출할 수 있다고 믿는다.

선배 교수 한 분이 은퇴를 앞둔 시점에서 평소 듣지 못했던 자신의 이야기를 토대로 간증 설교를 한 적이 있었다. 유학시절 4살 먹은 딸아이와 슈퍼마켓을 가곤 했는데 그곳에서 한국에서 입양된 아이를 여러 차례 만난 적이 있다고 했다. 딸아이와 동갑쯤 되는 그 아이는 만날 때마다 자신의 바지춤을 붙잡고 좀처럼 떨어지려 하지 않으려 했다. 그런 모습을 본 딸아이가 이렇게 물었다. '아빠, 왜 저 아이는 이곳까지 와서 미국 사람을 아버지라고 불러야 해? 무심코 아버지는 사실에 근거하여 답을 했다. '아마도 한국 사람들이 아무도 저 아이의 부모가 되길 원하지 않았던 모양이야.' 그때 딸아이가 재차

이렇게 반문했다. '그러면 왜 엄마 아빠는 저 아이의 부모가 되지 않았어?' 어린 딸아이의 이 말이 가슴에 '스캔들' 이 되어 세월지나 귀국 후 여섯 살 먹은 딸아이를 입양하여 키우게 되었노라고 고백했다. 그러면서 육체로 나은 아이에 비해 마음으로 나은 아이에 대한 사랑이 조금도 작지 않았다고 말했다. 그 아이의 결혼예식이 바로 얼마 전 감신대 교정에서 있었다. 훌륭한 신랑을 만나 행복한 미래를 꿈꿀 수 있게 된 것이다. 이처럼 생각지도 못한 어린 딸아이의 말이 빌미가 되어 한 사람의 삶을 전혀 다르게 만들어 놓을 수 있는 것이 성령의 역사이다. 불고 싶은 대로 부는 성령의 활동인 것이다. 이런 성령의 역사에 걸려 넘어진 사람이 복이 있고 그들을 통해 기독교 문화가 이 땅에 만개할 수 있을 것이다.

죽음의 밥상을
치워라

벌써 옛 일이 되었으나 국가를 위한 조찬기도회 장에서 장로 대통령의 무릎 꿇는 장면이 언론에 보도되면서 주춤했던 종교 갈등이 부추겨진 적이 있었다. 이슬람 채권 도입을 법제화하려는 정부안을 비판하면서 하야 운운하며 대통령까지 압박하던 보수 기독계의 입김이 작용하던 시점이기에 위 사안은 적정 수위를 벗어난 종교의 정치 참여로 읽혀지고 있는 것이다. 하느님 앞에서 대통령직 역시 하나의 소명일 뿐이기에 그 역시 얼마든지 무릎 꿇을 수 있고 그리 해야만 한다. 하지만 그런 기도는 골방에서 해야 옳다. 한 국가의 대통령으로서 백성을 위해 자신의 방식으로 기도하는 것을 이웃 종교인일지라도 용인 못할 까닭이 없다. 하지만 자신의 종교에 의존해 정치세력을 유지 존속하려는 행위는 대통령 자신은 물론 국가나 기독교를 위해서도 바람직하지 않다. 더욱 최상급 호텔에서 수천 명이 모여 기도했던 것은 애시당초 과시를 목적으로 한 것일 뿐 진정성을 담은 예배라 생각하기 어렵다. 기도할 공간이 없어 호텔(코엑스)을 택했다고 누구도 생각지 않을 터이기 때문이다. 수백억도 부족하여 수천억 들여 건축한 교회들도 여럿 있으니 시설을 이유로 둘러댈 말도 없을 것이다. 이렇듯 과시를 목적으로 했던 것이기에 백성들 대다수는 언론 보도를 통해 장로 대통령마저 굴복시킬 수 있다는 기독교의 오만을 볼 수밖에 없다. 더구나 조찬기도회의 주관자들은 금권선거로 법정 시비에 내몰려 있기에 기독교 위상을 땅에 떨어트린 죄목으로 하느님을 대신할 무대 위에 설 자격을 잃은 목사들이었다. 이들에게는 김수환 추기경의 자기 성찰, 즉 '추기경이란 직책 탓으로 남에게 무거운 짐만 지운 채 정작 자신은 손가락 하나 움직이지 않는 존재가 되어가고 있음'을 고민한 흔적이 없어 보인다. 또한 성공회대학교의 발판을 마련한 김성수 주교의 말, '요즘 사제들은 정작 세상의 소금은 되려 않고 화려한 소금장수만 되고자 한다.'는 아픈 지적을 받아 마땅할 것이다. 신학자로서 필자는 이 시점에서 벌어지는 사태를 직시하며 할 말이 많다. 하지만 필자에게 주어진 과제가 달리 있기에 본고에서는 조찬기도회 장에서 이들이 제공받았을 음식, 확대 해석하여 일상적으로 접하는 죽음의 밥상에 초점을 맞출 것이다.

세상의 식탁과 예수의 식탁

짐작컨대 이들이 호텔(코엑스)에서 제공받은 식사는 화려한 색상의 채소들을 필두로 연한 소고기 스테이크쯤 되지 않았을까 싶다. 다소 육식이 부담스럽다면 연어가 대신 주식이 되었을 수도 있겠다. 이어 달콤한 후식과 아프리카 산 커피가 식후의 텁텁한 입맛을 산뜻하게 바꿔 주었을 것이다. 하얗게 차려진 식탁보는 여기저기 더럽혀졌을 것이고 깨끗하더라도 한번 사용되었다는 이유로 세탁기로 보내졌을 듯싶다. 아침이라 남겨진 음식도 오히려 먹은 것만큼이나 접시 위에 있었을 터인 바, 그것 역시 이것저것과 뒤섞여 쓰레기통에 버려졌다고 상상할 수 있다. 당시 3천 5백 명이 참여했다 하니 일인당 식비를 10만원씩만 계산해도 3억 5천만 원이란 비용이 들었을 것은 분명하다. 이 비용은 몇몇 대형교회가 지출했던가, 혹은 참가자들이 소속한 개교회의 회비로 충당되었을 것이다. 물론 기독교 실업가가 자기 기업의 앞날을 생각하고 거액을 기부하여 성사된 모임이란 생각도 할 수 있다. 분명한 것은 그것이 본래 하느님께 드린 성도들의 피땀어린 헌금이었다는 사실이다. 그중에는 노동자들에게 인색했던 부자들의 헌금도 있었을 터이고, 과부의 동전 두 푼 같은 생명과 다름없는 물질도 섞여 있었을 법하다. 그러나 먹은 것보다 버려진 음식이 많았다는 것, 구제역 폐해로 무고한 생명이 산 채로 죽어 갔음에도 육식을 선호했다는 사실, 국가적 에너지 위기 상황에 둔감한 화려한 조명 등은 하느님께 드린 헌금이 과연 제대로 사용된 것일까를 질문하게 된다. 얼마 전 우리는 '찬밥이라도 있으면 남겨 달라.'는 쪽지를 남겨 놓고 굶주림과 지병으로 숨져간 한 드라마 작가의 소식을 접했고, 내몰린 일터로 복직할 수 없어 생활고를 비관하며 목숨을 끊은 노동자의 이야기도 신문지상에서 읽었다. 성서에서 우리는 지극히 작은 자에게 한 것이 곧 나에게 한 것이란 예수의 말씀과, 되갚을 능력이 없는 지극히 적은 자들을 위해 잔칫상을 베풀라는 구절을 읽어 왔다. 구약성서 창세기에 기록된 짐승들의 생명을 취하되 피 흐르는 채로는 먹지는 말라는 구절도 알고 있다. 그렇기에 풍요의 시대에 아사(餓死)한 이웃의 얼굴과, 무고한 생명을 산 채로 죽여 놓고 구제역은 사람과 관계없으니 마음 놓고 육식하라는 정부의 홍보는 정말 신앙적으로 가당치 않다. 혹자는 필자의 이런 생각을 옛부터 있었던 조찬기도회의 의미를 폄하하는 처사라고 비판할 수도 있다. 하지만 신앙인은 누구보다 예민한 촉각을 갖고 사회의 그늘진 곳과 접촉하는 존재라야만 한다. 기독교가 주는 물에 목말라 하지 않는 사람 숫자가 늘고 있는 상황에서 기독교는 자기 존재를 떠벌리는 확성기가 아니라 향기를 뿜는 꽃의 역할을 하라는 것이다. 향기가 있으면 조찬기도회 따위는 없어도 된다. 있어야 할 그것이 없기에 향내 없는 화려함에라도 취하고 싶을 뿐이다. 미국 감리교의 한 연회에서 있었던 일이라 들었다. 본래 어느 호텔에서 감리교 연회가 열릴 예정이었다. 하지만 몇몇 젊은 목회자들이 주축이 되어 거리의 노숙자를 그곳으로 초대하여 식사를 대접하는 것으로 스케줄을 바꾸고자 했고 그 안이 통과되어 결국 그렇게 진행되었다. 다음 날 신문은 이를 대서특필하였고 감리교회의 위상을 크게 높일 수 있었다. 전해 들었던 이야기라 내용을 세밀하게 옮길 수 없어 아쉽지만 요점은 크게 다르지 않을 것이다. 우리에게도 이런 뜻밖의 사건이 벌어졌으면 좋겠다. 본래 생태학은 나눔의 에토스에 근거한다. 나눌 수 있는 힘이 없다면 생태계 문제는 해결 불가능한 난제로 남을 뿐이다. 인간의 힘을 나누고, 일터를 나누고, 먹을 것을 나누며 생각을 나눌 때 비로소 자연 생태의 본질과 마주할 수 있는 것이다. 기독교의 성만찬도 본질상 이와 다를 수 없다. 단순히 생각하면 성만찬이란 일상의 식탁으로부터 예수의 식탁으로의 초대이다. 일상의 식탁과 예수의 식탁을 비교할 때 성만찬 속의 생태학적 상상력이 분명해진다. 우선 소수만이 배부르고 다수가 굶주린 세상의 식탁과 견줄 때 예수의 식탁은 있으면 있는 대로 골고루 나눠지는 식탁이다. 감독, 추기경이라고 해서 더 많은 것을 먹을 수도 없고 먹지도 않는다. 그 자리에선 모든 것이 골고루 나눠질 뿐이다. 누구도 홀로 외롭거나 홀로 배부를 수 없는 자리인 것이다. 뷔페 식당을 상상하다면 세상 식탁의 또 다른 면이 분명해진다. 먹고 남아 버릴 것으로 가득 찬 일상의 식탁이 그 단면이다. 그에 비해 예수의 식탁은 아주 단순한 식탁이다. 먹고 남아 버릴 것 전혀 없는 소박한 식탁이란 말이다. 인간 욕망으로 온갖 피조물이 탄식하는 상황에서 단출한 식탁은 피조물을 배려하는 깊은 뜻을 함축한다. 돈벌이 욕심에 눈멀지 않았다면 공장식 밀식 축사도 없었을 것이고 구제역에 걸렸다는 이유만으로 반경 500미터의 짐승들이 살(殺)처분 되지도 않았을 터이다. 최소 자연치유력으로 구제역의 생존 확률이 50%는 될 것이기 때문이다. 국내에서 버려지는 음식물이 연간 2조원에 달한다는 보고도 종종 접할 수 있다. 이 돈으로 굶주린 북한 아동들을 일 년간 배불릴 수 있다 하니 우리의 죄악이 얼마나 큰지 가늠하기 어렵다.

이처럼 예수께 초대받은 식탁, 성만찬은 생태적 상상력의 보고(寶庫)임이 틀림없다. 우리가 옳게 성찬예식을 거행한다면 그 속에 담긴 생태적 상상력이 일상의 식탁에서 가시화되어야 마땅할 것이다. 성찬식은 일상의 식탁을 예수의 식탁처럼 만들라는 하느님의 부름인 것을 명심할 일이다.

선한 청지기가 된다는 것

어디 죽음이 밥상이 호텔에서만 차려지겠는가? 예수 믿기에만 급급할 뿐 예수 살기에 무심한 신앙 양식인 탓에 일상의 식탁에서도 죽음의 그림자가 짙게 깔려 있다. 본래 밥상은 생명의 잔치를 목적하는 바, 그곳에 어둠이 드리운다면 이보다 모순은 없다. 우리의 현대적 식단이 신앙의 유무와 관계없이 한없이 비윤리적 실상인 까닭이다. 먹거리에 대한 인식 자체가 달라져야 할 때이다. 음식에 대한 우리의 선택이 자연 및 동식물에 미치는 영향을 깊게 생각하란 말이다. 이는 자신들이 먹는 음식이 어디서 왔으며 어떻게 만들어졌는가를, 그리고 그것이 생산자들에게 제값을 준 제품인지를, 도축 과정에서 동물이 필요 이상의 고통을 당하지 않았는가를 헤아리는 생태 지능을 요청한다. 단순히 유기농 제품을 구입하는 것으로는 충분치 않다. 적은 농약으로 재배되고 합성비료 사용이 최소화된 식품을 구입하는 것만으로 우리의 책무가 끝난 것이 아닌 것이다. 만약 우리가 고기 맛을 위해 갓 태어난 송아지를 어미와 분리시켜 좁은 울타리에서 고단백 인공사료를 먹여 키운 쇠고기를 먹고 있다면 우리의 음식 선택은 결코 윤리적일 수 없다. 시중에 유통되는 달걀의 98% 이상이 몸 하나 움직일 수 없을 정도의 비좁은 닭장에서 생산된 것이란 사실 역시 과연 인간이 하느님의 피조물을 돌보는 청지기란 말을 무색케 한다. 일상의 식탁이 동물에 대한 보호가 아니라 그들을 지배, 약탈하는 폭정을 적시할 뿐이다. 그리하여 영국 성공회는 성도들에게 먹거리 선택의 윤리적 기준을 갖도록 세밀한 지침을 전달한 바 있었다. 고기가 접시에 오르기 전 그것의 유통 과정이 어떠했는지를 아는 것이 죽음의 식탁을 거둘 수 있는 첩경인 까닭이다. 교회에서 먹는 음식들, 예컨대 성만찬에 사용되는 포도주와 빵조차 사려 없이 구입한다면 청지기성을 유기하는 처사일 것이다.

본고에서는 대중들이 손쉽게 구입하여 값싸게 먹을 수 있는 닭고기를 예로 우리의 식탁이 얼마나 비윤리적이며 죽음의 식탁인지를 상세히 적시할 생각이다. 우선 닭도 인간과 흡사한 신경계를 갖고 있기에 아픔과 스트레스 등 일체의 고통을 느끼는 존재임을 아는 것이 중요하다. 그러므로 동물을 먹이로 취하는 것이 불가피한 일일지라도 유통 및 도살 과정에서 필요 이상의 고통을 가할 수 없음은 당연한 이치라 하겠다. 아마도 이것이 동물을 인간의 손에 맡기되 그것을 피 흐르는 채로 먹지 말라는 성서의 요지인 듯싶다. 닭들에게 최소한의 공간을 부여하여 단기간에 최대한의 효과를 낼 수 있는 사육 방법을 모색하는 축산업이 지속되는 한 구제역이나 AI 조류독감 같은 무서운 병은 지속되며 우리의 밥상은 죽음의 식탁에서 자유로울 수 없을 것이다. 사육, 유통 그리고 도축 과정에서 비롯된 온갖 고통을 감내하는 말 못하는 짐승들이 인간에게 좋은 것을 주리란 기대는 너무도 허황된 것이 아니겠는가? 인간이 죄를 범했을 때 땅이 엉겅퀴를 내고 가시덩굴을 품었다는 창세기 기사가 떠오르지 않는가? 이제 우리 생각을 닭장 속으로 한 걸음 들여놓아 보자. 우선 닭장 속에는 무수한 닭똥이 쌓여 있으며 1년 이상 쌓아 둔 까닭에 암모니아 냄새가 진동할 것이다. 닭장 내 암모니아 비율이 높으면 닭들은 호흡기 질환은 물론 발과 무릎의 통증, 심하면 시력을 잃기도 한다. 요즘 사육되는 닭은 50년 전에 비해 세 배쯤 빨리 자라며 먹이도 1/3 정도밖에 먹지 않는다. 아주 밀집된 형태로 사육되기에 움직일 수 없는 것이 적게 먹으면서도 빨리 자라는 한 이유일 것이다. 항생제와 성장 호르몬이 먹이와 함께 공급되는 것 또한 자명한 일이다. 하지만 병으로 죽어 가는 닭들을 배려하기보다 살아 있는 닭들의 체중을 불리는 것이 이득이라 생각하기에 닭의 고통은 처음부터 관심 밖의 일이 되고 말았다. 이렇게 해서 6주 동안 성장한 닭들은 빠른 속도로 도살장에서 처리된다. 닭 도살 라인 하나는 시간당 7200마리를 죽일 수 있다 한다. 전기 충격시스템으로 닭을 죽이는 과정에서 대다수 닭들의 의식이 아직 살아 있음을 자주 간과한다. 짧은 시간에 많은 양을 처리하기에, 그리고 닭을 완전히 죽여 가공하면 고기 맛이 떨어진다는 이유로 의도적으로 그리하고 있다. 털과 껍질이 벗겨지고 목이 잘려 손질되는 과정에서 닭들은 그 엄청난 고통을 느끼며 죽어 가는 것이다. 도살장에서 뜨거운 물에 넣어진 닭들이 산 채로 퍼덕거리며 발버둥치는 모습을 너무 쉽게 목도할 수 있다. 생매장된 돼지들이 흙더미 위로 기어오르려 안간힘을 쓰는 모습이 자주 목도된다. 구제역 사태로 불거진 참사가 실상은 일상에서 매일 반복적으로 일어나고 있었음을 환기시켜 준 것을 역설적으로 고맙게 생각할 수도 있을 듯싶다.

그런데 우리는 이러한 사실을 모르거나 알고도 모른 체한다. 우리의 평화로운(?) 일상 식탁이 실상은 동물의 고통에 대한 무지 내지 방관의 결과물인 것을 생각한다면 이를 어찌 죽음의 밥상이라 부르지 않을 수 있을 것인가? 하지만 이들의 고통이 어디 이것뿐일까? 도살장에서의 그들 마지막이 그렇듯 이들의 사육 과정 내내 인간의 폭정에 휘둘리는 모습은 너무도 가엾기 그지없다. 사람도 그렇듯이, 좁은 공간에서 자라는 닭들은 스트레스로 서로를 쪼아대기 일쑤다. 날카로운 닭 부리를 제거하지 않으면 서로에게 치명적 손상을 입히기에 이들의 부리는 제거되는데, 그 과정에서 마취도 하지 않는다. 닭에게 부리는 느끼고 찾고 교감하는 아주 중요한 수단이다. 모든 신경이 온통 그곳에 몰려 있다 해도 과언이 아닐 만큼 그렇다. 그것을 달군 쇠로 단숨에 자르는 것은 성서가 금한, 닭의 생명을 피 흐르는 채로 취하는 일이다. 상처가 아물기까지 그들이 느껴야 하는 고통을 인간은 상상도 하지 못할 것이다. 옛 농부들은 말 못하는 짐승의 고통을 헤아릴 줄 알았다. 신앙인이 아니더라도 그들은 동물과 소통할 줄 알았던 것이다. 아무리 많은 교육을 받았고 고귀한 신앙을 가진 척하나 당시 그들의 의식 수준에 미치지 못하는 사람들이 너무도 많다. 일차적으로 눈앞의 욕망에 취해 주변에 죄를 범하면서도 무감각한 것이 현대인이고, 우리 신앙인들도 그 점에서는 그들과 전혀 다르지 않다. 닭장 내 인공조명은 한여름 해가 가장 긴 날을 기준으로 설비되어 있다. 1년 안에 최대한 많은 달걀을 생산할 목적에서다. 잠잘 시간도 없이 알 낳는 기계로 전락한 닭들은 1년이 지나면 노쇠할 수밖에 없고 이때가 바로 도살장으로 내몰리는 시점이기도 하다. 더욱 우리를 분노케 하는 것은 부화 시에 암컷과 같은 수의 수컷 역시 부화되는데 대다수 수컷 병아리들이 쓰레기통에 버려진다는 사실이다. 달걀 생산에 무익한 수컷의 존재는 애시 당초 생명으로 간주하지 않은 소치이다. 우리의 식탁은 이 점에서 악을 화려함 뒤에 숨긴 자본주의에 의해 점령당하고 있다 해도 과언이 아니다. 생명마저 물질로 바꿀 수 있는 우리 시대의 악마(욥 1:11)는 바로 죽음의 밥상을 일상적으로 반복토록 하는 자본주의적 욕망이다. 하지만 그 악마는 대기업가들은 물론 바로 우리 자신 속에도 항상 꿈틀거린다. 동물 학대를 부추기며 소비자인 내 삶을 기만하는 마성(魔性)이 내 안에도 있음을 자각하는 것이 죽음의 식탁을 예수의 식탁으로 만드는 첩경이란 생각이다.

기독교 정신은 아직 멀었다

이 시점에서 우리는 그 옛날 기독교가 로마를 기독교화하였는지 아니면 로마가 실상 기독교를 로마화하였는지를 물어야 한다. 이는 오늘 자본주의가 기독교를 자본주의화하고 있지 않은가를 성찰하기 위해서이다. 예수의 식탁을 비웃으며 일상을 죽음의 식탁으로 만들고 있는 삶이 반복되는 한 우리는 이 물음에서 결코 자유로울 수 없다. 꼭 20년 전에 서울에서 열렸던 '정의, 평화, 창조질서의 보전(JPIC)' 모임을 발의했던 바이제커(Carl Freidrich von Weiszacker, 1912-2007)가 그 공로로 명예 신학박사학위를 받는 자리에서 다음같이 말했다. "경제 구조상의 문제로 지구상에 먹을 것 없는 이들이 널려 있고, 무기는 산더미처럼 쌓여 있으며, 탐욕과 전쟁의 결과로 자연이 파괴되는 현실이 지속되는 한 기독교의 구원(정신)은 아직 요원하다." 또 성서는 이렇게 말한다. "되갚을 능력 없는 자들을 위해 잔치를 베풀라." 그리고 그들이 되갚을 능력이 없기에 그 행위가 복된 것이라고 말한다. 목하의 현실에서 자연은 지극히 가난한 자의 얼굴을 하고 있는 까닭이다. 구제역 사태가 말하듯 동물은 지금 너무도 불쌍한 이웃의 얼굴로 우리 앞에 존재하고 있다. 인간을 위해 아낌없이 자신을 바친 결과 자신을 위해 아무것도 남겨 놓은 것이 없는 자연과 동물, 이제는 그들을 위해 우리 인간이 존재할 차례가 되었다. 그들을 위해 죽음의 밥상을 거두고 생명의 잔치를 벌려야 할 때란 말이다. 이를 위해 우리는 앞서 논했던 사실을 진지하게 알고 성찰해야만 한다. 알기 위해선 먼저 믿으란 말이 종래의 신앙 공식이었으나, 이젠 믿기 위해서라도 먼저 실상을 정확히 파악하는 일이 우리에게 더 중요하게 되었다. 은혜롭고 화려한 언사만 있고 구체적 삶이 없는 기독교, 이런 병리적 현상을 치유하려면 옛적의 노아처럼 에코 지능과 감성을 갖고 현실을 읽는 능력이 있어야만 한다. 그러므로 이 시점에서 우리가 진정코 무릎을 꿇고자 한다면 그것은 인간 욕망의 희생자가 된 자연 앞에서이어야 할 것이다. 자연에게 선한 청지기가 되지 못한 것이 바로 하느님에 대한 불경인 까닭이다.

구제역의 비극 속에 드러난 탐진치(貪瞋癡)

몇 해 전 안동에서 발생한 구제역이 한 달 보름 만에 전국으로 확산되었고 살(殺)처분된 소의 숫자가 수십만을 훨씬 넘어섰으며 돼지 역시 300만 두에 이르렀다(2011년 1월 중순 현재). 연일 신문지상엔 산 채로 묻히기 거부하는 짐승들의 울부짖음이 소개되고 그들을 묻은 가해자 인간의 고통 역시 한계에 도달했다는 기사가 회자된다. 오죽했으면 이 험난한 실업의 시기에 공무원 수의사 직을 포기하고 휴직하는 이들이 생겨났을까 능히 짐작케 한다. 발굽이 둘로 갈라진 짐승들만 걸리는 구제역을 비롯해 콜레라, 브루셀라, 조류 인플루엔자 등의 전염병으로 인해 살처분된 짐승들이 지난 10년간 2,000만 마리 정도라니 이는 대한민국 인구의 절반에 해당하는 숫자이다.

육식형 인간의 출현

바로 10년 전부터 자식처럼 기르던 가축들의 생죽음을 이처럼 많이 경험했던 농촌의 실상 역시 참담하다. 연고가 있어 자주 다니는 횡성 역시도 명품 한우의 고장이라는 명성에 걸맞지 않게 구제역 발생 지역이 되었다. 국도로 양평을 지나 강원도 땅에 들어서면서부터 시작된 검역은 목적지에 이르기까지 다섯 차례 반복되었다. 명품 한우를 지키려는 몸부림으로 하루 20시간씩 길목을 지키는 농민들의 얼굴은 사색 그 자체였다. 갑자기 몰아닥친 한파 때문이 아니라 청정 지역 위상 상실로 인해 향후 현실화될 삶의 기반 붕괴에 대한 우려가 컸던 까닭이다. 차량이 마을로 진입할 수 없었기에 십 리 밖에 차를 두고 걸어 들어가 본 마을 풍경은 간혹 개 짖는 소리만 들릴 뿐 사람 그림자도 볼 수 없었다. 옆집과의 대화조차 끊긴 지 보름이 넘었다는 이야기를 나중에 전화상으로 들었다. 불안과 절망으로 이웃과 소통할 수 있는 힘조차 실종된 상태였던 것이다. 자연이 망가지면 인간 삶 역시도 붕괴될 수밖에 없다는 생태적 진리가 여실히 증명되고 있는 현실이었다. 하지만 대형 슈퍼에서 쉽게 육류를 살 수 있는 도시인으로서 구제역 참사는 곧 지나갈 해프닝으로 생각될 수 있을지 모르겠다. 그러나 한반도 전역을 휩쓸고 있는 가축 팬데믹(pandemic)은 인류 문명사의 대재앙으로서 삶의 양식에 대한 발상 대전환을 요하는 사안이 아닐 수 없다.

축산 전문가들의 분석에 따르면 금번 구제역 참사는 인간의 탐욕과 방심 혹은 생명 경시 풍조의 필연적 결과였다. 욕심, 분노 그리고 어리석음을 뜻하는 탐진치(貪嗔癡)의 산물로서 단순 전염병이 아닌 인재란 것이다. 본래 농경 문화 시대에 가축은 인간과 지난한 생사를 함께하는 반려동물이었다. 아낌없이 주는 나무처럼 가족의 일원으로 지내다가 자신의 몸을 가족에게 보시(報施)하고 떠나는 존재, 그들이 소이며 돼지였다. 독립영화로 세간의 화제가 되었던 '워낭소리'의 주인공 할아버지가 생사고락을 같이 하다 노사(老死)한 소를 땅에 묻어 주던 대목을 기억하는 사람은 이런 정서를 이해할 수 있을 듯하다. 하지만 채식을 선호했던 우리가 서구적 식습관을 답습하면서 연간 한 사람당 육류 소비량을 불과 10여 년 만에 2배로 늘릴 만큼 육식형 인간으로 변종되고 말았다. 이를 위해 싼 값의 단백질 공급을 위한 가축 사육이 늘어났고 밀집 사육을 특징으로 하는 공장형 축산업이 출현한 것이다. 과거 농가에서 소에게 꼴을 먹여 농사짓고 새끼 낳으면 길러 팔아 학비에 보태던 그 시절의 축산과, 이윤 추구를 목적으로 하는 공장형 축산은 생명에 대한 전혀 다른 이해를 기초로 한다. 이 점에서 필자는 G20 정상회담국임을 입만 열면 자랑하는 국가이거만 후진국병인 구제역이 이 땅에서 창궐하는 현실을 적시하고자 한다. 구제역 발생 지역을 제대로 관리 못하는 정부의 행정 무능력은 실수로 넘길 수 있고, 백신 접종 시기를 놓친 과오도 이해할 수 있으나, 농민의 삶마저 탐진치의 확대 과정으로 내몰고 있는 실상만큼은 제대로 짚어내야 한다는 생각 때문이다.

구제역과 인간의 탐진치

앞서 살펴본 대로 탐(貪)이란 욕심, 욕망을 뜻하는 말이다. 한국이 OECD 국가 중 욕망지수가 가장 높다는 지난해 영국 BBC 방송의 보도는 이 땅의 종교인들을 한없이 부끄럽게 한다. 구제역과 관련해서 말하면 축산업이 이윤 추구의 장으로 변질되면서 소, 돼지들의 거주 공간이 다른 나라들보다 현저히 비좁다는 사실이다. 예컨대 미국소 10마리가 1제곱킬로미터 공간 속에 산다면 한국소는 그 규모 속에서 31마리가 사육되는 실정이다. 이는 일본의 11마리보다도 3배 이상 밀집도가 높은 경우다. 닭의 경우도 A4 용지 한 장 규모의 공간에서 생활하고 있고 돼지 5,000마리 이상을 키우는 '동물 공장'의 사육 공간 역시 마리당 0.39평에 불과하다는 조사보고를 접한 바 있다. 이로써 분명해지는 것은 일상에서 그 소리를 듣지 못한 것일 뿐 '동물 공장'은 피조물들의 탄식의 장(롬 8:18 이하)이란 사실이다. 이런 정황에서 그들이 인간에게 좋은 것을 줄 리가 있겠는가? 좁은 공간에 가둬 놓고 오뉴월의 풀을 잡초라 제거하면서 유전자 조작된 곡물로 만든 사료를 먹여 살만 찌우는 소와 돼지, 그리고 본능인 짝짓기를 제지당하며 인공수정에 의해 새끼만 취하는, 인간들에게 반려동물이었던 그들이 지금 자신의 몸을 버려(구제역) 인간을 벌하고 있는 것이다. 밀집된 공간에서 사육되는 가축은 전염병에 취약할 수밖에 없고 살찌우는 것이 목적인 축산업으로 인해 유전자 다양성이 소멸되는 것은 명백한 사실이다. 먹이사슬 구조를 파괴하는 육식 문화의 종언을 선포한 학자가 있을 만큼 축산업은 탐(貪)의 실상이 분명하다. 사람보다 더 많은 가축 수, 계곡과 강변을 오염시키는 소나 돼지의 분뇨, 더더욱 살처분된 가축에서 비롯한 환경 파괴를 목도하며 우리는 과도한 육식 문화와 그를 부추기는 산업 축산 양식과의 절교를 선포해야 할 것이다.

두 번째 진(瞋)은 분노, 적대감, 원한 등을 일컫는 말이다. 환경평가도 없이 정책 자금이란 이름하에 축사를 짓고 소를 사육토록 지자체들 간에 경쟁적으로 돈을 푼 적이 있었다. 그 결과 농촌에 가 보면 쾌적한 생태환경을 찾을 수 없을 만큼 축사로 가득 차 있고, 소 배설물의 구린내가 동네를 가득 메울 정도가 되었다. 소가 뀌는 방귀의 메탄가스가 지구 온난화의 주범인 것도 널리 알려진 사실이다. 소를 키우는 사람조차 소 때문에 사람 사는 환경이 망가졌음을 부정치 않는다. 단지 돈 때문에 그것을 감내하고 살 뿐이다. 이런 정황에서 자신의 모든 것인 소가 살처분되었으니 그들 속에 분노와 원한이 깃든 것은 당연지사다. 살아 있는 생명체를 구제역 감염의 개연성만으로 땅에 묻는 일이, 그래도 되는 일인지 그들 역시도 너무 고통스럽게 자문하고 있다. 그들 생죽음 앞에서도 청정 지역의 실종과 함께 돈 걱정이나 하는 인간 자신의 삶이 저주스러울 수도 있다. 채 죽지도 않은 소가 도살장 컨베이어벨트 시스템에 의해 온몸이 찢겨 나가는 고통 역시도 생각하면 몸서리쳐지는 일이다. 흔히들 동물에는 혼이 없다 말하며 죽은 돌덩이처럼 다루고 있으나 그렇지 않다. 그들도 축산물이 아니라 가족처럼 살고픈 마음과 혼을 갖고 있다. 억울하게 죽은 그들의 혼에 속죄하지 않는다면 땅이 곡식을 내지 않고 엉경퀴와 가시덤불만을 냈다는 성서말씀처럼 그들이 낸 고기와 우유가 꿀이 아닌 독이 될 수도 있을 법하다. 인도의 간디는 육식하는 인간의 성품이 동물처럼 변할 것을 우려했는데, 한을 품은 고기를 먹는 우리가 그리 될 확률이 크지 않겠는가? 성폭력이 난무하고 포르노 문화 강대국이 된 대한민국 사회가 이를 반증하는 것이 아닌지 두렵기만 하다. 소 키워 부자 되겠다는 꿈 역시 접어야 할 때가 되었고 그를 부추긴 정부와 지자체 역시 농촌 정책을 재정립해야만 한다. 이 좁은 땅에서 340만 두의 소를 키우는 일을 더 이상 방치해서는 안 된다. 언제든 구제역이 재창궐할 수 있는 취약 지역이 된 만큼 축산 농가에 반복적으로 증오를 생기게 하는 일을 중지해야만 할 것이다.

  세 번째 말은 어리석음과 부끄럼을 적시하는 치(痴)이다. 세계화로 국가 간 거리가 좁혀지는 현실에서, 그리고 밀집 사육의 상황에서 구제역이 이번에 종료되리고 확신하는 것은 어리석은 일이다. 청정지역의 폐기 역시 못내 아쉽겠으나 종래와 같은 육식 문화와 이윤 추구 수단으로 전락한 공장형 목장이 항존하는 한 축산업의 미래는 점차 불투명해질 것이다. 정부 통계에 의하면 지난 세월 축산으로 얻은 농가소득에 비해 방역비 및 살처분 비용 액수가 몇 곱절 많았다. 2010년 소, 돼지고기 수출액이 22억 원이었던 것에 비해 구제역 비용으로 7000억 원이 지출되었다는 사실이 이를 증명한다. 청정지역 유지를 위해 백신 사용 시점을 놓친 것도 결국 육류수출의 타격을 최소화하기 위한 것이었으나 물거품이 되고 말았다. 백신 대신 살처분을 고집했던 목적 자체가 난파되어 버린 것이다. 돈을 위해 생명을 포기한 대가라고 말해도 과언이 아닐 듯하다. 하지만 인간은 이런 식의 소탐대실을 수없이 경험하면서도 사육 환경 자체의 개선을 뒷전으로 여길 만큼 근시안적이며 이기적 동물로 전락해 버렸다. 욥을 궁지에 몰아넣었던 사탄의 인간 이해, 즉 물질을 위해 자신의 생명까지 바꿀 수 있는 존재가 되어 버린 까닭이다.(욥 1:11) 인권과 환경을 최고의 가치로 삼은 유럽연합 헌법에는 동물복지에 대한 언급이 많다. 임신한 돼지를 울타리에 가두지 않기, 산란(產卵)하는 닭을 닭장 속에 가두지 않기, 가축 수를 제한하는 총량제 실시 등이 구체적 사안들이다. 사전 예방 차원에서 동물복지를 생각하는 것이 자리이타(自利利他)의 길인 것을 우매한 사람들이 깨쳐야 할 것이다. 소와 사람이 함께 할 수 있는 생명의 땅은 그리 멀리 있지 않다.

축산업을 넘어서

과학사가이자 문명비판가인 제레미 리프킨(Jeremy Rifkin, 1945-)에 따르면 로마 제국이 붕괴한 것은 과도한 생산으로 농업 기반이 무너졌기 때문이다. 과잉 생산이 엔트로피의 증가를 가져왔다는 것이다. 그런 그가 환경 파괴를 촉발하는 축산업을 21세기 문명을 붕괴시키는 요인으로 본 것은 의미 깊다. 육류의 과잉 소비가 먹이사슬 구조를 파괴시켜 문명의 엔트로피를 늘린다는 경고이기 때문이다. 이 점에서 기독교 생명신학이 공헌할 역할이 작지 않다. 주지하듯 창세기 1장에는 인간과 짐승들이 각기 먹이를 얻는 방식의 차이를 설명한다. 인간은 씨앗 뿌려 가꿔 맺은 열매를 먹고 짐승들은 땅 위의 풀을 먹이로 하라는 것이다. 같은 생존 터에서 각기 다른 방식으로 먹거리를 해결하는 것이 땅을 지배하라는 하느님의 본뜻이었다. 동물을 인간 손에 맡기기는 했으나 언제든 피 흐르는 채로 먹어선 안 된다는 제한이 더불어 있었다.(창 9:1-7) 피는 생명의 상징이고 생명은 동물의 것이라 할지라도 언제나 하느님의 것이라는 이유에서다.

인간 탐욕의 결과물인 구제역 재앙으로 크고 작은 수백만의 생명들이 살처분되었다. 하느님께 속한 것을 이리 함부로 한다면 인간의 문명 역시도 지속되기 어렵다. 다행히도 기독교 안팎에서 죽은 백만 짐승의 혼을 위로하는 종교적 예식이 거행되고 있고 생명에 대한 문명 비판적 경각심을 표출하는 성명서가 나오고 있으니 늦었으나 다행한 일이다. 분뇨와 온갖 오물로 범벅된 축사에서 항생제와 영양제만으로 살찌우는 짐승들이 존재하는 한 후진국 병인 구제역은 사라지지 않을 것이고, 우리 인간을 심판하는 일들이 더욱 잦아질 것이며, 인류 문명 자체를 몰락시키는 원인도 될 수 있다. 더욱이 AI 조류독감으로 사육 오리 역시 폐기처분되고 있으니 새해를 맞은 우리의 걱정이 태산이다.

오늘 이 시점에서 기독교인에게 필요한 것은 다시금 생태적 수치심이다. 자본주의적 욕망[貪]과 백만 생명을 땅에 묻을 만한 잔혹함[瞋] 그리고 죽을 줄 알면서도 헤어 나오지 못하는 이기심[痴]으로 자연 붕괴에 일조하는 현실을 직시하라는 것이다. 원죄와도 같은 탐진치의 자각 속에서 생태적 수치심을 갖지 못한다면 하느님에 대한 신앙도 거짓에 불과할 듯싶다. 하지만 금번 구제역 재앙은 하느님 당신의 미래를 위해 방주를 준비케 한 노아의 계시 사건과 비유할 만한 사건일 수도 있다. 신앙적 촉각을 세워 살처분된 수백만 두의 뭇 생명들의 고통과 한을 문명 비판적 시각에서 돌아보는 거룩한 성찰이 있다면 말이다.

흙(자연) 살리기는 신앙 운동이다

강정마을사태와 고엽제 매립 파장을 보며

2011년 7월 15일자 〈한겨레신문〉 칼럼에서 시회학자 조혜정은 '아이들의 미래를 위해 한 평의 땅을 사자' 는 운동을 제안하였다. 4대강 본류 공사가 마무리 되는 시점이지만, 지류만큼은 지키고 싶은 열망에서 도룡농과 생사를 같이했던 지율 스님의 생각을 받든 것이다. 독일 등 유럽 곳곳에서 원전 포기 운동이 일어나고 있고 자연 상태로 강을 되돌리는 정책이 입안되었음에도 불구하고 왜 우리 정부는 앞서 깨친 사람들의 성찰을 애써 외면하는 것인지 납득하기 어렵다. 그리하여 4대강 사업이 완료되는 시점에 바로 강을 이전으로 되돌리는 출발점이 될 것이란 자조 섞인 말도 들리곤 한다. 지류마저 망가지는 것을 심히 우려하여 이들은 지류 근방의 땅을 한 평이라도 구입하여 자본과 기술의 횡포로부터 그곳을 보존코자 한 것이다. 이들의 신앙이 우리와 다를지라도 땅을 지키고 강을 회복하려는 노력은 온전히 기독교적이다. 우리는 흙 살리기 운동을 대대적으로 벌이고 있는 정진석 장로의 이야기를 알고 있다. 농협의 간부직을 맡았던 그가 필자와 함께 기독교 창조신앙을 공부한 이후 본격적으로 '흙 살리기 운동' 을 시작했고 그를 재단으로 발전시켜 오늘에 이른 역사가 10년을 넘어서고 있다. 자본주의 이념으로 경도된 관주도형의 농협으로서는 농민과 자연을 살릴 수 없다는 판단 하에 그는 신앙적 결단을 한 것이다. 그에게 흙 살리기는 농촌과 농민을 소생시키는 수단으로서 창조신앙의 핵심이었던 까닭이다. 그가 발간하는 〈흙 살리기〉 잡지를 계속 주목할 이유가 여기에 있다.

흙(자연)은 하느님의 첫번째 파트너

주지하듯 바벨론 포로기(BC 586) 이후에 쓰인 창세기 1장에는 '땅(흙)'의 의미가 특별히 강조되어 있다. '빛이 있으라'는 말씀과 더불어 시작된 창조의 대 역사 속에서 우리가 눈여겨봐야 할 곳이 특별히 셋째 날의 창조 사건이란 말이다. 일반적으로 빛과 궁창의 창조는 일체 생물이 거주할 수 있는 기본적 틀로서 시간과 공간의 창조를 지칭한다. 시공간 없이 존재할 수 있는 생명체는 없는 까닭이다. 하지만 종종 우리는 시간에 쫓긴다는 말을 하며 일상을 산다. 그것은 삶의 분주함을 뜻하는 말일 터인데 실상은 어불성설이자 그런 삶은 존재할 수 없고 있다고 해도 그것은 죽음일 뿐이다. 사람이 시간에 쫓겨 산다는 것은 결국 사람이 시간에 앞서 있다는 말일 터인데 그것은 가당치 않다. 하지만 이보다 더 이해할 수 없는 사건이 셋째 날 발생한다. 태양도 없는 시공간 안에서 하느님은 푸르를 것을 명령하신 것이다.

상식적으로 지구상의 푸른 생명체는 태양 빛을 받아 광합성 작용을 통해서만 존재할 수 있다. 태양 없이 존재할 수 없는 생명체가 없다는 것은 상식이며 과학이다. 그럼에도 불구하고 하느님은 태양 없는 생명 탄생을 예고하셨다. 일체 공간을 그 없이 푸르게 창조하신 것이다. 혹자는 이를 두고 자연현상을 능가하며 과학을 압도하는 하느님의 권능에 감격할지도 모르겠다. 물론 그런 측면이 없지 않다. 포로기 이후 함께 잡혀갔던 제사장 그룹들이 태양을 숭배하던 바벨론 창조 설화를 의도적으로 부정했고 우주 창조의 대서사시의 주인공이 하느님인 것을 강조했던 까닭이다. 이는 실상 정치적 자유는 빼앗겼으나 종교적 주권은 끝내 상실치 않으려는 이스라엘 백성들의 목숨을 내건 투쟁이기도 했다. 오늘 우리처럼 안일하게 내뱉는 신앙고백과는 전혀 다른 삶의 정황에서 출현한 것임을 아는 것이 중요하다. 바로 이런 차원에서 성서는 땅, 곧 흙이 하느님의 첫 번째 창조 파트너임을 강조할 수 있었다. 태양 없이 하느님 말씀만으로 세상이 창조되었음을 주장하는 것 이상으로 강조되어야 할 부분이다. 인간은 물론 태양보다 앞서 땅(흙)이 하느님 창조의 협력자란 사실은 아무리 강조해도 지나치지 않는다. 물론 땅(자연)이 하느님일 수는 없다. 하지만 인간보다 앞선 하느님의 으뜸가는 파트너란 사실을 부정해서는 안 될 것이다. 그럼에도 실제로 인간은 자신만이 하느님 형상이란 착각으로 흙을 저주했고 부정했다. 말씀의 존재이긴 하지만 인간 역시 흙으로 지어진 존재라는 것이 다른 창조 기사(J문서)의 증언임에도 불구하고 말이다. 필자가 보기에 흙과 더불어 살았던 가인이 최초의 살인자로 그려지고 그런 그가 놋이란 곳에서 도시문화를 정초한 처음 사람이 되었고 그곳의 죄악이 과(過)하여 가인의 문명을 홍수로 멸하셨던 하느님이 인류의 포도나무를 심었던 노아와 더불어 새로운 세계를 계획한 것은 대단히 유의미한 신앙적 신화이다. 농사꾼 가인의 살인 이야기는 아주 후대의 이야기일 것이고, 땅을 부정한 도시문화의 몰락(대홍수)은 지금-여기서도 반복 재현되는 사건이며, 새 차원의 인류 문명이 흙과 더불어 새롭게 시작된다는 것이 포도나무를 심은 노아의 삶을 통해 계시되는 내용이다. 흙을 사랑하는 사람들은 과한 것을 탐하지 않는다는 것이 노아가 일굴 문명의 본질이다. 사람들 눈에서 억울한 눈물을 흘리는 일을 하지 말며 짐승을 삶의 반려자로 여길 뿐 돈벌이(욕망) 수단으로 생각하지 말라고 했기 때문이다. 이 점에서 성서는 하느님, 인간 그리고 흙(자연)의 관계를 서로 나눌 수 없는 하나로 이해했다. 인간이 하늘에 죄를 범하면 인간 상호간 갈등이 생기고 그 결과 자연 역시도 인간을 토해 낸다는 것이다. 이것이 바로 저주받은 인간 노동의 운명이다. 땀을 흘렸지만 들판은

엉겅퀴와 들풀만 낼 뿐 먹거리를 주지 않는다는 것이다. 오늘 인류가 노동의 문제로 고통을 당하고 있다면 이렇듯 천지인(天地人) 3자의 관계를 본질에서부터 다시 들여다 볼 일이다.

흙의 죽음은 하느님의 아픔

삼천리 금수강산이 잿빛 시멘트 포장으로 뒤덮인 것은 어제 오늘의 일이 아니다. 그것을 발전이요 문명으로 아는 것도 문제이지만 그런 정책이 실패임을 인정하고 그것을 거둬내는 성찰과 지혜를 따르지 않는 정책 입안자들의 고집과 탐심이 더 큰 화를 초래할 것이다. 더구나 한국은 세계 유일의 분단국가로서 온갖 모순이 집약된 공간이다. 20세기 후반 신학의 패러다임을 달리했던 '정의, 평화 그리고 창조질서의 보전(JPIC)' 모임이 1990년 한국 서울에서 열렸던 것도 분배의 불균형, 전쟁 무기의 과다 보유 그리고 생태계의 급속한 파괴가 이 땅 한국의 구체적 실상임을 전 세계 교회가 숙지했던 까닭이다. 그로부터 20여 년이 흘렀건만 이 땅은 여전히 남북 분단의 후유증으로 정의, 평화는 물론 생명, 곧 흙 살리기조차 어려운 지경으로 내몰리고 있다. 해군 기지 건설을 위해 제주도 천혜의 자연 환경이 마구잡이로 파헤쳐지고, 이 땅의 평화를 위해 주둔했던 미군들의 기지 곳곳에서 유해 폐기물이 발견되었고, 항차 자연의 보고라 일컬어진 비무장지대에 베트남전에서 사용된 고엽제가 대량 살포되었다는 소식들은 바로 분단의 상흔을 적시하는 내용이다. 분단이 미군 주둔을 허용했고, 먹거리를 비롯하여 그들이 퍼뜨린 과도한 자본주의적 문화와 이 땅을 일회성 소모품으로 보는 그들의 무책임한 삶의 행태들로 인해 평화는커녕 흙(자연)마저 죽어 가는 상황이 되고 말았다. 국가 주권을 위해 미군 철수를 말하는 과격한 입장은 아니더라도 적어도 평화를 위해 이 땅에 거주한다면 그들은 치외법권적 상태로 존재해서는 아니 될 것이다. 평화와 생명 보전을 위한 원칙의 실종은 미국을 선호하는 기독교인들에게 조차 분노를 일으킬 것이고 그것은 결국 부메랑이 되어 미국의 국익에도 치명적 누가 될 것이 명약관하다.

신문기사 정보에 입각하여 우선 해군기지 건설이 강행되는 제주 강정마을의 경우를 살펴볼 필요가 있다. 익히 아는 대로 일본 남쪽 섬 오키나와는 일본 내 미군 군사기지가 있는 곳이다. 그곳에서의 미군 횡포가 긴 세월 동안 극에 달했고 급기야 주민들의 미국 거부 운동이 일어났으며 일본 정부는 난관에 부닥쳤다. 미국 입장에서도 그곳은 중국과 북한을 겨냥한 전략 요새인지라 포기할 수 없는 상황이었다. 하지만 군사기지의 비대화로 그곳을 비좁게 여겼던 미국의 시각에선 제주도 내 해군기지 건설은 듣던 중 반가운 소식이었을 것이다. 우리 정부와 맺은 기존 군사 협약에 의해 해군기지가 건설되면 미 해군 소속 군함은 물론 공군 비행기들 역시 수시로 드나들 수 있는 전략 요충지가 되는 까닭이다. 그리 되면 제주도은 평화의 섬이 아닌 긴장의 땅이 될 수밖에 없는 바, 이런 곳에 외국인들의 발길을 기대한다는 것은 어불성설이다. 이런 기지 건설을 두고 사전에 미국과 교감이 있었는지는 모르나 이것은 평화의 섬으로 지정된 제주도 주민으로선 청천벽력 같은 소리가 아닐 수 없다. 극비로 추진되다 수차례 지역을 바꾸면서 전체 주민들 의사는 무시한 채 강정마을에 해군기지 건립을 시작한 지 벌써 4년 이상의 세월이 흘렀다.

이제는 많은 분들이 그곳을 다녀왔으나 지금껏 그곳 주민들은 군 당국의 공권력과 맞서야 했고, 이해관계가 엇갈린 주민들 간의 대립과 갈등도 해결·조정해야 하는 등 이중 삼중고를 경험해야만 했다. 비록 강정마을 해군기지 건립이 그간 매스컴에 알려진 바 없었고 4·3사태를 경험했던 후유증으로 제주 현지 주민들의 적극적 자기 표현 부재로 인해 거의 지는 싸움이라 생각했었으나 해군기지 건립 부지인 강정마을 해변이 제주도 내에서도 특히 청정한 곳으로 종 다양성이 가장 풍부한 지역인 것이 알려지면서 외지인들의 지원이 쇄도했고, 방관하던 주민들의 지지 역시 이끌어 낼 수 있었다. 이과정에서 필자는 다음 두 형태의 모순을 경험할 수 있었다. 제주 땅을 전략요충지로 만들어야 평화가 지켜진다는 정부 및 군 당국의 발상과, 그것이 없어야 진정한 평화를 이룰 수 있다는 신념 간의 충돌이다. 앞의 주장 역시 일리가 없다 말할 수 없겠으나 그것은 분명 성서적 시각과는 상충된다. 칼을 쟁기로 만들어야 할 판에 평화 도시를 군사 요충지로 만드는 일은 '국가이익'이란 현실적 차원에서도 미화(정당화)될 수 없기에 거부해야 마땅한 일이다. 다음으로는 강정마을 내 해군기지 건설을 반대하는 주된 흐름도 기독교 교회 측이며, 그를 지지하는 집단도 기독교인들이라는 사실이다. 같은 신앙을 갖고 같은 하느님을 섬기면서 무엇이 옳고 그른지에 대해 이처럼 선명하게 편이 갈린다면 기독교란 종교 자체가 문제가 있든지 아니면 그를 믿고 따르는 신앙인들의 의식 자체가 잘못되어 있든지 둘 중 하나임이 틀림없을 것 같다.

해석학적 투쟁이 필요한 기독교

필자가 믿기로는 후자의 입장은 사적 이익에 접해 대의를 포기한 결과로서 무늬만 기독교일 뿐 종교인이라 명명할 수 없는 부류이다. 우리 주변에 이런 식의 기독교인들이 얼마나 많이 상존하는지 셀 수조차 없다. 이런 말을 하는 우리 스스로도 경우에 따라 잘못된 선택을 하는 경우가 다반사인 것을 잘 안다. 그럼에도 기독교는 기독교다워야만 하고 그것을 자신의 운명으로 받아들이는 삶을 살아 내는 것이 신앙이다. 하지만 강정마을에 대한 이런 시각을 결코 정치적 차원으로 환원 내지 협소화시킬 필요도 없고 해서도 아니 된다. 4대강 사업에 대한 논의 과정에서도 그리 설명되었듯이 기독교를 비롯한 여러 종교는 신앙과 생명의 차원에서 끝까지 강정마을을 바라볼 것이다. 그래서 그 싸움은 더욱 치열할 것이고 결의 역시 쉽게 약화되지 않을 것이다.

이 점에서 피를 나눈 친척보다 이웃들이 더 소중하게 느껴지듯 같은 종교를 가진 사람들보다 종교 본연의 가치인 생명의 시각에서 세상사를 보는 선한 벗, 이웃종교인들의 존재와 활동이 더욱 소중할 때도 많다. 이 글의 제목이 말하듯 흙, 곧 자연 살리기는 오늘 우리 시대의 신앙 운동의 새 차원인 이유에서이다.

같은 맥락에서 우리는 또 한국 사회의 현안으로 부각된 미군기지 오염 실태를 주목할 필요가 있다. 북한의 침입을 견제한다는 좋은 뜻에서 이 땅에 주둔하는 그들이지만 그들의 처신은 더 이상 묵과하기 어려울 정도이다. 서울을 비롯해 전국 요지에 엄청난 규모의 땅을 돈 한 푼 내지 않고 사용하는 그들은 그곳을 사람 살지 못할 불모의 땅으로 만들어 버렸다.* 퇴역 미군 군인들의 증언이 없었다면 영원히 몰랐을 사실이었다고 생각하니 분노가 하늘을 찌른다. 그들이 사용하다 함부로 버린 오염물질로 얼마나 지하수가 오염되었는지는 누구도 알지 못한다. 그 폐해가 앞으로 우리에게 부메랑처럼 되돌아올 때는 계산할 수 없을 만큼의 규모일 것이다. 이곳 대한민국 땅이 그들에겐 지켜야 할 의무도 책임도 없는 마치 호텔과도 같은 곳이었을 것이다. 자기집, 자기 땅에 오염물질을 함부로 버리는 어리석은 사람은 없을 것이다.

하지만 그들은 이 땅을 지켜준다는 명목으로 모든 것을 크리넥스 사용하듯 했다. 쓰고 버리면 그뿐이었을 것이다. 그들이 쓰다 버린 오염물질로 인근 지하수에서 2급 발암물질인 '테트라클로르에틸렌(PCE)'이 검출되었는데 그 양이 마시는 물 기준의 일천 배가 넘는다고 한다. 더더욱 무서운 것은 간암·

---

* 경기도 인천시 부평기지를 비롯한 경북 칠곡군 왜관에 소재한 캠프 캐럴이 대표적 사례임.

피부암·폐암 등을 일으키고 일체 장기를 무력화시킬 수 있는 비소의 검출량이 최대 2,400배가 넘었고, 특히 어린 아이들의 뇌 발달을 저해하는 수은 농도 역시 800배를 초과했다고 하니 이 땅의 미군들이 진정 아군인지 적군인지 모를 정도이다.* 이들은 외형적으로 우리의 친구이고 당장은 아군이지만 긴 세월을 놓고 볼 때 친구이자 동지라 말하기 어려울 수 있다. 우리의 분노를 더욱 더 치밀게 하는 것은 이렇듯 지하수를 오염시켰으면서도 지하수를 먹고 마시는 지역주민들에게 오염 사실을 통보하지 않았고 자신들만 최고의 생수를 쓰며 지냈다는 사실이다. 지하수가 오염되면 땅이 오염되는 것은 너무나 당연한 일이고, 거기에서 자라난 온갖 곡식들이 생명의 양식이 될 수 없음이 주지의 사실임에도 미군들은 환경정보 하나 제대로 공개하지 않았다. 그곳에서 생산된 곡식과 채소, 과일을 농촌은 물론 인근 도시 주민들이 먹었을 터인 바, 이런 상황에서도 사실을 은폐 축소하려는 미군 당국과 정부의 미온적 태도 역시 우리를 더욱 불안스럽게 한다.

따라서 환경문제에 관한한 미국에 면죄부를 주어서는 안 된다는 소리가 더 크게 울려 퍼질 필요가 있다. 또한 미군들이 1960-70년 사이 주기적으로 고엽제를 남한 땅에 살포했다는 사실을 접하면서** 미국과 미군이 우리에게 무엇인가를 근본적으로 되묻게 된다. 이 시기에 비무장지대에 고엽제가 대량 살포되었다면 DMZ를 새로운 평화 생태공원으로 만들려 했던 우리의 소박한 꿈은 물거품이 될 수도 있다. 고엽제가 무엇인가? 월남전 당시 '베트공'을 잡겠다고 공중살포하여 무성한 아열대림을 초토화한 무서운 살충제가 아

---

* 〈한겨레신문〉 2011년 6월 30일자 목요일 신문 29면에서 인용.
** 본래 한미협약에 따르면 1968-69년 사이에 고엽제를 살포할 수 있다고 합의했다는데 이것도 문제지만 이 기간을 임의로 지키지 않은 미군의 입장을 문제 삼지 않을 수 없다.

니었던가? 그것이 원인이 되어 고생하던 파병 장병들의 숫자는 또 얼마던가? 어느 이유에서건 '흙 살리기'를 포기하는 것은 사람답게 살기를 포기하는 것이고 그것은 하느님 당신의 몸을 고통스럽게 하는 일이다.

우리는 천지 창조 때 하느님께서 당신의 창조의 파트너로서 인간보다 흙을 먼저 택하셨음을 겸손히 인정해야만 할 것이다. 따라서 보이지 않는 하느님을 믿고자 하는 것보다 하느님의 창조 파트너인 흙과 더불어 친밀하게 사는 삶을 배우는 것이 기독교 신앙의 핵심인 것을 생각할 때가 되었다. 성육신 신학의 본질, 곧 하느님이 하느님 되기를 포기한 사건의 핵심은 초월을 초월한 곳이 바로 이 땅임을 가르치고 있는 까닭이다. 소비자란 말 속에는 파괴자란 뜻이 담겨 있다. 가인의 후예란 말이 그것이다. 이제는 흙과 더불어 살며 그 속에서 창조자의 삶을 경험하는 진정한 노아의 후손이 되길 소망해 보았으면 한다.

암(癌)의 문화에서
영(靈)의 문화로

이 글에서 필자는 민족(우리)의학 모임이 주관한 두 차례 단식 경험을 토대로 기독교적 인간 이해를 새롭게 성찰해 보고자 한다. 꼭 10년 터울을 두고 필자는 각기 열이틀과 일주일 동안 '창자가 가난해야 마음이 가난할 수 있다' 는 가르침을 체험하기 위해 없는 시간을 강제로 만들어 보았다. 우연한 깨달음이었으나 암(癌)과 영(靈)의 두 단어가 대비된 적이 있었다. 하나는 모두가 무서워하는 것이고 다른 하나는 모두가 바라는 것이로되 그 속에는 입 구(口)자가 공통적으로 3개씩 자리하였다. 뜻글자로서 암이 3개의 입을 갖고 산(山)처럼 많이 먹어서 생기는 것[病]임을 보여준다면, 영(靈)은 하늘과 땅을 잇는 존재[巫]들이 이구동성으로 비[雨],, 곧 생명을 바라는 형상을 하고 있다. 앞의 것이 개인뿐 아니라 문명 전체가 죽음의 문화로 치닫고 있는 현실을 적시한다면 나중 것은 이 땅을 다시금 생명문화로 되돌릴 수 있는 길을 보여준 것이다. 같은 입(口)이지만 그것이 욕망을 가중시킬 수도 있고 동시에 하늘(생명)을 향할 수도 있음을 두 한자어가 여실히 언표하였다. 필자는 이를 유위(有爲)와 무위(無爲)로서 달리 표현할 수 있다고 생각했다. 거짓 위(僞)가 사람 인(人) 변에 할 위(爲)가 붙어 있듯 유위는 욕망하는 인간의 실상인 반면 무위(無爲)는 그 욕망을 줄여 없애는 자연스러움을 보여준다. 이 땅의 주류 문화를 생명문화로 바꿀 수 있는 인간은 자신의 몸[口]에서 거짓된 욕망을 거듭 벗겨내는 사람(巫)

일 것이다. 이런 무위를 위해 노력하는[有爲] 것만이 자신과 세상을 구할 수 있다는 생각을 하게 된 것이다. 이 점에서 단식은 바로 유위적 무위(有爲的 無爲)의 구체적 실상 될 수 있었다. 성서가 말하듯 땅에서 매면 하늘에서도 매이고 이곳에서 풀면 저곳에서도 풀리는 일은 분명 욕망을 줄이는 데서부터 시작될 것이다.

몸공부로서의 단식

물론 기독교 서구에서도 금식을 중시했었다. 그것은 본래 다석(多夕)이 말했듯 '몸 줄여 마음 키우(늘리)려는' 목적에서였다. 하느님 나라 가치에 자신을 맞추는 일이었던 것이다. 그러나 점차 서구는 신학과 의학 양면에서 단식의 전통을 스스로 단절시켰다. 서양의학의 칼로리 중심의 포지티브 요법이 대세를 이루면서 네거티브 요법인 단식을 실종시킨 것이다. 이는 궁극적 실재를 항시 '있음[有]'으로만 언표했던 서양과 그를 '없음'으로 이해한 동서양 차이의 다른 면일 수 있겠고, 인간의 본질을 뇌 용량의 크기에서 찾는 '뇌 중심적 인간 이해'와 존재 근거를 창자를 비롯한 오장육부에 있다고 보는 동양적 인간관 간의 구별에서 비롯된 것일 수 있다. 이렇듯 오장육부로서 몸에 대한 강조는 의당 신토불이(身土不二), 즉 자연의 존재를 요구할 수밖에 없었고 이는 인간 이성을 육체보다 우위에 둔 서양적 인간상과 크게 달라지는 부분이다. 동양에서는 정신을 인간 몸의 자연스런 드러남이라 보았기에 모든 공부는 항시 몸 공부[修身]로부터 시작되었고 몸 공부의 중심에는 단식이 자리했던 것이다. 성서에는 간음하다 들킨 여인의 이야기를 놓고 예수와 군중들 사이에 오가는 논쟁이 기록되어 있다. 간음한 여인을 향해 분노하는 군중들에게 예수는 마음속으로 간음하지 않는 자가 있거든 그 여인에게 돌을 던지라고 하였다. 이는 구약시대에는 없던 심정윤리의 차원으로 상당히 진일보된 윤리라 하겠다. 마음으로 실수하면 그것 역시 죄라 가르치는 예수의 기준 앞에 마주 설 사람은 아무도 없을 것이다. 하지만 여기에도 문제가 없지 않다. 심정적 차원이긴 하나 이미 존재론적으로 생기(生起)한 사건을 없는 듯 지울 길이 없다는 사실 때문이다. 심정윤리만으로 인간 죄의 문제를 해결할 수 없다는 말이다. 그래서 동양은 거듭 몸과 씨름하게 된다. 서구 기독교가 타율적(제도적) 은총을 제시하는 것과는 상반된 해결책이다. 그러나 중세의 면죄부보다 더 타락한 것이 개신교의 은총이란 말이 있듯 이것이 너무 남용, 오용되는 까닭에 수행적 기독교에 대한 요구가 절실해지고 있다.

민족 의학이란 우선 이 땅에서 체득된 먹거리를 중심으로 한 의식주 문화에 대한 경험적 인식 체계로서 '밥이 곧 약' 임을 주장한다. 서구 자본주의가 밥과 약을 분리시켜 온 것에 대한 민족적 항거 내지 분노가 크다. 이는 의당 '밥이 하늘이다' 라는 선언과 맥을 같이한다. 다음으로 인간 몸에 대한 독점적 지식을 선점한 의학 체계에 회의하며 몸의 주인이 그 자신임을 천명한다. 자신 몸속의 자연치유력에 대한 철저한 신뢰에 바탕하고 있는 것이다. 하느님의 '살리는 영' 이 인간 몸속에서 운행한다는 사실을 굳게 믿는 것이다. 동학에서 말하는 시천주(侍天主) 역시 이 점에서 이해할 수 있다. 끝으로 건강을 최후 보루로 삼는 서구 의학과 달리 몸을 매개로 인간 심성 및 사회 개혁까지 계획한다. 한 개인의 건강은 사회 구조와 밀접히 관련되어 있다고 믿기 때문이다. 이 점에서 민족 의학의 문제의식은 성직자의 권위로부터 인간을 해방시켰던 종교개혁에 버금간다. 인간을 의사로부터 자유케 한 생활 혁명을 전제하는 까닭이다.

자연 속의 인간 위치

이런 시각에서 기독교는 신학적 인간학을 다시 물어야 옳다. 신학이 보편성 물음을 간과한 채 신학적 주관주의에 함몰되지 않으려면 무엇보다 먼저 자연 속에 있는 인간의 위치를 물어야 하는 것이다(판넨베르크). 주지하듯 생명을 지닌 인간 본질 역시 주변 환경과 관계하는 대사, 자신의 종을 남기는 복제 그리고 복잡화의 과정을 거치는 진화에 있다. 이는 모두 살아 있는 생명체에 내재된 자기 초월의 힘 때문에 가능한 일이다. 이 과정에서 때론 강력한 돌연변이도 출현하는 바, 그것 없었더라면 오늘의 우주 및 인간도 없었을 것이다. 바로 각기 다른 자연 풍토 속에서 저마다의 방식으로 인간의 자기이해가 생겨났고 그에 기초하여 다양한 종교들이 출현했다고 생각된다. 이처럼 인간 존재는 역사성만을 짊어진 것이 아니라 항상 자연성(몸성)을 입고 있다는 보편적 사실을 신학이 새삼 강조할 바이다. 여기서 신토불이적 인간 이해는 한국을 위시한 동아시아 지역에서 발전된 인간관으로, 다음 이유로 민족 의학의 기초가 되고 있다. 심신일체(心身一體), 생체일자(生體一者) 그리고 상생상극론(相生相剋論)이 그것이다. 심신일체는 인간이 인위적으로 조절할 수 있는 교감신경과 조절 불가능한 부교감신경(자율신경)과의 조화를 일컫는다. 전자는 몸이고 후자는 정신일 터인데, 정신은 오로지 몸의 균형을 통해 회복됨을 강조한다. 생체일자는 우리 몸을 통으로 하나(一者)로 인식하는 동양적 우주관의 반영이다. 인간 몸을 부분으로 나누는 요소론적 세계관이 아닌 유기체적 관계를 중시하고 있다. 상생상극은 오장 육부 간의 관계를 말하는 것으로서 일체 장기가 자기 원인적으로 작용하지 않고 상호간 생(生)과 극(克)의 관계로서 활동함을 보여준다. 또한 방위, 절기, 색상, 먹거리 역시 장기와 함께 얽혀 인간에게 영향을 미칠 수 있다. 24절기 문화와 풍수지리가 여전히 중요한 이유라 하겠다.

　이상의 원리를 바탕으로 한 민족 의학은 병을 실체론적으로 접근하지 않는다. 무모할 정도로 '병은 없다'고 선언한다. 어쩌면 인류의 역사는 질병과의 투쟁의 역사라 할 만한데도 그렇게 말하고 있다. 건강할 때 뼈 빠지게 일하여 번 돈을 늙고 병들어 병원에 바치는 것이 일상화된 현실에서 병이란 없다고 하며 의사를 멀리하고 네 속의 의사이자 하느님인 자연치유력을 믿으라는 것은 실로 생활 혁명이라 말할 수 있다.

흔히 의학과 음악을 비교하곤 한다. 전여 유사성이 없을 것 같은 두 영역이나 실은 균형과 조화를 가장 중시한다는 차원에서 닮았다. 음(音)들 간의 조화가 깨질 때 시끄런 소리가 나듯 병이란 몸의 균형이 깨져 있는 상태일 뿐이다. 조화가 깨져 몸의 조절 능력이 망가진 것이 병이라면 병은 분명 실체가 아닌 과정일 것이다. 바로 이를 위해 단식이 중요하다. 망가진 몸의 자율성을 회복하는 길은 창자가 비워져야 한다는 것이다. 수없는 종교들이 마음의 가난을 외치고 있지만 어디서도 그런 현실을 목도할 수 없다. OECD 국가 중에서 이 나라의 욕망지수가 가장 높다 하니 종교 강대국이란 말이 한없이 초라하다. 창자를 가난케 하여 마음이 비워지고 마음이 비워질 때 병도 사라질 수 있다. 인간 속 자연 치유력을 극대화시킬 수 있기 때문이다. 따라서 단식 그것 자체는 고통스런 십자가이겠으나 동시에 반성, 재생, 부활의 기회이기도 하다. 그것은 심신의 합일을 이루는 길이자 인간 회복을 도울 수 있는 것이다. 다석(多夕)에게도 일식(一食)은 십자가였고 동시에 맘을 늘려 바탈 태우는 부활의 길이기도 했다.

거듭 강조하지만 병원에 돈이 몰리는 이유는 암(癌)이란 한자어가 적시하듯 지나친 욕심 탓이다. 물론 온갖 질병의 책임을 개인 탓으로 돌릴 수는 없다. 농약과 화학약품에 찌든 식품들, 장거리에서 수송된 수입 산물들이 지천인 현실에서 개인의 책임만을 묻는 것은 무책임한 것이다. 하지만 '자기 오줌 똥 3년 안 먹으면 죽는다.'는 말이 있듯 신토불이 정신이 다시 살아나야 할 것이다. 이를 부정하는 것이 바로 우리 시대의 역천(逆天)인 셈이다. 역천을

순천(順天)의 길로 바꾸는 것이 종교이고 신앙이라면 제 철, 제 땅에서 욕심 없이 길러진 음식을 먹고 사는 구조부터 회복할 일이다. 있는 그대로의 자연은 하느님의 약방인 까닭이다.

'몸 줄여 마음 늘리는' 영(靈)의 문화

인간 질병 기원이 그간 인류 문명사의 획기적 사건이라 여겨지던 직립 보행과 화식(火食)에 있다는 것은 대단히 중요한 발견이다. 인간 질병이 인간 문명사와 동전의 양면처럼 맞닿아 있다는 것이다. 이는 문명이 시작되고 발달하면서 두뇌 용량이 커진 유위(有爲)의 문화가 생긴 탓에 인간 몸(오장육부)이 억압되었다는 사실을 지칭한다. 직립 보행을 하게 되면서 자유로워진 두 손으로 문명을 일구었으나 동시에 커진 두뇌를 지탱하고자 척추가 휘어졌고 장기들이 아래로 처져 기능이 후퇴하기 시작한 것이다. 화식 역시 인간에게 맛을 선사했으나 정작 영양소를 파괴시켜 과식의 빌미를 제공했고 유해가스를 발생시켜 몸의 노화를 가속화시켰다. 암이란 질병이 오직 화식하는 동물에게만 발생한다는 것은 의미 있는 발견이다. 주지하듯 먹은 음식은 체내의 생화학 작용을 통해 수산을 발생시킨다. 이중 무기수산은 몸을 해치는 독소인데, 화식을 하는 경우 두드러지게 많이 생산된다. 본래 수산은 체내에서 물과 이산화탄소로 분해되어 각기 호흡과 배설작용을 통해 체외로 빠져 나가야 옳으나 몸속의 산소가 부족한 경우 일산화탄소(CO)로 체내에 잔류하고 그것이 바로 암 발생의 직접적 요인이라 알려져 있다: 체내의 일산화탄소를 이산화탄소(CO_2)로 만들어 체외로 배출하려면 몸속으로 산소(O)를 더 많이 받아들이면 된다. 이 역시 유위(문명)가 무위(자연)를 억압한 탓에 생겨난 일로서 다시금 인간에게 자연에 속하기(Belonging to the Nature)를 촉구하고 있다. 더 많은 산소 호흡은 결국 삶의 양식 자체가 달라져야 가능한 일이고 종교 자체의 성격이 변해야 성사될 수 있다. 이 점에서 성서의 예수도 하늘 아버지의 온전함을 닮으려면 들의 백합화와 공중 나는 새를 보라고 한 것이다. 토마스 베리란 미국 신부께서 성서를 몇 년간 책장에 놓아두고 자연 바라보기를 더 많이 할 것을 주장한 것도 이런 이유에서다. 자연을 살리고 그와 더 많이 접하는 것이 바로 살 길인 것이 분명해진 까닭이다. 이는 결국 인간 몸이 자연인 것을 인정하는 데서부터 시작된다. 하느님 주신 자연치유력의 회복을 돕는 방식으로 삶을 살 것인지 아니면 그것을 약화시켜 중세기 성직자들이 그랬듯 현대 의사들의 노예로 살 것인지의 결단이 우리의 몫으로 남아 있다. 질병의 주요 원인들인 혈액순환의 부등속(심장병 중풍), 교감신경과 부교감 신경의 부조화(신경 정신병), 강산성 화된 체액(암) 그리고 만병의 근원인 숙변은 모두 신토불이에 터한 생체일자(生體一者)적 자각에서 해결될 수 있다. 그 첫 출발점이 단식에 있다는 것이 필자가 경험한 바로서 여기서부터 영(靈)의 문화가 시작될 수 있다는 것이 얻은 깨침이었다.

민족 의학과
몸의 주체성

긴 시간이 흘렀지만 민족생활학교에서 체험한 지혜는 필자에게 여전히 생동적인 힘으로 영향을 미치고 있다. 유럽 유학 시절 그토록 소화기 계통의 질병으로 고생을 했고 신약(新藥) 실험의 대상이 될 만큼 신제품의 약을 수없이 복용했으나 위·십이지장 궤양은 좀처럼 치유되지 않았다. 스위스 바젤을 대표하는 병원 의사들 역시 더 이상 원인을 밝히지 못하고 고향으로 돌아가면 나을 것이란 막연한 처방을 내놓을 뿐이었다.

한국에 돌아와서도 셈할 수 없을 정도로 대학병원을 찾았으나 술, 담배 금하고 스트레스 받지 말라는 말 듣는 것이 고작이었다. 평소 술, 담배를 전혀 하지 않았던 나로서는 이런 처방 받는 것이 너무도 억울하고 역겨웠다. 고된 유학생 시절과 달리 삶이 안정되어 다소 위병이 진정되는 듯했으나 역시 악순환이 지속적으로 반복되었다. 이런 상황에서 민족생활학교 소개를 접했고 아내의 권유에 이끌려 반신반의하며 민족생활학교를 찾았으며 그곳에서 10일 남짓 단식하며 이후의 삶을 제대로 옳게 살 수 있는 지혜를 얻게 된 것이다. 그곳을 다녀온 지 벌써 십오륙 년은 된 듯싶은데 큰 문제없이 지금껏 건강하게 활동하고 있으니 민족생활학교 장두석 선생과는 뜻밖으로 만났으나 그것은 필자에게 은총이었다.

병원으로부터 종노릇 멈추기

예전부터 하던 생각이지만 필자는 가족을 위해 힘써 골병들만큼 일하다가 중년 이후 난치병에 걸려 병원과 의사 종노릇하는 대다수의 인생살이가 한없이 부조리하다고 느끼고 있다. 필자가 종노릇이란 과격한 단어를 쓰는 것은 그들의 공헌을 몰라서 하는 말은 아니다. 단지 젊은 시절 아끼고 절약하며 자식을 위해 최선의 삶을 살았으나 정작 그렇게 해서 모았던 피땀어린 재산을 병원에 갖다 바치는 현실이 안타깝게 느껴졌던 까닭이다. 물론 국민 건강 보험으로 경제적 부담이 덜어지고 있는 추세이긴 하나 그것도 아직은 반반한 직업이라도 갖고 있던(는) 사람에 한해서일 것이다. 더더욱 장기간 치료를 요하는 큰 병이라도 걸리면 집을 팔고 모았던 재산을 소진해야만 감당할 수 있다. 서구식 식사 습관으로 암 발생 빈도와 부위가 서구를 닮아 가는 현실에서 치료 방식도 이전보다 서구 의존적이 되어 간다. 의료 기구들이 더욱 현대화되어야 하고 성한 사람도 지치게 할 만큼 분석적 검사 방식이 도입되는 등 전문화 과정이 심화되는 것은 결코 바람직한 것만은 아닐 듯싶다. 이 과정에서 전문지식을 지닌 의사는 권력과 명예 그리고 돈까지 지닌 중세의 성직자와 같은 존재로 환자들에게 비춰질 수밖에 없다. 병원 문턱을 자주 드나들던 필자로서는 의사들과의 만남에서 불쾌한 경험을 가진 적이 다반사였다. 요즘은 병원끼리도 경쟁하는 까닭에 자본주의적 상술을 발휘하여 환자들을 이전과는 다르게 대하나, 진정성을 느낄 수 없는 것은 마찬가지이다. 진료를 위해 긴 시간을 기다리지만 정작 상담 받는 시간은 1-2분 정도, 그런 대우를 받고 병원 문을 나설 때면 오히려 화가 치민 것은 필자만의 경험은 아닐 것이다. 하루 100명 이상의 환자를 진료해야 병원이 유지된다는 자본주의적 발상, 즉 환자를 위해 병원이 있는 것이 아니라 병원을 위해 환자들이 생겨 주어야 하는 것이니 아픈 사람으로서는 얼마다 가당찮은 일인지 모르겠다.

주지하듯 오늘의 사회는 인간을 병자로 만들고 있다. 어느 것 하나도 인간을 건강하게 살 수 있도록 조건 지어진 것이 없을 정도다. 우리의 밥상조차 정말 먹을 것 없는 죽음의 식탁이 된 지 오래다. 바쁜 일상 속에 손쉬운 인스턴트 음식으로 주린 배를 채우고, 매일 마시는 것이 몸의 절대온도를 낮출 만큼 찬 음료이며, 그밖에도 성장 호르몬으로 주사된 치킨, 공장식으로 사육되어 스트레스로 가득 찬 육류, 한국산으로 둔갑한 중국의 채소 들이 즐비하다. 자신의 외모를 위해 바르는 화장품 속에 숨겨진 독소를 알지 못하고, 차가운 날씨에도 살을 노출시킨 배꼽티를 입고 거리를 활보하며, 발을 기형으로 만들 만큼 높은 구두를 신고 일상을 살며, 자신의 욕망(精)을 함부로 배출시키며 살도록 성(性)의 상품화가 노골화되어 있다. 나무가 자라는 높이 이하에서 사는 것이 자연의 순리이건만 고층 빌딩을 모두가 선호하게 되었고 온통 화학약품으로 처리된 실내 장식재를 사용함으로써 이전보다 아토피 등 피부 질환나나, 호흡기 질환이 늘어나고 있음에도 좀처럼 욕망의 전차에서 내릴 줄을 모른다. 강과 산 같은 천연의 자연환경을 보전하여 좀 더 많은 사람들에게 자연의 은총을 경험토록 해야 할 정부조차 자연을 파헤쳐 소수에게 이득을 주고자 하니, 이제 가난한 이들은 자연이 주는 신선한 공기의 혜택조차 받을 수 없게 되었다. 모두가 빠르게 사는 것을 능력이라 믿어 자신조차 돌아볼 여력을 잃었고, 과도한 자동차 문화로 대기 환경은 점점 나빠지며, 참을 수 있는 정도임에도 에어컨으로 더위를 식히니 집/사무실 밖은 더더욱 더워지고 건강에 치명적 환경을 만들어 내는 것이 오늘 우리가 사는 모습이다. 이 과정에서 5천년 역사 속에 축적된 민족의 지혜와 경험은 낙후된 가치로 폄하되는 현실이 펼쳐지는 것도 우리가 인식해야 할 고통 중 하나이다. 식품 이동 거리가 짧아야 건강한 먹거리가 될 수 있다는 것이 통념임에도 우리는 신토불이의 원칙을 제대로 지키지 못하고 있다. 오로지 서구의 장삿속을 쫓아가느라,

FTA라는 미명하에 서구의 농산품을 마구 수입하여 이 땅에 풀어 놓으니 그 것이 우리 몸에 좋을 이치 없고, 급기야 한국의 농촌마저 초토화시키고 있다. 얼마 전 큰 뉴스거리였던 광우병 파동 역시 풀을 먹고 자라야 할 초식동물이 동물의 뼈와 살을 갈아 만든 사료를 먹고 자란 탓이라 하니 자본주의가 결국 우리의 병을 키우는 셈이다. 이런 상황에서 자신의 배를 가끔씩 비워 주는 것이 건강에 좋은 것인데 포만감으로서의 충족감에 길들어 있는 우리의 일상, 더더욱 바쁘게 살도록 몰아치는 사회가 이를 허락지 않고 있다.

인간 몸속의 자연치유력

필자가 민족생활학교를 통해 배우고 익힌 것은 바로 우리 몸에 대한 주체적 의식이었다. 살다가 탈이 나면 병원에 가고 의사에게 처방받아 약을 먹는 방식에 대한 치열한 문제의식이 없었음을 처절하게 느낀 것이다. 내 몸을 앞으로도 무조건 의사나 약에게 맡기는 것이 어리석어 보였다. 이토록 일상적 삶의 방식 및 여건이 인간 몸에 우호적이지 않은데, 그에 대한 고민 없이 지금과 같은 방식으로 병원과의 반복적 관계만 쌓아가는 것은 참으로 무책임한 일이라 생각한 것이다. 인간 몸의 자연 치유력에 대해 배운 것도 필자에겐 크게 유익한 일이었다. 이는 마치 하느님 영(靈)이 우리 몸속에 거주한다는 성서의 말씀과도 같이 들렸다. 하느님 영은 살리시는 영이니 자연치유력과 같지는 않아도 결코 무관할 수 없다는 나의 신학적 판단은 틀리지 않을 것이다. 결국 의사나 약이 인간 병을 고치는 것이 아니라 인간 몸속의 자연치유력이 주치의라는 사실을 필자는 알고 믿게 되었다. 오히려 현대의 병원과 의약품들이 인간의 자연치유력을 점차 약화 내지 소멸시킬 수도 있음을 안 것은, 처음에는 분노와 함께였으나 점차 큰 기쁨으로 변하여 갔다.

세상의 어느 의사가 몸의 주체성을 환기시키며 병의 원인을 사회적 · 국가적 차원의 문제와 연계해 이야기하는 경우가 있었는지 모르겠다. 하지만 민족생활학교는병을 앓는 환우에게 민족과 국가의 장래까지 생각하도록 가르쳤다. 자신의 병과 국가의 장래, 민족의 앞날이 결코 무관할 수 없다는 것을 강변했던 것이다. 이는 개인 구원과 사회 구원이 둘이 아니라는 신학적 이해와 정확히 일치하는 부분이다. 현대 의사들이 개인 구원만 강조하는 대교회의 목사들과 비견된다면 장두석의 민족 의학은 세상이 구원되어야 너도 구원받을 수 있다는 예수의 대승적 정신과 유비될 수 있겠다. 그가 외형적으로는 기독교를 비판하고 일체 종교를 거부했으나 그의 정신 속에는 종교 창시자들의 영혼이 살아 숨 쉬고 있음을 필자는 교육 과정에서 확신할 수 있었다. 필자가 그곳에서 교육 받은 이후 광주까지 찾아가 아픈 환우들에게 필자의 경험을 나눌 수 있었던 것도 장두석 선생에게서 그런 마음을 느꼈기 때문이다.

단식은 십자가이다

필자는 장두석의 민족 의학이 강조하는 몇 가지 점에 특히 유념한다. 많은 경우 일본 내 비(非)제도권 의학인 니시의학 체계와 흡사하지만 민족 의학은 그를 원용하되 그것이 말하지 않는 것을 강조한다. 단식(斷食)의 중요성 그리고 스스로 함(주체성), 나아가 먹거리 문제 등이 그것이다. 단식의 일차적 목적은 몸의 독소를 빼내고 숙변을 제거하는 역할을 한다. 필자 역시도 마그밀과 감잎차를 마시며 단식하는 가운데 많은 양의 숙변을 배출한 경험이 있다. 당시 교육생들은 서로들 변기에서 자신이 내놓은 숙변의 양을 서로 자랑하며 내보이기까지 했다. 인간 배 속에 이처럼 많은 양의 잠자는 똥이 있음을 이론이 아니라 몸으로 체험한 것은 이후에 어찌 살 것인가를 심각하게 고민토록 했다. 잘못된 음식을 먹고 때 지난 식사를 했으며 지나친 양을 먹곤 했기에 창자 곳곳마다 찌꺼기가 쌓여 복부 비만이 됨으로써 병을 만들고 있음을 안

것이다. 다석 유영모 선생은 하루 일식(一食)을 하며 인생 후반기를 지나신 어른이다. 그에게 일식이란 자신의 몸을 하느님께 바치는 일로서 몸을 줄여 마음을 키우는 일, 곧 제 뜻 버려 하늘 뜻 따르는 십자가의 의미로 이해되었다. 이 점에서 단식 역시도 몸을 비우는 일로서 그 자체로 종교성을 띤다고 해도 틀리지 않다. 단식이란 인간이 물질로 사는 존재만이 아니라 정신으로 사는 존재인 것을 천명하는 일인 까닭이다. 달리 말하면 물질이 과도하게 소비되는 시대에 단순하게 살겠다는 다짐이라고도 하겠다.

둘째로 민족 의학은 몸의 주체성, 자발성을 가르쳐 주었다. 의사가 인간 몸의 주인일 수 없고 자연치유력이 몸의 주체라는 것이다. 성직자에게 종노릇하는 인간을 예수께서 해방시켰듯이 민족 의학 역시 병원과 약으로부터 인간을 자주토록 했다. 다석에게서 씨알을 배운 함석헌은 그의 본질을 스스로 함이라 했고 씨앗이 자신의 껍질과 땅을 뚫고 홀로 오르듯이 인간 역시도 그리 살아야 할 존재임을 강조했다. 스스로 함의 정신이 없다면 맞섬의 용기도 사라지기에 인격의 주체성, 민족 의학의 개념으로는 몸의 주체성이 더없이 중요하다는 것이다. 몸의 주체성을 포기토록 요구하는 기존 의학을 민족 의학이 비판하며 이와 갈등하는 것은 필연적일 수밖에 없다.

끝으로 먹거리 문제인데, 이는 요즘에 이르러 각별히 주목을 받는 사안이다. 지역 공동체 내의 음식을 먹고, 가능한 한 육식을 삼가며, 스스로 경작하여 먹으면 더 좋고, 될수록 뿌리와 잎을 섞은 다섯 가지 이상의 채소를 섞어 먹으며, 감잎차를 항시 복용할 것 등은 아무리 강조해도 지나치지 않는 민족 의학의 가르침이다. 심지어 유기농 음식이라 해도 실상 그린 워싱(green washing)된 것으로 에코 지능이 발현되지 않으면 선한 것을 분별하기 어려운 것이 실상이다. 이런 점에서 민족 의학이 제시하는 먹거리 원칙은 에코지능을 힘껏 발휘할 수 있도록 도울 수 있다. 필자에겐 밥이 하늘이라 가르친 김지하의 통찰만큼이나 철따라 자연이 주는 밥상이 곧 약인 것을 가르치는 민족 의학의 혜안 역시 결코 그에 못하지 않다고 여겨진다. 밥이 하늘이자 약이란 관점이 우리 모두에게 절실해질 때 씨알 민중의 삶이 온전히 해방될 수 있을 것이다. 이를 위해 24절기 문화의 소중함을 역설하며 제철 음식과 놀이 그리고 의식(Ritual) 모두를 소중하게 생각하는 민족 의학은 오로지 의학 영역 하나만 관심을 두는 서구 의학과 크게 변별될 수 있을 것이다.

그렇다고 필자가 서구 의학 전체를 부정하거나 매도할 만큼 어리석지는 않다. 필자 주변 가족들 중에도 의사가 있고 이젠 둘째 아들도 스포츠 의학을 전공할 목적으로 의학전문대학원에 다니고 있으니 말이다. 필자가 염려하는 것은 서양식 의료를 학습한 의사들의 민족 의학 몰이해 내지 거부이다. 이들은 환우들 건강을 빌미로 혹은 자신들 수입이 줄어들까 걱정하여 종종 수천 년 동안 민족의 경험 속에 녹아내린 지혜를 미신으로 호도하는 것이다. 물론 과학적으로 더욱 해명되어야 할 부분이 남아 있겠으나 누적된 경험을 부정하는 것은 의학 발전 그 자체를 위해서도 불행한 일이다. 이것은 한의학의 경우도 마찬가지이다. 앞으로 한의학과 민족 의학은 그 차이보다 유사성이 의당 더 많이 강조될 필요가 있다. 적어도 민족 의학은 예방의학 차원에서라도 제도권 의학이 적극 수용하거나 활용해야만 한다. 수십 년의 노력 끝에 민족 의학 생활관이 장두석 선생의 고향 나루 땅 한 자락에 둥지를 틀었다는 소식을 전해 들었다. 환우들을 편안한 곳에서 진료하고 그들과 동거 동락할 공간을 갖는 것이 그분의 평생의 바람이었는데, 지인들과 삶의 변화를 경험한 환우들의 자발적 참여로 그 일을 이루셨으니 삶이 복되다 아니할 수 없을 것이다. 부디 이곳에서 많은 이들을 더욱 자유롭게 해방시키는 하느님의 역사가 일어나길 소망한다. 세상 어느 의사도 하지 못했던 엄청난 일이 민족 의학의 선구자 장두석을 통해 일어난 것을 필자는 결코 예사롭게 보지 않는다.

기독교 생명신학의 본질과
생명목회의 가능성 탐색

본래 생명의 종교인 기독교가 최근 들어 거듭 생명을 강조하는 까닭은 그만큼 기독교가 생명의 종교가 되지 못한 탓이다. 예나 지금이나 사람은 의외로 자신에게 결핍된 것을 강조하며 인생을 살고 있는 듯 보인다. 생명을 말하는 것은 그만큼 죽음의 세력이 일상을 지배하고 있다는 반증이라는 말이다. 생명이란 성장을 거쳐 성숙되는 것이고 내일을 위해 썩어질 한 알의 씨알로 남겨지는 일이기도 하다. 하지만 모두가 성장만을 외칠 뿐 성숙한 교회를 찾기 어렵고 죽어야 산다는 십자가와 부활의 신비를 보여주는 공동체가 실종되었다. 본회퍼 목사는 어느 날 일기에서 다음처럼 통상 기독교인의 시각에서 볼 때 불경스런 글을 쓴 적이 있었다. '하느님이 인간이 된 것은 인간을 하느님 되게 만들기 위함이다.' 라고. 예수 믿고 구원받아 천국으로 가는 것을 목적으로 하는 오늘의 교회로서는 감당키 어려운 말일 것이다.

과연 엄청난 이 말의 뜻은 무엇일까? 그의 생각을 풀면 다음과 같은 뜻이다. 주지하듯 하느님은 언제나 어디서나 우리와 함께하는 분이다. 사는 것이 힘든 까닭에 인간을 위로하고 온전토록 하며 치유코자 하기 때문이다. 인간이 하느님 되어야 할 이유도 바로 여기에 있다. 굶주린 자에게는 빵이 있어야 하고 권리를 빼앗긴 사람에겐 정의가 필요하며 고독한 자를 위해선 사랑이 요구되며 질병으로 고통 받는 자에게 치유가 있어야 하는 바, 이 일을 행하는 것이 이제 우리 자신의 몫이 되었다는 사실이다. 주위에 여전히 배고픈 자가 있고 누군가가 홀로 고독하며 자신을 해치고 싶을 만큼 절박한 상황으로 내몰린 사람이 있다면 그것은 인간에 의해 행해진 하느님에 대한 모독인 것이다. 오늘의 상황에선 이것이 어찌 인간에게만 해당되겠는가? 인간에게 아낌없이 자신을 줘 버려 한없이 '가난해진 자연(new poor)'을 지키고 돌보는 일 역시 우리 인간에게 하느님 되기를 요청하고 있다. 탄식하는 일체 피조물의 고통을 환희로 바꿀 책임이 신앙인들에게 있다는 말이다. 본래 하느님 보시기에 참 좋았던 하늘과 땅이 온통 피조물의 탄식(롬 8:18-25) 소리로 가득 차 있지 않은가? 우리가 자신의 소리만 내며 인생을 사는 까닭에 들으려 하지 않아서 그렇지 들리는 소리는 온통 비탄의 소리뿐인 현실이 되고 말았다.

교회의 크기가 목사의 크기?

하지만 오늘의 교회는 자연은 물론 사람조차 수단화하고 있는 상황이다. 교회의 크기가 목사의 크기로 가늠되고 성도들 숫자와 예산 규모가 목회의 성공여부로 판단되며 목회자가 교회에 부임하는 경우에도 그에 따라 뒷돈이 오고가는 시대가 된 것이다. 원시기독교 시절, 창조 세계를 부정하는 영지주의와 싸우면서 영지주의를 닮고 말았듯이 현금의 교회 역시 무늬만 교회일 뿐 자본주의적 색채를 덧입은 채 자신의 성스러움을 화려함으로 치장하고 있는 까닭이다. 성직이 어느덧 계급처럼 인식되어 수행자의 의미가 탈각된 것도 주요 원인일 것으로 생각된다. 대교회일수록 교인들의 교적부를 보면 교회가 뭇 성도를 수단으로 대하는 실상을 잘 알 수 있다. 단언컨대 그곳에는 교우들의 예배 출석 상황, 헌금 액수 그리고 때에 따라 심방 때 읽었던 성서 본문, 직업, 사는 정도, 가족 상황 등이 적혀 있을 것이다. 그를 근거로 교회에 대한 충성도가 상중하로 평가되어 향후 교회 임직원을 정할 때 참고자료로 사용될 것이 분명하다. 아무리 교회 생활을 잘해도 헌금 액수가 기대치에 이르지 못하면 장차 교회 임직원의 길에 합류할 수 없을 것이며, 교회에 간혹 결석이라도 하면 충성도가 결여된 교인이 되고, 교회 행정과 설교에 질문을 던지면 불편한 신도로 치부되는 경우가 다반사이다.

최근 필자는 동료 목회자로부터 충격적인 한 소식을 접했다. 일반적인 경우가 아니기를 바라지만, 교단 행정을 책임지는 그의 말로 충격적 현실이 보편화되고 있다고 했다. 연례적으로 교회에서 부흥회가 열리는 것은 교인들의 영적 성숙을 위해 필요한 일이다. 하지만 생활 패턴의 변화로 새벽과 저녁에만 부흥집회가 열리는 까닭에 낮 동안 부흥강사는 자유롭게 시간을 보낼 수 있다. 그런데 이런 자유 시간으로 인해 부흥강사에게 골프 대접 하는 일이 교회의 새 풍속도로 자리 잡고 있다는 것이다. 성도들은 새벽집회를 마치고 일터에서 온종일 일하다가 피곤한 몸으로 영적 소생을 위해 교회로 나오건만 정작 골프로 낮 시간을 보낸 성직자들로부터 무엇을 기대할 수 있을 것인지 모르겠다. 필자는 이런 경우가 정말 소수이기를 간절히 바란다. 성도들에 대한 목회적인 신실한 배려가 없는 이런 식의 부흥회라면 그것은 사라져야 마땅하다. 수행자로서의 목회자의 정체성이 실종되고 성직이란 미명하에 누리고 얻기만을 바라는 일이 대세가 된다면 교회의 미래는 없을 듯싶다. 더욱이 교우들을 가르침의 대상으로만 삼고 질문과 토론이 없는 목회가 지속, 반복되는 경우 예수가 지향했던 생명목회는 더더욱 요원해질 수밖에 없다.

생명목회란 무엇인가?

이런 와중에 필자에게 기억되는 고인이 되면 소중한 목회자 한 분이 있다. 젊은 시절 부흥목사로서 활동했던 분으로 병자들도 고쳐 본 경험이 있는 능력 있는 목회자로서 한 시절을 보낸 분이다. 하지만 그 역시 한때 중병으로 고생하면서 이후 목회를 뒤로 하고 자신과 자신의 몸과의 깊이 있는 대화를 시작했으며, 그로부터 많은 깨달음을 얻을 수 있었다. 기적적으로 자신의 질병을 고칠 수 있었지만 그보다 값진 경험은 목회 자체가 생명목회가 될 수 있다면 더 많은 이들을 고통에서 건질 수 있다는 확신이었다. 감신대 박사과정에 입학하여 필자와 함께 논문을 구성하고 작성하는 과정에서 그분은 한국 교회사 속에서 대단히 귀중한 족적을 남겼다. 앞서 말한 교우 심방 카드를 전혀 다른 내용으로 채울 것을 논문을 통해 제안했기 때문이다. 그분이 작성한 것으로서 필자의 머릿속에 남아 있는 내용들은 다음과 같은 것들이다.

성도들 집에 화초는 얼마나 있는가? 하루에 걷는 시간은 어느 정도인가? 아파트 계단을 승강기 대신 걸어서 오르내리는 경우가 있는가? 어떤 물을 마시며 사는가? 쌀은 어떤 식으로 구입하는가? 농촌에 친인척이 살고 있으며 그들과 연중 얼마나 오가며 사는가? 대략 넥타이 숫자는 어떻게 되는가? 교회 이외의 어떤 단체들과 관계를 맺고 사는가? 씨를 뿌려 생명을 키워 본 경험은 있는가? 등. 이 외에도 심방 시에 화초를 선물하고 그 화초가 다음 방문 때까지 잘 자라는가를 확인하는 것도 목회자의 몫으로 남겨 두었다. 물론 이것으로 생명목회가 완성될 수 있다고 필자 역시도 생각지는 않는다. 하지만 성도들에 대한 관심의 향방이 이처럼 달라질 수 있다면 지금과는 전혀 다른 목회의 장이 펼쳐질 것은 분명하지 않겠는가?

이런 심방카드의 변화 이면에 다음과 같은 목회철학이 담겨 있음을 아는 것도 유익할 듯싶다. 진정한 하느님의 축복은 물질적인데 있지 않다는 것이다. 자연이 탄식하는 현실에서 하느님 뜻은 우리 인간에게 단순성(Simplicity)을 요구하기 때문이다. 이는 '작은 것이 아름답다' 는 말의 21세기적인 문명사적 표현이다. 인간은 물질 없이는 살 수 없는 존재이나 최소한의 물질(단순성)로 살려고 할 때 그렇게 의식된 최소한의 물질은 결코 물질만이 아니라 정신이

기도 하다는 것이다. 최소한의 물질이 바로 정신이란 탈이원론적 사유야말로 인간이 빵만이 아니라 하느님 말씀으로 사는 것이라는 성서의 원 뜻과 부합되는 것임을 명심할 일이다.

극히 최근에 평생 동안 말레이시아 선교사로 활동했던 어느 목사님으로부터 격려 전화를 받은 적이 있다. 풍토병에 걸려 몸이 자유롭지 못한 까닭에 치료를 위해 지금은 양국을 오가며 살고 있으나 의식만은 언제든 젊고 한 치 앞을 내다보는 분이었다. 그런 그가 자신이 거처로 삼은 충주 지역에서 최근 '생태선교(Eco-Mission)'를 선포하고 나름의 활동을 개시했다. 일생 동안 이슬람 지역의 선교에만 집중했으나 이제는 새로운 방식으로 그 나름의 생명목회에 눈뜬 것이다. 이런 자각이 필자의 책,『생명의 하느님과 한국적 생명신학』에서 비롯됐다고 말하며 이런 생각들을 함께 확산시켜 나갈 것을 필자에게 주문했다. 아마도 위 책에 실린 주요 내용들이 본고를 위해 필요한 생명신학의 자료들일 것이다. 이 책은 평신도 중심 교회인 새길교회 신학강좌를 통해 발표된 것으로서 여기서 상세한 내용을 말할 여백이 없어 아쉽지만 함께 읽고 토론해 볼 가치가 있는 책이다. 본고는 이 책의 내용을 근간으로 성서를 총체적 생명의 관점에서 읽는 방식을 짧게 소개하는 일에 주목할 것이다.

자연의 한계 안에서 사는 길

우선 필자는 성서 안에서 인류 보편적인 정언명령을 찾고자 했다. 지구 생명권 전체가 사실적 종말의 징조를 보이는 지금 기독론을 새롭게 이해하기 위해서라도 노아와 맺은 하느님 원 계약의 중요성을 강조하고 싶었던 것이다. 주지하듯 그것은 사람들 눈에서 억울한 눈물을 흘리지 않게 하라는 인간 간의 정의의 문제였고 다른 하나는 동물, 곧 자연을 피 흐르는 채로 먹지 말라는 자연 생태계와의 형평성이었다(창세기 9장 1-7). 이것이 지켜질 때 태초의 창조보다 더 축복된 세계가 인류에게 펼쳐질 것이란 새로운 약속을 혹독한 시련 끝에 방주에서 나온 노아와 더불어 하느님께서 맺은 것이다. 하지만 이 약속이 지켜지지 않은 결과가 이스라엘의 타락이었고 종국에는 '모든 피조물의 탄식'이었으며, 그 구체적 오늘의 실례가 구제역 파동이고 일본의 대지진이며 방사능 오염의 공포라 생각한다. 그렇기에 생명권 전체를 포함하는 총체(보편)적 시각의 변화 없이 영혼 구원에만 의존하여 자칭 방주임을 주장하며 방주 속에 갇힌 교회는 정작 방주로부터 나온 노아의 계획을 알 수 없다. 이 점에서 필자는 인간의 구원을 목적하여 오신 예수를 소위 녹색 은총, 즉 노아와 더불어 맺은 새 계약의 빛에서 이해하고 해석하는 것이 생명신학의 첫걸음이라 생각한다. 만물 위에 계시나 만물을 통해 일하시고 만물 안에서 활동하는 하느님을 어찌 인간 영혼으로 제한시키려 드는지 모를 일이다. 인간의 무의식이 고쳐지지 않고서는 인간 구원을 말할 수 없고, 우주 생태계의 치유됨 없이 인간이 해방될 수 없는 것은 너무도 자명한 이치이다. 예수를 믿어도 자기 성격대로 믿는 까닭에 교회 내에 온갖 부정적 일상이 끊이질 않고 있고, 만물 속에서 일하는 하느님을 알지 못하기에 우리는 대형교회, 큰 차만을 좋아했으며 화려한 호텔에서의 식사를 선호하게 되었고 물질적 부를 축적하는 데만 골몰하여 자연을 이처럼 빈곤하게 만들어 놓았던 것이다.

하느님을 믿는 일은 피조물과의 정당한 관계를 요구한다. 따라서 대기 중 이산화탄소 비율의 상승으로 영원하리라 믿었던 자연이 금세기 안에 붕괴될 수도 있다는 시나리오는 이제는 게으른 목동의 거짓말일 수 없게 되었다. 생태계 붕괴가 가난한 이웃을 더욱 가난하고 힘겹게 만들고 있다는 사실 역시 너무도 분명하다. 생태계의 1차적 피해자들이 남반구에 위치한 빈국의 국민이란 사실은 성서가 말했던 가난한 이, 병자들 그리고 여성들이 구체적으로 누구인지를 적시하고 있다. 그렇기에 생명신학이 강조하는 바는 우선 녹색

은총에 대한 감각이다. 자신의 모진 고통 속에서 하느님의 의로움을 애써 부정하던 욥에게 나타나신 하느님은 의외로 창조주의 모습을 하고 있었다. 창조주인 그분은 욥에게 다음처럼 물으셨다. "내가 이 세상을 처음 창조했을 때 너는 어디에 있었으며 저 바다의 물고기에게 먹을 것 한번 주어 본 적이 있었느냐?"고 말이다. '들판의 아름다운 꽃 한송이를 피우기 위해 네가 한일이 무엇이었냐?'고 묻고 있는 것이다. 은총이란 본래 인간 삶에서 최상의 것을 거저(공짜로) 얻었다는 고백이다. 하지만 살면서 우리는 어느덧 자기 땀의 결과만을 생각하게 되었고 모든 것을 노력의 대가로만 여겨 은총의 감각을 상실해 버리고 말았다. 은총의 감각을 잃었기에 내 것/남의 것의 가름이 너무도 명백해진 것 또한 사실이다. 분명한 것은 은총의 감각이 실종되면 우리는 형식적인 종교인은 될 수 있겠으나 실질적으로는 무신론자일 수밖에 없다는 점이다. 모든 것을 자신의 땀의 결과로만 돌린다면 그것은 자신이 거둔 소출에 흥겨워 자신의 곳간을 크게 짓고자 했던 어리석은 부자의 모습과 다름없다. 스스로 창조자로서의 하느님의 출현을 경험하며 욥이 다시는 하느님을 부정하지 않겠다고 말했듯이 우리 역시도 녹색 은총의 감각을 통해 하느님을 새롭게 찾아야 한다.

본래 성서와 자연은 기독교 역사 속에서 하느님을 알리는 계시의 두 지평이었다. 자연을 계시의 지평에서 탈각시키는 일은 은총의 감각을 잃도록 하는 첩경일 뿐이다. 예수 역시도 우리 눈을 들의 백합화와 공중 나는 새에게로 향하도록 말씀하지 않은가? 그 속에서 하느님의 일을 보고 느끼라는 것이다. 하지만 종교개혁 이래로 오늘의 교회는 우리 눈을 여전히 성서의 글자에 고정되도록 강요하고 있다. 구텐베르크의 활자 문화 덕에 종교개혁이 성공했으나 그 활자로 인해 프로테스탄트 교회가 오히려 은총의 감각을 축소 내지 폐기시키고 있는 것이다. 이 점에서 성서에 대한 교회의 시각이 교정될 필요가 있다. 교우들을 교회 안에 가두지 말고 '에클레시아(ecclesia)'란 말의 본뜻대로 그들을 진정으로 해방시켜야 한다. 자연으로 흩어지게 하고 이웃들을 위한 존재(Being for Others)로서 활동하는 시민단체로 흩어지게 해야 한다. 흩어질 줄 모르는, 고인 물 같은 교회로는 세상의 빛과 소금이 될 수 없음은 명백한 사실이다. 다시 본회퍼의 말로 돌아가 보자. 그는 예수께서 제자들을 빛과 소금으로 명명한 것은 세상을 향한 자신의 영향력을 제자들에게 맡긴 탓이라 했다. 제자들에게 자신이 사랑한 세계를 통째로 넘겨주었다는 사실이다. 이런 통 큰 믿음이 있고 자부심이 있어야 생명목회가 비로소 가능할 것이다.

성만찬의 생태학적 상상력

이와 더불어 필자는 생명신학의 핵심으로 성만찬이 지닌 생태학적 상상력을 강력하게 제시하고 싶다. 주지하듯 성만찬은 예수에 의해 초대받은 거룩한 식탁을 뜻한다. 우리가 성만찬 식탁을 세상의 식탁, 즉 천민 자본주의를 상징하는 호텔 뷔페 식당의 화려한 식탁과 머리로 상상하여 비교하면 양자 간의 차이가 확연해질 것이다. 따라서 예수의 식탁과 세상의 식탁은 다음 두 가지 면에서 크게 다를 수밖에 없다. 우선적으로 예수의 식탁에서는 모든 것이 함께 골고루 나뉘는 반면 세상의 것은 20억의 인구를 배고프게 만드는 식탁인 까닭이다. 예컨대 교회의 수장인 감독이 왔다 해서 예수의 피와 살을 더 마시고 먹을 수 없음은 자명한 이치다. 모든 것이 함께 골고루 나눠지는 성만찬의 식탁은 이 점에서 생명신학의 토대라 하겠다. 인류의 1/3이 굶주리는 현실에서 성만찬의 상징력은 세상을 구원하는 힘인 것이다. 또한 예수의 식탁이 간편하고 단출하여 버려지는 음식이 없는 것인 반면 세상의 식탁은 주지하듯 수조 원어치의 음식쓰레기를 양산하는 식탁이다. 이처럼 많은 음식이 쓰레기로 버려지는 것은 북한 어린아이들 전체가 굶주리는 상황에서, 그리고 전 자연이 한없이 가난해진 오늘의 현실에서 크나큰 죄악이 아닐 수 없다. 만약 기독교인으로서 우리가 성만찬을 통해 그리스도의 구원을 확증했다면 그것은 영혼 구원의 차원에서 끝날 수 있는 사안이 아니다. 성만찬을 통한 구원은 세상의 식탁을 예수의 식탁으로 만드는 일에로까지 이어져야 마땅하다. 그때 비로소 그리스도의 구원이 온 피조물에까지 이를 수 있는 것이며 세상을 구원하는 하느님의 일에 마침이 생기게 된다. 이 점에서 정의, 평화. 창조질서, 보전(JPIC)을 위한 세계기독교인대회를 기초한 공로로 명예신학 박사 학위를 받는 자리(바젤 대학교)에서 바이제커(Carl Freidrich von Weiszacker, 1912-2007)가 했던 말을 유념할 필요가 있다. 분배 문제의 불균형, 핵무기의 과다 보유 그리고 자연 생태계의 파괴 등이 고쳐지지 않는 한 기독교 구원(정신)은 아직 실현되지 않았다는 것이다. 이는 예수를 생명의 주님으로 고백하는 한국 교회가 배워야 할 생명신학의 핵심 내용으로서 생명목회를 통해 이루어 내야 할 과제이자 사명이라고 생각한다.

생명농업의
신학적 의미

쌀 수입 협상 정책에 대한 농민들의 불신이 좀처럼 가시지 않고 있다. 값싼 외국쌀 수입이 국제 거래상 피할 수 없는 것이라면 쌀 생산에 주력해 온 자국 농민들에 대한 국가 차원의 염려와 배려가 좀 더 있어야 한다는 것이다. 소위 IT 산업 제품 등 경쟁력 있는 국내 상품의 해외 수출을 위해 부가가치 적은 농산물은 과감히 포기하는 것이 옳다는 일부 언론의 주장도 농민들의 심기를 상하게 만든다. 그들은 공산품을 통해 얻은 수익을 쌀농사를 포기 한 농민들에게 나눠 주면 된다는 경제논리에 입각해 자기주장을 정당화한다. 그리하여 정부도 휴경지에 대한 보상 정책 마련을 약속하며 가능한 한 농업 생산자의 수를 줄이고자 한다. 농촌 인구의 고령화 경향과 맞물리며 이 정책은 일부 농민들의 호감을 사기도 했다. 젊은이가 없이 나이 든 농부의 노동력만으로 농촌이 지탱될 수 없는 것이 현실이기 때문이다. 이에 힘을 받은 정부는 이미 오래 전에 경자유전 원칙을 포기했고 도시인의 전답 소유를 인정하는 법안을 통과시켰다. 그 결과 경관이 수려한 시골의 땅들은 벌써 무분별한 펜션 난립으로 망가져 버렸고, 땅을 경제 가치로만 생각하는 도시인들의 사고로 생활의 지혜가 축적된 농촌 문화가 심각하게 오염되고 있다. 나아가 대기업이 주도하는 농업 생산 역시 가시화될 전망이다. 한국 농업의 경쟁력을 제고한다며 가계 중심의 소작농 체제를 과감히 포기하려는 것이다. 하지만 이것은 농업을 오로지 산업으로, 경제적 가치로만 보는 기업적 사유의 결과가 아닐 수 없다. 바로 이런 사면초가의 상황 속에서 농촌을 지키며 대안을 찾고자 하는 것이 생명농업이다.

마을살리기는 생명농업의 시작

여기저기서 농촌이 망가지는 것을 염려하며 부활을 모색하는 움직임이 일고 있다. 특산물을 중심으로 지역 축제를 되살려 농촌 경제를 재건하려는 자구책도 그중 하나이고, 조상들의 지혜가 담긴 생활 문화를 체험토록 하는 프로그램이 개발되어 운영되기도 한다. 특별히 청정한 자연 환경을 만들고 친환경 먹거리 생산을 하여 경쟁력 있는 농촌을 만들고자 하는 마을 단위의 노력과 투자가 활성화되고 있다. 경제가 삶의 최고 관심사가 된 마당에 먹고 사는 문제가 해결되지 못하면 어떤 가치 지향적인 일도 성사되기 어려운 것이 현실이다. 이 점에서 생명농업은 그 밖의 대안적 자구책들과 같으면서도 다르다. 농촌을 살리고자 하는 대안의 일환이란 점에서는 같으나 지향하는 가치 면에서 일치되기 어려운 부분이 있는 것이다. 생명농업은 자연 및 생명의 가치를 일차로 소중하게 여긴다. 인간의 삶 역시 자연과 생명 가치의 연장선상에서 이해한다. 따라서 농업을 산업으로 인정하기를 원하지 않는다. 청정한 환경을 만들고 무공해 농산물을 생산하는 목적도 경제에 있기보다는 그것이 생명의 길, 그 자체이기 때문에 그리할 뿐이다. 바른 먹거리의 생산을 위해 땅의 중요성을 강조한다. 땅의 지력에 대한 관심은 퇴비를 만드는 정성으로 표현된다. 효율성보다는 지속성 및 안정성, 곧 자연 순환의 지혜를 꿰뚫으며 빠름보다는 느림의 의미와 중요성을 알기 때문이다. 그렇기에 생명농업은 사람 자체가 달라지지 않고서는 쉽게 시작할 수 없다. 삶의 가치관이 달라지지 않으면 생명농업에 발 들여놓기 어렵다. 종교적 신념을 지키는 것 이상의 힘든 결심이 필요한 것이다. 우리가 생명농업의 신학적 의미를 탐색하는 것도 이런 이유에서이다. 그러나 뜻이 올바르면 친구도, 동료도 생기는 법이다. 비록 그 수가 많지는 않으나 생명농업을 위해 세계적 추세와 맞서는 삶의 벗들이 국내적으로는 물론 국제적으로도 연대를 이루고 있다. 필자는 이 것을 좁은 길 운동이라 명명하고 싶다. 언제든 좁은 길을 걷는 사람으로 인해 세계는 희망을 지닐 수 있게 된다. 좁은 길이 바로 생명의 길이기 때문이다.

필자는 신학적으로 생명농업을 다음과 같이 이해한다. 생명신학의 관점에서 볼 때 하느님은 생태학적 경영자이다. 저마다 자신의 욕망을 위해 살고 있는 현실에서 하느님은 그 욕망을 충족시키되 전체가 유지되는 한계 내에서 그렇게 하시는 분이다. 시편 104편에 이런 하느님의 사려 깊은 모습이 잘 그려져 있다. 인간 역시도 이른 아침 들판에 나와 일하다가 저녁에 일을 마치는 존재로 묘사된다. 하느님의 생태적 경영의 동참자란 것이다. 그러나 인간이 이런 역할을 하지 못할 때 성서의 하느님은 인간을 자신의 들판에서 추방한다. 인간만이 하느님의 생태적 경영을 방해하는 훼방꾼이 될 수 있다는 지적이다. 생명농업은 이 점에서 생태학적 경영자인 하느님의 활동과 맥을 같이 한다. 모두가 부분적 관심에 매몰되어 전체를 보지 못하고 눈앞의 이익을 따라 흔들리며 미래를 예견하지 못하는 상황에서 전체와 미래를 생각토록 하는 것이 생명농업의 본성인 것이다. 생명농업은 인간 욕망의 한계를 인식시킨다. 하느님의 질서에 순응하는 것이 인류의 미래를 위해 복된 길임을 강변한다. 미래가 현재를 사는 우리 삶의 행태에 달려 있음을 깨닫게 하는 것이다. 하느님의 종말이 파멸이 아니라 새 창조임을 알려주고 있다.

생명농업과 관련하여 필자가 주목하는 바는 창세기 1장에 나오는 창조 3일째 되는 날의 사건이다. 빛(시간)과 공간을 마련하신 하느님은 '푸르러라'라고 말씀하셨다. 이로 인해 온갖 들판의 푸른 초목들이 생겨났다. 아직 태양이 존재하지 않았음에도 불구하고 하느님은 녹색의 생명들을 이 땅에 허락함으로써 인간에 앞서 그것을 하느님의 공창자로 불러 세운 것이다. 녹색의 생명체가 없었다면 지구상 수많은 짐승들과 인간들의 삶이 불가능했을 것이다. 생명농업은 이런 하느님의 창조와 맥이 닿아 있다. 그것 없이는 인간의 삶도, 동물들의 복지도 맥없이 무너져 버리고 만다. 먹고 마시는 무수한 먹거리 속에 생명과 진실이 담기지 않고 빠름과 욕망이 담겨 있다면 언젠가 생명의 연속성은 단절되고 말 것이다. 성서는 인간이 하느님께 죄를 지으면 땅이 인간을 토해낼 것이라고 단언한다. 인간이 하느님께 돌아오면 다시금 대머리 산에서 물이 흘러 푸른 생명을 돋게 한다고 기술하고 있는 것이다. 추수한 곡식을 보며 하느님께서 자신들의 구원을 이루셨다고 고백하던 이스라엘 민족의 감사절에서도 우리는 생명이 얼마나 귀한 것인가를 배우게 된다. 생명농업은 하느님의 생명을 이루는 사건이다. 그로써 인류 및 생명의 미래가 이어지게 하는 것이다.

일과 쉼의 리듬을 창조하는 생명농업

자신이 창조한 것을 후회하고 홍수로써 전 피조물을 무화시킨 뒤 하느님은 노아와 더불어 새로운 계약을 맺었다. 사람들 눈에서 억울한 눈물을 흘리게 하지 말 것과 동물을 피 흐르는 채로 먹지 말라는 것(창 :1-7)이었다. 전자가 인간 간의 형평성 원리를 말하는 반면 후자는 자연과 인간 간의 정의 감각을 요청하고 있다. 이런 계약이 지켜진다면 인류의 미래는 처음 창조 때보다 더욱 발전할 것이라는 것이 하느님의 제안이었다. 하지만 이런 계약이 인간에 의해 거듭 지켜지지 못했다. 하느님에 의해 희년 법이 선포되기도 했으나 인간은 여전히 물질로 자신의 생명을 바꾸며(욥 2:4) 인생을 살고 있는 것이다. 그로 인해 모든 피조물이 탄식하는 경지에까지 이르렀다(롬 8:18-25). 인간은 인간대로 자연은 자연대로 모두가 고통 중에 있다는 것이 성서의 증언이자 오늘 우리의 현실이다. 그럼에도 인간은 여전히 이웃의 고통을 가중시키며 살고 자연을 압제하는 무서운 존재로 변해 가고 있다. 생명농업은 이 점에서 피조물이 기대하는 삶의 존재 방식이다. 현재의 고통을 장래의 영광과 비교할 수 없게 하는 것이 하느님 사람이 할 일인 것이다. 생명농업은 하느님이 정한 한계 안에서의 문명을 생각하기 때문이다. 하느님과 새 계약을 맺은 욥이 가인의 후손이 아니라 아담과 하와의 셋째 아들, 셋의 후손(J 문서)이었으며 그가 인류 최초로 포도나무를 심은 존재였다는 사실은 생명농업의 신학적 의미를 확연하게 드러내 준다.

생명농업은 오늘날 고령화 문제를 해결하는 장점도 지니고 있다. 일과 쉼은 항시 동전의 양면처럼 상호 얽혀 있다. 수명이 길어지면서 은퇴 이후의 삶에 대한 걱정이 많아지고 있는 상황이다. 도시 노인들의 삶의 단면을 보여주는 곳으로 탑골공원만한 데가 없다. 그곳의 할아버지 할머니들, 비록 육체적으로 힘은 남아 있으되, 용도 폐기된 사람처럼 자신의 시간을 버리며 인생을 낭비하고 있다. 이에 비하면 시골에서 늦은 나이까지 움직이며 일하는 늙은 농부들의 삶이 훨씬 품위 있어 보인다. 돈만을 목적으로 하지 않고 자신의 노년을 흙과 더불어 정직하게 살 수 있는 길을 열어 주는 것이 참된 의미의 안식을 보장하는 길일 것이다. 일과 쉼은 생명신학의 본질에 속하는 부분이다. 생명농업은 이 점에서 일과 쉼의 관계를 일석에 해결할 수 있는 힘을 지닌다. 소작농을 기업화하지 말고 오히려 노령화 사회에 접어든 한국 현실에서 청년 같은 노인들의 삶의 질을 높일 수 있는 계기로 만드는 지혜가 필요할 것 같다. 이것은 젊은층의 사회적 부담을 줄이는 길이기도 하다. 2040년 이후 한국은 노인층 부양 문제로 세대 간의 갈등이 심각해질 것이다. 그렇게 되면 그동안 쌓아 놓은 민주화 역량도 하루아침에 '파이'를 나누는 문제로 물거품이 될 공산이 크다고 학자들은 염려한다. 이런 정황에서 생명농업은 삶의 질을 향상시킬 뿐 아니라 사회적 갈등을 최소화하는 방편이 될 수 있다. 생명농업을 통해 땅에서 진실을 배울 수 있다면, 생명체의 성장 과정을 지켜보며 기쁨을 느낄 수 있다면, 먹거리에 대한 소중함을 새롭게 자각한다면 지금껏 잘못 살아온 인생이 보상받을 수 있을 것이다. 자연 속에서 정직을 배우면 자신의 죽음 문제 역시 쉽게 수용할 수 있게 된다. 죽음학이 등장할 정도로 죽음의 문제가 어려워지고 있는 것도 사실이다. 죽음을 걸고 장사하는 종교들도 활성화되고 있다. 생명공학의 발전으로 청춘을 되찾을 수 있지 않을까 하는 기대도 많아지고 있다. 하지만 농촌에서 정직하게 생명을 생명으로 다룰 줄 아는 사람들은 이런 허황된 꿈에 현혹되지 않는다. 생명농업은 사람들에게 정직과 진실을 가르치며 생명의 가치를 삶의 최상의 것으로 여기게 만든다. 이런 존재들이 많아질 때 세상은 진실로 아름다워질 것이다. 일찍이 슈바이처 박사는 이렇게 말했다. "발전된 문명이란 살려는 의지를 지닌 생명의 희생이 최소화되는 사회를 일컫는다." 이제 이 말은 이렇게 바뀌어야 할 것이다. '발전된 문명이란 정직과 진실이 자리하는 생명 문화이어야 한다.' 바로 생명농업은 생태학적 경영자인 하느님의 사람들이 행하는 일인 것이다.

인간 배아 복제와
생명 윤리법

사람들은 흔히 21세기를 생명공학의 시대라 한다. 생명공학을 통해 생명의 신비가 밝혀지고 인간의 한계가 극복되는 전대미문의 사건을 기대하는 까닭이다. 현재의 질병뿐만 아니라 예상되는 미래의 것까지 치유하고 예방할 수 있는 가능성과, 나아가 죽음마저 인간의 최후 한계가 아닐 수 있는 경지를 염두에 두고 있는 것이다. 이를 위해 생명공학은 체세포 복제 단계를 넘어 배아 복제 및 유전자 조작 기술까지 성사시키려 한다. 이론적으로 가능한 것은 얼마든지 현실화될 수 있고, 되어야 한다는 식으로 과학기술 만능주의를 부추기고 있는 것이다. 몇 해 전 한국 정부는 복제 소를 발명(?)한 황우석 교수를 국보급 인사로 대우하며 그의 기술력을 보호한다는 명분하에 경호원까지 붙여준 적이 있었다. 생명공학에 관한 한 강국에 속하는 한국이 생명공학의 기술력을 국가 경쟁력의 척도로 삼고자 하는 것은 당연한 일일 것이다. 하지만 근본적으로 '생명'과 '공학'이 함께 어울릴 수 있는 것인지를 되묻게 한다. 생명공학은 반종교적 발상이다. 기독교는 뭇 생명 속에 하느님 영이 내주하고 있다고 믿고 있다.

생명과 공학은 어울리지 않는다

그럼에도 생명공학으로부터 장밋빛 미래를 기대하는 사람들은 점점 많아지는 추세다. 환경적 요인으로 인해 그 어느 때보다 불치병, 난치병으로 고생하는 사람들이 늘고, 문명의 이기(利器)가 사람을 죽이는 흉기(凶器)로 변해 사람을 평생 불구자로 만드는 경우가 다반사로 일어나기 때문이다. 생명을 공학(工學)적으로 다룬다고 하는 것 자체가 상식에도 어긋나지만 문명이 발달하면 할수록 병이 많고 깊어지며 장애인이 양산되고, 그것을 또다시 기술적으로 극복해 보려고 기를 쓰는 것이 우리의 자화상이다. 도로 확장이 자동차 증가를 뒤따르지 못할 때 무의미해지듯 기술이 문명의 문제를 고칠 수 있다고 생각하는 것은 오산이다. 자신의 한계를 극복하려는 노력도 중요하지만 인간이 자신의 한계를 인정하며 사는 것도 필요하다.

다시 생각해 볼 바는 '생명공학의 발달로 누가 수혜자가 되는가? 하는 것이다. 항구적으로 전 인류 모두가 수혜자일 수 있을 것이다. 하지만 아무리 좋은 백혈병 치료제가 나오고 획기적인 에이즈 치료약이 발명된다 하더라도 그것은 저 아프리카 사람들에게는 그림의 떡이다. 고가의 약을 살 수 있는 처지에 있지 않은 탓이다. 황금알을 낳는 거위로 인식된 생명공학, 그들을 뒷받침하는 거대 자본은 결국 가난한 병자들의 고통에 대해서는 침묵한다. 기술 자체의 발전을 부정할 사람은 누구도 없다. 그러나 그것이 경제 논리에 매이고 성장 이데올로기에 묶여 있을 때 그것은 전체를 조망하지 못하며 예견되는 결과에 대해 눈을 감고 만다. 생명공학이 피할 수 없는 대세라면 그럴수록 결과를 예상할 수 있는 학문이 되기 위하여 사회적 통념(가치)을 중시하는 종교, 윤리, 법의 자문을 받아야 한다. 이런 절차가 생략되면 아인슈타인의 말처럼 생명공학은 절름발이 과학이 되기 십상이다. 오늘 우리가 생명공학의 기술적 측면만이 아니라 생명 윤리법과 종교적 시각에 귀를 기울이는 것도 이런 문제의식 때문이다. 하지만 근본적으로 필자는 생명공학을 과학 기술로서만이 아니라 기존의 가치관을 뒤엎는 세계관의 산물이라고 생각한다.

재론하겠지만 생명공학은 생명의 본질 자체를 해체시켜 전혀 다른 생명체를 만들 수 있는 일종의 발생술(Algeny)적 특성을 지니고 있는 까닭이다. 현존하는 생명체, 생태계 자체를 열등하게 보는 우생학적 가치체계를 숨기고 있다는 사실이다. 따라서 생명공학을 국지적인 기술의 차원에서가 아니라 세계관적인 문제로 바라볼 것을 신학자의 입장에서 피력하고 싶다.

생태신학과 분자생물학

우리는 종종 신문지상을 통해 인간 배아 줄기세포에 관한 의학적·과학적 그리고 법적인 평가와 판단을 듣고 배우곤 한다. 체세포를 복제한 배아를 이용해 인간 배아줄기세포를 만들고, 그것을 활용하여 난치병을 고치려는 시도에 대한 의학적·종교적·과학적·법적인 평가는 전반적으로 부정적이다. 혹자는 제대혈(탯줄 혈액)에서 유래한 줄기세포를 대안으로 제시할 만큼 배아 줄기세포 이용에 대한 우려를 표명하고 있다. 필자 역시도 생태신학적 입장에서 분자생물학에 기초한 생명공학의 추세를 지지하지 않는다. 기독교 신학 안에서도 생명공학에 대해 반기를 드는 입장만 있는 것은 아니다. 종교와 과학 간의 대화를 시도하는 신학자들 중에는 배아 복제 및 인간 복제에 대해 생태학적 시각과 맥을 달리하는 사람도 적지 않다. 옛적의 지동설/천동설 논쟁에서처럼 기독교와 과학을 상극적 관계로 보려 하지 않기 때문이다. 하지만 다수의 신학자들은 배아 복제를 인간 복제와 결코 다를 수 없다고 본다. 배아 복제가 인간 복제의 직전 단계라는 것이 이유이지만 근본적으로는 배아 역시 생명을 지닌 개체로 보기 때문이다. 따라서 의사들 중에서도 줄기세포를 얻기 위한 배아 복제를 생명의 위기로 인식하는 분들이 다수이다. 수정 후 세포 분열 이전 단계(14일)를 세포덩어리로 보고 오로지 그 이후를 생명으로 보는 기계적 시기 구분을 과학자들의 편의주의적 발상이라고 질책한다.

생명은 수정 이후부터 개체로 인정되며, 생명은 본성상 연속적인 것이기 때문이다. 따라서 배아 복제는 생명의 파괴 행위일 뿐 아니라 일종의 무성생식으로서 인륜을 저버린 행위로 평가받아 마땅하다. 임신 외의 목적으로 사용될 여지를 남긴 잉여 배아의 관리 문제뿐 아니라 배아 복제를 위해 필요한 난자 구매도 심각한 윤리적 문제를 야기한다. 이를 위해 어느 경우든 체세포 핵 이식을 생명 윤리법으로 금지할 법이 요청된다.

아울러 우생학적 발상 하에 낙태를 추동하는 유전자 검사 역시 허락되어서는 안 될 사안이다. 생명 윤리법은 질병 예방 및 치료를 위해 인간 생명(배아)의 존엄과 가치가 훼손될 수 없음을 천명해야 옳다. 생명 가치는 언제든 생명과학 기술의 발전에 우선하기 때문이다. 이 점에서 윤리 및 종교계 인사들이 상대적 소수에 머물고 있는 국가생명윤리심의위원회(이하 '생명윤리위원회') 구성의 문제점이 적지 않다. 상업주의와 기술주의 그리고 관료주의가 함께 어울려 생명 파괴를 가속화할 여지를 수적으로 제어할 수 없기 때문이다. 생명윤리위원회가 정상적으로 가동되려면 금욕적 기술을 장려해야만 한다. 구체적 예로 성인의 몸에서 줄기세포를 얻는 기술 또는 제대혈 연구가 배아 복제의 대안이 될 수 있다. 물론 성인의 몸에서 얻는 줄기세포는 분화 및 증식 능력이 저하될 염려가 있는 것도 사실이다. 하지만 (신생아) 탯줄 혈액에서 얻는 줄기세포로부터 이런 단점을 보완할 수 있다. 오히려 그것이 배아 복제에서 예상되는 기형 종 발생 위험도 적고 산업화의 가능성도 적지 않을 수 있다고 한다. 하지만 기술적 지식이 부족한 필자로서는 이런 연구가 어떻게 가능한지 알 수 없다. 산모와 태아에게 고통을 주지 않으면서도 미리 채취하여 긴박한 경우에 언제든 사용될 수 있다면 이 기술은 참으로 유용할 것이다. 이런 점에서 제대혈에서 채취한 줄기세포를 생명을 살리시는 하느님의 선물이라고 보며 생명을 죽이는 배아 복제에 대한 확실한 대안이란 생각이 지배적이다. 하지만 여전히 질문이 남는다. 긍정적인 임상적 실험 결과를 갖고 있는 이 기술을 마다하고 왜 배아 복제를 시도하려는 것인지? 혹시 이 기술이 더 많은 시행착오가 필요하며 그 효험을 더디 얻기 때문인 것은 아닌지 궁금하다. 아니면 효율성의 측면에서 뒤떨어진다는 계산은 없었던 것인지도 물어야 할 부분이다.

많은 신학자들은 배아 복제를 반대하는 근거로서 여러 성서 구절들을 들고 있다. 마리아의 동정녀 탄생을 '인간 배아로 오신 예수'로 이해하거나, 예레미아서 1장 4절을 근거로 하느님께서 인간 배아를 창조하셨다고 풀며, 시편 139편을 들어 모태 속의 인간 창조를 강력히 주장하고 있는 것이다. 필자 역시 이런 근거에 반론을 제기할 생각은 전혀 없다. 그러나 성서를 문자적으로 읽다 보면 그것을 마치 과학 책처럼 읽어야 하는 자기모순에 빠질 수 있다. 성서 안에는 과학적 이해와 상충되는 구절이 너무도 많기 때문이다. 따라서 문자적 이해보다는 성서를 관통해 흐르는 신학적 성찰을 하는 것이 더욱 긴요하다. 이 점에서 필자는 배아 복제를 비롯하여 생명을 조작, 변형시키는 생명공학 전반에 대한 여러 신학적 입장을 소개하고 싶다.

일부 신학자들은 생명공학이 배아 복제의 단계를 넘어 인간 복제를 말할 시기가 머지않았음을 예감한다. 이로부터 그들은 생명공학의 산물인 복제인간을 하느님 형상(Imago Dei)과 구별하여 '인간의 형상'이라고 부른다. 하느님 형상으로 창조된 인간이 신과의 관계 맺음을 포기하고 자신의 형상으로 인간을 만들고 있다는 것이다. 따라서 그들을 21세기를 신(神)이 사라진 시대, 그래서 인간이 인간에게 있어서 신(神, homo homini deus)이 되어 버린 시대로 예상하며 생명공학과 대립의 각을 세우고 있다. 이와는 반대로 생명공학 기술이 기독교의 신비한 신학적 언술을 과학적으로 증명할 수 있게 했다고 반기는 경향도 있다. 주지하듯 복제 생명은 체세포 핵을 제공하는 원인자와 인격만 다를 뿐 모양은 물론, 체질의 성품 등 모든 면에서 동일하다. 따라서 복제된 생명은 아버지와 아들의 동질이요, 이위일체(二位一體)이며 셋을 만들었다면 그로써 삼위일체(三位一體)가 될 수 있다고 믿는 것이다. 생명공학과 신학을 완전 동화시키는 입장이라 하겠다. 또 다른 입장은 인간 복제 문제를 생명공학의 과학적 주제로서가 아니라 종교적 문제로 보려는 신학 사조이다. 즉 복제 활동 자체가 하느님의 공동창조자(Co-Creator)로 불린 인간의 과학적 행위로서 종교적 성격을 지닌다는 것이다. 하지만 인간의 복제 행위는 하느님의 '무(無)로부터 창조(Creatio ex Nihilo)'와는 구별된다. 생명 공학은 언제든 유(有, 체세포)로부터의 창조 행위이기 때문이다. 하지만 남녀결합에 의한 유성생식만이 아니라 무성생식이라 할지라도 하느님과 관계를 맺는데 무리가 없다고 주장한다. 오히려 우리 인간들이 복제인간을 종속 존재(Subbeing)로 만들려는 유혹에서 자유롭기를 바라고 있다. 필자는 이런 세 입장 어디에도 만족하지 못한다. 하지만 기독교 신학 안에서도 다양한 입장이 공존하고 있음을 아는 것은 유익한 일이다.

배아 역시도 하느님 형상

이제 배아 복제를 위시하여 유전자 조작 등 생명공학 전반에 관하여 생태신학적 시각에서 필자의 의견을 개진코자 한다. 필자는 앞서 생명공학을 세계관적 특성을 지닌 일종의 발생술이라고 말하였다. 분자생물학의 발전이 '종의 본질'이란 개념을 파괴했으며 자연의 벽을 허물고 생명체가 지닌 미래적 특성을 사전 프로그램화하여 그것이 자연이 스스로를 조직해 가는 방식과 일치, 조화를 이룬다는 확신에 근거해 있기 때문이다. 이런 식의 인위적 진화 개념 속에서 생명의 영적(靈的) 특성을 말하는 것은 무리일 수밖에 없다. 오히려 우성인자만을 선호하고 복제하므로 개체 생명이 수단화되고 가치 서

열적으로 인식되는 사회적 폐해를 가져올 것이 분명하다. 생명공학은 인간을 위하여 개체 종들의 본유적 가치를 부정하고 생명 본성을 조작하는 인간 중심주의를 등에 업고 제1세계의 부(富)를 위해 3세계를 희생물로 삼으며 여성의 모성 본능을 삭제할 수도 있는 까닭이다. 따라서 누구를 위한 생명공학인지, 누구에게 혜택이 돌아갈 배아 복제인지를 진지하게 물을 수밖에 없다. 인간 문화가 배출한 부정적인 것들을 과학 기술로 극복해 보겠다는 생각은 밑 빠진 독에 물 붓기 식으로 어리석은 일이다.

우리에겐 자연을 재창조하는 것만이 능사가 아니라 자연의 본성에 대한 생태학적 놀라움을 견지하는 것이 필요하다. 생명 역사 진화 과정에서 우주가 빅뱅 이래로 10억을 10억 번 반복해서 그중 하나의 오차도 없는 정교함을 보임으로써 생명 유지 시스템을 만들었다는 사실에서 우주자연을 종교적 의미로 해석할 정당성이 생겨난다. 하지만 분자생물학에 기초한 생명공학자들은 대기 중 분자들 간의 결합을 통해 우연히 박테리아와 같은 세포가 생겼고 그를 근거로 지구 생명체가 탄생되었음을 말한다. 이들은 생명의 단위를 세포로 보고 인간 정신마저 물질(DNA)로 환원시켜 이해할 것을 종용한다. 배아(개체 생명) 복제도 본질적으로는 이런 기계론적 생명관을 바탕으로 한다. 생명을 정보로만 인식하기 때문이다. 생명체로서의 인간 배아의 지위 문제가 생명공학 범주 안에서 결정될 수 없는 것도 이런 이유에서이다. 전통적으로 가톨릭 신학은 난자와 정자의 수정 때 인간을 규정하는 영혼이 들어온다고 믿었고, 개신교 신학자 칼 바르트 역시 배아 인간도 그 자체로 하느님의 형상임을 천명한 바 있다. 이 점에서 볼 때 배아 복제는 생명의 연속성, 유기체성, 지속성 그리고 생명 속에 담지 된 하늘의 생기(生氣)를 부정하는 기계론적 인간 이해의 산물일 수밖에 없다.

결론적으로 필자는 생태신학적 입장에서 인간 사회가 덜 경쟁적이고 환경 친화적이 되며 생명의 희생을 최소화하는 삶의 양식을 만들어 감으로써 난치병, 불치병의 발생을 줄일 수 있다고 믿는다. 환경적 요인, 경쟁적 사회 분위기로 인해 정자수가 감소되어 불임 남성의 비율이 점차 늘어나고 있다는 현실에 경각심을 느끼지 못한다. 과학 기술적으로 해결될 수 있는 과제라 여기는 탓이다. 과거 계몽주의자들이 기독교인들을 향해 '하느님은 또 용서해 주실 거야. 그게 제 버릇이니까.' 라고 말했듯이 현대인들 역시 과학 기술(생명공학)이 우리 문명의 한계를 또 넘게 할 것이란 믿음으로 자신의 과오를 덮고 있다. 하지만 이것은 기독교적인 삶의 태도는 결코 아니다. 오히려 거듭 한계를 넘어서려는 인간의 욕망은 전체 생명에 있어서 암적일 수밖에 없다. 조심할 부분이 있긴 하나, 개체로서의 슬픔과 안타까움은 생태계 내의 조화와 질서를 위해 감내해야 할 부분이란 생각도 틀리지 않다. 인간 생명의 무한 연장 및 인간 종족의 번식을 무조건적으로 옳다고 할 수 없는 생태학적 위기시대에 살고 있기 때문이다. 그래서 어느 시인은 자신의 시신(屍身)이 인류의 의학 발전의 도구가 되기보다는 한 그루 나무의 거름이 되기를 바다는 말을 남기지 않았겠는가?

이 세상 모든 것은
하느님의 것

2011년 9월의 한국은 대구에서 열리는 세계육상대회 열기로 가득했다. 자메이카 출신의 한 선수에게서 멋진 신기록을 기대했었는데 부정 출발자가 되어 실격되었음을 못내 아쉬워하는 일도 있었다. 수없이 연습했겠으나 1/10초를 다투는 기록경기인 만큼 조금이라도 앞당기려는 욕심이 자신의 평정심을 잃게 만든 탓이다. 아무리 땅을 치고 분을 표출한들 돌이킬 수 없는 실수는 자신과 세계를 비탄에 젖도록 하고 말았다. 단 한 번의 실수도 불허하는 금번 대회 규정상 육상 선수로서 그 존재 의미는 욕심과 더불어 실종되어 버린 것이다. 본 사건을 접하며 필자는 이를 우리 시대의 환경 문제의 실상과 견줘 볼 수 있었다. 좀 더 빨리, 지금보다 앞선 삶을 문명과 진보란 이름으로 추구할 경우 인류에게도 미래 자체가 부재할 수 있는 까닭이다. 언젠가 말했듯 녹색과 성장은 양립할 수 없고 오히려 그것은 성숙과 잘 어울리는 말이다. 하지만 4대강 살리기란 이름하에 대한민국을 '토목공화국'으로 만드는 일은 성숙과 거리가 한없이 멀다. 오히려 '녹색성장'이 우리의 미래를 육상선수의 좌절과 같은 두려운 결과를 낳을 수도 있겠다.

주지하듯 우리 정부는 국제적 규모의 스포츠 대회 일체를 유치했다는 자부심이 대단하다. 이미 서울 올림픽 대회, 월드컵 축구대회를 치렀고 대구 육상대회를 거쳐 그리고 2018년 평창 동계 올림픽까지 개최하면 세계 6번째로 모든 세계 대회를 치른 스포츠 강국이 된다는 이유에서이다. 국력이 신장되었기에 가능한 일이란 점에서 분명 축하할 일이긴 하겠으나 이것 자체가 이른바 '국격(國格)'을 보증하지는 않는다. 2018년 강원도 평창에서 열리게 될 동계 올림픽 실상을 들여다보면 우리의 허상이 금방 드러난다. 국제 규격에 맞는 스키장 시설을 준비해야 하고 용이한 이동을 위해 산을 깎고 들판을 메워 고속철도와 도로를 만들어야 하는 과정에서 조상 대대로 지켜온 천혜의 생태계가 한순간에 사라질 운명인 것이다. 20일 남짓한 기간 동안 열리는 동계 올림픽을 위해 강제로 특별법을 만들어 개발이란 이름으로 자연을 파괴하는 것이 정말 가당한 일인지 모르겠다. 물론 외화벌이와 향후 국토의 균형 발전을 위해 이런 설비가 필요한 일이라고 하나 역대 동계 올림픽 치고 개최국에 이득이 된 경우가 극소수라 하니 이런 기대 역시 접어야 할 듯싶다.

있는 자연이 주는 혜택이 개발을 통해 얻는 이익보다 크다

생태계의 법칙 중에 이런 것이 있다. 자연은 개발을 통해 얻는 이익보다 그냥 그 자리에 놓아둠으로써 인간에게 주는 이익이 결코 그에 못하지 않다는 것이다. 개발을 통한 이득은 소수에게 돌아가지만 있는 그대로의 자연의 은총은 모든 사람을 위해 좋은 까닭이다. 들리는 소문에 의하면 한국을 대표하는 모 기업이 평창 주변 지역에 개발을 위한 수백만 평의 부지를 확보했다고 하며, 종교 관련 한 단체 역시 오래 전부터 주변의 땅을 사 모았다는 풍문도 있는 것을 보면 생태계의 법칙에 어긋난 결과를 예상할 수 있을 것 같다. 농민들은 배제되고 낯선 외지인들에 의한 잔치가 되고 말 것이란 현지인들의 한숨어린 푸념이 그곳을 종종 나다니는 필자의 귀에까지 들리곤 한다. 국가별로 투기에 노출된 비중을 보면 한국이란 나라가 어찌 굴러가고 있는지를 알 수 있다. 이스라엘과 싱가포르가 10% 수준인 것에 비해 미국은 50%이고 한국의 경우 땅 투기 비율이 전 국토의 70%를 넘어서고 있다는 것은 기독교 대국이라는 한국이 실상 기독교 정신과 무관한 나라임을 반증하고 있다.[*]

필자가 제목으로 내건 화두는 시편 24편 첫 절에 있는 내용이다. "이 세상과 그 안에 가득한 것이 모두 야훼의 것, 이 땅과 그 위에 사는 것이 모두 야훼의 것, 주께서 바다 밑에 기둥을 박으시고 이 땅을 그 물에 든든히 세우셨다." 아무리 과학이 발전했다 하더라도 스스로 그러한 자연, 혹은 하느님의 것인 자연 자체를 만들 수는 없는 법이다. 인간이 자신의 노력으로 인생을 산다고 하더라도 어디까지나 자연이 울타리를 해 주니 가능한 일이다. 의로운 인간이었던 욥조차 '내가 이 세상을 지었을 때 너는 어디 있었는가? 란 하느님의 물음 앞에 설 수 없지 않았던가? 하지만 정부의 4대강 사업이나 스키장 부지로 전락할 정선의 가리왕산을 보면 하느님의 것인 자연을 손상시켜 소수를 위한 인공물을 짓고 그 결과 생태적 정의마저 손상시키고 있는 것이다. 인간이 만들지 않았고 만들 수도 없는 자연을 인위적으로 변경시키는 것에 대한 두려움이 실종된 것은 참으로 불행한 일이다.

인간이 하늘과 옳게 관계를 못 맺으면 인간은 물론 자연과의 관계도 깨질 수밖에 없다는 것이 창세기 1-3장의 메시지이다. 몇 해 전 두바이를 방문한 적이 있었다. 대단히 무덥고 햇볕 강한 나라이자 도시였다. 그곳에 두바이가 자랑하는 인공 스키장이 있다 하여 가본 적이 있었다. 사막 한가운데 상상할 수 없는 규모로 인공 스키장이 세워졌고 중동의 부호들이 그곳에서 맘껏 겨울 스포츠를 즐기고 있었다. 그러나 그것이 필자에겐 결코 좋아 보이지 않았다. 반면에 삼성 이건희 회장이 그 현장을 돌아 본 후 '창조경영' 이란 화두를

[*] 김정욱, 『나는 반대한다』, 느린 걸음, 2011, 105쪽.

생각했다는 현지 가이드의 설명을 들으면서 크게 탄식한 경험이 있다. 자연을 인공화시켜 소수에게 즐거움을 주는 문화 속에서 창조를 말하고 경영을 배웠다면 그것은 한국을 위해서도 불행한 일이란 생각 때문이다. 지금 한국에서 벌어지는 토건 공화국의 실상이 바로 이런 창조경영의 단면들이란 생각에 마음이 편치 않다. 이런 정황에서 필자는 성서가 우주 만물을 하느님의 것이라 명한 의미를 강조하고 싶다. 과연 국가정권과 친하다는 목회자들이 이 본문을 갖고 위정자들에게 설교 한 번 해 본 적이 있는지 묻고자 하는 것이다. 이 점에서 필자는 원죄의 근원지로 알려진 창세기의 선악과 사건이 지금과는 달리 읽혀져야 한다고 생각한다.

선악과 사건에 대한 생태적 재해석

주지하듯 교회는 선악과를 원죄와 연관시켜 이해했다. 하느님께서 세상의 모든 것을 인간에게 다 맡기셨으나, 선악과만큼은 내 것이니 손대지 말라 한 것을 이브가 뱀의 꾐에 빠져 손을 댔고, 아담 역시도 이브의 권유로 그 실과(實果)를 먹은 것이 화근이었다. 이 사건은 결국 하느님처럼 되고자 한 인간의 교만이 신학적으로 가장 중요한 범죄인 것을 적시했고, 이후 어거스틴에 의해 인간의 성적(性的) 교섭으로 이런 죄성(罪性)이 지속된다는 이론으로 발전되었다. 이를 근거로 교회는 교리적 차원에서 인간의 전적 타락을 강조했고, 결국 교회 안에서 성직자의 권위를 강화시키는 수단으로 종종 사용되었다. 교회 안에서 성직의 권위에 도전하는 어떤 가능성도 원천 봉쇄시킨 것이다. 심지어 배교한 성직자에게서 받은 세례도 유효하다고 말할 만큼 성직자의 신적 대리 행위를 하느님의 이름을 빌려 긍정한 적도 있었다.

하지만 현대신학은 이런 전통적 해석에 동의하지 않았다. 전혀 다르게 선악과 사건을 해석하며 생태적 정의의 차원을 복원시키고자 한 것이다. 우선 선악과는 앞서 말한 시편 24편의 말처럼 '하느님의 것'이었다. 다른 것은 인간의 손에 맡겼을 지라도 선악과는 손대서는 아니 될 하느님의 것이란 뜻이다. 여기서 하느님의 것이란 동시에 공적(公的)인 것 또는 모두의 것임을 의미한다. 따라서 과실(果實)에 손을 댔다는 것은 공적인 것을 사적인 것으로 만든 것으로, 현대신학자들은 이것을 죄(罪)의 원형으로 규정한다. 이를 위해 창세기 9장 1-7절의 내용을 상기할 필요가 있다. 노아와 더불어 새 계약을 맺고자 하느님은 인간에게 다음과 같은 확약을 받기 원하셨다. 즉 사람들 눈에서 억울한 눈물이 흐르게 하지 말 것, 곧 형평성의 원리와 정의의 감각을 요구했으며, 동물을 피 흐르는 채로 먹지 말라 하시며 동물, 곧 자연 생태계와의 관계에서도 형평성을 강조했던 것이다. 여기서 형평성이란 공적(公的)인 감각을 유지하라는 뜻이다. 공적인 것이 사적으로 취급될 경우 불평등이 생기고 억울한 이들이 생겨나는 것은 일상적으로 경험하는 바다. 그렇기에 현대신학자들은 구원을 사적으로 취한 것을 공적으로 되돌리는 과정으로 이해한다. 성서의 하느님이 일방적으로 희년(禧年)을 선포하시고 불평등이 없던 처음의 상태를 회복코자 하셨던 것이 바로 구원의 원뜻이란 것이다. 이는 모두 '세상을 하느님의 것'으로 볼 수 있는 눈(觀)을 회복할 때 가능한 일이다. 신앙이란 이 점에서 이런 '관(觀)'을 회복하는 사건이라 말할 수 있겠고, 구원은 현대적 언어로 생태적 정의가 회복된 순간이라 해도 지나치지 않을 것이다. 본래 구원, 즉 'Salvation'은 전체를 뜻하는 'Wholeness'와 어원이 같고 또 '거룩(Holiness)'과도 연결되는 바, 사회 전체가 건강하게 되는 상태를 지칭하는 까닭이다. 오늘 대다수 교회가 담론으로 택하는 영혼 구원만으로 기독교가 말하는 구원의 총체성을 온전히 드러내기 역부족인 것은 이미 신학자 본회퍼가 자신의 삶으로 증거한 바 있다.

이제 다시금 평창 올림픽 스키장 부지인 가리왕산 이야기를 하고자 한다.

마음 같아서는 제주 도민들에게 4·3사태의 악몽을 떠올리게 하는 강정마을 사태를 재론하고 싶지만 여기에서는 동계 올림픽의 반 생태적 실상을 신앙적 차원, 즉 생태 정의의 시각에서 밝힐 생각이다. 여기서 필자는 평생 환경학자로서 살아온 기독교 신앙인 김정욱 박사의 삶과 그가 펴낸 한 권의 책을 언급하지 않을 수 없다. 그의 마음을 빌려 내 마음을 전하고 싶기 때문이다. 그는 최근 '4대강 토건 공사에 대한 진실 보고서'란 부제를 붙인 『나는 반대한다』라는 소책자를 출판했다. 자신과 같은 환경공학 분야에서 일하는 수많은 지식인 교수들이 '4대강 토건산업'을 '4대강 살리기'란 이름하에 적극 찬성하고 있을 때, 김정욱 교수는 성서의 창조신앙과 자신의 환경공학 지식에 입각하여 그 허상을 밝히며 정부와 대립각을 세웠다. 그리하여 그에게는 '반대만 하는 교수'란 낙인이 찍혔고 정부가 주는 학술 지원금 한번 타 보지 못했기에 때론 무능교수란 오명도 감내해야만 하였다. 아직 죽지도 않은 4대강을 죽었다고 단정 짓는 정부와 동료들을 향하여 그는 자신의 온 삶을 던져 '나는 반대 한다', '강을 죽이지 말라'고 외쳤으며, 그것을 기독교 신앙인으로서 자신이 할 일이라 여겼던 것이다.

대한민국은 욕망공화국

필자 역시도 그와 같은 심정으로 가리왕산 중봉 이야기를 하고 싶다. 이 땅을 토건공화국으로 만들수록 빈부 격차는 커질 것이고, 낮은 복지 비율이 쉽게 높아질 것 같지 않는 불안감에서다. 동계 올림픽이 국격(國格)을 높이는 일로 기대를 받고 있을 것이나 실상은 쉽게 사라질 봄날의 아지랑이와 다를 바 없다. 백성들이 골고루 행복한 삶을 살지 못한다면 말이다. 김정욱 교수의 말 한마디를 더 인용해 본다. "내 40년 학문은 힘이 없으나 내 60년 삶은 간절하다." 이 말은 필자에게 다음처럼 읽혀졌다. 하느님 창조 세계를 망가뜨린 정부에 대해 환경학자로서 역할을 다하지 못했으나 신앙인으로서 자신은 끝까지 반대하겠다는 것이다. 필자 역시 이런 신념으로 가리왕산을 파괴해서라도 활강 슬로프를 설치하여 동계 올림픽을 유치하겠다는 발상에 반대를 선언하고 싶다.

주지하듯 가리왕산은 조선 시대 때부터 보호림으로 지정되어 일체 민간 출입을 막았던 곳이다. 당시 사람들의 눈에도 그곳은 천혜의 보고로 여겨졌던 까닭이다. 남한 땅에서 이곳만큼 다양한 수종(樹種)을 지닌 활엽수림 지대가 없다고들 한다. 산림보호 차원에서 했던 간벌 역시 한 번도 행해지지 않았던 곳이다. 지금껏 산림청은 이 지역을 '유전자원 보호구역'으로 지정해 놓았다. 그곳에는 수백 년을 자라 높이 20미터를 넘긴 수백 그루의 주목 군락이 펼쳐져 있으며, 한국에서만 볼 수 있는 희귀식물들이 서식하고 있다. 간혹 식물도감에서나 봤던 도깨비부채, 만병초, 할미밀망 등이 그곳의 주인들이다. 그곳을 터전 삼아 사는 천연기념물로 지정된 새와 동물들의 숫자도 적지 않다. 그렇기에 동계 올림픽 장으로 내놓아야 하는 산림 중 35% 정도가 아직도 보호림으로 되어 있는 것이다. 개발이 원천 봉쇄된 강정마을의 해변을 특별법으로 풀었던 정부인 까닭에 이곳 역시도 환경법보다 상위의 법을 만들어 개발을 추진할 것은 명백한 사실이다. 물론 정부도 대안이 없지는 않다. 그곳의 나무들을 다른 곳으로 이식하여 살려 보겠다는 복안을 갖고 있기 때문이다. 하지만 우리에겐 이미 1997년 무주의 아픈 경험이 있다. 동계 유니버시아드 대회를 개최하기 위해 무주 덕유산 산자락을 개발해야 했던 정부는 그곳 나무를―주목, 구상나무 등―수백 그루 이식했으나 구상나무는 모조리 죽었고 주목의 생존율도 50%를 넘기지 못했던 것이다. 지금 가리왕산 중봉 중턱에서 정상에 이르기까지 '살아 천년, 죽어 천년 산다'는 주목들이 거대한 군집을 이루고 있는 바 이것들 모두가 이식되거나 작은 것들은 죄다 뿌리 뽑혀질 운명에 처해 있다. 나무가 뽑혀지고 슬로프가 생기면 동물들의 이동통로도 단절되어 그들 역시 그곳을 살 곳이라 여기지 않을 것이며, 조선 시대 이래 지켜진 천혜의 보고(寶庫)가 동계 올림픽을 위한 특별법의 이름으로 통째로 실종되어 버릴 지경에 있다. 이를 어찌 두고만 볼 것이며, 어쩔 수 없다 방관하는 것이 옳을 것인가?

대한민국 국민이라면 누구나 동계 올림픽을 이 땅에서 여는 것을 반길 것이다. 더구나 3수 끝에 얻은 기쁨을 누구라도 공유하고 싶을 것이다. 하지만 우리는 왜 서구 국가들 중에서 올림픽 유치를 반대하는 사람들이 생겨나고 있는 지를 생각해 보아야 할 것이다. 그들에게도 애국심이 있을 것이고 국격에 대한 믿음이 없을 리 없다. 그러나 그들은 삶에 무엇이 더 소중한지를 우리보다 더 생각하며 살고 있다. 토건공화국인 대한민국이 살아 있는 것도 죽었다 하여 파헤치는 데 열심인 한, 올림픽은 평화와 생명 그리고 정의 그 어느 가치도 이룰 수 없는 부익부 빈익빈의 결과를 반복할 수밖에 없다. 그래서 필자 역시도 김정욱 교수처럼 신학의 이름으론 미약하겠으나 하느님 신앙의 이름으로 이의를 제기한다. 일천만 기독교인들이 생명 가치를 존중하는 이웃 종교인들과 더불어 올림픽위원회에 호소하고 세계의 환경단체에 뜻을 전달하며 유네스코 위원회에 뜻을 밝히며 다소 불편하더라도 대안을 만들 수 있다면 이 땅을 자신의 것이라 말씀하신 하느님의 기쁨이 얼마나 크시겠는가?

자연의 죽음이 주는
메시지

자연 재해가 닥칠 때마다 기독교인들은 창조신앙을 생각한다. 하느님께서 선(善)하게 창조한 세상에 이처럼 무질서한 악(惡)이 발생한 이유를 알기 위함이다. 신학은 이를 신정론(Theodizeefrage)의 주제로 삼고 오랜 시간 숙고해 왔다. 초기에는 인간 자유의지의 오용과 남용이 관건이었으나 점차 자연의 카오스(혼동)가 신정론의 주제로 부각되는 상황이다. 그만큼 자연이 인간에게 역습하는 사례가 많아진 탓이다. 이에 대한 답이 궁하다 보면 아전인수 격의 해석이 난무한다. 수만 명의 생명을 앗아간 강도 9가 넘는 이웃 나라의 대지진을 보면서 그것이 한반도에서 빗겨간 것을 기독교인의 공로로 여기는 목회자가 있을 정도가 되었다. 신앙적 관점에서 기독교인 덕분에 한반도가 보호되었다는 언술은 실상 불가능하지는 않다. 하지만 남의 불행을 그러한 신앙적 관점에서 재단하는 것은 객관적일 수도 없고 신앙적이지도 않다. 그것이 오히려 하느님을 욕보이는 것임을 교계 지도자라면 거듭 숙고할 일이다.

성서와 자연, 하느님 계시의 두 지평

기독교 역사 속에서 성서와 자연은 본래 하느님을 알리는 두 지평이었다. 성서와 자연이 함께 계시 공간이었다는 것이다. 필자는 이것을 적색은총과 녹색은총이란 말로 재(再)언표한 적이 있다. 궁극적으로 예수 그리스도를 알

리는 '성서' 와 그것 없이는 삶 자체가 성립될 수 없는 '자연' 이 각기 최상의
은총임을 적시할 목적에서다. 그것으로 중세 가톨릭교회에서는 자연 자체가
하느님께 영광 돌리는 합목적성을 띠고 있음을 강조했다. 자연의 능동성이
강조된 것도 이런 합목적성에 대한 신뢰 때문이었다. 인간 이성 그리고 여타
의 종교문화 역시 이런 합목적성의 구조에서 긍정되었고 그로부터 가톨릭
자연신학의 토대인 '존재유비 (Analogia Entis)' 가 발원되었다. 하지만 17세기 초
엽 자연의 합목적성을 붕괴시키는 대지진이 경건한 가톨릭 신앙 지역인 포
르투갈 리스본에서 발생했다. 당시로서는 상상할 수 없는 인명 피해를 초래
한 까닭에 사람들은 더 이상 자연의 유기체성을 신뢰할 수 없었고 지배해야
할 물질로 여기기 시작했다. 소위 근대 기계론적 세계관의 탄생이 이것을 바
탕으로 한 것이었으며 자연의 능동성을 일절 거부하고 오직 은총, 오직 믿음
을 강조한 종교개혁 신학의 토양이 된 것이다. 개신교 신학의 정체성이 '존재
유비'의 자연신학이 아니라 일차적 자연을 송두리째 부정하는 '신앙유비
(Analogia Fidei)' 임이 이를 증명한다. 기계론적 세계관과 종교개혁 신학의 동거
로 근대과학 문명이 시작되었다고 해도 과언이 아닐 만큼 양자의 관계는 남
달랐다. 자연을 창녀의 메타포로 읽고 과학 기술의 힘으로 자연을 개조하는
것이 '땅을 지배하라' 는 그리스도의 구원을 완성하는 일로 이해될 정도였다.
하지만 이로부터 기독교는 자연이 애초부터 하느님의 계시 공간인 것을 망
각했다. 기독교는 오직 인간의 종교였고 인간의 영혼만 관심하는 사적 종교
로 축소되어 간 것이다. 기독교는 결국 자연, 곧 하느님의 창조 공간을 과학
에게 내맡겼고 과학자들은 가치로부터 자유로운 과학, 결코 미래를 책임질
수 없는 위험한 학문으로 과학을 전락시켰다. 이 점에서 신학의 직무 유기가
과학의 타락을 가져왔다는 사실은 개신교 신학이 크게 유념할 부분이다.

　20세기 들어 과학자들의 과학 비판이 제기된 탓에 신학이 과학에 종속되

는 누를 벗어날 수 있었고, 자신의 본래 영역인 창조(자연)를 되찾을 수 있었다. 자연 자체가 인과율로 해명될 수 있는 기계와 같지 않고 여전히 불확실한 존재인 것이 밝혀진 까닭에 기독교 신학은 그 불확실성을 신적 활동의 여백으로 생각할 토대를 얻은 것이다. 물론 틈새의 신(神)으로 오독될 수 있는 개연성이 있었지만 그보다 중요한 것은 인간 중심주의를 벗고 하느님과 자연의 관계성을 재사유할 수 있게 된 것은 신학에게 좋은 일이다. 최근의 과정신학에 의하면 하느님은 인간과는 인격의 방식으로 관계하나 자연과는 자연의 방식, 예컨대 지렁이에게는 지렁이의 방식으로, 참새에게는 그들의 방식으로 교제하는 분이라 믿는다. 물론 인간은 참새도 지렁이도 아니기에 그들과 관계하는 하느님의 방식을 알 수 없다. 하지만 그렇다고 하느님이 그들의 하느님이 아니라고 말할 수 없는 것도 분명한 사실이다. 이렇듯 자연은 인간의 처분에 좌우되는 물질이나 소유물이 아니라 참새 한 마리도 그분 뜻 없이는 떨어지지 않고 들의 백합화 속에 하느님의 영광이 있다고 보아야 옳다. 하느님이 만물 위에만 계시지 않고 오히려 만물을 통해 일하시며 만물 안에 있다고 보는 성서의 하느님은 진화의 신(神)이기도 하며, 그 긴 여정 속에서 우리는 그가 여전히 우리 인간에게 '숨어 계신 존재(Deus Absconditus)'로 함께하고 있음을 알 수 있다. 그렇기에 바로 이 지점에서 우리는 납득할 수 없는 대지진과 자연재해 같은 불가항력적 사건들을 이해할 수 있을 것이다.

자연에게도 자유의지가 있다

하느님이 인간에게 자유의지를 주셨던 것처럼 자연에게도 임의성이 존재할 수 있다. 자연이 더 이상 기계가 아니며 결정적 실체 역시 자연에 대한 오독이란 지적이다. 달리 말하면 자연은 단순히 부분의 합이 전체란 등식을 넘어서 있다는 것이다. 이런 자연의 임의성은 종종 인간에게 혼동(카오스)으로 인식될 수밖에 없다. 수만 명이 죽고 애써 모은 전 재산을 졸지에 쓰레기로 만들어 버린 자연재해인 탓에 어찌 달리 부를 방도가 없을 것이다. 하지만 아우슈비츠 경험 이후 신학은 하느님을 필연 이상의 존재로 고백했고(Gott ist mehr als notwendig) 자신 속에 임의성, 혼동, 악 등을 품고 있는 이런 하느님을 필연 이상의 존재로서 사랑이라 부를 수 있다고 하였다. 인간이 범하는 악, 자연 속에서 발생하는 뭇 혼동이 하느님 자신의 본성 속에 내포되어 있다는 확신이다. 하느님의 전능성이 십자가에 달린 예수 속에 있듯이 금세기에 자주 발생되는 지진, 해일 역시도 하느님을 떠나서는 이해할 수 없다는 것이다. 그것으로 하느님 전능성 자체를 무화(無化)시킬 수 없고 오히려 그것 자체를 달리 해석하는 것이 옳다고 보았다. 자연 역시 인간처럼 자유가 있어 혼동을 자초하며 하느님은 그 자유 때문에 스스로 고통하시는 바 그것이 바로 그의 사랑이며 전능성의 새로운 이해란 말이다. 이처럼 하느님은 과거에서만 아니라 역사와 우주의 전 과정 속에서 거듭 십자가를 지시는 분이다. 그렇다면 하느님은 자연이 일으키는 카오스를 어떻게 인내하며 미래를 향하시는 것일까?

주지하듯 우리 기독교인들은 하느님의 새 창조를 믿는 사람들이다. 하나뿐인 지구를 멸망시키는 존재가 아니라 이를 전혀 다른 세상으로 만드시는 분을 신뢰하여 왔다. 그렇기에 기독교는 부활의 세계를 새 창조의 비전으로 제시했다. 부활을 미래에 이뤄질 세상에 대한 예시라 생각했던 것이다. 하지만 현금의 자연재해는 이렇게만 보기에는 뭔가가 부족하다. 오히려 인간들이 자연 피조물에 가한 폭력으로 야기된 피조물의 탄식이라 보는 것이 적실한 해명일 것인 바, 인간에 대한 뭇 자연의 역습이라 보는 것이 정확할 듯싶다. 그럴수록 인간은 자연 피조물에게 영광된 미래를 선사하기 위해서 피나는 노력을 하지 않을 수 없다. 종래와는 다른 마음과 태도로 자연을 바라보고 성찰하는 인간 자신에 대한 이해가 필요한 시점이 된 것이다. 분명 탄식하는 그들이 바라는 것은 성서의 증언대로라면 이전과는 다른 가치관으로 사는 신(新)인간의 출현일 것이다. 외형상 자연 재해가 인간에게 폭압적인 듯하지만 자연은 결코 인간만큼 악하지 않다. 인간은 자신만을 위해 자연을 탐하지만 자연은 스스로를 희생시켜 인간의 미래를 경고하는 까닭이다.

자연의 죽음이 주는 메시지

최근 주변에서 접하는 자연의 'dying message'에 인류는 촉각을 세워 그 의미를 포착해야만 한다. 우선 한국의 자연 생태계에서 토종벌들의 실종을 눈여겨보아야 한다. 청정지역에서만 생존하는 벌들이 사라진다면 그것은 인류의 미래가 없음을 적시한다. 이미 90%의 꿀벌이 자취를 감추었다 하니 그들이 주는 'dying message'가 참으로 중대하다. 여러 원인이 있겠으나 시골 곳곳에 이르기까지 휴대폰 사용이 보편화된 탓에 전자파의 과용으로 지구자장이 교란되어 일어난 현상이라 하니 결국 인간이 그들을 죽인 셈이다. 동물 생태학자들은 바다에서 일어나는 고래의 떼죽음 역시 예사롭게 보지 않는다. 원자력 방사능 물질을 비롯한 오염된 강물의 바다 유입, 석유 개발로 인한 바다 오염 등의 이유로 바다 생태계가 교란되어 어류 감소, 산호초 폐사가 정도를 넘어서 있는 반증인 까닭이다. 향후 지구 온난화가 바다 생물을 멸종시킬 것이고 그럴수록 지진, 해일 등의 폐해가 가중된다는 것이 그들의 전망이다. 최근 백두산 인근 야산에서 수천 마리 뱀 떼가 출현한 것 역시 대재난의 징조로 읽혀지고 있다. 남북한이 공동 관심을 보이는 백두산 화산 폭발의 전초라 여겨지기 때문이다. 본래 뱀은 땅 속 변화에 민감한 동물이다. 뱀의 출현은 그렇기에 인간의 무분별한 개발로 땅 속 면역력이 급속히 저하되고 있음을 뜻한다. 이로 인해 바다나 땅이 스스로를 통제하고 정화하는 임계점을 넘어서 있고 그것이 바로 지진, 화산 폭발과 같은 형태로 지구에 적신호를 보내고 있는 것이다. 이뿐 아니라 소, 돼지를 비롯하여 닭, 오리 등 가축의 집단 폐사 및 살처분으로 인해 인수(人獸)공용 바이러스들이 얼마나 창궐하게 될지 가늠하기 어렵다. 이미 A1 조류독감이 인수공용인 것이 밝혀졌던 것인바, 인간은 아직도 그것이 주는 교훈을 실감치 못하고 있다. 21세기 인류가 당면할 가장 큰 위협이 바로 이런 진화된 바이러스에 있으며 그 원인이 동물 복지에 둔감한 인간의 탐욕의 탓이란 것을 직시할 때가 되었다.

사실 이런 실상은 이미 성서가 이미 충분히 고지해 주고 있다. 기독교인들조차 성서를 읽지만 성서를 제대로 읽지 못했음을 실토해야만 한다. 교회 성장과 영혼 구원이란 이념에 매달려 세상을 온전히 보지 못했고 창조질서가 파괴되는 것을 방조했던 까닭이다. 성서 근본주의를 금과옥조로 받들면서 정작 성서의 가르침에 무지한 우리의 실상을 작금의 현실 앞에서 크게 뉘우칠 수 있기를 희망한다. 주지하듯 성서는 인간이 하느님께 죄를 범하면 인간 간에 갈등이 생기고 그 결과 자연이 인간을 어머니처럼 품지 않는다는 천지인 상관성의 진리를 담고 있다. 하느님처럼 되려는 인간의 오만이 인간 간의 평계와 반목을 낳았고 인간이 땀을 흘렸으나 자연이 엉겅퀴와 가시덤불만 내었다는 창세기의 내용이 그것이다. 또한 인간이 하느님께 돌아올 때 대머리 같은 민둥산에서도 물이 샘솟곤 한다는 기사도 여럿 있다. 이를 역으로 말한다면 오늘날의 자연 파괴 및 자연의 역습은 인간이 하느님께 죄 지은 결과이며 인간 간의 반목과 투쟁의 실상이란 말이다. 자연과의 잘못된 관계를 하느님에 대한 반역이라 믿는 것이 성서의 올바른 가르침임을 명심할 때가 된 것이다. 재차 강조하지만 자연은 죽어서 인간을 회개시키는 하느님 마음을 닮았다. 인간처럼 자유의지를 지녔으나 자연은 그와 달리 인간과 지구를 위한 분명한 'dying message'를 남기고 있기 때문이다. 이런 메시지를 듣고도 여전히 인간 중심주의를 비롯한 일체의 '중심주의'라는 욕망의 자폐증에서 헤어 나올 수 없다면 그것은 하느님의 미래를 더디게 만드는 반(反)신학적, 반(反)기독교적 행태임이 틀림없다. 오늘 우리 기독교인들에게는 이 점에서 생태적 수치심이 오히려 은총인 것을 크게 자각할 필요가 있다. 생태적 수치심이야말로 피조물이 고대하는 인간의 변화의 첫걸음인 까닭이다.

구약성서의 창조신앙에 해당되는 신약의 내용으로 흔히 산상수훈을 꼽는다. 미래에 대한 걱정과 근심이야말로 세상을 창조하신 하느님 신앙에 대한 도전이란 것이다. 그렇기에 예수는 들의 백합화와 공중 나는 새를 보라고 하셨다. 길쌈도 하지 않고 농사짓는 수고도 없이 가장 좋은 옷을 입고 넉넉한 양식을 취하는 모습을 보고 하느님을 느끼라는 것이었다. 이 점에서 자연 피조물은 결코 하느님은 아니나 하느님을 감(感)하여 지(知)하도록 하는, 없어서는 아니 될 매개물이다. 그러나 점차 주변에서 이런 예수의 확신을 무색하게 만드는 일들이 빈번하게 일어난다. 오늘 하루에도 신종(新種)이 출현하는 속도보다 멸종(滅種)의 속도가 100배 빠르다고 하니 자연에서 하느님 숨결을 느끼기에는 힘겨운 현실이 되었다. 자연을 하느님의 계시 지평으로부터 탈각시킨 근대의 잔재가 지금껏 수정되지 않은 채 정도를 더해 갔던 탓이다. 필자가 생태적 수치심을 기독교적 영성의 출발점으로 삼자고 제안한 것도 이런 이유에서다. 피조물의 탄식, 곧 그들의 'dying message' 앞에서 기독교가 향후 어찌 달라져야 할지를 깊게 생각해 보자는 것이다.

녹색은총의 발견

우선 교회는 성도들의 눈길을 자연으로 향하게 하는 노력을 거듭 시도해야 한다. 모이는 교회, 그 교회에서 모든 것을 줄 수 있다고 생각해서는 안 된다. 자연이 설교보다 더 큰 메시지를 줄 수 있음을 겸허히 인정하란 말이다. 필자는 그것을 녹색은총이라 부른 바 있다. 지난해 있던 풀이 올해 보이지 않는 것이 무엇인지를 함께 발견하는 일도 중요하다. 산과 바다, 들판에서 피고 지는 풀, 꽃 그리고 그를 토대로 살아가는 뭇 곤충들의 이름을 불러주는 일도 기독교적 교회 교육으로서 손색없이 중요하다. 이런 일들을 바탕으로 뜻있는 성도들을 기독교환경연대를 비롯한 건전한 지역 환경 단체로 파송하여 자연을 중심으로 세상을 보는 시각을 전문화할 필요가 있다. 우리가 자연을 하느님의 계시 지평으로 인식 · 고백한다면 말이다. 환경 단체가 의미 있는 정책을 펼친다면 교회가 하느님의 돈을 그곳에 기부할 수도 있지 않겠는가? 인간을 위해 아낌없이 자신을 내주고 심지어 죽으면서까지 인류와 지구의 미래를 위해 메시지를 전하는 가난한 자연을 위해 선교하란 말이다.

해마다 4월 22일은 지구의 날이며 6월 첫 주는 UN이 정한 세계 환경주일이 된다. 이런 날은 지내면서 자연환경을 주제로 제대로 된 메시지 하나 선포치 못한다면 그들의 교회는 교회로서 자격을 의심받을 수밖에 없다. 그렇다고 어느 목사처럼 함부로 하느님 재앙 운운하는 누를 반복해서도 안 될 것이다. 하느님께서 일하시는 것은 결국 인간을 통해 일하신다는 말도 있다. 하느님 일과 우리의 일이 처음부터 달리 있지 않다는 것이다. 죌레(Dorothee Soelle, 1929-2003)란 신학자는 인간의 일이 하느님 일이 되는 세 조건을 다음처럼 제시했다. 일상적 일 속에 자신의 본질이 표현되어 있는가? 그 일이 공동체를 위하는가? 그리고 그것이 자연을 지키는 일인가? 이 조건들에 부합된다면 인간의 일은 곧 하느님의 일이 될 수 있다는 것이다. 그러나 오늘 우리의 일은 어떠한가? 죽어 가는 자연의 소리를 듣지 못한 채 우리가 하는 일이 과연 하느님의 일이 될 수 있을지 의문이다. 모두가 성직을 잘 수행하고 있다고 믿고 싶겠으나 환경 재앙이란 '불편한 진실' 앞에 불편한 심기만을 표출한다면 그것은 성직에 대한 모독이다. 자연의 죽음이 주는 메시지에 귀 기울인다면 오히려 그것이 선교의 기회가 될 수 있다고 필자는 확신한다.

녹색 성장에 대한 신학적 소견

백만 명의 노아, 백만 척의 방주

기후 붕괴가 가상 시나리오가 아닌 눈앞의 현실임을 뒤늦게 실감한 여러 국가들이 앞다투어 자연 생태계 유지, 보전에 초점을 맞춘 경제정책을 수립하고 있다. 지속 가능한 발전, 녹색성장이란 그럴싸한 말이 이념의 차이를 넘어 모든 국가들의 기본 관심사가 된 것이다. 늦게나마 자연을 이용 물질만이 아닌 존재 근거이자 생존 토대로서 인식한 듯 보여 일정 부분 안심된다.

하지만 지속 가능한 발전이 언제까지 계속되고, 녹색과 성장이란 말이 동전의 양면처럼 함께 굴러갈 수 있는 개념인지에 대한 물음이 남아 있다. 향후 미국과 중국 간 녹색기술을 바탕으로 한 녹색산업의 한판 승부가 예견되는 상황에서 과연 녹색이 경쟁, 산업이란 말과 어우러질 수 있는 사안인지 깊게 성찰할 일이다. 어느덧 소비자로 전락한 우리의 삶 속에 깊이 들어온 '친환경'이란 말의 허구·환상도 같은 맥락에서 숙고할 주제가 되었다.

성장이 아니라 성숙이다

우선 성장이란 개념은 인간 중심적이다. 자연은 조화와 풍요가 핵심이나 성장은 그와 이질적이다. 성장은 획일적 가치를 내포하고 조화는 다양성과 차이를 적시하는 까닭이다. 발전과 성장은 언제든 경제 가치에 입각해 있다. 그렇다고 모두가 더불어 향상되는 공적 토대가 쉽게 마련될 수도 없다. 자연을 유기체, 인간 삶의 동반자로 여긴다면 경쟁, 발전, 성장 등의 개념보다는 공생, 조화, 공빈(共貧)을 말해야 옳다. 사실적 종말에 이른 자연에게 미래를 허락하려면 인간, 그것도 소수 인간의 경제적 발전은 상당 기간 포기해야 한다. 우리가 지닌 장롱을 열고 그 속을 들여다보면 풍요 문명에 익숙해진 우리 자신을 볼 수 있다. 쓰고 버리는 크리넥스적 소비문화에 길들여진 삶의 흔적들이 그곳에 남겨져 있지 아니한가? 이제껏 살아온 삶의 방식, 풍요 문명은 지속되기 어렵고 그리 될 수도 없는 법이다. 국가적으로 인구수가 줄어든다고 아우성이다. 하지만 다시 인구수를 늘리는 정책을 입안하는 것이 능사는 아닐 듯하다. 내가 낳은 자식이 아니라도, 피부색이 다르다 하더라도 내 가족의 일원이자 민족 구성원의 하나로 여기는 사회적 여건 마련이 더욱 시급한 일이다. 지속 가능한 성장은 국가의 인구 늘리기 정책과 함께 갈 수 없다. 인간 중심주의를 탈(脫)해야 하듯, 가족(민족)주의를 벗어나는 일 역시 자연과 공존할 수 있는 첩경일 것이다. 하진만 지속 가능한 발전, 녹색성장의 개념 속엔 이런 시각이 안중에도 없다.

인간이 인간과 공존하고 자연과 공생하려면 당분간 함께 가난해지는(共貧) 삶의 가치관을 택하는 수밖에 없다. 생태학의 으뜸 공리가 '모든 것은 모든 것과 관계한다.' 는 것과 '나눔' 의 에토스인 것은 주지의 사실이다. 관계, 유기체성이 보존되려면 높은 것이 낮아져 낮은 것을 두드러지게 해야 한다. 인간에게 단순성(Symplicity)이 요구되는 것도 이런 이유에서다. 인간이 가난해 져야 자연이 진정코 삶의 동반자가 될 수 있는 것이다. 지금 자연은 너무도 가난해져 있다. 인간에게 아낌없이 모든 것을 주었던 결과이다. 이제 인간이 자연에게 받은 은혜를 되갚을 때가 되었고 필자는 이를 자연(환경) 선교라 명명한 바 있다. 지금 자연은 '새로운 가난한 자' 로 비유되며 '갓 태어나 벌거숭이 상태로 방치된 어린아이' 모습으로 그려지고 있다. 때론 흐르는 피를 멈출 수 없는 혈우병 걸린 여인에 비교되기도 한다. 영원히 존재하리라 믿었던 자연의 붕괴, 어머니 사랑처럼 샘솟았던 자연의 은총이 고갈되어 가이아의 복수를 염려해야 될 시점에 이른 것이다.

이쯤에서 친환경이란 이름의 허상을 말할 때가 되었다. 온통 슈퍼마다, TV 광고를 통해 환경 앞에 친(親) 자를 붙인 제품이 소개되고 있다. 그것으로 녹색성장의 실상을 드러낼 목적에서다. 그러나 우로보로스의 형상을 하고 있는 상품의 순환 주기를 직시할 경우 친(親)이란 단어가 무색해지는 경우가 수없이 있다. 겉으로는 녹색을 표방하나 실제론 환경 친화적이지 않는 그린 워싱(Greenwashing)을 일컫는다. 예컨대 유기농 셔츠에 '그린'이란 글자가 진한 파란색으로 염색되어 있는 상품이 있다고 치자. 면사를 표백하고 크롬, 염소 등 화학물로 공정을 마치는 과정에서 면사에 흡수되지 아니한 염료가 공장 폐수에 섞이고 시용된 염료에서 발암물질이 나오는 경우이다. 던킨 도너츠가 트랜스 지방 함유량을 제로로 하겠다는 소위 녹색선언을 했으나, 거기에도 해로운 당분, 흰색 밀가루 등이 섞여 있는 것은 부정할 수 없다. 친환경 제품은 요람에서 무덤에 이르는 과정 속에서 이루어질 뿐 한두 공정을 해결해서 얻을 수 있는 결과가 아니란 사실이다. 이런 그린 워싱은 결국 녹색성장을 목적으로 하나 그것은 기업의 성장일 뿐 지속 가능한 자연과의 공존과 조화는 애초부터 가능치 않다.

에코 지능과 감성이 필요한 시대

이를 위해 우리에게 필요한 것은 에코 지능의 개발이다. 풍요로운 경제성장 하에서 인간의 에코 지능은 점차 둔감해졌고 퇴보해 왔다. 본래 생명호성(生命好性)은 인간에게 내재된 특별한 능력이었다. 그러나 수많은 위험을 만들며 그 속에 노출된 삶을 살아온 결과 인간의 생명호성은 위기에 둔감해져 버렸다. 심지어 스스로 깨어나지 못할 정도까지 되었다고 말한다. 인간 두뇌에 내재된 시스템으로는 현실 위기를 포착치 못할 위험에 처해 있다 한다. 오늘의 생태 위기를 의식의 영역으로 이끌어 내는 노력이 바로 종교의 몫이다. 아직 보이지 않는 위험을 보이게 만드는 의식화 작업이 종교가 할 일이요, 녹색 성장이란 이름하에 뭇 숨겨진 비용을 깨달아 아는 일 역시 생명을 가치로 삼는 종교의 과제란 말이다. 소위 윤리적 소비가 이에 해당한다. 오늘날 농업과 축산업 그리고 수산업이 환경오염의 주범으로 전락해 가는 현실을 직시하라는 명령이다. 처녀림의 나무를 밀어낸 자리에 그 두 배가 되는 나무를 심는다 해도 이미 사라진 풍부한 생물학적 다양성은 복원 불가능하다. 종의 멸종이 종의 생성보다 100배 이상 빠르게 진행되는 생태적 위기 상황에서 이런 식으로 지속 가능한 발전을 말하는 것은 거짓의 자행일 뿐이다.

윤리적 소비는 손의 창조력과 직결되는 사안이다. 인간의 지능이 발달할 수 있었던 것은 직립보행 덕이었다. 아니 직립 덕분에 자유롭게 된 두 손의 사용 덕분이라 하는 것이 정확하다. 그런데 생태적 위기를 초래한 인간은 손을 사용하기보다 돈으로 모든 것을 해결하고자 한다. 돈으로 남의 시간, 재능, 생명까지도 살 수 있는 시대가 된 것이다. 손의 창조력 상실이 바로 에코 지능의 결핍을 초래했다고 해도 과언일 수 없다. 스스로 할 줄 아는 자급의 능력이 결여될 때 필요한 것은 돈뿐이며 그럴수록 삶은 종속되고 위기를 느낄 수 있는 인식 능력은 감소한다.

손의 창조력과 합리적 소비

세상을 조망할 여유도 힘도 상실한 까닭이다. 우리가 살고 있는 도시문화의 특성이 바로 이를 반영하고 있지 않은가? 익명성으로 효율성만을 좇아 살다 보니 숨겨진 비용이 보이지 않고 일상 곳곳에 숨겨진 악마가 보일 수 없다. 이 점에서 도시의 소비문화에 젖어 살고 있는 우리를 카인의 후예로 칭한 자크 엘룰(Jacques Ellul, 1912-1994)의 통찰은 대단히 정확했다. 도시에 살지만 그로부터 자유케 되는 길은 오로지 손의 창조력을 회복시키는 데 있다. 이것이 있어야 녹색성장이란 말이 진실로 가능할 수 있을 것이다. 물론 이 경우 성장은 나눔의 에토스를 통한 조화나 균형의 모습일 것이다.

녹색성장, 그것은 손의 창조력이 돈보다 중요한 가치가 되는 상황에서 비롯한다. 이런 일은 자연의 한계를 극복하는 것이 아니라 그 한계 자체를 인정하는 삶의 태도이다. 자연이 인내의 한계를 보이는 상황에서 인간이 그 한계를 돌파하고자 이념적 씨름을 하는 것은 옳지 않다. 이는 노인이 경제성장의 적이 아니라 더욱 존중 받아야 할 존재임을 상기시킨다. 자연 따라 사는 그 속에 지혜가 있고 인류의 미래가 있다. 자연은 다품종, 다년생, 고유한 토종들로 구성되어 있으나 성장을 위한 욕심으로, 경제적 시각에서 단품종, 일년생, 외래종으로 자연을 바꾸어 놓은 것이 우리 인간들이다. 자연의 한계를 인정치 않은 인간의 교만한 처사라 아니할 수 없다. 자연을 지배할 목적이 아니라 그와의 조화를 위해 자연을 배워야 한다는 진리를 망각한 탓이다. 잡종과 변종이 인위적으로 만들어진 현실을 녹색성장이라 부를 수 없는 이유이다. 경제를 위해 잡종과 변종이 생겨날수록 더 많은 비료, 살충제, 석유화학물질 등을 사용할 수밖에 없는 것이다. 산업형 농업, 거대 축사를 짓고 소를 키우는 것을 녹색성장이라 말할 수 없다.

인간의 깊은 무의식 속에는 존재와 소유라는 두 본능이 자리하고 있다. 서로 다른 삶의 양식이 갈등하며 마치 쌍둥이처럼 존재하고 있는 것이다. 앞의 것이 높아야 인간은 자신의 고상함을 지킬 수 있고 자연과 공생할 여건을 만들 수 있다. 하지만 오늘 한국은 OECD 국가 중에서 욕망지수가 가장 높은 나라가 되어 버렸다. 영국 BBC방송의 전언에 의하면 한국은 포르노가 가장 성한 나라, 성형수술의 빈도수가 가장 높은 나라, 자연을 파헤치는 토건산업이 흥한 나라 등의 이유를 들어 욕망지수 1위라는 불명예를 안겨 준 것이다. 종교와 욕망, 이는 서로 반비례할 수밖에 없는 것인데 이들이 한국에서 정비례하고 있다는 사실은 종교 무용론을 말하지 않을 수 없게 한다. 소유를 누르고 존재를 드러나게 하는 것이 종교의 본래적 소명이라면 말이다. 이 점에서 한국 고유한 기독교 사상가인 다석(多夕) 유영모는 견물불가생(見物不可生), 즉 물질을 보고 마음이 일어나지 않기를 바랐다. 쌀 한 알 심어 천 알 , 만 알 수확하는 것도 이득이지만 자신을 하느님께 바쳐 하느님 아들로 변하는 이득이 비교할 수 없을 정도로 훨씬 크다고 가르친 것이다. 물질을 소유의 대상으로 삼지 말고 물질의 본성을 잘 알아[盡物性] 자연과 하나 되는 삶, 자연 따라 사는 삶을 살 것을 종용했다. 예컨대 닭고기를 먹되 그것을 고기로만 알지 말고 자신 역시도 닭처럼 부지런히 살 목적으로 먹으라는 것이다. '물에 맘이 살면 맘의 자격을 잃는다.' 고 경고했고 '맛을 좇지 말고 뜻을 좇아 살라.' 는 말씀도 남겼다. 사람들은 들판의 꽃만을 보고 그 꽃을 꺾으려 들지만 다석은 그 꽃을 있게 한 배경, 곧 없음을 보라고 했다. 없음이 있음의 근거라는 것이다. 그래서 다석은 하느님을 '없이 계신 이' 라 불렀고 인간 역시도 없이 살아야 할 존재라 했다. 소유가 아니라 존재적 인간이 되라는 것이다. 그래야 진물성(盡物性)할 수 있는 까닭이다. 하지만 인간은 아직 '없이 계신 이' 처럼 없이 있지 못하고 '덜' 없어 더러운 인간(죄인)으로 머물고 있는 것이다.

생태 위기 시대, 기후 붕괴의 징조를 보이는 현 시점에서 녹색성장이란 말은 위험스럽다. 전혀 다른 삶의 양식, 다르게 보고 달리 사는 길이 오히려 요청된다. 이 점에서 필자는 성서의 인물 노아를 에코 지능의 소유자로 보고 그를 오늘의 시각에서 이렇게 의미화하고 싶다.

백만 명의 노아가 필요하다

우선 노아는 시대의 징조를 분별한 사람이다. 예민한 감수성을 갖고 시대의 변화, 우주의 대 격변을 예감한 사람이다. 신앙은 이런 감수성을 동반해야 제격이다. 땅에서 풀면 하늘에서 풀린다는 것이 신앙의 본질이 아니던가? 오늘 우리 시대는 백만 명의 노아가 필요하다. 남녀노소 흑백인을 막론하고 저마다 이런 대 격변을 예감하는 생태 감수성, 에코 지능을 종교가 가르치고 이끌어 내야 할 것이다. 노아가 준비한 것은 새로운 세상을 위한 방주였다. 흔히들 교회를 구원의 방주라 한다. 하지만 어찌 교회가 방주가 될 수 있다는 말인가? 방주 속에는 필요/불필요, 유/불리의 인간적 가치 척도를 넘어선 하느님의 자리가 마련되어 있었다. 인간은 잡초라 배격했으나 방주 속에는 새 세상을 위한 씨앗으로 그의 자리가 마련되었던 것이다. 모든 것이 함께 있을 때, 다양성, 유기체성이 존재할 경우에만 새 세상은 가능한 법이다. 따라서 오늘 우리는 자신의 공간을 백만 척의 방주로 만들 책임이 있다. 그것이 교회든 사찰이든 가정이든 말이다. 방주에서 나온 노아가 하느님께 예배하며 포도나무를 심었다는 사건도 대단히 유의미하다.

주지하듯 대홍수는 가인이 만든 도시문화에 대한 심판이었다. 하느님도 없고 동생 아벨도 사라진 공간에서 스스로의 안정을 지키려 했던 가인과 그가 세운 도시문명, 급기야 라멕이 지은 죄가 하늘을 찌르던 상황에서 하느님이 세상의 멸망을 작정한 것이다. 자신의 창조를 후회하신 것이었다. 이런 맥락에서 한 그루의 포도나무는 전혀 다른 세상을 환기시킨다. 그리하여 노아를 통한 하느님의 새 계약이 만방에 선포되지 않았던가? 사람들 눈에서 억울한 눈물이 흐르게 하지 말 것과 동물을 피 흐르는 채로 먹지 말라는 하느님의 명령은 새 세상의 기초이자 토대였다. 정의와 생명의 감각, 이것 없이는 하느님의 세상이 될 수 없다는 것이었다. 오늘 우리가 지속 가능한 발전, 녹색성장을 말 할 때에 이 두 가지 전제를 놓쳐 버린다면, 이 둘을 실현시킬 수 없다면 그것은 녹색도 성장도 아니다. 기독교 신앙은 능치 못할 것 없는 믿음을 강조하기 전에 처음부터 이런 두 한계와 더불어 시작하는 삶이어야 한다. 기독교가 이런 문제의식에 철두철미해질 때 비로소 둔감해진 에코 지능을 일깨울 수 있는 생명의 종교, 세상을 구원하는 종교로 역할을 다할 것이다.

소위 '한반도 대운하 계획' 안에 대한 신학자의 시각

70년대 한 건설사의 주역으로서 국내외 토목공사 붐을 일으켰던 장본인이 이 나라 대통령이 되면서 오늘의 한국은 다시금 토목공사 열기에 휩싸였다. 해양수산부 존치를 그렇게 반대하고, 산림청을 국토해양부 산하로 옮기는 것이 못내 걱정스럽더니 전 국토를 토목공사 판으로 만들 계획을 상당히 진행시킨 모양이다. 하지만 한반도대운하를 총선 공약으로 내걸고 그것을 바탕하여 경제 살리기를 최우선 과제로 삼은 지난 정권의 실상을 깨닫고 그 불가함을 인지하기 시작한 것은 하느님께서 보우하신 일이다. 대운하를 반대하는 여론이 60%를 상회하자 이 일을 주도하는 한 축이 될 정당이 총선 전략에서 본 사안을 뺀 것은 정직하지 못한 술수이다. 경제 문제에 실패한 지난 정권의 실정에 기생하여 일단 국회의원 과반수를 채우게 되면 대운하에 대한 특별법이 만들어질 것이고, 한나라당은 현 정권의 존립 기반인 전 국토 토목공사를 강력히 지원할 것이기 때문이다.

지금 한나라당과 정부는 '경제'를 빌미로 국론을 분열시킨 씻을 수 없는 과오를 범하고 있다. 운하 건설을 통한 국토 개조에 대한 이론적 토론은 끝이 없을 것이다. 저마다 자기 이해관계에 의해 이론을 만들어 내는 것이 학자들이기 때문이다. 그러나 일반 대중은 이를 검증할 만한 사실적 지식이 부족하다. 정부의 선전 여하에 따라 거짓이 진실로 수용될 수도 있을 것이고 개연성이 확실성으로 둔갑, 믿어질 수도 있다. 수혜 지역 주민들도 생겨날 것이고 그로 인한 폐해를 염려하는 이들도 적지 않을 법하다. 540킬로미터 강줄기를 따라가다 보면 살벌함을 느낄 정도로 지역이기주의를 체감할 수 있다. 대운하 공정은 국론 분열로 향후 감행해도, 중단해도 치유될 수 없는 상처를 남길 것이다. 이것은 오로지 순전히 정부 탓이다. 우리 국민은 사전 이해도, 충분한 생각도 없이 정치적 선전에 압도당했다. 대운하 공약을 통해 현 정권이 정치적으로는 잠시 성공했으나 국가의 미래를 책임질 수 없는 실체임을 만천하에 드러냈다. 지나치게 목적 지향적 의식에 도취되었기 때문이다. 기술의 행위 능력이 전 지구를 파괴시킬 수 있는 상황에서 기술의 선택은 지금 인류의 선택 중 가장 중요한 것 중의 하나가 되고 말았다. 기술은 언제든 결과를 예상할 수 있도록 선택되어야 마땅하다. 국제 경제가 어려운 현실에서 6-7% 성장이란 가시적 성과에 급급하면 국가와 민족의 장래는 없다. 있는 그대로의 강과 산을 사치와 낭비로 인식하고 있는 것은 아닌지 모르겠다. 후손들에게 남겨줄 것이 산과 강밖에 없다는 것이 민심이고 그것이 하늘의 소리임을 기독교 신자인 대통령은 명심할 일이다.

이 땅에 대운하가 필요할까?

필자는 대운하 공정의 기술적 사안에 시시비비를 가릴 전문 지식이 없다. 그러나 앞서 말한 시각과 판단은 대한민국 국민이라면 상식에 속하는 일들이다. 이것을 정부가 모르쇠하고 무시한다면 대한민국이 감당해야 할 앞으로의 업보가 너무도 엄청날 것이다. 사실 기술적 사안도 상식에서 크게 벗어나지 않을 것 같다. 산, 강과 더불어 살아 온 수천 년의 삶의 지혜를 능가할 기술은 어디에도 없기 때문이다. 대운하 공정에 대한 신학적 판단 이전에 상식적인 염려부터 시작해도 좋을 것이다. 우선 대한민국은 3면이 바다로 둘러싸인 작은 나라이다. 수많은 항구들이 바다에 인접해 있는 것도 우리의 큰 자산이다. 대운하 공정은 이들의 역할을 축소시킬 것이다. 바다가 항차 식량자원의 보고일 뿐 아니라 물류, 교통에 있어서도 중요하다는 것이 통념인 마당에, 대운하 건설 계획은 지금 우리의 지정학적 자산을 포기하는 데서 출발하고 있다. 서구(미국)에 있는 것이면 우리나라에도 있어야 한다는 섣부른 오리엔탈리스트의 꿈이 아니기를 소망한다. 또한 아무리 기술적 이론이 다르다 하더라도 절대적으로 변할 수 없는 사실의 영역은 있는 법이다. 운하를 오가는 배(컨테이너)의 길이, 너비 그리고 높이, 배를 띄우기 위해 필요한 수심, 각 구간 수면의 해발고도, 백두대간의 터널, 수천 개 지류들의 범람, 수몰, 경부고속철을 비롯한 수많은 다리들의 증개축, 천혜의 생태습지의 파괴 등. 이를 위해 운하 구간 절반에 이르는 280킬로미터의 강바닥을 10미터의 깊이로 파내는 일이 필수적이다. 강바닥을 적게 파내려면 배의 규모가 줄어들어야 한다. 그렇게 되면 경제가치가 줄어들 수밖에 없다. 오로지 경제 논리 하나로 대운하 공정을 시작하려는 정부의 입장에서 이는 난감한 일이다. 하지만 찬성 측 논리도 여전히 개발될 것이고 정부는 그것에 의지해 '공약 이행'을 감행할 것이다. 가능하면 예상되는 부작용을 축소·은폐하는 일도 정부의 몫일 수밖에 없다. 운하 주변의 땅투기 조짐도 걱정스런 현실이다. 공적 자금을 투입하지 않겠다는 것도 믿을 수 없는 일이다. 세금 경감 차원에서 민간 자본으로 개발한다 하지만 수많은 이익이 대자본에게 돌아가는 것도 큰 문제이다. 다행히도 한반도 운하 저지 정책, 정당 공조 움직임이 생겨나고 있고, 여당 내부에서조차 전 국토의 토목 공정을 염려하는 상황에서, 이명박 정권은 과거의 개발 독재 망령에서 빨리 해방되어야 한다. 그것이 그를 지지한 기독교인들의 소박한 양심을 배반하지 않는 길일 것이다. 이에 필자는 성서의 시각에서 생태학적 안목으로 한반도 대운하 공정의 불가함을 말할 것인 바, 깊이 유넘해 줄 것을 당부한다.

'대운하'를 미리보는 성서적 시각

한반도 운하를 반대하는 성서적 근거로 필자는 다음 몇 가지 사실을 제시할 것이다. 첫째는 자연이란 공(公)적인 것, 곧 하느님의 것이란 점이다. 성서는 태초에 모든 것을 인간에게 위임하였으나 선악과만은 인간 손에 두지 않았다. 시편 기자는 그것을 하느님의 것으로 명명했다. 성서가 말하는 하느님의 것이란 모두(公)의 것이란 의미이다. 선악과를 인간이 취(取)했다는 것은 공(公)적인 것을 사(私)적인 것으로 만들었다는 것을 뜻한다. 이것이 근본 죄, 원죄라고 성서는 가르치고 있다. 산과 강과 바다는 하느님의 것이고 공적인 것이다. 이 나라를 5년간 책임진 정부라도 이것을 나름대로 처분할 권리는 없다. 백성을 위한다는 명분도 여기는 적용될 수 없다. 하느님의 것이기 때문이다. 기독교적 의식을 조금이라도 지녔다면 현 정권은 하느님의 것을 하느님의 것으로 돌려놓아야 한다. 그것이 기독자 대통령의 용기이자 우리가 그를 믿을 수 있는 이유가 될 것이다.

시편 104편의 말을 유념할 필요가 있다. 하느님은 우주만물을 사려 깊게 운영하시는 생태학적 경영자이시다. 배고픈 사자에게도 먹을 것을 주시며 정의롭게 우주를 이끄시는 어머니 같은 분이다. 인간 역시도 이런 하느님 사역의 조력자일 뿐이다. 아침에 들에 나와 해질 무렵까지 열심히 일하는 존재라는 것이다. 그러나 자연 생태계 안에서 인간의 역할이 지나칠 때 하느님은 가차 없이 인간을 악인이라 부르며 내치신다. 이런 인간을 죄인이라 불렀던 것이다. 우리는 흔히 신앙하는 우리 자신을 하느님 형상(Imago Dei)이라 부르기를 즐겨한다. 틀린 말은 아니지만 우리는 지금 그 의미를 잘못 헤아리고 있다. 마치 인간 속의 특정한 속성이 하느님을 닮아 있는 것으로 생각하는 것이다. 그러나 그러하지 않다. 하느님 형상은 정적인 속성 차원이 아니라 동적인 개념임을 새롭게 인식해야 한다. 하느님께서 당신이 만든 피조물에 대해 끊임없이 반복적으로 은총의 행위를 베푸시는 그 행위에 상응하여 살라는 동적 명령이 하느님 형상의 참된 뜻이다. 욥기의 하느님도 이 점에서 현 정권이 다시 읽어야 할 대목이다. 자신의 의(義)를 항변하는 욥에게 침묵하던 하느님이 급기야 나타나신다. 하느님은 억울한 욥을 위로하지 않았다. 오히려 하느님은 욥에게 다그치듯 되묻는다. "내가 이 세상을 창조했을 때 너는 어디 있었는가?" "너는 저 바다 속의 물고기에게 먹이 한 번 준 적이 있었는가?" 자연은 인간 노력의 산물이 아니란 것이다. 오로지 인간은 자연을 은총으로 받은 것뿐이다.

한반도 대운하 공정은 녹색(자연)은총의 감각을 잃어버린 인간의 판단에서 비롯되었다. 자연으로부터 은총의 감각을 상실하는 것은 실재적인 무신론자의 길이다. 예수께서는 "들의 백합화와 공중 나는 새를 보라." 하셨다. 그것을 통해 하느님을 볼 수 있는 눈을 인간이 갖기를 원했기 때문이다. 그러나 오늘 기독교인들은 성서를 읽을 줄 알아도 정작 성서가 가리키는 자연, 하느님의 피조물을 제대로 응시하지 않는다. 그러니 자연이 죽어 있는 물질로 보일 수밖에 없을 것이다. 자연은 죽어 있는 물질이 아니다. 인간에 의해 서서히 죽어 가고 있을 뿐이다. 자연은 인간보다 오랜 역사를 갖고 있는 것이 주지의 사실이다. 지구의 역사를 100년으로 축약해서 말할 때 인간은 불과 2주일 전에 이 땅에 태어난 생명체일 뿐이다. 한반도 젖줄인 물줄기는 그렇기에 당연히 오늘 우리만의 것일 수 없다. 이 지역을 생존 터전으로 삼아 수없이 오갔던 조상들의 것이자 그것을 느끼고 배울 후손들의 것이며, 아니 그보다 이 땅의 산하, 바로 그들이 주인인 것이다. 인간만이 역사를 만드는 것이 아니다. 역사, 'History'는 그의 이야기, 곧 남성들의 이야기를 뜻한다. 역사란

남자들만의 것이란 인식의 산물이다. 그러나 어디 'Hi-story' 만 있는가? 'Her-story'도 역사 속에 있는 법이다. 교회 안을 보라. 여성 신도들이 만든 역사가 어디 남성들의 그것보다 조금이라도 못한 적이 있었던가? 역사 속에서 여성이 희생된 역사는 자연이 인간에 의해 억압된 역사와 언제나 맥을 같이해 왔다. 최근 학문인 '에코페미니즘(Eco-feminism)'이 이 점을 잘 밝혀주고 있다. 자연을 역사로 읽을 줄 모르는 이들은 신앙적 관점에서 볼 때 무신론자들이다. 기독교인 대통령에 의해 오로지 경제 논리만으로 이런 무신론적 토목 공정이 강행되는 것은 하느님 보기에 참으로 슬픈 일이다.

이제는 환경 선교다

이제는 환경을 선교의 핵심 주제로 삼아야 할 때가 되었다. 지난 세기 우리는 있는 그대로의 자연은 사치와 낭비라 하여 자연을 개발의 대상으로 삼았다. 그 결과 GNP 2만 불 시대에 들어섰다. 경제 침체라 야단법석하고 '잃어버린 10년'이라 떠들지만 10년 전과 비교해 보아도 참으로 잘 살고 있다. 분배 문제만 좀 더 잘되고 일용직 근로자, 비정규직 근로자들의 눈에서 억울한 눈물이 흐르지 않을 수만 있다면 말이다. GNP 3만 불 시대가 되어도 지금보다 행복지수는 결코 높아지지 않을 것이다. 인간은 물질로만 살 수 없는 존재이기 때문이다. 21세기의 화두는 '단순성(Simplicity)'이라 일컬어진다. 100만큼의 강도로 살던 사람이 70-80으로 살아야 하는 시대라는 것이다. 필요 이상의 에너지를 사용하는 사람들이 죄인인 시대가 되었다는 말이다. 정의, 평화, 창조질서의 보전(JPIC) 대회를 발의한 봐이젝커가 말하지 않았던가? '하나밖에 없는 지구 생명체를 위해' '시간이 촉박하다(Die Zeit drangt)'고 말이다. 더 일찍이 러시아 지성 N. 베르자이예프(Nikolai Berdyaev 1874-1948) 역시 인류의 미래를 위해 '최소한의 물질로 살 것'을 주창한 바 있다. 그는 그것이 하느님 말씀으로 사는 길임을 역설하였다. 환경 선교란 자연에게 되갚는 삶의 총체적 방식을 일컫는 말이다. 지금까지 우리는 생태계 내의 법칙들을 파괴하며 살아왔다. 오로지 인간의 복지, 그것도 소수의 행복을 위해서. 그러나 이제 인간의 삶은 생태계 법칙을 지키는 방향으로 정위되어야만 할 것이다. 생태계 법칙은 신앙적으로 하느님의 살림살이 법칙이기도 하다. 그 법칙이란 무엇인가? 존재하는 모든 것은 관계 속에 있는 바 관계가 깨어지면 부메랑 현상이 생긴다는 것, 어느 것도 눈에 보이지 않을 뿐 사라져 없어지는 것은 없다는 법칙, 자연이 그냥 존재함으로써 주는 이익이 개발하여 얻은 그것보다 결코 작지 않다는 것, 그리고 무엇보다 인간이 환경 위기를 느낄 때쯤 되면 자연은 돌이킬 수 없는 중병을 앓고 있다는 것 등이다. 이런 상황에서 기독교인인 우리에게 신앙적 결단에 대한 요구가 주어질 수밖에 없다. "하느님의 살림살이를 계속할 것인가 말 것인가?" 하는 것이다.

핵에너지에 대한 신학적 성찰
후쿠시마 원전 붕괴 상황을 지켜보며

지진 강도 9에 의해 무너져 내린 후쿠시마 원전의 후폭풍이 전 세계를 몰아치고 있다. 독일에서는 녹색당이 원전 반대 기치를 들고 연정(聯政)에 참여할 수 있게 되었고, 유럽 각지에서도 앞으로 원전 건설을 포기하려는 움직임이 강하게 감지된다. 한국에서도 동해안에 집중된 원전들의 노후화에 대한 우려가 지난 강원도 도지사 선거의 변수가 되었다고 한다. 원전 찬성론자들 역시 지진 해일 등에 의한 안전사고가 원전의 가장 큰 위협인 것을 모르지 않는다. 하지만 그들은 화석연료가 고갈되는 시점에서 청정에너지임을 내세우면서 과학기술에 대한 맹신을 통해 원전 건설을 강행했던 것이다. 일본의 경우 전기, 철도 등 공공성이 큰 산업마저 민영화했던 탓에 원전 건립, 유지 및 보수의 과정 일체가 효율성을 앞세운 자본주의 논리에 압도당하여 그 폐해가 지금 부메랑처럼 일본 사회에 돌아오는 중이다. 한국 정부도 이 점에서 예외가 아닐 것이다. 정부 산하 원자력 연구기관이 여럿이지만 그들은 모두 원전을 지지 찬동하는 소위 '원자력 마피아' 들이라 한다. 규제 업무를 맡고 있는 정부인사들 역시 무늬만 다를 뿐 본질에 있어 같다는 것이 언론이 전하는 바였다. 국내에서 아랍 자금(수쿠크법) 유입 여부를 두고 시끄러웠던 것도 실상은 최근 수주한 UAE 원전 건설 비용 때문이었다는 것도 공공연한 비밀인 것 같다. 분명한 것은 한국 정부가 후쿠시마 원전 참사를 반면교사로 삼을 의지가 충분하지 않다는 사실이다. 핵에너지 생산량이 세계 10위권 안에 있다는 식으로 원전을 미화하는 홍보가 여전하며* 중고생들의 교과서에서조차 원자력의 정당성이 강조되는 까닭이다. 하지만 기독교적 입장에서 볼 때 원전은 그 존재만으로 반신학적이다. 하느님 창조 세계를 졸지에 초토화시키며 천하보다 귀한 수많은 생명을 위협하고, 하느님의 영역인 미래를 저당 잡을 수 있는 기술이기 때문이다. 핵 시대를 사는 기독교는 부분적 확실성에 의지한 목적지향적 기술이 아니라 전체 관계성을 파악하고 결과를 충분히 예상하며 대책을 준비하는 과학기술과 손잡아야만 한다. 전쟁 무기로서의 핵과 에너지로서의 핵은 실상 동전의 양면과 같은 것으로 하느님도 할 수 없는 일을 행할 수 있는 마성적 괴력을 지닌 까닭이다.

체르노빌의 기억

필자는 유럽 유학 시절 끝자락에 체르노빌 참사를 간접적으로 경험하였다. 체르노빌과 스위스 바젤은 거리상으로 비행시간이 6-7시간 이상 걸릴 만큼 떨어져 있다. 하지만 체르노빌 원전 붕괴로 인한 방사능**이 유럽 중심부까지 유출되어 농작물은 물론 풀을 먹고 젖을 내는 소들 그리고 우유로 만들어진 일체 유제품들이 버려지고 도살되는 현장을 목격할 수 있었다. 필자 기억으로는 거의 1년치 이상의 식품, 특별히 유제품들이 폐기 처분된 것으로 안다. 금번 후쿠시마 원전 붕괴의 정도가 체르노빌과 거의 흡사한 수준일 것

---

* 전 세계적으로 450개 정도의 원전이 있으며 이들 대다수가 부유한 10개국에 집중되어 있는 상태이다. 한국도 이들 10개 국가 중 하나이다.

** 정작 체르노빌 지역에선 원전 해체를 위해 수많은 군인들이 동원되었고 그로 인해 피폭자 수가 4만에 이르고 암에 걸려 죽은 이가 4천 명 이상이라 한다.

이란 보도를 접하면서 필자는 일본인들이 겪어야 할 고통을 가늠할 수 있었다. 바람의 방향 덕분으로 한국이 방사능 오염으로부터 자유로울 것이라는 정부의 입장은 백성을 호도하는 일이다. 어떠한 경로가 되었건 간에 핵의 파괴력은 앞으로 시간과 공간을 확장시켜 영향을 미칠 것이 분명하다. 향후 강도 높은 지진과 해일이 일본을 비롯한 도처에서 생겨날 것이고 엔트로피(Entropy)를 증가시키는 방식으로 삶을 영위한 인간들은 안정된 에너지 확보를 위해 더욱 원전 기술을 발전시키려 들 것이다. 하지만 체르노빌과 후쿠시마 간의 시차가 20여 년밖에 되지 않았음을 생각해 볼 일이다.* 아무리 기술이 발전된다 해도 그를 뛰어넘는 천재지변이 있을 수 있고, 인간의 오작동도 불가피한 일인 바, 예상 가능한 결과에 눈감는 일은 정직하지 못하다. 이미 일본 도쿄 근방에 200년 주기의 엄청난 대지진이 예상되고 있지 않은가?

물론 핵에너지를 지지하는 이론 역시 꾸준히 개발되어 왔고 원자력 발전이 필요악이란 생각조차도 잘못이라 확신하는 이들 역시 적지 않다. 앞서 언급했듯이 화석연료를 대체할 수 있는 유일한 에너지원이고 공해문제를 해결할 수 있으며, 발전 단가가 화력 발전보다 저렴하고 무엇보다 식량처럼 에너지는 국가 안보와 직결된다는 판단 때문이다. 가이아(Gaia) 이론을 창시한 J. 러브록(James Lovelock, 1919-) 역시 원전에는 대단히 관대했다. 원전 지지자들이 홍보하는 원자력 발전의 안정성에 대한 설명은 대략 이런 식이다. 예컨대 100개의 원자력 발전소 때문에 죽을 확률이 하늘에서 우발적으로 떨어진 운석에 맞아 사망할 확률만큼이나 희박하며, 담배를 상습적으로 피움으로써 수명이 2,250일 정도 짧아지는 것에 비해 원자력 발전소로 인한 수명 단축은

---

* 실제로 크고 작은 원전 사고를 감안하면 10년 주기로 발생했다는 것이 정설이다.

이틀 정도라는 것이다. 공해 문제 해결을 위해서는 원전이 오히려 '필요 선(善)' 이라고도 주장한다. 아마도 러브록 역시 이 점에 설득된 것이 아닌가 싶다.* 핵폐기물의 영구 처리를 위한 과학 기술적 문제가 해결되었다고 믿었던 것이다. 그러나 이런 신뢰가 인간에 대한 가이아(지구)의 복수를 말하는 러브록에게서 비롯했다는 것이 참으로 생경하다. 지진과 해일의 강도가 해를 거듭하며 위력이 강화되어 가는 현실이야말로 그가 말한 '가이아의 복수'의 일면인 까닭이다. 우리가 확신할 바는 오히려 자연재해가 인간의 기술력을 언제든 압도할 수 있다는 사실이어야 한다. 핵에너지로 공해 문제를 해결할 수 있다는 발상 역시 순진무구하다. 핵폐기물로 미래의 생명들의 안전성을 볼모로 잡은 것일 뿐 환경문제를 영구적으로 해결한 것이 아니기 때문이다. 땅속에 묻힌 핵폐기물을 1억년 이상 관리할 주체가 불투명한 이상, 이것은 미래를 희생시켜 오늘을 살고자 하는 반종교적 삶일 뿐이다. 냉각수 문제 또한 기술적인 난제 중 하나로 꼽힌다. 주지하듯 원전의 열효율이 아직까지 30% 안팎이기에 나머지 70% 정도는 냉각수로 식힌 다음 그 냉각수는 바다로 방류할 수밖에 없다. 이 경우 방출된 열 폐수가 바다 온도를 7도 정도 상승시켜 바다와 해양 생명체 일체를 교란 상태에 빠뜨린다. 냉각수를 정화시키기 위해 사용되는 뭇 화학약품들–염소산, 구리이온 등–역시 해양 생태계를 파괴하는 커다란 요인으로 알려져 있다.

핵은 반자연적 반신학적이다

그러나 원전을 통한 핵에너지의 획득에서 가장 커다란 문제는 처리 과정

---

* 제임스 러브록, 『가이아의 복수』, 이한음 역, 세종서적, 2006.

에서 나오는 플루토늄이 핵무기의 원료가 된다는 점이다. 북한이 핵무기를 보유하게 된 것도 소규모 원전을 통해 수년간 축적한 플루토늄이 있었기에 가능한 일이었다. 플루토늄은 지구상에 자연 상태로 존재하는 원소가 아니라 인공원소라는 점에서 그 자체로 위험하다. 원자력 발전소를 갖는 일은 결국 핵무기 제조 원료를 확보하는 일로서 하나밖에 없는 지구를 위험에 빠뜨리는 가장 직접적 요인이 된다. 물론 국제 원자력 기구나 핵무기 확산 금지조약(NPT) 등이 있어 일정 부분 제어되긴 하지만 후쿠시마 대지진 이전까지 서구는 물론 한국과 일본 나아가 중동 지역까지 핵에너지가 대세였던 점을 생각하면 원전으로 생기(生起)한 위험뿐 아니라 그를 기초로 만들어진 핵무기의 위협 앞에 전 세계가 노출되었던 셈이다. 하지만 미국을 비롯한 강대국들에게 이미 핵무기가 과다 보유되어 있고, 심지어 그 양이 지구를 열네 번 이상 파멸시킬 수 있다고 하니 지구 목숨이 풍전등화처럼 여겨진다. 1990년 서울에서 열렸던 JPIC 공의회에서 1세계 국가들 간에 핵무기 감축 논의가 있었던 것도 이런 위기 상황을 반영한 것이라 하겠다. 강대국들이 보유한 핵무기의 포기 없이 북한과 같은 나라의 핵을 포기시키기가 어려운 상황에서, 원전이 핵무기 제조를 위한 수단으로 전락할 수 있다는 것이 세계인들의 가장 큰 걱정거리다. 이런 점에서 원전의 문제는 결국 서구 강대국들의 '핵 포기'로까지 이어져야 할 사안임이 분명하다. 하느님께서 핵을 무기로 세계평화를 이루려는 현대판 '로마의 평화'를 인정치 않으실 것이기 때문이다. 심지어 어느 신학자는 핵 강대국들이 소유한 그 '핵' 속에서 신식민지 신학의 실체를 보고 있다.* 신식민지 신학이 소위 반(反) 평화적 '핵 신학'의 다른 표현이란

---

* 노정선, 「반핵의 신학적 근거」, 『기독교사상』, 1992년 2월호, 43-50쪽.

것이다. 주지하듯 지금 한국은 미국의 핵우산 정책 하에 있다. 미국의 군사 기술적 도움으로 핵 공격으로부터 일정 부분 보호받을 수 있게 된 것이다. 하지만 그를 위해 한국이 지불하는 대가 역시 참으로 엄청난 것임을 알아야만 한다. 그것이 바로 무역개방, 곧 쇠고기, 쌀 시장 개방 그리고 무기 판매로 이어지고 있음을 이미 온몸으로 경험하고 있는 것이다.

이런 점에서 볼 때 창세기에 대한 철학자 칸트의 성찰이 참으로 의미 깊다. 그는 『순수이성의 한계 내에서 종교』란 책에서 성서의 하느님이 인류에게 주신 첫 계명이 '-하지 말라' 는 부정적 언사로 되어 있는 것에 주목했다. 인류를 향한 하느님의 첫 금지 계명, '선악과를 따먹지 말라' 는 것은 그것을 어길 때 인간은 불행을 자초하게 되는 까닭이다. 모든 것을 다 할 수 있으나 해서는 아니 될 것도 있다는 것이 성서의 하느님이 인간에게 하고픈 말씀이었다. 이 점을 고려할 때 오늘의 선악과는 인간의 생명을 복제하려는 생명공학이며 자연에 없는 원소(플루토늄)를 만들어 내는 원자력 발전이자 핵무기라 생각한다. 이들은 하느님만이 할 수 있는 영역을 넘보며, 아니 어쩌면 그분조차 할 수 없는 힘을 지니고 있는지도 모르겠다. 하느님은 결코 창조 질서를 파괴하거나 인간을 비롯한 제 생명체를 죽음으로 내몰 수 있는 분이 아닌 까닭이다. 참새 한 마리도 하늘 뜻 아니면 떨어질 수 없고, 한 생명(사람)을 실족시키는 것이 얼마나 큰 죄임을 알렸던 예수의 말씀을 기억한다면 말이다. 이 점에서 원자력을 녹색기술, 곧 지속 가능한 발전의 형태로 인식하는 우리 정부의 태도는 안일하며 반(反) 신학(기독교)적이다.

기독교 생명신학자로서 필자는 이상과 같은 논의를 기초로 그것이 원전이든 핵무기든 간에 핵 자체의 반신학적 의미를 다음처럼 정리하고 싶다. 물론 핵의 평화적 사용이란 말에 부담이 없지 않으나 핵에너지가 핵무기를 만들 수 있는 근거를 제공한다는 점에서 예외가 없어야 한다고 생각했다. 물론 이런 비판 이면에는 '우리 기독교인들이 앞으로 어떻게 살 것인가? 라는 삶의 자세에 대한 물음이 남아 있다. 핵에너지를 포기하는 경우 대안적 삶의 모습이 생기(生起)해야 하는 까닭이다. 앞서 필자는 핵을 반(反) 신학적, 반(反) 기독교적이라 했던 바, 여기서는 반(反) 삼위 일체적이라고 재언명할 생각이다.*
우선 핵은 창조주 하느님에 반하는 마성적인 속성이 있다. 창조신앙을 고백하는 기독교에 있어 주목할 것은 지구가 천체 중 유일한 생명 공간이란 점이다. 하느님은 지구가 생명 공간일 수 있도록 우주 내 죽음의 세력인 방사능을 막아주는 7층으로 된 막, 우리가 '오존층' 이라 부르는 방사능 막을 만드셨던 것이다. 달리 말하면 여타 행성에 생명이 살 수 없는 것은 바로 오존층이 없는 탓이다. 그렇기에 창조주 하느님이 애시당초 막아 주신 방사능을 인간이 지구, 곧 유일한 생명 공간 안에서 자생적으로 만들어 사용하겠다는 발상은 창조주 하느님에 대한 크나큰 죄악이라 생각한다. 더군다나 핵에너지의 무기로의 변신이 너무도 용이한 상황에서 핵은 하느님과 대척점에 서 있는, 그러므로 인류가 모두가 함께 저항해야 할 마성(魔性)적 실체가 틀림없다.

다음으로 핵 산업은 그것이 평화를 위한 것이든 전쟁을 목적하든지 간에 성자 예수 그리스도에 대한 도전이기도 하다. 주지하듯 예수는 아담으로부터 유래하며 가인을 통해 구체화된 죄, 곧 형제 살해의 문제로부터 인류를 용서하고 구원하기 위하여 오신 분이다. 그러나 소위 잘사는 나라들이 더욱 잘 살고자 제3세계를 향한 유무형의 착취를 확대 재생산했고 그것을 근거로 막대한 비용을 들여 원자로를 건설하여 에너지 생산에 전력투구해 왔다. 에너지가 국가 안보와 직결되는 상황에서 핵에너지가 국가 간 경쟁의 척도가 되

* 이하 내용은 다음 책에서 요약 정리함. 이정배, 『생태학과 신학』, 종로서적, 1993, 72쪽.

었던 것이다. 이 와중에서 세계 내 빈국(貧國)들은 점점 가난해졌고 세상은 무기 경쟁을 통해 더욱 살벌해져 갔다. 이 점에서 핵에너지와 핵무기는 모두 대지에 피를 흘렸던 가인의 짓거리를 반복하는 것이자 안식일조차 사람을 위해 존재하는 것이라 말했던 예수의 구속의지를 난파시키는 일이라 하겠다.

마지막으로 핵 산업은 성령에 대한 모독이라 해도 과언이 아닐 듯싶다. 성서에 의하면 성령은 인간을 위로하며 불안으로부터 용기와 자유를 주시는 하느님의 선물이자 하느님 자신이기도 했다. 예수께서 자신 이후 인간이 성령과 더불어 살 것임을 선포하신 바도 있다. 하지만 금번 후쿠시마 원전을 통해 재확인되었듯 핵, 즉 방사능의 공포는 인간을 전율케 하며 두려움을 배가시킨다. 인류가 자신의 안락을 위해 핵에너지를 거듭 요청하며 핵무기로 세계를 통치하려는 국가들이 존재하는 한 우리 시대를 성령 상실의 시대라 불러도 틀리지 않을 것이다. 핵 자체로부터 자유하지 못한다면 하느님이 원하는 성령의 열매들, 의와 화평과 희락은 인류 사회에서 요원한 일이 되고 말 것이다. 흔히 원전을 화장실 없는 아파트로 비유하곤 한다. 원전으로 인한 핵 찌꺼기를 처리할 공간이 지구에 없음을 강조하려는 말일 것이다. 그만큼 위험한 핵을 인류의 미래와 생명을 담보로 지속시키려는 것은 자본주의 탐욕일 뿐이다. 욥기 초반에 악마가 하느님에게 했던 말이 생각난다. 인간은 본래 물질로 자신의 생명을 바꾸고자 하는 존재이기에 신이 욥의 재산을 거둬 가면 하느님마저 버릴 것이란 내용이다. 하지만 하느님은 사탄의 말을 믿지 않고 인간을 믿었기에 사탄에게 욥을 내맡겼다. 이런 맥락에서 원전은 인간에 대한 하느님의 믿음을 저버리는 일일 것이다.

후쿠시마 원전을 사태를 통해 인류는 이쯤에서 '하지 말 것'에 대한 성찰을 다시 시작해야만 한다. 하느님 은총으로 우리 인류가 핵에너지를 거부하는 경우 감수할 부분이 생각보다는 크지 않다. 인류 총생산(GDP)의 0.7%정도만 포기하면 된다는 분석도 있다.* 경제 동물이 된 인간의 현실에서 이런 포기도 쉽지 않을 터이지만 에너지 수급 체계의 전환을 위해 기독교인이라도 먼저 자발적 가난을 일정 부분 선언해야 옳을 것이다. 이런 의식이 집적되어 정치적 표현이 될 때 비로소 정부는 대안에너지에 더 많은 관심을 갖게 될 것이고 결과 예상적 과학기술의 발달을 앞당길 수 있을 것이다.

하지만 무엇보다 중요한 것은 인간 삶의 패턴 자체가 달라지는 일이다. 후쿠시마 원전 붕괴를 보면서도 예전 이상으로 에너지를 쓰고 살려고 한다면, 조금의 불편함도 감내치 않으려 한다면, 우리는 이미 원전의 마성(魔性)적 힘에 굴복하였고 사탄에 영혼을 판 존재임을 증명하는 셈이다. 다시 한번 원전의 반신학적 의미를 되살리기를 소망한다.

핵에너지 이후 시대가 가능하다

이 글을 마무리 하는 시점에서 〈한겨레신문〉(5월 11일자 8면)에 실린 친환경 에너지 기사를 접하며 너무 반갑고 기뻐 그 요점을 소개한다. UN 산하 기후변화에 관한 정부 간 협의체(IPCC) 보고에 의하면 인류가 2030년까지 적게는 3조 달러 많게는 12조 달러를 친환경에너지 개발을 위해 투자하면 2050년경에는 인류가 필요로 하는 에너지 총량의 80% 이상을 풍력, 지력 등 대체에너지로 충당할 수 있다는 것이다. IPCC는 초기 투자비용이 많은 듯지만 이 비용은 2050년 인류 총생산(GDP)의 1%에 불과하다는 전망도 내놓았다. 정부간 기후협약체인 IPCC가 환경 및 에너지 관련한 사안에 가장 보수적으로 접근하는 기관임을 감안하면 이것은 인류 미래를 위해 큰 복음이 아닐 수 없다.

* Insight, 12호(2011, 3.1) 참조.

당장 필요한 에너지를 핵에서 얻고자 한다면, 그래서 대체에너지 개발을 등한시하는 경우 한국은 정말 에너지 빈국으로 전락할 수 있을 것이다. 중국이 대체에너지 개발을 위해 미국보다 많은 비용을 들이고 있다는 엄연한 사실을 직시할 필요가 있다. 이 점에서 한국 교회는 원전 개발을 포기하는 쪽으로 입장을 정리하여 MB정권의 핵 의존 정책에 그 의견을 전달하는 역할을 감당해야 할 것이다.

원전과 송전탑

송전탑에 대한 도시인들의 성찰을 요구하며

체르노빌 원전 사고가 발생했던 당시 유럽 한복판에서 그 후폭풍을 여실히 경험했던 필자로서는 같은 규모의 후쿠시마 원전 참상에 대한 감회가 남달랐다. 눈앞의 참상에 더해 오염된 자연으로부터 뿌리 뽑혀진 인간의 미래 운명을 상상할 수 있었기 때문이다. 아울러 고리 원전 1호기 정전사고로 불거진 국민들의 폐쇄 요구가 봇물을 이루면서 역사상 최초로 친(親)/탈(脫) 원전의 가치가 총선(2012.4.11)의 이슈가 된 것에도 주목할 수 있었다. 하지만 현실은 친(親)원전의 깃발 하에 해당 분야 전문가를 비례대표 1순위로 올린 새누리당의 압승으로 끝났다. 앞으로 이것이 적시하는 바가 적지 않을 듯싶다. 우선 MB정권과 같이 새누리당 역시도 향후 국가 에너지 정책은 물론 수출 산업의 주역으로서 핵 발전을 포기치 않겠다는 대국민적 선전포고인 까닭이다. 여기서 우리는 생명 논리가 아닌 경제적 관점으로 대한민국을 통치하겠다는 지난 세기 유신독재의 잔재를 접한다. 1%의 정당 지지율도 확보하지 못한 녹색당, 진보신당의 존재를 일고(一考)의 가치도 없다고 판단하고 있는 것이다. 물론 국민들 역시 이 상황에 일조하는 것도 사실이다. 에너지 소비량을 줄여사는 삶의 양식을 불편이자 퇴보로 간주하는 사람들의 숫자가 결코 적지 않기 때문이다. 하지만 탈핵을 선언했으되 오히려 에너지를 비축하여 수출하는 독일의 경우와 친(親) 원전 정책으로 에너지 자급률을 높이겠다는 프랑스가 여전히 에너지 부족 국가로 남아 있다는 현실은 타산지석으로 삶을 만하다. 경제 대국으로 급부상한 중국 역시도 실상은 미국을 능가할 만큼 대체 에너지 기술 발전에 총력을 기울이고 있음을 크게 눈뜨고 주목할 일이다. 무엇보다 '풍요'라는 익숙한 삶의 양식과 결별할 수 있는 힘이 없다면 우리는 정권도 바꿀 수 없고 우리의 미래도 달리 만들 수 없다.

송전탑은 도시인들의 책임이다

이 점에서 필자는 원전과 너무도 밀접한 관계를 지니고 있되 그와 함께 고려되지 못하고 있는 송전탑 문제를 사례로 들어, 그리고 경험적 차원에서 진술코자 한다. 최근 밀양으로 귀향한 이계삼에 의해 그곳 송전탑 사건의 전모가 언론에 소개되었다. 그간 밀양은 용서에 대한 기독교적 성찰을 요구한 영화의 도시였으나 이제는 제주도와 더불어 생명의 투쟁처로 변모되어 가는 중이다. 철도나 고속도로 주변을 달리다 보면 산과 들에 거대한 송전탑들이 교차하여 지나는 광경을 목도할 수 있다. 하지만 무심코 지나쳤기에 대다수의 경우 잔상이 남아 있는 경우조차 드물 것이다. 필자의 경우도 거주지인 강원도 횡성의 송전탑 건설을 두고 마을 주민들과 더불어 치열한 투쟁을 한 경험을 한 연후에 비로소 온 산하에 흉물스럽게 깔린 송전탑이 눈에 들어오기 시작하였다. 주지하듯 밀양은 고리원전에서 생산된 전기를 인근 도시로 올려 보내는 중요 관문이다. 지금도 그곳에 송전탑이 없지 않으나 도시의 전력 사용량이 급증하는 까닭에 폐쇄해야 마땅한 핵발전소를 재가동시키려 국제원자력 기구(IAEA)에 협조를 구하고 있고, 더 많은 송전탑을 건설하고 있는 중이다. 대략 송전탑은 에너지 전도율을 높이기 위해 점차 과한 용량을 감당할 수 있는 구조로 설계되고 있다. 과거에는 150만 킬로와트 용량의 송전탑이 주종을 이뤘으나 지금은 350만을 넘어 750만 킬로와트가 대세이다. 750만 킬로와트의 송전탑은 높이가 120미터에 달하여 흉물스럽고 산과 들, 하천, 마을 어디를 막론하고 효율적으로(단거리) 송신될 수 있는 공간이라면 어디든지 세워진다. 한적한 국도를 달리다 보면 이들 서로 다른 용량의 송전탑들이 두세 개씩 교차되어 지나는 곳도 자주 눈에 띈다. 그만큼 도시 및 산업공단으로 올려 보내지는 에너지 양이 많아지고 있다는 증거이다.

송전탑으로부터 나오는 전자파로 인해 산하의 온갖 초목은 물론 가축, 나아가 인간의 몸에 이르기까지 그 폐해가 적지 않다는 것이 정설이다. 하지만 지식경제부와 한국전력이 이 사실을 의도적으로 은폐·축소하려 힘쓰고 있고, 더구나 그 폐해가 장기간에 걸쳐 발현되는 까닭에 그 현실이 공론화되지 않고 있다. 하지만 송전탑 주변의 축산 농가에서 송아지가 유산되고 식물이 자라지 않으며, 암 발생률이 현저히 높고 기형아 출산이 많아졌다는 사례는 얼마든지 있다. 이는 송전탑 주변 반경 500미터 지역에서 발생했던 국내외의 경우들이다. 따라서 외국에서는 송전탑을 인가(人家)로부터 500미터 이상을 격리시키고 심지어 지중화 작업을 통해 생명 희생을 최소화시키는 추세이다. 나아가 '청구서를 보내지 않는' 태양열을 사용하여 에너지조차 지역에서 해결해 보려고 열심을 내고 있다. 하지만 우리의 경우 50미터도 이격되지 못한 곳이 거지반이고 지중화라는 말은 아예 거론조차 되지 않는다. 이로 인하여 한 마을 전체가 보상은커녕 전자파 공포로 재산권도 행사하지 못한 채 해체되는 경우도 발생한다. 이계삼에 의해 폭로된 밀양의 경우가 대표적인 사례가 될 것인 바, 향후 이런 정황이 도시인의 마음속에 공감될 수 있어야 진정 우리가 원하는 정의로운 사회가 될 것이다. 세계교회협의회 부산대회의 주제인 '정의'가 한국 땅에서는 이런 구체적으로 모습으로 드러날 수 있음을 명심할 일이다.

송전탑 건설을 반대하는 밀양의 투쟁은 오래되었고 실패했음에도 가장 성공적인 사례로 꼽히고 있다. 필자는 거주지인 횡성 지역에서도 경험한 바이지만 한전은 송전탑 건설을 위한 주민 공청회를 한두 번 의례적으로 치른다. 공청회는 토론의 여지가 없는 일방적 통보의 수준이다. 주민들과 함께 한전에 가서 직접 이의를 제기했고 지경부에 민원도 제출했으나 정해진 사안은 요지부동이었다. 지식경제부 산하에 있는 한전은 그간 송전탑 건설에 관한 한 국가 발전에 기여한다는 이름하에 무소불위의 권력을 행사해 왔다. 송전탑 건설에 관한 한 아무리 투쟁해도 성사될 수 없다는 주민들의 패배감이 항상 이로부터 비롯했다. 하지만 밀양의 경우 한 노인의 죽음으로 최초로 송전탑 문제가 지역 현안이 아닌 우리 모두의 관심사로 급부상했다. 더구나 탈(脫) 원전의 민의를 등에 없고 누군가의 희생을 강요하는 송전탑의 실상이 여실히 드러난 것이다. 또한 삶의 양식을 달리함이 없이 탈핵, 탈원전을 부르짖는 것은 약자의 죽음을 언제든 방조할 수 있다는 윤리적, 종교적 성찰의 계기가 되기도 하였다.

부모를 잃고 고아가 된 어린 두 형제가 나이 70을 넘긴 시점에서 마련한 땅이 있었다. 시가로 1억 2천만 원 정도 하는 밭이었던 모양이다. 어느 날 갑자기 그 밭 한가운데 송전탑이 건설될 예정이란 소식을 듣고 두 노인은 반대 농성에 돌입했다. 송전탑 건설 소식에 평생에 걸쳐 마련한 밭이 하루아침에 1/3 이하 가격으로 주저앉았기 때문이다. 긴 세월 동안 송전탑을 반대하는 운동이 그들 노(老) 할아버지의 일과가 되었으나 결국 송전탑 공사는 강행되었고 할아버지는 죽음으로 자신의 억울함을 호소하고자 하였다. 한 사람의 기막힌 죽음으로 알려진 송전탑의 현실을 들여다보니 그것은 우리의 문제였다. 탈핵 문제에 1%의 지지도 없었던 우리의 현실이 그를 죽였고 익숙해진 풍요를 잃고 싶지 않은 우리의 욕망이 할아버지의 미래를 앗아 버린 것이다. 의미를 확장시키면 그의 죽음은 우리 농촌의 미래, 나아가 이 땅의 비정규직 고통과 잇닿아 있다. 이런 맥락에서 우리는 지금 탈핵과 송전탑과 할아버지의 죽음 그리고 한국 농촌의 미래, 나아가 자신의 가치관과 세계관까지를 함께 치열한 방식으로 공론화시켜야 한다. 탈원전은 고리원전 폐쇄로 끝날 사안은 결코 아닐 것이다. 물론 1조 원을 날려 버린 북쪽의 미사일 발사만큼이나 현안이 된 고리 원전 재가동의 문제는 동전의 양면처럼 함께 무모한 일이다. 그러나 탈원전은 내 삶과 욕망과 길들여짐과 너무도 깊게 연루되어 있기에, 주장하는 것만큼 쉬운 일이 아니다. 밖을 멈추기를 원한다면 내 삶에서도 멈춰야 할 것이 분명히 있음을 천명해야 옳다. 그렇다면 그 일은 종교적 힘을 요청할 수밖에 없다. 남북한이 모두 핵과 원전을 빌미로 과잉의 자기긍정을 도모하는 현실에서 종교는 부단히 생명 가치, 즉 실재란 어느 하나의 중심만이 아니라 여러 중심들이 '리좀' 처럼 연결된 다중성[Multiplicity]을 본질로 하는까닭이다.

자연계는
생명의 어울림으로 가득하다

노 생물학자 권오길 선생의 『자연계는 생명의 어울림으로 가득하다』를 읽으며 신학자인 필자는 마태복음 6장에 나오는 예수의 말씀을 떠올렸다. '온갖 영화로 차려입은 솔로몬의 옷도 들에 핀 백합화만 못하며, 누가 먹이고 입히지도 않거늘 하늘의 생명들이 이렇듯 고귀하게 이어지고 있지 않은가.' 라는 말씀이다. 이런 말씀을 읽으면서도 정작 자연에게 마음 한번, 눈길 한 번 주지 못하고 살아온 우리들에게 이 책은 진한 감동과 신비, 그리고 아름다움으로 다가온다. 생명의 아름다움을 지켜보고 그것을 서술한 노 생물학자의 삶은 어느 종교인의 삶 못지않게 종교적이며 숭고하기까지 하다. 종교의 형식을 빌지 않았지만 생명 신비에 눈뜬 지은이가 전하는 메시지는 생명에 둔감한 현대인들에게 종교적 깊이와 무게로 다가갈 것이다.

이 책은 봄, 여름, 가을 그리고 겨울 네 계절 속에서 만날 수 있는 동식물과 곤충들에 관한 이야기이다. 실상 이런 종류의 책은 무수히 많다. 그럼에도 이 책이 귀중한 이유는 거듭 강조하지만 생명의 신비에 눈 뜬 지은이의 진솔한 삶이 묻어 있으며, 그렇기에 어려운 생물학적 이야기를 쉽게 풀어 그 감동을 전해주기 때문이다. 자연을 생명 어울림의 장으로 본 것은 탁월한 관찰이 아닐 수 없다. 책 속에 삽입된 삽화 역시 책을 손에 쥐기에 거리감을 없애 준다. 앞으로 읽을 독자들을 위해 몇몇 글들의 내용을 소개하여 보겠다.

봄은 형형색색의 꽃이 피는 절기이다. 어느 시인이 꽃을 꽃이라 불러 주기 전에는 꽃이 아니라 했지마는, 본래 꽃은 인간을 위해 존재하는 것이 아니다. 여기서 인간 중심주의는 자리를 잃고 만다. 지은이는 꽃을 식물의 생식기라 명한다. 곤충이 옮겨준 꽃가루를 받아 씨앗을 만들어 내기 때문이다. 식물 역시도 제 꽃가루를 받으면 열매를 맺지 못한다[自家不稔]. 그리하여 먼 곳에서 꽃가루를 나르는 곤충을 위해 아름다움과 향기를 내는 것이다. 결국 자기 자신을 위한 것이 남을 위한 것이 되는 이치를 보게 된다. 이것이 생명의 어울림이며 살림살이의 법칙이다. 근친결혼을 금지해 온 인간의 지혜보다도 식물의 지혜가 앞선 것도 놀라운 일이 아닐 수 없다. 여기서 저자는 말을 아낀다. 그러나 말의 행간에는 끼리끼리 모이고 패거리짓 하는 인간 사회의 동종교배 행태를 질타하고 있다. 인류의 미래를 열등하게 만들어가는 자가수정을 금해야 한다는 가르침이다. 꽃 위에서 춤추는 나비 역시 봄의 주인공이다. 나비 날개에 묻어 있는 비늘 가루가 짝을 찾고 생명을 잇게 하는 그 소중한 것임을 누가 알았을까? 반짝 빛나는 수놈의 비늘이 암컷을 부르는 신호라는 것이다. 사람처럼 나비들도 짝짓기에 신중하다. 애호랑나비는 짝짓기 중 자신의 정자와 함께 큰 영양덩이를 암컷의 몸속에 집어넣는다. 이 영양덩이는 암컷의 자궁 입구를 막아 더 이상의 접촉을 불허하며 자기 씨만을 튼튼히 자라게 한다. 생명의 존속을 위해 자신을 희생하며 지킬 것은 지켜 가는 나비의 삶은 인간에게 반면교사가 된다.

여름 농촌에는 개구리가 울고 매미의 울음소리가 극성을 부린다. 개구리와 매미에 대한 지은이의 관찰을 따라가 보자. 개구리가 올챙이 적 생각하지 못한다는 말이 있지만 이것은 틀린 말인 듯싶다. 올챙이는 개구리가 되어서도 같은 어미의 자식들을 결코 잊지 않는다고 말하기 때문이다. 친족끼리의 냄새나 몸의 표지, 그리고 색깔 등으로 부모 형제를 구분하며 인지인자가 있어 자신의 혈통을 쉽게 파악할 수 있다는 것이다. '근친교배를 피하기 위해서' 라는 지은이의 해석이 의미 깊다. 생명이 어우르는 건강한 자연을 위해 이종교배는 반드시 필요한 모양이다. 동물도 자신의 친족을 알아본다니 얼마나 신비한 일인가? 한여름 대낮에 목 놓아 우는 매미는 모두 수컷이란다. 암놈은 소리를 내지 못하는 벙어리라나. 매미의 울음소리 역시 생명을 잇기 위한 사랑의 소리임이 틀림없다. 수컷의 씨를 받은 암놈은 뾰족한 산란관을 식물의 줄기나 과일에 꽂고 그곳에 알을 낳으며 10여 개월 걸려 부화한 유충은 나무줄기에서 단물을 빨아먹고 산다. 이 유충은 참매미의 경우 17년 걸려 매미가 되며 매미로서의 삶은 고작 2~3주에 지나지 않는다고 하니 생명은 참으로 중하고 고귀하다. 미물도 함부로 대할 일이 아닌 듯싶다. 생명이 있는 것은 다 아름답다 함을 다시 절감한다.

가을 하면 단풍 들어 떨어지는 낙엽과 땅위에 뒹구는 도토리(상수리) 열매가 떠오른다. 우선 낙엽을 식물의 노폐물 저장소라 함은 너무도 낭만을 모르는 학자의 소치일까? 지은이는 식물은 자신의 배설물을 제 이파리에다 버린다고 말한다. 콩팥 같은 배설기관을 지니지 못하였기에 잎에 저장했다가 잎이 떨어질 때 자연에 버려진다는 것이다. 이를 일컬어 '낙엽귀근(落葉歸根)' 이라 일컫는다. 가을 단풍은 역시도 인간을 위해 붉게 물든 것이 아님은 분명하다. 낙엽이 떨어지지 않으면 추운 겨울에 나무가 말라 얼어 죽고 말기에 그리하는 것뿐이다. 자신이 여름 내내 간직했던 모든 것을 아낌없이 내버림으로써 뿌리로부터의 물의 유입을 스스로 중단시켜 나무 자체의 생명력을 지켜낸다는 것이다.

자연도 인격을 지녔다

누가 자연을 몰염치한 비인격적 존재라 하였던가? 도토리묵을 만드는 상수리나무. 이 나무는 삼천리강산에서 가장 많이 볼 수 있는 것으로 공히 한국 산천의 주인 목(木)이라 할 수 있다. 이 책을 읽으며 필자는 하나의 의문을 해결하였다. 상수리나무 치고 자신의 바랜 잎을 그냥 그대로 지저분하게 달고 있지 않은 나무를 찾기 어려웠다. 그래서 필자는 누런 잎을 달고 있는 상수리나무에게 새로움에 저항하는 구태의연한 속성을 부여한 바 있었다. 그러나 그것이 얼마나 오류이며 무지였던가? 바로 빛바랜 누런 잎으로 내년에 싹 틀 어린 눈을 보호하고 있는 것이었다니 놀라운 일이 아닐 수 없었다. 2년이 걸려야 도토리가 되는 어린 싹눈을 지켜야 했기에 마지막까지 나무에 붙어 자신의 일을 하고 있었던 것이다. 상수리나무에게 신기함을 넘어 감사한 마음까지 든다. 이 나무는 필자에게 이미 인간 이상의 인격체로 다가와 있었다.

　마지막으로 눈 덮인 겨울. 저자는 동식물이 겨울을 나는 과정의 신비함을 보여준다. 흔히 조류와 포유류만이 정온동물이고 그 외의 것은 변온동물인 것은 상식이다. 추위를 견디기 위해 정온동물은 한겨울에 많이 먹어 체온을 유지하며 변온동물은 에너지 소비량을 극도로 줄임으로써 생명을 존속시킨다는 것이다. 청개구리의 경우 심장과 대동맥 부분만 피가 소통되며 다른 곳의 피, 근육, 신경 모두가 얼어붙어 있다고 한다. 생명 유지를 위해 이렇듯 에너지 소모를 줄이며 고통을 참아내는 청개구리의 생명 의지는 눈물겹도록 위대하다. 청개구리 한 마리 발로 밟아 죽일 수는 있어도 그 속에 담긴 살려고 하는 의지 자체를 이길 수 없는 것이 인간이 아닌가 싶다.

　지은이는 동물만이 아니라 식물들의 겨울나기 역시 신비로움을 역설한다. 동물이 지방을 몸에 축적하듯이 식물 역시 추위를 위해 당을 세포에 축적(담금질)한다고 한다. 당이 세포에 쌓여 부동액 역할을 해주기 때문이다. 겨울 채소가 맛있는 것도 이런 이유에서이다. 식물의 생존 방식을 역이용해 맛난 것만을 찾는 인간의 지혜는 과연 이로운 것인지, 해로운 것인지 모르겠다. 겨울

나무들이 추위에 주눅 들지 않고 나목으로 당당히 버티다가 푸른 잎을 틔우는 것이 동물의 경우와 다르지 않다는 사실이 마냥 신비하기만 하다.

이 외에도 이 책은 인간 몸의 신비에 대해 몇 편의 중요한 글을 싣고 있다. 동식물만큼이나 인간 몸도 역시 생명의 어울림을 하고 있다는 것이다. 건강에 관심 있는 사람들에게 필요한 상식을 제공하는 짧으나 중요한 글들이다.

이 책을 읽으며 필자는 생태계의 신비에 감동하였다. 자연을 사랑하지 않고서는 자연에 이 같은 마음을 줄 수 없었을 것이며, 자연이 이처럼 자신의 비밀을 엿보게 하지 않았을 것이다. 신학자인 필자에게 자연의 신비는 하느님의 신비이기도 하다. 그간 기독교가 자연을 죽어 있는 물질처럼 대하고 땅에 대한 지배와 정복을 말해 왔으나, 이 책을 통해 자연을 알게 되면 생각도, 행동도 달라질 것이라 생각한다. 생태계를 보호하자는 수많은 슬로건보다 이 책 한 권을 통한 감동이 세상을 달리 만들 수 있음을 확신한다. 생명의 어울림으로 가득 찬 자연은 인간 위주의 종교를 비웃을 것이며 어울림을 만들지 못하는 인간 사회를 조롱할 것이다. 행여 이런 자연 비밀을 인간이 알아 영악하게 기술화하는 일이 발생한다면 자신의 비밀을 엿보게 한 자연은 크게 낙담하여 그것이 인류의 재앙이 되게 하지 않을지 그것이 염려된다.

노 생물학자의 자연에 대한 '마음 다하기(Mindfulness)'에 감사드린다. 우리도 이 책이 주는 감동에 따라 들의 백합화와 공중 나는 새에게로 우리의 오감과 마음을 돌려보자.

성탄절의 생태학
기독교 애니미즘의 길

이 책 서두에서부터 우리는 생태맹(生態盲)의 실상을 고발했고, 그에 대한 생태적 수치심을 갖는 것이 은총임을 역설했으며, 그로부터 낙관적 희망 대신 지구 미래에 대한 두려움을 발견하는 것이 오히려 책임적인 인간의 자세임을 종교적 시각에서 고지했다. 과한 소비를 부추기는 소위 문화 중독증을 치유하기 위함이다. 하지만 땅의 정복권(Dominium Terrae)을 하느님 형상(Image Dei)인 인간에게 주어진 축복이라 여겼으며 과학기술의 힘으로 자연을 지배하는 것을 그리스도의 구원을 완성시키는 것이라 여전히 믿고 있는 기독교적 에토스로는 한계가 있다. 무로부터의 창조(Creatio ex Nihilo)라는 교리가 하느님과 자연간의 분리를 전제로 하는 까닭이다. 완전한 형태의 이원론이라 말할 수는 없으나 전통적 창조신앙은 양자 간의 일치는 물론 상호 귀속성 내지 연속성을 근본적으로 불허한다. 창조주 하느님은 자신이 창조한 피조물(자연)과 섞일 수 없는 존재로서 오로지 인간과 인격적 관계를 맺는 존재일 뿐이다. 따라서 자연 역시도 인간의 생존을 위해서만 필요할 뿐 그 자체가 목적일 수 없었다. 일체의 종교 이념은 그간 자연이 영구불변하다는 전제하에 만들어졌던 것이다. 하지만 그렇게 믿었던 자연이 붕괴되는 목하의 현실에서 자연 자체를 목적으로 보아야 한다는 소리가 높다. 살려는 의지(Wille zum Leben)로 가득 찬 우주만물을 보며 '나는 살려고 하는 생명체에 둘러싸인 살려고 하는 존재이다.' 로 인간을 새롭게 정의했던 A. 슈바이처(Albert Schweitzer, 1875-1965), 그리고 생명으로서의 존재는 존재 그 자체만으로도 인간의 경외심을 불러일으키기 충분하다고 믿었던 H. 요나스(H. Jonas)가 그들이다. 이들에게 경외심 나아가 책임은 순수하게 객관의 존재(자연)로부터 기인한다. 자연 생명은 보존되어야 할 절대적 가치로서 그것은 오로지 인간에게 책임을 요청할 뿐이다. 상대적인 주관의 시대(포스트모던)에 존재론적·객관적 책임을 말함으로써 이들은 기후 붕괴 시대를 위한 생명윤리를 말하고 있는 것이다. "신도 우리를 도울 수 없고 오히려 우리가 신을 도와야 한다. 그것이 우리 자신을 궁극적으로 돕는 길이다."

기독교적 애니미즘 – 무(無)로부터의 창조에 대한 비판

이렇듯 생명의 가치가 절대화될수록 종래의 창조론은 더 이상 신학의 탈주를 돕지 못한다. 무로부터의 창조를 믿고 하느님의 시원적·절대적(완벽한) 창조를 신봉하는 한, 인간/자연 분리를 고착화 시키는 인간 중심주의를 떨칠 수 없고 신의 초자연적 전능성 역시 의심될 수 없는 교리로 작용하기 때문이다. 앞서 보았듯 하지만 현대 철학과 신학은 자연 그 자체의 절대 생명을 긍정하는 편이다. 그리하려면 무로부터의 창조는 부정될 수밖에 없다. 본디 이 교리는 정신과 물질을 나눈 영지주의에 반해 세상을 선한 것으로 보고자 했던 초기 기독교인들의 고백일 뿐 성서와 무관하고 더욱 오늘의 과학과도 어울리지 않는다는 것이다(D. Griffin). 따라서 '무로부터의 창조' 의 무(無)는 신의 전능성과 초자연성을 적시하는 절대적 차원의 것이라기보다 오히려 상대적인 카오스(Chaos), 즉 성서가 말하듯 혼돈하고 공허한(a formless void 창 1:2) 상태로 보는 것이 정당하다. 혼돈과 공허로부터 형태를 이루는 지난한 과정을 창조라고 본다면 종래와 같은 이원론으로부터 탈주가 가능할 것이고 자연 생명은 물론 악, 종교다원주의 문제와도 옳게 새로이 조우할 수 있는 가능성 역시 열릴 듯하다. 종래의 창조론과 결별한 채 우주 속에는 '정신으로 되어가는 물질'만 있을 뿐이라 말했던 샤르댕(Teilhard de Chardin, 1881-1955)을 거론치 않더라도 기독교 애니미즘을 말할 수 있는 여지가 충분히 있다. 다음 항목에서 기독교적 애니미즘을 주창하는 세 신학 사상을 소개할 것이다.

개신교 과정사상

앞서 언급한 요나스 등과 같은 맥락에서 과정신학자들 역시 물질/정신을 양분하거나 도킨스(Clinton Richard Dawkins, 1941-)처럼 어느 한 편으로 환원하는 입장을 거부한다(불완전한 일원론도 옳치 않기 때문이다). 주지하듯 현실태(Actual entity)로 불리는 일체 존재는 저마다 정신성과 물질성을 지니고 있다는 것이 과정 사상의 전제이다. 이는 능동성/수동성이라 달리 불리기도 하는데 전자는 과거로부터 일탈하여 새로움을 낳는 것을, 후자는 과거와의 연속선상에서 그 영향력 하에 있는 상태를 지칭한다. 어느 존재를 막론하고 현실적 존재는 이 둘의 합성 과정의 연속일 뿐이다. 이는 또한 목적인/작용인이라 불리는 바, 주변 여건을 수용하여 자신을 산출하는 힘과 자신이 다른 현실태를 제약하는 요인을 각기 적시한다. 어느 생명체이든지 자기 이상이 될 수 있으며 또한 다른 것에 의해 제약될 수도 있다는 것이다. 그러므로 일체 존재는 과정(생성)으로서만 정체성을 지닌다. 저마다 자기 초월적 주체가 될 수 있다는 점에서 과정 사상은 자연에도 정신성이 있음을 긍정한다. 이를 일컬어 새로운 애니미즘(New Animism)이라 한다.

따라서 과정신학자들은 이에 근거하여 '무로부터 창조'와 신의 전능성을 포기한다. 하느님과 세계를 근본적으로 다르게 보는 시각을 수정하기 위함이다. 따라서 신(神) 역시도 다른 현실태와 마찬가지로 목적인과 작용인의 양면성을 지녔다고 확신한다. 신보다 더욱 근본적인 것이 있는데 그것을 창조성이라 하였다. 과정사상과 동양철학의 접점이 가능한 부분이다. 창조성이란 일체 현실태의 생성을 위해 그들 속에 내포되어 있는 비(非)시간(생성)적 실재, 달리 말하면 생명 원리인 셈이다. 이 점에서 하느님 역시도 세계 없이는 존재할 수 없게 된다. 신은 세계로부터 절대 초월의 위치에 있지 않고 절대 관계성 속에 존재할 뿐이다. 하느님 없이는 세계가 새롭게 될 수 없으나 그 역시 현실태 없이는 존재할 수 없는 분이다. 과정신학은 하지만 신에게 원초적 본성과 귀결적 본성 양면을 허락한다. 앞의 것은 현실태에 의해 제한되지 않는 원초적 목적(Initial aim)을 일컫고 나중 것은 신적 목적이 제 현실태와 통합되는 과정을 말한다. 원초적 본성을 상정하는 과정신학은 이전의 과정철학과 달리 창조성과 신을 동일시하는 경향이 있다(J. Cobb).

여기서 중요한 것은 하느님은 세계를 관통해 흐르는 내재적 존재란 사실이다. 즉 하느님은 뭇 개체들과의 상호 관계성을 통해 자신을 실현시키는 분이며, 우주 자연은 신과 우주 만물이 상호 지속적으로 참여하는 과정이고, 따라서 하느님의 원초적 목적은 미립자와 같은 존재들 속에서도 활동한다고 보는 것이다. 즉 일체 만물은 정도의 차이만 있을 뿐 존재의 차이란 없다는 전제하에 탈(脫)인간중심주의를 선언한다. 하느님은 인간과는 인격적 방식으로 관계하나 새나 돌덩이와도 그들의 방식으로 관계를 맺는다는 것이다. 근대에 의한 자연의 탈신성화가 재(再)신성화되는 양상이라 하겠다. 신이 사랑이란 것은 현실태 모두와 그들의 방식으로 다양하게 관계를 맺고 있다는 말로 재구성되며 이것이 동양사상과 만날 수 있는 지점이다. 기후 붕괴가 특정 종교나 이념에 의해 해결될 수 없는 것이라면 이렇듯 동서양이 만날 수 있는 여지를 갖는 것은 대단히 유익할 듯싶다.

가톨릭적 지구신학

자신을 '지구신학자(Geologian)'로 불러주기를 원했던 토머스 베리(Thomas Berry, 1914-2009) 신부는 과정 사상의 시각과 유사하나 그와 동일시되기를 원치 않았다. 과정신학에는 우주 이야기가 없고 오로지 원리만 있다고 보았던 까닭이다. 이야기(신화)가 없는 우주론은 사람을 추동할 힘이 없다는 것이다. 그의 책 『우주 이야기』는 과학을 바탕으로 하여 썼던 우주에 대한 대서사시였다. 하지만 지구신학자로서 베리 신부 역시 기독교가 배격했던 정령 신앙을 기독교적으로 수용하는 일에 관심을 두었다. 만물은 예외 없이 저마다의 주체성을 지녔다는 생각 때문이었다. 그의 생각은 우주 대폭발 당시와 인간을 탄생시킨 신생대로 소급한다. 최초의 우주는 만물을 다양하게 분화시키기 위해 한없이 팽창해야만 했다. 하지만 곧 그들 간의 인력(引力)이 생겨나 팽창된 것을 잡아당겨 상호 결속을 도왔던 것도 사실이다. 다양성과 상호 결속이 동시적이었다는 것이다. 이는 결속이 없었다면 우주 및 지구는 지금의 상태로 존재할 수 없었다는 말도 된다. 그러므로 팽창과 결속으로 오늘의 지구를 이룬 것은 우주를 감싸고 있던 자비, 태초부터 존재한 우주의 영적 측면이라 여겼다. 여기서 중요한 것은 우주 내 만물이 동일한 원천에서 흘러나왔기에 일체는 유전적으로 상호 친족관계에 있다는 점이다. 물론 물리적 차원에서만이 아니라 영적(정신적) 차원에서도 해당되는 말이다. "하느님이 이처럼 삼라만상을 지은 것은 하나의 사물 속에 부족한 것은 다른 사물을 통해 보충하려 했기 때문이다. 삼라만상 전체가 어떤 하나의 존재보다 신을 더 잘 드러내며 전체가 모두 신에 참여하고 있는 것이다. 하느님은 자신의 모든 것을 특정한 하나의 존재를 통해 전적으로 전달할 수는 없다." (Thomas Aquinas)

아울러 베리 신부는 오늘 인류는 신생대를 마감하고 '생태대'로 탈주하고 있음도 역설했다. 주지하듯 지난 6천 5백 만년간 지속된 신생대는 지구상에 정신적 존재인 인간을 태동시키기 위해 엄청난 일을 하였다(소위 우주론적 인간 원리가 그것이다). 무수한 생명체를 탄생시켰던 지구는 그것으로 인간 출현을 준비했다는 것이다. 우주가 그 시초부터 인간 탄생을 예감했다는 것이다. 하지만 베리 신부는 이것으로 인간 중심주의(강한 인간 원리)를 말할 의도는 추호도 없었다. 오히려 그는 우주 탄생과 인간 탄생이 상호 무관한 것이 아님을 역설코자 하였다. 그렇기에 현금의 기독교가 인간 영혼 구원 문제만 집착할 것이 아니라 오히려 전 창조를 깊이 배려할 때인 것을 말하고 싶었다. 자신을 존재토록 한 뭇 생명체를 오늘처럼 파괴하는 것은 불합리이자 인간이 할 노릇이 아니라는 것이다. 신생대 끝에 태동된 기독교가 이 일에 일조했고 자신보다 앞선 종교들에 배타한 것을 베리 신부는 아프게 받아들였다. 그리하여 기독교보다 더 오랜 역사를 지닌 우주, 신생대 끝자락에 출현한 인간 이해를 근거로 인간은 지금 친족관계에 있는 우주 자연이 고대하는 방식으로 달라지기를 적극 희망할 것을 주문한다. 결국 과학이 발견한 새로운 우주 이야기를 근거로 했던 베리의 지구 신학은 다음과 같은 삼위일체적 방식으로 정리될 수 있겠다. 우주 팽창(력)을 통한 다양성의 원리로서 하느님, 하지만 다양성은 항시 결속(인력)을 통해서만 말해질 수 있는 것인 바, 그 결속은 결국 자성(自性)의 원리로서의 예수를 일컫고 그리고 팽창(다양성)과 자성(自性)을 연결시키는 관계의 원리로서 성령을 말할 수 있다는 것이다. 성령은 바로 온 우주가 모두 친족관계에 있음을 알리는, 즉 기독교적 애니미즘의 실상인 셈이다.

에코페미니즘 - 초월의 초월은 이 땅이다

일찍이 세상을 '하느님 몸'이란 비유로 이해했던 여성신학자 멕페이그 (Sallie McFague, 1933-)는 그의 마지막 책에서 기독교의 핵심 담론인 '성육신 사상'을 초월을 초월하는 것으로 풀면서 자신의 생태영성을 좀 더 분명하게 각인시키고 있다. 하지만 앞선 두 신학자들처럼 기독교적 애니미즘이란 말로 쉽게 신학의 탈주를 돕지 않는다. 그럼에도 세상을 하느님 몸으로 읽는 시각은 그에 못지않은 급진적 생태영성을 생산할 수 있다. 신(神)을 어머니로 이해할 경우 세상은 그가 낳은 자식이 되고 어미의 몸과 결코 나뉠 수 없는 하나일 것인 바, 그로써 양자의 고통 역시 분리될 수 없을 것이다. 세상이 이렇듯 하느님 몸으로 은유되는 한 생태적 파괴는 하느님의 아픔이며 상처이고 나아가 그의 죽음이기까지 할 것인데, 이 또한 신의 전능성을 전제한 '무로부터의 창조' 교리의 시각에서는 불가능한 언술이다. 전 우주를 하느님 몸으로 이해하는 멕페이그에게 있어 생명의 일체 형식들이 하느님 자신의 체현일 수 있는 까닭이다. 하지만 하느님이 자신의 몸뿐 아니라 영(정신)을 갖고 있다는 점에서 세상과 하느님은 그녀에게 완전히 동일시되지 않는다. 우주는 (영으로서의) 하느님이 자연에 절대 의존하지 않는 방식으로 하느님께 의존되기 때문이다. 그러나 이 점에서 멕페이그는 여전히 이원론자라는 비판에서 자유로울 수 없었다. 하느님 몸인 세계가 상처받더라도 하느님 자신(영)은 기후 붕괴의 처절한 현실에서 면피될 수 있는 가능성을 지닌 탓이다. 그리하여 생명 중심적 하느님 모델이 새롭게 제기되었고 멕페이그는 자신의 마지막 책 『기후변화와 신학의 재구성』에서 이 점을 고려하여 기독교적 애니미즘에 이를 수 있도록 자신의 논지를 보완하였다.

여기서 무엇보다 중요한 것은 기독교가 땅의 종교란 사실이다. 성육신이란 초월을 초월하는 하느님의 모습인 까닭이다. 하느님 나라를 세상 저편에 있다고 믿는 구속의 종교로서가 아니라 이 땅, 곧 전 자연을 하느님의 육화된 공간으로 믿는 창조 중심의 종교를 역설한 것이다, 마지막 책에서 그녀 역시도 자연을 초월의 빛이 현존하는─넌지시 비추이는─공간이라 여긴 것이다. 그렇기에 기후 붕괴는 의당 신학적 주제가 될 수밖에 없었다. 세상 곳곳에서 발생한 기후 붕괴 현실을 직시하고 굶주린 이웃을 돌보는 것이 하느님을 만나는 기독교적 방식인 것을 천명한 것이다. 이것이 바로 신의 육화를 기념하는 성탄절의 생태학적 의미이다. 이를 위해 세상에 대한 '크리넥스' 관점을 버리는 일 역시 중요하다. 이것은 인간이 일종의 자폐증 현상으로서의 문화 중독증으로부터 벗어나는 일과 유관하다. 이런 일이 결코 쉽지 않기에 신(新)나치와 싸우는 새로운 세계전쟁이란 이름도 붙인 바 있다. 이는 모두 몸적 세계의 아름다움을 강조했던 것으로 그의 파괴에 저항하는 성육신 신학의 핵심을 붙들고자 함이었다. 세상(땅)을 떠나서 초월을 경험할 수 없다는 성육신 담론은 긴 역사 속에서 이 땅을 소홀하게 생각하며 살았던 기독교를 한없이 부끄럽게 할 것이다. 들의 백합화, 공중 나는 새에게서 넌지시 비추이는 초월을 읽고 그것을 하느님 영의 단편들로 이해하는 사려 깊은 생태영성이 어느 때 보다 필요할 때이다. 이런 신학적 시도 역시 기독교적 애니미즘의 차원에서 평가할 수 있을 것이다. 필자는 기독교적 생태영성의 확립을 위해 종종 '백만 명의 노아, 백만 척의 방주' 라는 표현을 즐겨 사용한다. 노아의 세상읽기와 필요/불필요, 이로움/해로움을 막론한 모든 생명체의 보고인 방주의 의미가 새삼 중요한 까닭이다. 우리 모두 처한 곳곳에서 옛적의 노아처럼 생태적 감수성을 갖고 세상을 살아야 할 것이며 방주를 지었던 노아처럼 미래를 위한 준비에 소홀함이 없어야 할 것이다. 성탄절의 생태학은 자본주의가 기독교를 자본주의화하는 현실에 대한 저항을 우리에게 요구하는 것이다.

한국적
생태신학은 어떻게

카렌 암스트롱의 책 『축(軸)의 시대』를 보면 인류는 역사상 한 번도 축의 관점을 넘어서 본 적이 없다 하였다. 여기서 말하는 축의 관점이란 축의 시대(B.C.900-B.C.200)에 탄생한 종교들이 저마다 상황은 달랐으나 감내하기 어려운 외적 고통을 내면으로 승화시켰으며 자신의 고통을 미루어 남의 아픔을 헤아리는 공감을 일컫는다. 하지만 기독교를 포함한 일체 종교들은 이런 에토스(etos, 기풍)이 없었다는 것이 저자의 지론이었다. 우리 시대에 정의가 실종되고 생명과 평화가 위협받는 것 역시 축의 시대의 에토스가 충분히 실험되지 못한 탓이다. 이런 면에서 축의 종교들의 영향력이 함께 살아 숨 쉬는 한국 땅에서 만개한 기독교는 생명평화 정신의 구현을 위해 한국적 영성(종교성)과 더욱 절실히 만나야 할 것이다.

주지하듯 인류는 지금 '~ 이후(Post)' 시대란 말이 무색할 정도로 기후 붕괴 원년을 살고 있다. 이런 정황에서 자연에 대한 아시아적 이해를 통해 기독교 서구와 다른 생태신학의 향방을 제시하는 것이 이 땅의 기독교가 할 일이라 생각한다. 이를 위해 하느님을 '없이 있음' 이란 비서구적 논리로 혹은 수행적 차원에서 언급한 다석(多夕) 신학에 주목할 필요가 있다. 이는 청지기성에 의존한 서구 생태신학과의 변별력을 통해 예수를 생태적 회심자로 보는 한국적 생태신학의 가능성을 생각해 보고자 함이다. 다석 신학을 생태적 회심의 관점에서 읽음으로써 세계와 소통하는 일리(一理) 있는 한국적 생태신학의 실상을 제시코자 한 것이다.

생태신학의 뿌리은유 – 없이 있는 하느님

필자는 생태사상을 말할 때 무엇보다 다석의 '없음' 개념에 주목하였다. 이는 동서양 종교들이 자신들의 '뿌리 은유'를 갖고 생태학적 실험을 하는 것과 같은 맥락이다. 개신교가 성육신을 자연(땅)에서 하느님 보는 것으로 풀었고(Sallie Mcfague), 가톨릭이 우주적 그리스도의 빛에서 전 자연을 성례전적 지평으로 이해했으며(Thomas Berry), 불교 또한 윤회를 에코 시스템의 시각에서 재해석했고, 유교 역시도 인(仁)의 우주적 차원을 통해 인물성동론(人物性同論, 萬物一體)을 강조했던 것이다. 하지만 기독교의 경우 태생적으로 신(神)-자연 간 차이를 포기할 수 없어 이원론적 경향성으로부터 자유로울 수 없으며, 무아(無我)를 말하는 불교로부터도 온전한 책임 윤리를 기대할 수 없게 되었다. 이 점에서 인류의 생태적 회심을 위한 세계관이 필요한 바, 필자는 그것을 '없음'을 앞세우는 다석 신학에서 찾은 것이다. '있음'으로 언표되는 일체 서구적 존재 개념이 쉽게 '소유'로 조작될 수 있는 까닭에 생태학적 회심에 있어 불철저할 것이란 판단에서다.

나아가 필자는 다석의 핵심 사상을 좇아 '없이 계신 하느님'을 생태학적 회심의 근원처(根源處)로 보았다. 따라서 '십자가를 지신 예수'를 '생태적 회심자'로 이해하였으며, 나아가 '일좌식일언인(一座食一言仁)'을 생태적 회심자인 예수의 길로 인도하는 성령의 활동으로 풀고자 했다.

우선 '없이 있다'는 다석의 신관(神觀)은 존재자 중심의 서구 형이상학과의 단절로서 인간의 바탈(받할)에서 하느님을 보았다. 우주 생성의 근원인 '하나'가 바로 바탈로서의 참나(人中天地一)를 찾는 것과 다르지 않다는 것이다. 이 경우 '바탈'을 찾는 일, 즉 '하나'로 돌아가는 것은 돈오(頓悟)·점수(漸修)적 양면을 지녔다고 보아야 옳다. 예수는 이 점에서 자신을 '빈탕(하나)'의 아들로 깨달아 참나가 되신 분이다. 그로써 예수는 천지(天地)를 화육시키는 절대생명이 될 수 있었다. '없이 계신 이'에게 바친 예수의 효(孝), 곧 부자유친(父子有親)의 길이 십자가였던 것이다. 이는 '하나'이신 아버지의 뜻을 좇아 자신의 '몸성' 곧 탐진치(貪嗔痴)를 완전히 벗겨낸 사건으로서 예수를 철저한 생태적 회심자로서 부를 수 있는 필요충분한 이유가 된다. 이로써 예수 역시도 '없이 있는' 존재가 되었고 우주와 하나가 된 까닭이다.

다석에게 바탈은 의당 하느님 영(靈)이기도 했다. 해서 우주 근원인 '하나'이자 내 속의 바탈, 곧 성령을 찾는 것이 인간 삶의 최대의 과제가 되었다. 예수만 아니라 인간은 누구라도 바탈을 태울 수 있고 그리스도를 낳을 수 있는 존재인 탓이다. 바로 일좌식일언인의 삶이 우리가 걸머져야 할 십자가이자 성령을 좇는 삶의 표증일 것이다. 크게 보아 단식(斷食)과 단색(斷色)의 생태학적 의미는 현대적 시각으로 얼마든지 복원될 수 있다. 이는 모두 '없이 있는' 하나에로 향하게 하며[歸一], 몸 줄여 마음 늘리는 '참나'의 삶으로서 생태학적 회심과 결코 무관치 않기 때문이다. 이것이 바로 다석에게 있어 빈탕(없음)한데 맞혀 노는 일이었다.

이 점에서 다석에게 소중한 개념은 진물성(盡物性)이란 것이었다. '없이 계신'이의 상(像)에 걸맞게 물질을 보고 욕망을 일으키지 않기 위해서는 사물의 본성을 옳게 알아야 한다는 것이다. 예컨대 닭고기를 먹으면 닭처럼 일찍 깨어 기도하며 일하는 것을 다석은 진물성의 본뜻이라 하였다.

견물불가생(見物不可生)의 영성

실상 다석에게 단식, 단색이란 견물생심(見物生心)적 욕망으로부터 '자유하기' 위한 방편이었다. 이런 생태적 시각에서 대속(代贖)과 자속(自贖)이란 동서양적 이분법 역시 철폐될 수밖에 없다. 주지하듯 내가 먹는 낱알과 채소가 내 생명을 위해 희생되어 자기 힘을 내게 대속하는 것이 현실이다. 동학(東學)의 말로는 '이천식천(以天食天)'이다. 단식은 자기 살을 먹고 자신의 피를 마시는 일이다. 남의 생명 소중함을 깨달아 자기 생명으로 제물 삼고자 함이다. 스스로 제물이 된다는 것은 사물을 보고 마음을 일으키지 않아야[見物不可生]만 가능한 일이다. 따라서 생태신학적 관점에서 볼 때 자속(自贖)은 인간의 철저한 자기 비움, 곧 탈(脫)인간 중심적 가치와 결코 무관할 수 없다. 더욱이 21세기의 화두가 단순성(Simplicity)인 정황에서 광의적 차원에서 단식, 곧 일식(一食)의 생태적 중요성은 강조해도 지나침이 없다. 진물성(盡物性)이 '빈탕한데 맞혀 노는' 구원사적 삶을 목적으로 하는 까닭이다. '빈탕한데 맞혀 놀이'와 '진물성'이란 두 개념을 서구 생태학의 최근 시도들과 접목시켜 이해할 수 있다. 하지만 '없음'이란 세계관적 배경을 지녀야 진정한 생태학적 실험이 성공할 것이 분명하다.

최근 생태학 분야에 널리 회자되는 두 개념, '자연 따라 살기(一名 생체모방)'와 '윤리적 소비'가 각기 다석의 위 두 개념들과 의미 소통 하고 있다. 앞의 것은 인간의 문명이 항차 생태계의 실상을 모방하자는 것[無爲的 有爲]이며 나중 것은 '그린 워싱(green washing)' 하에 숨겨진 비용까지 헤아릴 줄 아는 에코지능(감성)에 대한 요청이다. 다석의 말은 이 점을 분명하게 보여준다. "꽃을 볼 때 온통 테두리 안의 꽃만 보지 그를 둘러싸고 있는 허공, 곧 빈탕을 보지 않습니다. 허공만이 참입니다." 허공만이 참이란 것은 꽃만 보는 경우 그 꽃을 꺾고 싶으나 빈탕은 소유할 수 없기에 맛을 좇는 '몸나(탐진치)'의 유혹으로부터 자연을 지킬 수 있다는 것이다.

생태학적 구원의 길 – 빈탕한데 맞혀놀이

이처럼 다석에게 생태적 회심은 '없이 있는 하느님(빈탕)'과 하나 되는 삶, 곧 없이 사는 삶으로 나타난다. 이를 위해 일좌식일언인이 필요했고 근본적으로 진물성이 요청되었다. 인간에게 없이 살아야 할 길을 보이신 이가 바로 십자가를 지신 예수였다. 이점에서 예수를 우주를 위한 생태적 회심자로 언표할 수 있다. 이에 반해 대다수 인간은 '덜 없어' 더러운 존재로 살고 있다. 우리 인간이 '없이 계신 분' 앞에서 죄인 된 이유이다. 로마를 기독교화하지 못하고 오히려 기독교가 로마화되었듯이, 자본주의를 기독교화하지 못한 채 자본주의화된 기독교의 모습으로 일상을 살고 있는 극히 기독교인들에게 '빈탕한데 맞혀 놀자'는 다석의 초대는 힘겹게 느껴질 것이다. 덜 없어 '가지고 있는' 내것은 실상 모두의 것이 되었어야 옳기 때문이다. 성서의 하느님은 우주의 모든 것을 당신의 것이라 선포하고 있다.(시 24:1) 이는 뜻을 좇지 않고 맛을 추구한 삶의 흔적들에 대한 하느님의 일방적 선포이자 항거일 듯싶다. 오늘의 교회조차 뜻을 잃고 맛을 추구했기에 참나가 아닌 '몸 나'의 독성을 세상을 향해 뿜어대기 시작했다. 교회 역시 '덜 없어' 더러운 존재가 되어버린 것이다. 최소한 윤리적 소비를 위한 생태적 감성(영성)을 키울 수 없다면 지구 생태계 전체는 금세기 안에 6도 상승의 비극을 경험할 수밖에 없을 듯하다. 그동안 진짜 없지 않고 아직도 덜 없어 더 많은 것을 얻고자 안달하는 삶을 살아온 서구화된 기독교인들에게 다석의 초대는 불편한 진실의 정수(精髓)로서 세계를 위해 준비된 아시아적 케리그마가 될 수도 있을 것이란 생각이다. "…… 깨끗은 깨끝입니다. 상대계가 끝이 나도록 깨트리면 진리인 절대가 나타납니다. 참나를 깨닫는 것이지요. 깨끝이면 아멘입니다. 다 치워야지요. 없도록 치워야지요. 덜 치워 덜 없는 것이 더러운 것입니다."는 다석의 말이 귓전을 때린다.

한국 기독교의
환경 강령

전문

3000년 시대를 맞이하고 있는 인류는 과학문명의 발달로 전대미문의 혜택을 누리며 살고 있다. 자동차 텔레비전 컴퓨터 등 오늘 우리들을 둘러싸고 있는 환경이 더 이상 자연이 아니고 기술이 되어 버린 정황 속에서 진보의 신화에 매료되어 일상생활을 영위하고 있는 중이다. 그러나 과학기술의 무한한 발전이 인류의 미래를 책임질 수 없으며 한국 사회 및 교회의 앞날에 어두운 그림자를 드리울 것이라는 예측 또한 적지 않다. 물질문명을 주도해 온 서구의 근대적 개발 이념이 조화와 균형 그리고 관계의 법칙을 기본으로 하는 생태계의 기본 질서를 파괴하였고 경쟁과 대립의 사회현상을 정착시켰기 때문이다. 온실효과, 오존층 파괴 그리고 환경호르몬 증가를 부추기는 무분별한 소비행태, 폐기물 및 쓰레기 공해, 자원 고갈 그리고 물 부족 현상 등은 모두 자본주의적 경쟁과 욕망으로 인한 죽임의 문화의 단면들인 것이다. 생물 종(種) 간의 경계를 넘나들며 생명의 본질을 파괴 재구성하고 있는 생명공학의 발전도 인류의 장래를 위해 크게 염려해야 할 사안이다. 무한경쟁의 시장원리가 지배하는 세계화의 과정 속에서 생명공학 기술은 창조질서에의 도전은 물론 부익부 빈익빈의 모순을 심화시키고 있기 때문이다. 총체적으로 보아 현금의 생태학적 위기가 절약과 검소를 미덕으로 하는 종교적 영성이 상실되고 소비력의 많고 적음을 인간 가치의 척도로 생각하게끔 된 물질숭배 풍조 속에 그 원인이 있는 것이기에 우리는 이제 성서의 창조신앙으로 돌아가 인류 및 민족의 앞날을 책임질 대안적 사유를 마련하고자 한다.

총강

성서의 창조 본문은 무엇보다 자연세계와 환경이 지니는 은총적이며 선물적 특성을 강조한다. 그렇기에 자연은 인간이 임의대로 처분할 수 있는 물적 대상일 수 없다. 오늘 우리가 창조의 축복을 음미할수록 창조신앙은 대지 및 땅위의 생명들과의 진실한 관계를 맺도록 가르친다. 하느님 형상을 지닌 인간이 비록 노동을 통하여 전 자연을 재창조할 수 있는 존재이긴 하지만 동시에 창조 질서와 반목할 수 있는 유일한 존재임을 환기시킨다(시편 104편). 따라서 성서는 곳곳에서 인간의 죄악과 타락이 초래시킨 전 자연의 황폐화를 증언하고 있다(창세기 3장, 요엘 1장). 환경 파괴의 실상이 하느님으로부터 멀어진 인간 삶의 결과, 곧 종교적 영성의 쇠퇴와 직접적인 관계가 있다는 지적이다. 이 점에서 창조신앙은 사람, 자연(땅), 하느님 모두가 전체를 구성하고 상호관계를 이루며 살아가는 존재로 묘사하는데, 이는 어느 하나와의 관계가 잘못되면 다른 것과의 관계 역시 그릇될 수 있다는 전체론적 생태의식을 환기시키고 있다. 성서의 하느님은 본래 우주만물을 축복하시며 그의 지속을 위해 태초로부터 인간 상호간의 형평성 원리와 함께 자연과 인간 간의 공존 및 평화를 요구하는 분이시다(창세기 9장 1-7). 그러나 이러한 요구가 지켜지지 않음으로 해서 모든 생명체들은 삶과 죽음의 갈림길에서 탄식하고 있으며, 인간 역시 그 속에서 자신의 생존을 위협받고 있는 것이 오늘의 실상이다(로마서 8:18-25). 이로부터 기독교신앙은 칭의(稱義)사상을 통해 모든 피조물들이 고대하는 방식으로의 인간의 존재 변화, 즉 타락하고 신음하는 전 생태계를 치유할 수 있는 인간 삶의 양식의 총체적 변화를 요청하고 있다. 자연의 해방 및 치유를 위한 인간의 새로운 역할을 성서는 그리스도 안의 존재로 묘사하고 있는 것이다. 따라서 기독교인으로서 우리는 칭의의 현실성, 곧 이웃하는 모든 것들과의 평화를 위해 영적인 삶을 추구해야만 한다. 무엇보다 욕망을 줄이고 경쟁적 삶의 태도를 최소화하며 고통 받고 있는 오늘의 자연을 성서적 의미의 새로운 가난한 자(new poor)로 인식하며 단순히 소비자로서만이 아니라 상상력을 지닌 창조자로서의 삶을 살아가지 않으면 안 된다. 하느님과 더불어 그분이 원하시는 미래적 목적을 실현시킬 유일한 존재가 바로 우리 기독교인임을 명심해야 하는 것이다. 반 생태적인 소비 지향적 삶의 양식을 거부하며 하나밖에 없는 생명 공간인 지구를 위한 대안적 삶을 창출하지 않으면 안 될 것이다. 이러한 기독교 창조신앙의 이념에 따라 필자는 한국 개신교 교회들이 지켜나가야 할 실천 강령을 다음과 같이 선포하는 바이다.

실천 강령

첫째, 우리는 자연을 하느님이 주신 생명으로, 선한 이웃으로 이해하며 강 바다 하천 갯벌 등 자연환경을 지키고 보존하는 일에 앞장선다.

둘째, 우리는 한국의 정치 및 경제 사회 각 분야가 환경 친화적이며 지속 가능한 발전을 할 수 있도록 시민적 경각심을 가지고 사회활동에 참여한다.

셋째, 우리는 자본주의사회가 부추기는 소비적 삶의 양태를 거부하고 최소한의 물질로 살아가는 금욕과 절제의 생활을 성령의 열매로 인식하고 적극적으로 실행한다.

넷째, 우리는 평등하게 분배되며 버려질 것 없는 예수의 성만찬 식탁의 생태학적 의미를 기억하여, 나눔의 에토스를 실행하고 단순한 음식문화를 정착시켜 쓰레기 줄이는 일에 앞장선다.

다섯째, 우리는 화폐의 힘을 의지하며 살기보다는 조그마한 물건이라도 자신의 손으로 만들고 고쳐 쓰는 자율적인 삶을 모색한다.

여섯째, 우리는 인류의 미래가 물 부족 사태에 달려 있음을 심각하게 통찰하며 1인당 물 사용량을 줄이며 수질 보호를 위해 합성세재 사용을 자제한다.

일곱째, 우리는 유기농법을 권장하고 도농(都農) 간의 직거래운동 및 생협 활동을 통해 생명공동체를 형성하여 지역 간의 격차를 줄이는 일에 일조한다.

여덟째, 우리는 기독교 정신에 따라 죽음에 대한 이해를 새롭게 하고 묘지 사용 억제 및 납골당제도 도입 등을 통해 장례문화를 개선해 나간다.

아홉째, 우리는 교회의 설교 및 의례가 생태학적 의식을 담아낼 수 있도록 노력하고 교회 건축, 교회 장식, 교회비품 구입 시 열역학 2법칙에 따른 생태학적 관점을 적극 반영한다.

열 번째, 우리는 생명공학을 비롯하여 방향감각을 잃어가고 있는 과학기술에 대해 경각심을 높이며 성서 연구 및 교회 교육을 통해 과학과 종교의 바른 관계를 모색해 나간다.

열한 번째, 우리는 기독교 창조신앙이 지속적으로 가르쳐질 수 있는 교육과정을 계발하며 안식일의 진정한 의미 회복과 환경과 생명을 위한 목회적 실천을 이룩한다.

열두 번째, 우리는 정주목회를 지향하는 농촌교회의 움직임을 적극 지지하며 이를 환경 선교의 차원에서 이해하며 적극 지원한다.

02

종교 이야기

인간은 변할 수 있는
존재인가?

참으로 어려운 질문 앞에 서 있다. 뭇 이론으로 설명하자니 내 경험과 무관한 것이 되고 본인의 지난 삶을 성찰하여 답하자니 달라진 것이 크게 없어 부끄럽다. 그렇기에 이 두 시각을 함께 엮어 가능한 한 솔직하게 본 주제를 다루는 것이 좋을 듯하다. 인간이 자신의 본질과 관계하여 달라지고 싶은 것이 있다면 아마도 물질에 대한 욕망, 성적 충동 그리고 명예욕 등이 아닐까 생각한다. 한때 이 고민 때문에 소위 성직의 길에 들어섰으나 지금도 그 시좌(視座)밖에 서지 못한 현실이 안타깝고 더욱이 자기 합리화에 이르고 있으니 참으로 난감한 일이다. 지금도 여전히 달라지고 싶은 삶의 열망을 갖고 살고 있긴 하지만 아직도 그때 소싯적 물음을 되묻고 있는 자신을 직시할 때 주어진 과제가 한없이 버겁게 다가온다. 굳이 인간우월(중심)주의를 논하려는 것은 아니나 인간으로 세상에 태어난 것이 한없이 고맙고 귀하다. 비록 태어난 환경 차로 태생적인 불평등이 삶을 지배할지라도 인간의 탄생 그 자체는 아름다운 것이다. 주지하듯 종교는 저마다 다른 방식이긴 하나 예외 없이 인간 탄생의 신비를 고지한다. 인권을 위한 투쟁은 그렇기에 종교적 가치를 지닐 수밖에 없다. 그럼에도 현실은 여전히 인간 간의 차이를 극복하지 못한다. 세계 일각에서는 성차(性差)는 물론 종차(種差)의 극복을 말하고 있으나 인간 조건의 평등은 아직도 요원한 상태이다.

인간변화는 삶의 조건의 변화와 함께

이런 이유로 필자는 인간 자체의 변화는 인간 조건의 변화와 함께 생각할 주제라고 생각한다. 물론 양자의 결합은 결정론적 충분조건은 아니겠으나 필요조건임에는 틀림없다. 이는 인간을 종교적, 형이상학(심리학)적으로 이해함과 동시에 사회적(경제적) 관점에서도 살펴야 한다는 지당한 언술이다. 따라서 인간의 변화는 무엇보다 외부 조건의 달라짐에서 비롯한다는 거친 이해가 필요한 것이다. 필자의 어린 시절 경험을 반추해도 같은 결론이다. 도시에서 시골로 그리고 다시 서울로 변화되는 삶의 환경에서 필자는 또래의 친구들과 달리 형성된 측면이 너무도 많다. 이는 결국 가족의 경제 상황, 부모의 교육열 그리고 주변의 사회적 환경과 인간 삶이 밀접하게 연관되었음을 적시한다. 물적 토대의 차이로 인한 그 시절 친구들의 삶이 거의 반 결정되었고 오늘날 세계의 현실도 이와 크게 다르지 않다. 이 점에서 성서가 말하는 '기적'의 의미를 한 여성 신학자(D. Soelle)의 견해에 따라 되새김질해 본다. 기적이란 삶의 조건들이 변할 수 있고 달라질 수 있음을 언급한다는 것이다. 예컨대 부자는 항시 부자로만 머물지 않고 가난한 자 역시 언제나 가난할 수만은 없으며 슬픈 자가 항시 그리 존재할 수만은 없다는 물적 토대의 변화, 바로 이것을 일컫는 말이 기적이란 사실이다.

하지만 물적 토대의 변화만으로 인간의 삶과 정체성이 달라질 수 있다는 것 역시도 일리(一理)는 있되 온전한 진리는 되지 못한다. 환경 변화만으로 인간이 달라질 수 있다고 하는 것은 인간에 대한 근원적 이해가 일천한 탓이라 보인다. 역시 성서에는 예수께서 문둥병자 10명을 고쳐 그들 삶의 조건을 달리 만드셨으나 정작 자신에게 돌아와 감사의 마음을 전한 사마리아인 한 사람의 경우만을 들어 기적이라 명명한 까닭이다. 인간 마음의 근본적 변화는 물적 토대와는 결코 정비례하지 못한다는 것이 우리의 일상적 경험이다.

필자는 비행기 여행 중 기류 변화로 비행기가 곤두박질치는 경험을 수차례 한 적이 있다. 그 순간 일상(日常) 중 잘못한 것이 눈앞에 스쳤고 무의식중신께 상황이 달라지기를 기도했으며 그 난관이 지나기를 바라곤 했다. 하지만 그 순간이 지나면 간곡한 청원을 무색케 할 만큼 이전의 나로 되돌아갔고 그리 살고 있다. 이런 일이 반복되다 보니 이것 역시도 일종의 타성이 되어 그 간곡한 기도 자체를 스스로 믿지 않는 신앙적 누(累)를 범하고 있다. 이런 반복을 통해 신앙은 화급한 순간을 모면하는 방책으로 변했고 자신을 진정으로 변화시키는 힘으로 작용치 못하고 있다. 물적 토대의 달라짐이 결코 사람을 옳게 변화시킬 수 없다는 것을 이처럼 이유하는 것이 염려되긴 하나 부정될 수는 없을 것이다.

종교는 사람을 달리 만들까?

필자의 경우가 그렇듯 주변에서 종교를 가졌다는 사람들 가운데서 진정한 변화를 느낄 수 있는 사람이 많지 않다. 물론 사업 실패, 사별(死別), 그리고 절망에 이르는 깊은 병 등을 계기로 신앙을 갖게 되었고 이전과는 다른 삶을 살고 있으나 필자 보기에 그들 역시도 현실에 자신을 맞춰 살고 있을 뿐 인간 자신이 달라진 것이 아닌 듯하다. 언젠가도 말했듯 인간의 무의식, 곧 인간 몸속에 축적된 오랜 훈습이 고쳐지고 달라지지 않는 한 의식의 변화만으로 인간의 질적 달라짐을 희망하기 어려운 까닭이다.

필자 역시 인간이 달라질 수 있고 달라져야 한다는 사실을 믿고 싶은 사람이다. 이 믿음이야말로 종교의 핵심일 터인데 내 자신을 들여다보니 아직 확신하기는 일러 보인다. 그래도 이런 소망을 품는 것은 인간에 대한 종교적 성찰 때문이다. 하느님 형상(Imago Dei), 불성(佛性) 그리고 천명지위생(天命之謂性)이 저마다 다르긴 하나 인간의 존재론(종교)적 기원을 일컫는 말임이 분명하다. 성서는 하느님 영이 한 번도 인간을 떠난 적이 없다고 말하며, 불교는 불성을 인간 마음 밖에서 찾는 것을 꾸짖고, 인간 본성을 제대로 알면 그것이 곧 하늘인 것을 유교 역시 가르치는 것이다. 이 점에서 필자는 원죄보다 원인총(原因寵)이 보편적 인간 이해와 소통할 수 있는 기독교의 핵심이라 믿는다. 하지만 이들 신적 '바탈(多夕)'이 예외 없이 개별성 속에 있는 까닭에 이 힘이 행사되는 것이 방해받는다. 인간을 비롯한 일체의 생명은 저마다 살려는 의지를 갖고 있으나 남의 생명을 꺾어야 자기 생명을 유지하는 불가해성에 직면하고 있는 것이다. 하지만 이런 근원적 한계는 먹이사슬 구조 내지 생태적 질서로 해결될 수 있다. 문제는 탐진치란 말이 지시하듯 자기 확장의 덫이다.

오늘날 탐(貪)은 '자본주의'로 대변되고 진(嗔)은 '대학'으로 통칭되면 치(痴)는 '언론'을 적시한다. 이들 각각이 욕망과 적대감(경쟁) 그리고 어리석음을 대변하는 까닭이다. 이런 현실이 종교적 본성을 비웃고 조롱하며 신앙 역시 이런 삶을 부추기는 방향성을 띠고 있기에 인간이 달라질 수 있다는 것이 난감한 일이 되고 말았다 그럼에도 인간에겐 존재론적 향유만이 있지 않고 형이상학적 욕망(貪在神在) 역시 작용한다. 자신과 절대 다른 존재에로 향하려는 초월의 가능성, 곧 영성 역시 탐진치와의 대극적 힘으로 역할할 수 있는 것이다. 타자의 얼굴, 고통받는 이웃의 얼굴을 자신의 벽으로 느끼고 그것을 신적 계시의 한 표현으로 볼 수 있는 힘—소위 '어려운 자유'—이 항존하는 까닭이다. 이것은 불교적으로 '자리리타(自利利他)'의 세계이자 '네가 아프니 내가 아픈' 세계를 창조해 낸다. 필자는 이것이 앞서 언급한 인간의 종교적 기원과 결코 무관치 않을 것이라 생각한다.

변화의 방식들

그렇다면 과연 인간은 어찌 달라질 수 있을까? 인간의 변화를 위해 종교는 즉각적 방식과 점진적 방식을 함께 제시한다. 불교의 돈점(頓漸) 논쟁, 간화선과 위파사나의 관계도 그렇고 기독교의 칭의/성화론 역시 그 각각의 방식들이다. 이를 타력과 자력의 방식으로 대별하기도 하나 필자에게는 무익한 말이다. 온전한 자력, 절대적 타력만을 어느 종교에서도 말하지 않기 때문이다. 그래서 자력과 타력을 불이(不二)적 관계에서 보는 것이 옳게 생각된다. 갑작스런 신의 은총으로 인간의 변화, 소위 구원을 체험하는 사람도 있을 것이고 매일 반복되는 종교 생활(수행)을 통해 조금씩 다른 삶을 선택해 가는 구도자도 있을 법하다.

그러나 이런 반문도 가능할 수 있다. 지속적 물음(닦음) 없이 갑작스런 깨침이 가능할 것인지, 역으로 수행만으로 인간이 달라질 것인지 등에 관한 질문들이다. 이에 대한 답이 동/서양적으로 다를 수 있겠으나 필자는 이를 결코 세계관의 차이로만 생각하고 싶지 않다. 동서를 막론하고 인간은 본래 영원성(體)과 시간성(用)의 혼재된 상태로 존재한다. 영원한 것을 시간 속에서 실현하는 것이 인간 실존이란 말이다. 그러나 이것은 역설이자 모순인 바, 누구든지 절로 그런 삶을 살 수 없다. 하지만 이런 역설과 모순을 감내하고 선택하는 것이 은총이며 돈오이고 동시에 책임이며 점수다(책임으로서의 은총). 이 경우 역설이란 동시성(Gleichzeitigkeit)을 얻는 삶을 뜻한다. 이는 인간 속에 하느님 영이 내주하여(God in us) 그리스도 안의 존재(Sein in Christo)가 되는 것을 뜻한다. 그래서 키에르케고르와 본회퍼는 루터의 종교개혁 원리인 '신앙의인[稱義]'을 반쯤만 신뢰했다. 칭의만으로 아직 그리스도와의 동시성에 이르지 못했기 때문이다. 불교의 견성, 기독교의 구원은 저마다 이런 동시성을 얻고자 하는 것인 바, 인간의 전적 변화가 생겨날 수 있는 유일한 자리(공간)이다.

하지만 기독교는 이런 동시성을 신비적 방식으로만 언급치 않는다. 일찍이 본회퍼는 하느님이 인간 되신 것을 항차 인간을 신으로 만들기 위함이라 하였다. 이는 하느님이 인간의 고통 속에 항상 함께하듯 인간 역시 이웃의 고통을 외면하지 않을 때 하느님과 같은 존재가 될 수 있다는 말이다. 고통받는 이웃의 얼굴 앞에서 자율성과 효율성을 좇는 인간 탐진치의 좌절과도 결코 다른 말일 수 없다. 바람 부는 것을 나뭇가지의 흔들림을 통해 알 듯 인간의 구원은 자신이 맺는 열매(행위)를 통해 아는 법이기에 오늘의 진리는 '수행적 진리(Performative truth)' 라 해야만 옳다. 하지만 남의 고통과 공감하는 일은 자기의식의 난파를 통해서만 철저해질 수 있는 법이다. 이 점에서 키에르케고어는 더욱 철저하게 사유했다. 그는 성육신의 신비, 즉 영원이 시간 속에 들어온 사건을 빗대어 인간 역시도 자신의 시간성 안에서 영원을 만날 수 있는 존재라 생각했다. 하지만 인간의 전적(全的) 절망이 언제든 이를 위한 선결 조건이었다. 실존 변증법을 통해 설명된 동시성으로서의 '신앙' 은 일상적인 심미적·윤리적 실존의 철저한 난파, 자신의 전적 무능함 일명 죄책 의식 속에서만 생기(生起)한다는 것이다.

　종교적 관점에서 인간은 절대적인 것과는 절대적으로, 상대적인 것과는 상대적 관계를 맺고 살아야 할 존재들이다. 하지만 현실의 우리는 절대적인 것과는 상대적 관계를 맺고 상대적인 것에는 마음을 절대적으로 빼앗기며 살고 있다. 이런 정황에서 인간을 전혀 다른 존재로 상상하는 것이 쉽지 않다. 어거스틴의 말처럼 '내가 신을 사랑할 때 나는 무엇을 사랑하는가? 라는 물음에 직면할 때 우리의 상대적 미래―보험, 은퇴, 자녀 교육 등―만이 떠올려진다. 자신을 무화(無化)시킬 수 있는 죽음, 절대적 미래가 실상 흉중(胸中)에서 실종되어 버린 탓이다. 기독교가 말하는 죄책 의식은 불교가 말하는 절대 무(無)와 이 점에서 다르지 않다. 이것은 모두 자신에게서 절대 불가능한 것이 있다는 각성으로서 자기의식(상대적 미래)의 난파를 뜻하기 때문이다. 바로 이 순간을 기독교는 영원성이 시간에 개입한다고 보고, 불교는 연기적 존재를 말하는 듯싶다. 종교 철학자 카푸토는 이렇듯 불가능한 것으로부터 종교가 탄생할 수 있음을 역설했다. 무의식의 훈습까지 폐기할 수 있는 자기의식의 난파, 바로 이것이 인간이 달라질 수 있는 지점인 바, 종교의 길이란 것이다. 이 점에서 신앙이란 무엇을 할 수 있는 힘이라기보다 자신을 빈 그릇으로 만드는 일이라 보는 것이 옳다. 오른손이 하는 것을 왼손이 모르게 하라는 것은 선행의 종교적 차원을 적시한다. 윤리, 도덕이 중요하고 필요하나 자기과시가 되는 경우 그것은 인간 삶의 달라진 모습의 결과가 아닌 까닭이다.

하지만 이렇게만 말하면 종교가 일상 삶에서 너무 유리된 듯 보일 수 있다. 점차적으로 인간을 변화시키는 교육과정 자체를 과소평가하는 누(累)를 범할 수 있다는 생각이고 수신제가를 말하는 유교적 입장에선 수용키 어려운 부분이라 여겨진다. 이는 일상에서 절대적 미래를 향한 의식의 난파가 어찌 한 순간 가능한 일인가 하는 물음이기도 하다. 그렇기에 불교에 대한 유교 비판이 있었고 '점오(漸悟)' 돈수란 말이 불교에서 회자되는 것이다.

최근 미국 등지에서 발달심리학(E. 에릭슨)이란 분야가 융성해지고 있다. 인간의 선천적 성향만이 중요치 않고 어린 시절 요람의 상황이 일생을 결정짓는 요인도 아니며 성인기의 전 과정을 거치면서 삶이 점차적으로 달라질 수 있음을 밝혀낸 것이다. 이 점에서 6단계에 걸친 공자의 인간상이—뜻을 세우고, 확고히 하며, 미혹되지 않고, 하늘을 알게 되고, 모두와 소통하며, 무슨 일을 해도 어긋남이 없다—크게 주목받게 되었다. 이는 삶의 과정에 주기가 있다는 것으로 다음 단계에서 보면 전 단계의 삶을 얼마든지 상대화시킬 여지가 있었음을 보여준다. 지금껏 교육이 성인기 이전 상태만을 주목했다면 성인기 이후에도 삶은 계속되고 달라질 수 있기에 중장년 이후의 삶 역시 방치할 수 없다는 경고이기도 하다. 이것은 지속성에 대한 강조가 되겠다. 인간이 한 번 다르게 행동할 수 있으나 그것을 지속적으로 이끌 힘(영성)에 대한 필요성인 셈이다. 인간 삶의 전 과정이 성숙 차원에서 고려되어야 하는 것으로 지향할 삶의 목표와 직결되는 사안이다. 개인 차원에서만 아니라 인류와 문명이 나아갈 방향성에 대한 끊임없는 성찰이 있을 때 인간은 고착화된 장년기 이후라도 달리 사고하고 행동할 수 있는 여지를 확보할 수 있다. 이런 과정에서 인간에게 성인지도(聖人之道)의 길이 목표로 제시될 수 있을 것이고 그것이 결국 자신을 달리 만드는 동인(動因)이 될 수 있다고 생각해 본다. 이를 위해서 각 종교들은 끊임없이 공동체를 통한 자신들의 의식(Ritual)을 정성껏 수행할 책무를 더 한층 잘 감당해야 할 것이다. 인간은 지속적 의식화(교육)을 통해서도 달라질 수 있다는 것이 유교적 가르침이라 생각한다.

기독교는
무엇을 믿고 가르치는가?

베드로 전서 3장 15절에는 다음의 말씀이 기록되어 있다. "누구든지 너희들 안에 있는 소망의 이유를 묻는 자가 있거든 항시 대답할 것을 준비하되 언제든지 온유와 두려움으로 하라."고

교회 공동체 안에서 생활하는 사람들은 신앙의 세계 밖에 있는 사람들이 갖지 못한 분명한 소망이 있어야 하며, 자신이 믿는 바 그 소망의 이유를 다른 사람에게 전할 수 있어야 하고, 설명을 하되 항시 온유한 마음으로, 겸손하게 하라는 가르침이다. 다시 말해 신앙인들은 자신의 믿는 바 그 이유가 분명해야 하며, 그것을 논리적으로 체계 있게 설명할 수 있는 지성이 요청되며, 그리고 자신의 확신을 전하는 교양과 품위가 있어야 한다는 것이다. 여기에서 소망이란 기독교 복음의 핵심을 지시하는 것으로서 그 의미를 풀어내는 것이 신학이 할 일이자 교회의 사명이다.

교회 생활을 하고 있는 성도들의 궁극적 소망은 흔히 영생, 부활, 종말 등의 단어들로 표현할 수 있다고 생각한다. 이 개념들은 모두 한 개인의 삶의 끝, 역사의 마지막에 이루어질 성서의 약속들을 언표하고 있다. 그러나 이런 마지막 일들의 내용은 하느님께서 이 세계를 어떻게 창조하셨는지, 하느님 형상을 따라 창조된 인간의 실상은 어떤지, 예수께서 이 땅에 오셔서 하신 일은 무엇인지, 그리고 예수를 보낸 하느님 그분은 어떤 분인지, 그리고 교회는

지금 어떻게 존재해야 하는 것인지 등에 대한 정확한 이해 없이는 설득력 있게 설명될 수 없다. 성서가 말하는 소망이란 어떤 특정 개인의 소망을 뜻하지 않으며, 구약시대를 포함하는 기독교 공동체 안에서 형성된 것이기에 교회 공동체의 기억과 희망을 담은 성서의 전 내용의 빛에서 해명되는 것인 까닭이다. 이는 2000년 기독교 전통이 성서 해석자들의 도움 없이 이해될 수 없음을 적시한다. 그렇기에 본고는 교회 공동체가 고백해 온 하느님 인간 예수 그리고 성령의 이야기 틀 속에서 기독교 소망의 본질을 규명해 나갈 것이다.

기독교 신앙은 하느님에 대한 물음으로부터 시작한다. 그러나 하느님을 정확하게 이해하여 다른 이들에게 설명한다는 것은 쉬운 일이 아니다. 기독교 신앙은 하느님에 대한 자기의식을 절대화하는 것을 허락하지 않으며 언제든 성서적 증언을 통하여 하느님을 생각하도록 인도한다. 기독교 공동체가 예배하고 선포하는 하느님은 하늘과 땅 그리고 인간을 창조하신 분이며 죄악에 물든 세계를 바로잡기 위해 오신 구세주이고 지금도 인간 및 전 우주에게 새로운 생명을 부여하는 성령으로 언표된다. 이러한 하느님의 존재방식을 기독교는 삼위일체 신비로서 고백하고 있다. 아버지 되신 하느님은 세상을 창조하셨고 모든 존재의 근원이 되는 분이시며, 모든 것을 초월해 있는 존재를 일컫는다. 아들 되는 구속주 예수는 인간 몸을 입으신 하느님으로서 우리는 그의 역사적 형태를 통해서만 하느님을 볼 수 있다(요:8장 36절). 성령은 언제 어디서든지 우리와 함께 하며 모든 만물에게 새로움을 주는 영으로 존재한다(요: 1장 26절). 이러한 세 존재가 하느님 안에 있고 한 분 하느님이 세 존재를 통해 활동하신다는 것이 삼위일체 되신 하느님에 대한 기독교의 이해이다. 삼위일체 신비로서의 하느님은 그가 모든 것 위에 군림하는 군주와 같지 않고 창조된 세계를 사랑하며 그것과 더불어 친밀한 관계를 맺으시는 분임을 일컫는다. 그래서 성서는 도처에서 하느님이 피조물들로 인해 고통을 당하고 있는 존재임을 증거하고 있다.

삼위일체 신비로서의 하느님을 고백하는 것은 그렇기에 인간이 은총의 존재임을 환기시킨다. 은총이란 삶 속에서 최상의 것을 거저 얻었다는 고백인 바, 하느님의 은총은 녹색과 적색으로 표현될 수 있다. 녹색 은총이란 인간 삶의 근거이자 토대를 이루는 자연세계, 그것 없으면 인간이 한 순간도 존재할 수 없는 것을 말하며, 적색 은총은 인간을 참된 본질로 이끌며 인간의 죄와 악의 문제를 해결하는 십자가의 공로를 말한다. 우주의 마음인 하느님이 자연을 통해 베푸시는 치유와 회복의 은총과 예수 그리스도에 의해 주어진 고난과 희생의 은총은 상호 밀접한 관련 하에 인간을 세상의 희망이자 하느님의 희망이 되도록 한다. 따라서 기독교는 하느님께서 창조하신 세계가 선하고 아름답다고 믿는다. 기독교 창조신앙은 현실세계를 있게 한 존재의 근원에 대한 확신이 분명하기 때문이다. 때론 의로운 자들이 당하는 세계 안의 고통으로 인해, 갑작스런 자연재해 등으로 선한 창조 세계에 대한 회의가 생겨나지만 창조세계가 선하고 아름답다는 확신을 포기하지 않는다. 생태학적 위기로 인해 창조 질서가 파괴되는 현실을 목도하면서 기독교가 환경보전 운동에 앞장서는 것도 이런 이유에서이다. 현대 물리학의 발전이 기독교 창조신앙을 헤칠 수 없다고 하는 것도 우리의 확신 중의 하나이다. 우주 폭발 (Big Bang) 이후 지금까지 우주 내에서 10의 120승 분의 1의 오차도 없었다는 과학적 발견은 우주 내의 생명이 어떤 의도와 방향성을 갖고 있음을 의미할 수도 있기 때문이다. 창조신앙과 현대 과학을 양자택일적으로 사유하는 것은 인류의 미래를 위해 바람직한 일이 결코 아니다.

하느님 신비로서 인간

성서는 인간이 본래 하느님의 형상으로 지어졌음을 말한다. 현실의 인간이 악하고 죄 된 본성으로 살고 있지만 창조된 그대로의 인간은 하느님 형상이라는 것이다. 창세기 1장 26절 이하에 있는 기록, "우리가 우리의 형상을 따라서, 우리의 모양대로 사람을 만들자."는 것이 바로 그것이다. 전통 기독교 신학은 하느님 형상을 동물과 구별되는 인간의 직립 보행으로, 때론 인간의 이성 및 정신적 속성, 인간의 영혼 등으로 해석하여 이해한 적이 있었다. 그러나 근자의 성서 연구가들에 의해 하느님 형상은 하느님의 은총 행위에 상응하여 하느님과 더불어 이루어내야 할 미래적 목적 개념으로 재해석되고 있다. 이 점에서 하느님 형상대로 피조된 인간은 다음처럼 정의된다.

첫째, 하느님 형상은 끊임없이 말씀을 건네시는 하느님에 대해 자유롭게 응답하는 인간 존재, 둘째, 홀로 존재하지 않고 다른 피조물들과 더불어 공존하는 존재, 마지막으로 세상을 향해 개방된 존재로서의 인간의 자기 초월성 등이다. 이 모든 것은 하느님의 온전하심을 본받으려는 인간의 총체적 모습을 뜻하는 바이다.

그러나 성서는 하느님 형상을 지닌 인간의 타락상 역시 분명히 한다. 하느님 형상이 죄로 인해 파괴되었다는 현실적 인간이해야말로 기독교 인간 이해의 핵심에 해당되는 부분이다. 그럼에도 기독교는 세계가 선악(善惡)의 두 원리가 투쟁하는 공간이라고 가르치지는 않는다. 가인과 같이 형제를 살해한 존재라도 여전히 하느님의 은총 속에 머물러 있음을 성서가 보여주는 까닭이다. 죄란 자유의지를 가지고 있는 인간이 정해진 목표를 따라 살지 못한 것, 즉 '과녁에 빗맞은 화살' 이란 뜻을 지니고 있을 뿐이다. 즉 죄란 본래 인간이 다른 피조물들과의 관계 속에서 창조되었으나 그들과의 삶의 공동체성을 부정하고 자기중심적으로 사는 것, 토인비의 말대로 인간의 '이기심' 을 의미한다고 하겠다. 이웃으로서의 타자, 자연환경으로서의 이웃에 대해 배려를 하지 못하고 자신만을 절대화하는 삶은 결국 하느님의 본성 자체를 부정하는 삶이 될 수밖에 없다 그렇기에 신약성서는 그리스도 안에서 인간의 새로운 모습을 보여주고 있다. 자기중심적 삶의 구속을 벗어나 하느님과 이웃 그리고 전 자연과의 공동체를 이룰 수 있는 참된 자유를 가르치고 있는 것이다. 기독교 신앙은 이러한 새로운 피조성을 예수 그리스도로부터 받은 구원의 은총이라고 고백한다. 죄로부터 자유한 참된 인간성은 인간 스스로가 획득할 수 있는 것이 아니고, 예수의 십자가 은총으로부터 비롯한다는 말이다. 그래서 바울은 그리스도 안의 존재(Sein in Christo), 즉 그리스도 안에서 새로 지음 받은 인간이 된 것을 기뻐하고 있다. 성서 안에는 예수와 만나 전혀 새로운 삶을 살게 된 사람들의 이야기가 수없이 수록되어 있다. 그들은 예수가 좋아했던 것을 좋아하고 그가 싫어한 것을 함께 싫어할 수 있는 정서(ethos)를 갖고 인생을 살 수 있었다.

히브리서 저자는 "믿음의 주요 온전케 하시는 예수를 바라보자."고 하였다. 왜냐하면 그분은 인간이 어느 경우든 신뢰할 수 있는 분으로서 그분 안에서 말과 삶은 하나를 이루었고, 그 행위는 사랑에서 나오지 않은 것이 하나도 없으며, 그의 사랑은 순수하였기에 누구도 그 품에 안길 수 있었기 때문이다.

이 점에서 교회는 예수의 인격과 삶을 신학과 신앙의 결정적 근거와 기준으로 삼고자 했다. 니케아(325)-칼케돈(451) 회의를 통해 결정된 바, 예수가 완전한 하느님이자, 완전한 인간이란 고백이 뜻하는 것을 생각해 볼 일이다. 예수를 완전한 인간이라고 했을 때, 우리는 그분이 밥도 먹지 않고 잠도 자지 않은 분으로 생각할 수는 없다. 예수 그분은 유대인으로 태어났으며, 배고픔과 목마름의 경험을 지녔던 우리 인간과 같은 유한성을 지니고 계셨다. 그럼에도 그가 완전한 인간이란 것은 하느님의 사랑을 보잘 것 없다고 생각되던 당시의 사람들에게까지 확장시켰고, 그로써 유대인과 이방인, 남자와 여자, 안식일과 일상의 날, 성전과 여타의 공간의 구별을 철폐했으며 그 모든 것이 하느님의 영역인 것을 온몸으로 증거한 데 있다. 한편 예수를 완전한 하느님이라 했을 때, 그것은 단순히 그의 존재론적 본성을 지시하지는 않았다. 완전한 인간으로서의 예수가 죄인들을 용서하고 병을 고치셨다는 사실은 그것이 한 인간 예수의 용서가 아니라, 예수라는 인간 속에 표현된 하느님의 용서이자 하느님의 치유를 의미했다. 예수의 부활 역시도 한 인간이 죽음을 이겨 낸 것이 아니라, 죄와 죽음의 세력으로부터의 하느님 승리라는 것이다. 따라서 하느님이 예수 안에서 그리고 그를 통해서 행동하시고 고통당하시고 승리하는 것이기에 우리가 예수 안에 거하면 언제든 하느님의 함께하심을 경험할 수 있게 된다. 이런 의미에서 그분은 참 하느님이시다.

속죄 행위는 기독교 전통 안에서 그리스도의 가장 핵심 역할이다. 신약성서 전체가 인간의 죄를 위해 이 땅에 오셨고 그 일을 위해 죽으신 사건을 증언하고 있기 때문이다. 이런 속죄 행위는 중세 신학자 안셀름(Anselm von Havelberg, ?-1158)의 해석에 근거하여 이해되곤 하였다. 하느님께 죄를 진 인간은 마땅히 지불해야 될 책임(죽음)이 있는 바, 그러나 하느님이 그 배상을 요구하지 않고 스스로 인간이 되어 자신의 죽음을 통해 인간의 죄를 보상했다는 것이다. 그러나 이러한 해석은 하느님의 죽음 곧 그의 속죄 행위를 조건적 은혜로 전락시킬 위험을 내포한다. 그리고 속죄 사건을 지나치게 한 개인의 영적 구원의 맥락에서만 이해하는 듯하다. 이에 현대신학은 속죄론을 한 개인의 영혼 구원 차원에서만이 아니라 불의가 만연한 사회 전체 영역에서 그리고 하나밖에 없는 지구 생명체의 위기 상황에서 예수 그리스도의 속죄 행위의 의미를 묻게 되었다. 배상설이 아니라 하느님의 자발적 은총이 강조된 것은 더할 나위 없는 사실이다.

하느님의 구원 활동이 다른 종교를 믿는 사람들과는 어떤 관계에 있는지도 현대신학의 관심거리이다. 모든 이들이 구원받기를 원하시는 하느님, 인류 모두의 죄를 속죄하기 위해 오신 그리스도 예수는 타 종교인들을 정죄하기보다는 대화를 통해 그들을 먼저 이해할 것을 요구하실 듯싶다. 종교 간의 평화 없이는 세계평화를 기대할 수 없는 것이 오늘의 현실이기 때문이다.

성령을 믿는다는 것

1992년 켄라버에서 열린 세계기독교 교회협의회는 "성령이여 오소서, 전 창조를 새롭게 하소서"라는 표어를 내걸었다. 지금까지 성령을 인간 구원의 영으로만 인식하여 교회 내의 활동으로 제한하여 이해했던 것과 달리 살리시는 영으로서 하느님 체험이 전 창조 세계 안에서도 가능할 수 있다고 생각하게 된 것이다. 지금까지 성령은 하느님이나 예수 그리스도에 비해 상대적으로 소홀하게 취급되어 온 것도 사실이다. 그러나 성령은 여러 면에서 예수 그리스도의 은총을 새롭게 이해할 수 있는 길을 열어 준다. 그리스도 예수는 오래전 십자가상에서 처형된 분이거나, 단지 미래에 오실 분만이 아니라 지금 여기에서 성령의 능력으로서 새롭게 나타나시는 분이라는 것이다. 즉 성령은 다가올 하느님 나라를 위한 희망을 인간 속에서 살아 움직이게 하며 그를 위해 탄식하며 이룰 수 있는 용기를 주는 분이다. 성령이 인도하는 이러한 기독교의 삶은 칭의(稱義)와 더불어 시작하고 성화(聖化)로서 지속되며 궁극적 소망을 향해 나아가도록 한다. 칭의는 하느님의 은총으로부터 주어진 죄에 대한 하느님의 용서를 뜻한다. 비록 현실 속에서 여전히 잘못 살고 있는 부분이 많이 있지만 그분이 무조건적으로 용서해 주었다는 사실은 새로운 삶을 살 수 있는 근거가 된다. 이러한 상태를 우리는 "의인된 죄인"으로 부른다. 반면 성화는 기독교인의 삶의 성장 과정을 일컫는다. 물론 거룩하게 된다는 의미를 포함하나 도덕적으로 무흠함을 말하지는 않는다. 오로지 그리스도의 삶을 닮아 가려는 무한한 노력이라고 하면 될 것이다. 성서의 말씀에 자신을 열어 놓고 자신의 삶이 하느님과 이웃과 전 자연과 더불어 새로운 관계성을 가질 수 있도록 힘쓰는 일인 것이다.

감리교 신앙은 이러한 성화의 과정이 생전에 이루어질 수 있다고 말한다. 그럼에도 기독교인의 삶은 영원한 삶(영생), 그리고 하느님 나라를 향해 방향 지어져 있다. 하느님이 우리를 사랑한 것은 결국 제자직에로 부르기 위함이었다. 하느님 자신의 목적을 위해 우리를 당신의 동역자로 세우셨다는 말이다. 이러한 소명은 인류의 평화, 생태계의 회복, 전 세계의 복음화 등과 무관할 수 없다. 하느님 나라가 이 땅에서 이루어진다는 소망인 것이다.

이상과 같이 인간들을 구원하는 성령의 활동과 함께, 모든 살아 있는 생명체 속에 거주하며 그들의 생명을 지속시키는 하느님의 호흡, 창조의 영도 생각해야 할 주제이다. 성서 안에서 발견되는 하느님 영을 위한 자연 상징적 표현들이 너무도 많이 있다. 모든 존재에게 생명을 불어 넣는 영(창:1장 2절), 모든 것을 새롭게 하는 살아 있는 생수(요, 4장 14절) 등. 이렇듯 자연을 토대로 한 성령의 풍부한 이미지들은 창조의 영으로서의 성령을 말 할 수 있는 근거가 되는 것이다. 하느님의 영이 전 자연세계 속에 내주한다고 할 때 우리는 자연의 고통과 상처로부터 하느님의 고통을 느낄 수 있게 된다. 또한 계시신학과 자연신학의 갈등도 의미를 상실할 수밖에 없다. 창조의 영으로서의 하느님은 자연과 인간 간의 가치 서열적 입장을 철폐할 수 있도록 돕는다. 그로써 창조 세계의 치유와 회복을 위한 신앙인 및 교회의 과제를 우리 앞에 제시하고 있는 것이다. 성령이란 이 점에서 하느님의 녹색 얼굴이라 해도 좋다.

교회는 무엇인가?

교회란 "에클레시아", 곧 예수의 삶과 죽음 그리고 그의 부활을 믿으며 성령의 능력이신 하느님을 찬양하고 예배하기 위해서 모인 신앙인들의 공동체이다. 지금까지는 혈육, 지연 그리고 학력, 신분 등의 연관 속에 살아왔으나, 이 모든 것으로부터 자유로워지는 대신 그리스도의 사랑 안에서 살아가고자 하는 사람들의 모임인 것이다. 따라서 교회는 성령의 능력으로 봉사하도록 능력 받은 자유로운 사랑의 공동체로서 정의할 수 있다. 교회는 다가올 하느님 나라를 예시하는 그리고 그것을 위해 일하는 것을 자신의 최대 존재 이유로 생각해야 옳다.

흔히 교회를 그리스도 몸(고전:12장 12-37절)을 통해 비유한다. 그리스도를 머리로 하고 몸으로서의 여러 지체들로 구성된 유기체(생명체)가 바로 교회란 것이다. 교회 공동체는 한 분이신 주님을 믿고 한 성령을 체험하며 하나의 성례(성만찬과 세례)에 참여할 때 비로소 공동체 구성원 모두가 한 몸을 이루게 된다. 실제로 교회 안에는 가르치는 사람, 봉사하는 사람, 설교하는 사람, 남자·여자, 집사·장로 그리고 목사 등 다른 조건과 역할을 가진 사람들이 존재한다. 하지만 외형적인 차이에도 불구하고 오히려 그 차이로 인해 그리스도의 몸인 교회가 살아 있는 공동체가 된다는 것이 우리의 믿음이다. 우리 모두가 함께 참여하는 성만찬은 분급 받은 떡과 포도주로 인해, 우리 몸은 더 이상 우리 몸이 아니고 예수의 몸으로 변하였다는 확신을 갖게 하는 바, 그로써 세상 안에서 세상 밖을 사는 경험을 가능토록 한다.

이러한 교회 공동체는 마지막 때의 공동체, 성령의 공동체로 명명되기도 한다. 실제로 신약성서가 말하는 교회는 하느님 나라는 아니나 그 표징임이 틀림없다. 그럴수록 교회는 세상을 향해 소망의 이유를 제공하지 않을 수 없다. 마지막 때에 하느님과 함께 하는 새로운 삶과 기쁨을 먼저 경험해야 할 이유가 바로 여기에 있다. "하느님이 가라사대 마지막 때에 내가 영을 모든 육체에게 부어 주리니 너희 자녀들은 예언할 것이요, 너희 젊은이들은 환상을 보고 너희 늙은이들은 꿈을 꾸리라(행 2:17-18)." 그러나 이런 영적 교제는 순수 종교적 신비적 차원에서만 가능한 것이 아니라 현실의 삶 속에서 불가능한 것을 행한 열정(사랑)으로 나타날 수 있다. "우리가 한 몸이되 모든 것을 서로 통용하고 제 것을 조금이라도 제 것이라고 하는 자가 없더라(행 4:32절 이하)." 여기서 우리는 세상의 일반 법칙, 더욱 우리가 몸담고 있는 자본주의 세계상을 뛰어 넘는 새로운 삶이 시작되고 있음을 경험한다. 자신의 신앙을 나누고, 소유를 나누고, 과제와 책임 그리고 비전을 나누면서 살아가는 모습은 그것 자체가 마지막 날의 의미와 가치를 지니는 것이다. 거듭 확언하지만 기독교인들은 세계에 대한 삼위일체 하느님 사랑의 궁극적 승리를 소망하며 산다. 이것은 세상의 불의에 대해 하느님의 정의가, 모든 속박과 억압에 대해 하느님의 자유가, 분리와 차별에 대해 하느님의 공동체성이, 죽음에 대해 하느님의 생명이 승리한다는 확신이다. 그러나 이런 소망을 위해서 기독교 신앙인들 자신은 현실의 부조화를 누구보다도 예민하게 직시하며 개선하려는 의지를 가지고 살아야만 한다. 하느님의 창조세계가 인간의 욕망으로 인해 망가져 가는 현실을 냉철하게 인식하며 살아야 한다는 것이다.

개개 신앙인들의 죽음 이후의 문제 및 영생의 주제도 기독교 신앙이 중요하게 다루는 사안이다. 부활의 새 생명에 대한 소망이 기독교 종말론의 핵심인 것은 두말할 나위가 없다. 그러나 성서는 개체 생명의 부활과 새 하늘 새 땅의 비전을 담은 종말의 시기를 말할 때 언제든 은유, 비유 등을 통해 말한다는 점을 기억해야 한다. 기독교 종말론이 세간의 일부 종말론자들의 경우처럼 무원칙하게 해석되는 것이 지양되어야 한다. 계시록 등에 언표된 대로, 개인 및 우주 종말 메시지로부터 배울 수 있는 것은 악과의 싸움에서 하느님의 최후 승리를 소망할 수 있다는 사실이다. 역사 속에서 하느님의 승리를 믿고 그것을 이 땅에 이룩하기 위한 노력이야말로 부활의 새 생명에 참여하는 일이자 그리스도의 재림을 진실로 기다리는 태도라 생각한다.

기독교에서 본
삶과 죽음

모든 종교는 삶의 연속성을 강조한다. 삶과 죽음에 직면하여 반복, 재생의 가능성을 말하고 있기 때문이다. 유교의 초혼재생, 불교의 윤회, 전생 그리고 기독교의 영생, 부활 등은 모두 삶의 연속성과 동일성에 관한 답변들인 것이다. 이 점에서 기독교 신앙은 특별히 인간의 삶이 창조주 하느님으로부터 왔다고 가르친다. 하나님을 '생명의 근원(시편 36편 1절)' 으로 직관하는 창조주 신앙을 갖고 있는 것이다. 이런 유대-기독교적 창조신앙 안에서 삶은 그 자체로 거룩한 것이며, 생명을 지키고 보존하는 것이 하느님의 뜻이자 계명이 된다. 즉 삶이란 은총이며 선물이고 영속적으로 보증된다는 특별한 신앙직관을 갖고 있는 것이다. 이런 점에서 영혼과 육체의 이원론적 사고는 성서와는 대단히 이질적이다. 영육 이원론의 희랍적 사고가 기독교 안으로 유입된 것은 사실이지만 창조신앙은 본래 인간의 육체와 영혼이 함께 구원되는 '생명의 충만함(Fulle des Lebens)' 를 말하고 있기 때문이다. 이런 맥락에서 생명의 탄생과 소멸, 육체와 영혼의 문제 그리고 죽음과 영생의 문제를 논할 수 있다.

생명은 어떻게 생기고 소멸하는가?

성서적, 신학적 인간학의 참뜻은 인간 기원에 관한 생물학적 이해와는 거리가 멀다. 지속적으로 반복되는 하느님의 창조 활동에 의해 인간 생명이 유지, 존속된다는 생명관을 말할 뿐이다. 이는 하느님의 영 루아흐(ruah)가 생명력으로서 인간 안에서 활동하지 않으면 삶 자체가 성립할 수 없다는 사실을 지칭한다. 하느님이 흙으로 지어진 인간에게 호흡을 불어넣어 생기 있게 하였다는 성서적 증언이 이를 뒷받침한다.

한때는 이런 하느님 영이 난자와 정자의 수정 시 천상으로부터 주어져 인간을 여타의 생명체로부터 구별 짓는 근거로 이해되기도 하였다. 하느님 영이 인간 속에 내재된 특별한 속성, 곧 영혼이 되어 인간 우월주의를 기초하는 것이다. 그러나 히브리 창조신앙에 의하면 하느님 영이란 인간에게 임하는 신적 생명의 현존 방식을 지시할 뿐 그것을 인간 존재의 한 부분으로 이해해 본 적이 없다. 다시 말해 인간 그 자체 속에 어떤 불멸적인 신적 본질이 자리할 수 없다는 것이다. 오히려 반대로 하느님 영이 없는 인간 존재의 덧없음을 확연히 드러내 줄 뿐이다. 다음 시편 104편의 말씀이 이를 잘 설명한다. "주께서 낯을 숨기신즉 저희가 떨며, 주께서 호흡을 취하신즉 저희가 죽어 본 흙으로 돌아가나이다. 주의 영을 보내어 저희를 창조하사 새롭게 하시나이다." 이처럼 구약성서에서 삶, 생명이란 창조주 하느님과의 관계 속에서만 생각될 수 있는 것이었다. 이런 관계 속에 있는 인간 존재를 성서는 하느님 형상(Imago Dei)라고 부른다(창세기 1:27). 하느님 형상이란 하느님 말씀을 청종하고 그의 피조된 세계를 올바르게 다스릴 줄 아는 하느님 동반자로서의 인간을 지시하는 것이다. 다르게 표현하면 삶 한가운데서 이 세계의 지속과 안녕을 위한 배려의 정신이 인간에게 있어야 한다는 사실이다.

그러나 동시에 성서는 인간의 죄와 타락을 말한다. 이것은 인간에게서 하느님의 영, 생명의 근원이 떠나가 버렸음을 뜻하는 것이다. 하느님이 인간들에게 자신의 얼굴을 숨기시며 인간을 더 이상 자신의 동반자로 인정하지 않게 되었다는 사실이다. 그래서 성서는 죄로 말미암아 죽음에 이르게 되었다고 증언한다. 이때의 죽음은 한 인간 개체의 소멸만이 아니라 피조된 세계 전체의 무질서와 파괴, 곧 창조의 타락을 지시한다.

이 점에서 신약성서는 죄와 죽음을 극복되어야 할 부정적인 어떤 것으로 이해한다. 그럼에도 비록 이것이 하느님의 창조질서에 적대적인 세력으로 작용하지만 동시에 하느님의 권능하에 있고 그의 도구로서 기능할 수 있다고 믿는다. 예수 그리스도 안에 나타난 하느님 나라에로의 힘이 이런 죄와 죽음의 세력을 극복하도록 돕기 때문이다. 이런 힘은 결국, 인간 몸이 하느님 영이 거하는 성전, 곧 거룩한 장소가 되었고 그로써 인간의 삶 속에서 하느님의 지배가 이뤄질 수 있음을 나타내 보여준다. 인간의 생명이 죄로 인해 무화(無化)되지 않고 하느님 안에서 지속될 수 있다는 것이다. 따라서 기독교 신앙에서 생명은 생물학적 의미에서의 오랜 삶을 지시하거나 목적하지 않고 생명 자체이신 하느님의 파트너가 됨으로써 전혀 새로운 존재 양태로의 변화를 뜻할 뿐이다. 타락된 인간 외적인 피조물들이 회복되고 재창조되는 것도 이로부터 기대할 수 있는 바이다. "신음하고 있는 피조물들이 고대하는 것은 하느님의 아들들의 출현입니다(로마서 8:19)." 바로 이것이 죄와 죽음을 상대화시키는 하느님 안에 있는 삶의 본질이다. 기독교 신앙은 하느님 영이 상실되는 것을 두려워하지 죽음 자체를 겁내지 않는 것이다.

인간 생명의 특별함

어느 시대, 어느 종교를 막론하고 인간이 육체적으로 존재한다는 것은 자명한 일이다. 기독교는 육신을 지닌 인간이 이 세상을 살아갈 때 발생하는 갈등을 영과 육의 개념을 사용하여 설명하기도 한다. 그러나 기독교 신앙은 희랍 사상처럼 인간의 육체를 영혼의 무덤이라고 말하지 않는다. 사도바울이 영과 육의 개념 쌍을 사용한 것은 하느님의 생명의 영, 루아흐로 가득한 생명과 하느님의 동반자이기를 포기한 인간 사이에 선을 긋기 위함이다. 육에 속한 삶은 자기 자신과 갈등을 겪는 불행한 생명을 이름이며, 영에 속한 생명은 하느님의 생명력으로 충일된 생명을 일컫는 것이다. 어느 경우든 기독교적 생명이란 영혼과 육체의 근거인 하느님 영을 말할 뿐이다. 인간은 하느님 영을 지니기 때문에 혼과 육을 지닌 생명체로서 존재할 수 있는 것이다. 구약성서가 말하는 혼, 즉 네피쉬 역시 인간의 몸, 육체와 크게 다르지 않다. 육체가 몸의 기관이라 한다면, 네피쉬는 몸의 기능이라 할 수 있기 때문이다. 예컨대 '나의 혼(魂)이 주를 앙망하고 있다.' 고 했을 때 이때의 혼이 육체의 일부분인 목구멍을 나타내는 '네피쉬' 라는 단어를 지칭했다. 여기서 목구멍이란 공기, 물, 음식물 등 구체적 물질이 출입하는 기관으로서 인간이 홀로 자족할 수 없는 존재임을 보여준다. 이것은 또한 히브리 성서가 구체적 욕망을 지닌 인간의 육체적 삶을 긍정하고 있음을 뜻하는 바이다. 따라서 구약성서적 생명관은 하느님의 영과 인간의 혼, 그리고 몸(육체)이 서로 구별될 수 없을 만큼 밀접하게 연관되어 있다고 가르치고 있다.

신약성서 안에서도 인간 생명은 비오스, 프쉬케 그리고 조에라는 세 측면으로 설명된다. 비오스로서의 생명이란 인간 생존의 기간, 생애, 일상생활 등 현상으로 나타나는 생물학적 생명을 가리킨다. 프쉬케―이것은 구약성서 네피쉬의 희랍어 역이다―로서의 생명은 '내 마음(프쉬케)이 하느님을 기뻐하였다.' 는 말씀에 나타난 대로 생기, 혼 등의 의미를 지닌다. 신약성서에서 제일 중요한 것은 '조에(zoe)' 로서의 생명이다. 이것은 하느님으로부터 유래하며 그와 관계하는 생명으로서 죽음과 대비된 생명 그 자체를 뜻한다. 영원한 생명과 같은 의미를 갖고 있는 것이다.

이 세 가지의 생명 양태는 각각 구별은 되나 결코 분리해서 추상적으로 이해될 성질의 것은 아니다. 인간의 생명은 통합적인 몸으로서의 생명일 뿐이며 생명의 문제는 구체적, 활력적인 인간의 신체성(비오스로서의 생명) 안에서 자리할 수 있는 것이기 때문이다. 이렇듯 신약성서는 비오스로서의 생명의 차원을 인정함과 동시에 그 유한성을 지적하며, 비오스를 초월하는 조에의 생명성을 지향하고 있다. 예수의 생명이 죽을 인간의 몸(육체)속에 나타나는 것을 바라고 있다는 것이다. 이를 위해 신약성서는 자신의 몸이 하느님께 희생 제물로 바쳐질 것을 권면하고 있다(로마서 12:1). 여기에서 하느님의 영은 인간에게 마르지 않는 생명의 샘처럼 넘쳐날 수 있기 때문이다.

인간의 죽음과 그 이후

성서는 자연(비오스) 그대로의 몸인 인간은 죽음이라는 엄숙한 종국을 맞이하나 하느님의 영을 모신 몸으로서는 죽지 않고 부활한다고 가르친다. 오늘날 첨단 의학은 인간의 생물학적 몸의 수명을 좀 더 연장시키기 위하여 노력하고 있으나 그것으로 인간의 죽음 자체를 극복하지는 못할 것이다. 죽음을 인간의 패배로서 이해하지 않고 영의 몸으로 다시 살 희망으로 이해하는 것이 기독교 고유의 특성인 것이다. 본래 죽음이란 히브리 인들에게 있어서 하느님의 영, 곧 생명의 원천이 떠남을 의미했다. 하느님의 영이 사람에게서 떠나면 영혼과 육체를 지닌 인간의 몸 자체가 흙으로 돌아가게 된다는 것이다. 그러나 이스라엘 사람들은 죽음 자체보다도 하느님이 인간에게 얼굴을 감추시고 인간을 잊어버리는 것을 더욱 두려워하였다. 역으로 말하자면 육체적 생명이 소멸한 뒤라도 인간이 하느님의 권능 속에 있을 수 있다면 죽음 역시 전혀 무가치하지 않다는 확신을 지녔던 것이다. 이것은 죽음이 생명과 반대되는 것이면서도 하느님의 능력 밖에 존재하는 것이 아님을 보여준다. 이런 맥락에서 신약성서 역시 그리스도 부활 신앙을 바탕으로 영원한 생명을 강조하고 있다. 예수 그리스도의 부활 사건 속에서 그 실재(Reality)가 드러났듯이 그리스도로 인해 하느님께서 인간에게 허락하신 영원한 생명의 약속이 인간에게서 죽음의 두려움을 내어 쫓을 수 있다는 것이다. "죽은 자의 부활도 이와 같으니 썩은 것으로 심고 영광스러운 것으로 다시 살며, 육된 것으로 심고 영광스러운 것으로 다시 살며, 육의 몸으로서 심고 신령한 몸으로 다시 사나니 육의 몸이 있은즉 또한 신령한 몸이 있느니라(고린도전서 15:42-44)." 이 말씀에서 우리는 희랍적인 영혼불멸 사상과는 명확히 구별되는 몸의 부활, 곧 영원한 생명에의 약속을 통찰할 수 있다. 영원한 권능의 하느님께서 인간을 자신의 생명으로 초대하는 은총의 사건 속에서 기독교는 사망아 너의 쏘는 가시가 어디 있느냐 하며 죽음을 상대화시킬 수 있는 힘을 갖게 된 것이다. 이러한 하느님의 은총 사건, 곧 죽음까지를 포함한 인간에 대한 그분의 사랑이 너무도 크고 강해서 그것을 이길 만한 세력은 존재하지 않는다. "내가 확신하오니 사망이나 생명이나 천사들이나 권세자든가 장래 일이나 능력이나 높음이나 깊음이나 다른 아무 피조물일지라도 우리를 우리 주 그리스도 예수 안에 있는 하느님의 사랑에서 끊을 수 없느니라(로마서 8:38-39). 비록 그리스도의 생명 안에서 나타날 죽음 이후의 영원한 생명이 현세적인 어떤 양태로도 설명될 수 없는 것이지만 그러나 이런 형상, 곧 신령한 몸의 부활은 결코 추상적인 언표만은 아니다. 오히려 죽은 인간이 그 사람 개성에 있어서 부활하는 경우라고도 말할 수 있다. 어느 경우든 기독교 신앙은 인간이 하느님 앞에 서 있을 때, 하느님의 영을 받고 있는 경우, 그리고 부활하신 그리스도와 관계를 맺고 있을 때 죽음이 인간의 궁극적인 적이 될 수 없음을 말하고 있다. 하느님이 죽음보다 강하다고 하는 것이 기독교적 확신인 까닭이다.

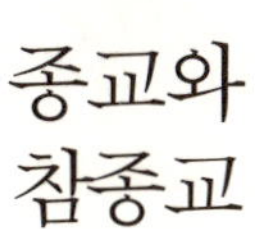

종교와
참종교

두 해 전 6월 말 김수환 추기경님, 법정 스님 그리고 강원용 목사님을 추모하는 강연회 및 좌담회가 명동성당에서 있었다. 종교를 달리한 많은 이들이 참여하여 현실 속에서 종교의 존재 이유를 함께 고민했고 마음을 합해 살았던 세 분 어른들의 헌신적 삶을 깊이 새겼다. 마침 그분들의 행적을 담은 사진 전시회도 열렸기에 이들을 닮고자 하는 추모 열기가 더욱 뜨겁게 느껴졌다. 그날 이 모임을 위해 내걸었던 표제어가 '우리 시대의 참종교인' 이다. 이 세 분을 참종교인이라 명명함에 누구도 다른 생각을 갖지 않겠으나 종교인과 참종교인이 대별되는 현실에 마음은 그리 편치 않았다. 소수의 참종교인을 제외하면 모두는 종교인이라는 허울을 쓰고 있을 뿐 '참' 과는 거리가 있는 존재임을 드러내는 까닭이다. 분명 오늘 우리가 소수의 참종교인을 그리워하며 마음을 바치는 것은 그만큼 그리스도교를 비롯한 종교의 현실이 본질로부터 일탈되었음을 반증하고 있다.

정의에 목마른 이 땅

몇 년 전 우리나라에서는 마이클 샌들의 『정의란 무엇인가』란 책이 많이 팔렸다. 이웃나라 일본과 비교해도 4배 이상의 독자층이 생겼다고 한다. 지극히 상식적인 샌들의 책이 젊은 대학생들의 수중에 있었다는 것은 한국 사회의 실상, 곧 정의의 부재에 대한 고발이라 하겠다. 젊은이들에게조차 한국 사회가 정의에 대한 열망을 포기하고 있는 듯 보였다는 것은 실상 종교에 대한 절망이기도 하다. 국가는 물론 종교로부터도 기대할 것이 없다 판단하였기에 그들은 다시금 상식적인 정의론으로 위로 받고 싶었던 것이다.

혹자는 한국사회에 신 빈곤의 시대가 도래하였다고 말한다. 빈곤의 양상 자체가 크게 달라졌다는 사실이다. 빈곤 탈출의 가능성이 원천 봉쇄되었고, 가난의 결과가 사회적 고립으로까지 확대되었으며 이런 빈곤화 계층이 사회가 감당할 수준을 넘어서고 있는 까닭이다. 우리는 성서가 말하는 예수의 정의를 잘 알고 있으나 정의로운 세상을 현실에서 만들지 못한다. 교회와 신학 안에서 뭇 담론으로는 난무하나 그 밖에서는 무용지물이 된 예수의 정의론을 실천하지 못한다면 세상의 희망인 복음이란 말은 공허한 구호에 불가할 듯싶다. 예수의 정의는 하느님의 지배가 지금 이곳에서 일어났다면 세상은 어찌 달라져야 하는가에 대한 물음이다. 교회가 행하는 성만찬의 본래 뜻인 '열린 식탁공동체'가 일상 현실에서 구현되는 것이 바로 예수의 정의이자 복음이고 하느님 나라 담론인 것은 주지의 사실이다.

따라서 신 빈곤화의 구조적 물음 앞에 침묵한 채, 즉 정의에 대한 갈망과 열정 없이 자선사업 정도로 만족하는 교회의 디아코니아로선 그리스도교가 참종교로서 백성 앞에 자리하기 어렵다. 열린 식탁공동체로서 교회가 존재하려면 교회 자체가 한없이 가난해져야 한다. 하지만 최소한의 물질로 살고자 하는 영성을 가르쳐야 할 교회가 지금 너무도 비대해졌고 권력화되었다. 초대 교회가 영지주의와 싸우면서 영지주의를 닮았듯, 로마 지배하의 기독교가 부지불식간 로마화된 것처럼 그리고 자본주의와의 결탁을 당연시함으로써 오늘의 교회 안에서 예수가 숨 쉴 공간이 실종되고 말았다. 권력, 맘몬과 맞선 예수였건만 교회 자체가 권력화되었고 자본주의 체제를 공고히 했기에, 더구나 개신교 안에서는 세습이란 이름의 동종교배(Inbreeding-system)적 참상이 일어나는 까닭에 종교와 참종교를 구분할 수밖에 없는 현실이 된 것이다. 이 점에서 교회의 전 재산을 팔아 사회에 환원할 것을 주장했던 본회퍼 목사의 말이 떠오른다. 교회가 종교적 방식으로가 아니라 '이웃을 위한 존재'라는 '비종교적' 방식으로 예수를 읽고, 예수를 살아 낼 것을 강조했던 것이다. 이를 일컬어 그는 세상 안에서 세상 밖을 사는 새로운 수도원 운동이라고도 했다. 종교적 색채를 비종교적 방식으로 표현하는 것이 세상 안에서 세상 밖을 사는 종교인의 참된 실상이란 말이다.

그렇기에 종교적 색체를 강조할수록 그것은 참종교로부터 멀어질 수밖에 없다. 신분과 의례, 설교 그리고 옷차림으로 종교적 권위를 행사하는 시대가 지나간 것이다. 성직자가 지닌 '세상 밖'의 가치는 오로지 자기 무화(無化, 비움)를 통해서만 보증될 수 있을 뿐이다. 그러므로 김수환 추기경은 교회 개혁에 있어 가장 큰 걸림돌이 사제인 것을 안타깝게 여겼다. 자기 노동 없는 승려를 향한 법정스님의 질타도 참으로 매서웠다. 남에겐 무거운 멍에를 지우곤 정작 자신은 손 하나 움직이지 않는 성직자를 향해 강원용 목사는 '목사질'을 한다고 질타했던 것이다.

기독교의 자화상 – 최선이 타락하면 최악이다

이반 일리히란 가톨릭 사제는 성서에 나오는 '선한 사마리아인의 비유(눅 10:25-37)'를 독해하며 '최선이 타락하면 최악이다'란 명제를 남겼다. 사제로서 그는 예수가 인간이 된 상생, 수육의 신비를 인류 역사상 최상의 것(복음)이라 믿었다. 이런 신비를 최상의 것이라 여기는 사람이라면 사마리아인이 보여주었듯 자신 삶에서 사랑의 새 차원을 열어야 마땅하다는 말도 덧붙였다. 달리 말하면 복음의 신비는 길가에 버려진 사람—정의가 부재한 현실—에게 다가선 순간에만 재현되고 반복된다는 가르침이다. 기독교가 참종교인 것은 교리, 신조에 있지 않고 정의가 실종된 순간과 사건을 지나치지 않고 참여할 수 있는 힘 때문이란 것이다. 하지만 지금의 교회 현실은 이런 식의 참여가 아닌 개념과 교리를 갖고 누가 이웃인가를 묻고 있을 뿐이다. 참된 이웃이 되지 못한 상태로 말이다. 바로 그것이 사마리아인보다 앞서 지나간 제사장과 레위인의 실상이자 오늘 우리의 자화상인 것이다. 강도 만난 자를 스쳐 지나간 대제사장이나 율법학자들 역시 그럴 만한 종교적 이유가 분명 있었다. 성직자로서 예배 시간을 지켜야 했을 것이며 죽은 것의 피를 보면 부정하다는 종교적·인습적 확신 때문이었을 것이다. 하지만 그 때문에 그들은 시대의 곤경과 맞부닥뜨릴 수 없었고 이웃이 될 수 없었으며 성서가 말하는 영생을 얻을 수 없게 되었다. 바로 이를 일컬어 이반 일리히는 '최선이 타락하면 최악이 되는' 경우라 하였다. 이렇게 보면 예수가 말한 영생(구원) 역시 본회퍼의 비종교적 기독교 이해와 맥락이 전혀 다를 수 없다.

　하지만 오늘의 교회는 외형적 권위, 인습적 힘에 의지하여 스스로 소금장수로 전락하고 있다. 예수는 자신을 녹여 맛을 전하는 소금이 되라 했건만 교회는 소금을 파는 자리에 만족하고 있다. 탈세속화의 종교성을 일컫는 '불가능한 것을 향한 열정'이 소멸되어 버린 탓이다. 이 점에서 20세기를 열었던 신학자 키에르케고어의 말 역시 유념할 필요가 있다. "진실한 의미에서 크리스천이 되는 것은 그리스도와 동시적이 될 때 확증되는 것이다. 이런 의미가 아닌 크리스천이 되는 것은 자기기만이며 성령을 훼방하는 죄인 것이다." 그러므로 당시 자신의 사명을 기독교 안에서 기독교를 다시 가르치고 선교하는 일로 여겼다. 필자는 이런 키에르케고어의 말을 받아 '기독교의 재주체화'란 말로 다시 풀었다. 교회 밖의 사람을 향해 선교하는 것 이상으로 중요한 것이 교회 안에서 기독교인을 새롭게 탄생시키는 일이란 생각에 공감했던 탓이다. 기독교가 '개독교'로 지탄의 대상인 현실에서 교회 밖의 선교사가 아니라 교회 안의 선교사가 정말 요청되는 시점이며 그를 위한 신학의 역할이 있어야 할 때인 것이다. 교회 안에 너무도 많은 계층과 계급이 있다. 각자의 카리스마를 존중한다지만 계층적 권위를 능가할 정도는 아닌 듯싶다. 그래서 기독교가 로마를 기독교화한 것이 아니라 로마가 기독교를 로마화시켰다는 한 신학자의 말이 흉중에서 사라지지 않는다.

그리스도 담론을 만들자

주지하듯 사울을 바울 되게 했던 다메섹 체험이 없었다면 기독교도 역사 속에 존재감을 드러내지 못했을 것이다. 최근 바울의 다메섹 체험을 오늘의 시각에서 풀어낸 프랑스 철학자 알랭 바디유의 『사도바울』이란 책이 주목을 받고 있다. 이 책은 다메섹 사건에서 개인적 차원의 회심이나 소명보다는 당대 거짓된 보편주의로부터의 탈주를 읽어내는 까닭이다. 즉 다메섹 체험의 핵심은 지금껏 자신을 지배했던 유대적 율법과 헬라적 지혜로부터의 일탈에 있다는 것이다.

이들을 부정하는 이유는 간단명료하다. 율법이 유대종족만의 특수주의를 부추겼고 헬라적 지혜가 야만인을 양산하는 거짓된 보편주의였던 탓이다. 그렇기에 이로부터의 탈주, 그것이 다메섹 체험의 핵심이며 예수를 육체로 알지 않겠다는 바울의 대선언이기도 했다. 하여 바울에게 하느님은 이방인, 유대인, 헬라인 그리고 한국인의 하느님도 되는 바, 새 차원의 보편성을 지닌다. 특권의식을 부추기는 율법, 야만/지혜를 편 가르는 헬라식 사유로부터의 탈주가 부활이었기 때문이다. 이로써 바울은 자신을 예외적 존재로 만들고 싶어 하는 인간 욕망 일체로부터의 자유롭고자 했다.

이는 타자(이웃종교)를 부정하는 방식으로 자신의 정체성을 긍정하는 오늘의 기독교와는 확연히 다른 모습이다. 현실의 종교는 옛적의 유대인, 헬라인처럼 변질되어 있는 까닭이다. 종교와 참종교의 구분이 필요한 이유도 여기에 있다. 바디유가 바울을 이렇게 이해하는 목적은 우리 시대의 거짓된 보편주의, 곧 자본주의와의 거리를 확보하기 위함이다. 종교의 존재 양식 자체마저 변질시키는 자본주의로 인해 종교가 사회문제로 각인되는 까닭이다. 한때 '복음'도 부족하여 '순복음'이란 이름으로 주목을 끌었던 교단도 한 세대가 끝나지 않아 '돈' 문제로 세상의 지탄을 받게 되었으니 누구라도 성찰에 그칠 수 없다. 자신을 옥죄는 거짓된 보편주의로부터의 단절, 바로 그것이 각기 다른 종교인으로서 오늘을 사는 우리지만 공히 '삶 속에서의 부활'이라 해도 좋을 듯싶다.

오는 10월에는 세계교회협의회 10차 회의가 대한민국 부산에서 열릴 것이다. 1만 명에 가까운 전 세계 기독교인 대표자들의 모임인 만큼 거는 기대가 크다. 함께 논의할 주제가 '생명의 하느님 우리를 정의와 평화로 이끄소서.'이다. 생각건대 본 모임을 통해 정의의 눈으로 그리스도의 생명과 평화를 이 땅에 이루겠다는 결의가 있을 것이다. 이런 논의를 바탕으로 특정 종교인에게만 부쳐진 '참'이란 말이 더 넓게 두루 사용될 수 있기를 바란다. 동시대를 사는 종교인이라면 정의의 감각은 놓쳐 버릴 수 없는 주제인 까닭이다. 이를 위해 종교와 자본주의와의 한판 승부도 필요할 것이다. 인간 삶의 양식 자체가 달라지지 않는 한 아무리 좋은 결정도 무의미해지고 말 것이기 때문이다. 마지막으로 개신교 신학자인 몰트만 교수의 말을 소개함으로써 참종교가 되기 위한 우리의 자세를 가늠해 본다.

"우리는 부익부 빈익빈의 사회적 구조 속에 살고 있다. 우리는 인간을 승자와 패자로 양분하는 경쟁 사회 속에서 일하고 있다. 우리는 강자와 약자를 분리해 놓은 정치적 체제에 참여하고 있다. 우리는 이 땅의 자연을 체계적으로 파괴하고 동식물의 다양한 종을 매년 감소시키고 있는 인간 사회 속에서 먹고 마시며 놀고 있다. 우리는 미래 세대를 희생시키면서 우리의 현재를 즐기기에 다음 세대는 우리의 잘못으로 비싼 대가를 치르게 될 상황이다. 이러한 체제는 정의롭지 못한 체제이며 그 체제 안에서 먹고 일하며 사는 우리를 죄인으로 만든다. 이 체제 안에서는 우리가 행하는 악이 아니라 행하지 않는 선이 우리를 고발한다."

사형 제도를 지지하는 기독교,
그것이 가능한가?

사형 제도 지지 입장을 표명한 한기총 소속 신학자들의 글들을 인내하며 끝까지 읽기가 쉽지 않다. 사형 제도에 관한 이들의 신학 문서를 읽으며 성서 해석 및 이해의 차이가 이렇게 다를 수 있는가를 되물었고 무엇이 진정한 기독교인가를 깊게 고민하지 않을 수 없었다. 필자 보기에 사형 제도 지지를 피력하는 이들에게는 다음과 같은 공통점이 있다.

사형 제도를 지지하는 보수신학의 논리

첫째, 특정한 성서 본문과 그에 대한 판에 박힌 해석에 의거하여 사형 제도의 정당성을 논한다는 사실이다. 대표적으로 창세기 9장 5절 이하의 본문 말씀—무릇 사람의 피를 흘리면 나도 그의 피를 흘리겠다.—이 거론된다. 둘째, 성서에 대한 문자적 해석에 치우쳐 있다. 성서 본문 역시 하느님의 뜻을 수용하여 해석한 공동체의 시공간적인 산물임을 전혀 고려치 않기 때문이다. 셋째, 사형 제도 지지를 구원사라는 협소한 신학의 틀 속에서만 언급한다. 죽어야 할 죄가 있고 죽어야 할 사람이 존재한다는 것이다. 넷째, 인간 본성의 전적 타락을 강조하는 것이 두드러진다. 그렇기에 흉악한 죄를 저지른 범죄자에게 회개의 가능성이 희박하다는 논리를 적용시킬 수 있었다. 다섯째, 기독론 역시도 사형 제도를 지지하는 원리로 이용된다. 최후 순간에 그리스도를 믿지 않는 사형수들은 죽어 마땅하다는 것이다. 여섯째, 사형 제도를 실용주의적 관점에서 지지하는 바, 전체를 위한다는 명목에 커다란 비중을 도고 있다. 사형수를 보호 관리하는 사회적 비용의 과다 지출을 염려하는 것이다. 끝으로 사형 제도 존치를 위한 성서 본문들을 선택적 인용과 자의적 해석이 눈에 띄었다. 사형 제도의 정당화를 위해 국가권력에 대한 성서의 긍정적 부분만을 소개하는 점도 특징 중의 하나이다. 생명복제를 반대하는 논리를 펴 왔던 보수 기독교인들이 사형 제도 지지 논거를 함께 펼치는 것 또한 앞뒤가 맞지 않는 자의적 성서해석의 단면이라 하겠다.

물론 이런 공통점에도 불구하고 각론에서 강조점의 차이가 있는 것도 사실이다. 흉악범 억제를 위해서라도 사형 제도는 반드시 실시되어야 한다는 초(超)강경론자가 있는가 하면, 사형 제도가 구약의 삶의 정황과 관계된 것을 인정하고 제도는 존속시키되 실시는 유보하자는 온건론적 입장도 존재한다. 또한 사형 제도를 공동체 질서를 위해 인류에게 주어진 보편 명령으로 보고 그 실행을 하느님 정의의 실현으로 이해하는 시각과 함께 신약성서는 구약과 달리 사형 제도에 대한 언급이 없다고 보는 입장을 나타내 보이기도 한다. 오히려 사형 제도가 흉악 범죄인들에게 회개와 구원의 기회를 줄 수 있다는 제도의 구원론적 기능까지 피력하며–사형 제도는 구원기능을 극대화할 수 있다–, 그로 인해 기독교의 생명 존중 사상이 더 확연히 드러날 수 있음을 강조하는 신학자도 있다. 이런 차이에도 불구하고 이들 모두는 사형 제도 존치가 세상을 향한 하느님의 궁극적 의지인 것을 확신하며 그것을 통해 하느님의 구원 사역에 적극 동참할 수 있음을 확신한다.

사형 제도 지지에 대한 신학적 반론
이상과 같이 사형 제도 존치를 위한 한기총의 신학적 입장에 대한 진보적 입장을 지닌 감리교 신학자로서 다음과 같은 신학적 비판을 제기하고 싶다. 우선 사형 존치자들의 성서 인용 및 그 이해에 대한 문제점이다. 그들은 선악과를 먹는 날엔 반드시 죽으리라(창 2:17)와 사람의 피를 흘리면 나도 그의 피를 흘리게 하겠다(창 9:5)는 말씀에 근거하여 사형 제도 존치를 주장하고 있다. 먹지 말라는 하느님 말씀을 거역한 일과 무고한 이들의 피를 흘리는 것은 죽어 마땅한 죄라는 것이다. 문자적 해석과 구속사라는 좁은 틀에서 보면 이들의 주장도 타당할 수 있다. 하지만 창세기는 역사 이전의 역사, 곧 삶과 죽음, 죄, 타락 그리고 구원 등이 있는 신화의 영역이기에 그 뜻을 문자로 확정할 수 없으며 범위도 이스라엘 중심의 구속사를 뛰어 넘는다. 사형 제도의 정당성을 위의 본문들과 연결시키는 태도는 신정정치에서나 가능한 일이다. 특히 창세기 9장 이하의 내용은 새 문명의 시작을 위해 인류 보편적으로 필요한 삶의 제 조건들–인간 간의 형평성과 생태적 감수성–을 말하는 것이지 '살인자를 죽여도 좋다' 라는 구체적 법을 명시하고 있지 않다. 더구나 초기 유대교에서는 전적 타락의 개념이 발달하지 않았다는 신학적 견해도 있다. 다시 말해 가인 역시 하느님의 보호 속에 있었던 까닭이다. 따라서 바울의 인간 이해, 곧 아담/그리스도 대치 구도는 구약성서에 대한 오해에서 비롯한 것일 수 있다. 이는 구속사 신학의 한계를 말하며 당시 죽어야 할 죄란 존재하지 않았음을 보여준다.

다음으로 사형 제도 존치를 위한 성서적 근거로 그들은 모세의 율법을 들고 있다. 출애굽기, 레위기 등에 언급된 수많은 법적으로 허용된 살인, 즉 공동체를 지키기 위한 합법적 수단으로서의 사형 제도를 거론하는 것이다. 하지만 유독 여기서는 그 적용 범위가 확대되고 구체적 사례로 언급되고 있기에 그들 역시도 문자적 해석을 피하려고 한다. 창세기의 본문은 문자적으로 해석하면서 이스라엘 역사 속에서 일어난 하느님의 사형 언도(모세오경)를 선택적으로 받아들이는 것은 앞뒤가 맞지 않는 일이다. 문자적 해석과 구속사 신학에 철저해지려면 구체적으로 명시된 유괴범, 동성애자 등 수많은 사람들을 사형에 처해야 옳다. 지금도 이런 주장을 하는 신율(神律)주의자들이 있다고 하지 않는가? 여기서 사형 제도 존치를 주장하는 신학자들 역시도 구약 사형 제도의 역사적 한계를 수용할 수밖에 없다. 하지만 특정 범죄에 있어서 하느님께서 허용한 법적 살인이 가능함을 부정하지는 않았다. 하느님께서 의도한 살인이 존재하며 가능하다는 것이다. '하느님이 의도하는' 이란 표현에서 필자는 신율주의의 잔재를 본다. 그러나 문자적 해석을 강조하기보다는 성서의 역사적 한계를 인정하고 시대 정신과 함께 과거의 경험들을 새롭게 해석하는 일이 필요할 것이다.

셋째로 신약성서 역시 사형 제도 존치의 근거로 사용되고 있다. 로마서 13장의 국가권력에 대한 신적 승인과 더불어 사형 제도 존속의 필연성이 언급되어진다. 아울러 칼빈 등 종교개혁자들 역시 국가에 의한 사형 집행을 하느님 정의의 실현으로 보았음을 환기시킨다. 무엇보다 바울 역시도 정당한 국가의, 정당한 재판 하에서 사형 유지를 선호한 사람으로 묘사되고 있다. 심지어 '죄 없는 자가 먼저 돌로 치라' 는 예수의 말씀 속에서도 사형 제도에 대한 예수의 의지를 읽을 정도이다. 국가의 사형 제도를 성서가 뒷받침한다는 이런 주장은 국가권력이 하느님으로부터 온다는 변형된 신정정치의 틀에서나 가능한 일이다. 이런 점에서 보수 기독교는 언제든 기득권을 지닌 정치 세력과 밀접하게 연루되곤 했다. 사형 제도 존치 및 확대는 전체를 위한다는 미명 하에 기득권자들을 지켜주는 필요악으로 여겨진 것이다.

주지하듯 국가권력의 문제는 신학적으로 대단히 오랜 논쟁거리였다. 사악한 권력으로 인해 고통당한 긴 역사를 우리 모두는 잘 알고 있다. 신약성서 끝자락에 위치한 요한계시록은 국가권력을 사악한 세력으로 묘사했다. 권력

자체가 부패할 수 있다는 것이 성서 증언이자 역사적 경험이기에 기독교가 국가권력에게 쉽게 칼을 맡기는 것은 오늘의 시각에서 재고할 일이다. '칼을 쓰는 자는 칼로 망한다'는 것이 예수의 가르침이라 믿기 때문이다. 따라서 사형 제도에 관해 신약을 구약의 신정정치와의 연장선상에서 이해하는 것은 옳지 않다. 율법의 완성을 말하는 사랑의 종교, 기독교는 유대법의 차원을 넘어서야 마땅하다. 하느님 형상으로 인해 혹은 하느님 은혜 때문이라도 예수는 인간이 달라져야 하고 달라질 수 있음을 선포했던 것이다. 예수가 행한 기적은 부자가 언제든 부자일 수 없고 병자가 언제든 병자로 머물지 않으며 사형수가 언제나 죽어야 할 상태로 고정되지 않음을 보여주는 구체적 징표라고 보는 것이 옳을 것이다.

그럼에도 보수 기독교는 사형제가 교회사적으로도 유지된 합법적 제도임을 강변하고 있다. 초기 교부들을 제외한 어거스틴, 아퀴나스, 루터, 칼빈 등 모두가 사형 제도 존치론자였다는 것이다. 응보 정의론 내지 예방적 차원에서 범법자의 사형을 허용했다는 것이다. 정당 전쟁론도 모두 이런 틀 하에서 인정되었다. 그러나 여기서 중요한 것은 기독교가 로마 국교로 인정되기 이전과 이후의 상황에 대한 신학적 숙고이다. 기독교 박해 시기 교부들은 국가권력을 부정하였다. 하지만 로마제국 공인하의 기독교는 국가관을 달리할 수밖에 없었다. 하나의 국가 안의 한 종교로서의 역할을 강요받은 것이 기독교의 역사였다. 교리 논쟁도 로마의 입장에서는 국론 분열로 보였기에 불필요한 일이었다. 수많은 종교회의가 로마제국이 원하는 '하나의 교리'를 목적했다는 역사적 사실을 부정할 수 없다. 이런 상황 속에서 사형 제도를 포함한 로마제국의 공권력 승인은 당연한 일이었고 신정정치를 의도한 종교개혁자들 역시도 예외가 아니었다. 그러나 지금의 교회 상황은 과거와 결코 같지 않다. 종교적 권위를 힘입은 국가란 존재하지 않기 때문이다. 오히려 종교 근본주의에 의존한 국가들의 횡포가 지나친 상황을 경험하고 있는 중이다. 이런 정황에서 교회사적 자료를 토대로 사형 제도 존치를 말하는 것은 욥의 고통에 대해 인과응보적 신명기 사관을 강요하는 세 친구들의 모습과 다름없어 보인다.

마지막으로 조직신학적 차원에서 사형 제도 존치의 문제점을 살펴보고자 한다. 필자 보기에 사형 제도 긍정의 이면에는 하느님 형상과 하느님 은혜라는 인간을 향한 하느님의 이중적 잣대가 자리하고 있다. 이는 펠라기우스와 어거스틴 논쟁으로까지 소급되는 것으로 하느님 형상을 지닌 인간의 전적 타락 가능성에 토대를 둔다. 부언하면 비록 인간이 하느님 형상을 지니고 태어났으나 죄로 인해 하느님 형상 자체가 완전 소멸되었다는 것이다. 바로 이 점에서 사형 제도의 신학적 가능성이 생겨난다. 흉악범들은 하느님 형상을 잃어버린 존재로 간주되는 까닭이다. 여기서 기독론은 사형 제도를 지탱하는 근거로 기능하며, 사형 제도가 오히려 생명을 존중하는 원리라는 독설이 가능해진다. 그러나 이런 논리 속에 중요한 신학적 문제점이 자리한다. 구원사를 넘어 보편사, 우주사를 신학적 지평으로 삼는 현대신학의 틀에서 볼 때 창조(하느님 형상)란 그 자체로 원(原) 축복[Original blessing]이다. 창조가 더욱 본질적인 것인 바, 창조 없이는 구원도 가능치 않다. 인간 본연지성(本然之性)의 타락을 강조하는 것은 편협한 로마화된 서방기독교의 산물인 것이다. 기독교가 로마를 기독교화한 것이 아니라 로마가 기독교를 로마화한 탓이다.

하지만 동방교회 영향을 받은 감리교 신학은 이성을 부정하는 것은 종교를 부정하는 것과 같다고 말한다. 가치 다원주의 시대를 살고 있는 지금 자연과 은총, 타락과 구원, 나아가 타종교와 기독교의 이원적 도식을 갖고 세계를 이해하는 것은 종교 갈등만을 부추기게 된다. 저마다 자신의 방식으로 구원의 길을 가는 종교들이 있으며 그런 방식 하에 인간은 자신의 최후를 맞이할

수 있다. 기독론(은총)과 접하지 못했다 하여 사형수들을 죽어 마땅한 흉악범
으로 보는 것은 그들의 고통을 가중시킨다. 감리교 신학은 세상의 어느 누구
도 그리스도 십자가 밖으로 내몰려진 사람은 없다고 가르친다. 최근 보수 신
학자들일수록 생명 복제, 나아가 인간 배아 복제를 쌍수를 들고 반대하고 있
음을 알고 있다. 수정된 배아도 하느님의 형상이며 영혼이라고 믿고 있기 때
문이다. 그러나 배아 복제를 반대하면서 사형 제도를 지지하는 것은 신학적
모순이자 자가당착이다. 사형수의 본성 역시 하느님의 형상임에 틀림없기
때문이다. 생명공학 시대에 배아생명을 지키겠다면서 사형 제도 존치를 주
장하며 그의 성서적·신학적 근거를 찾는 자기모순을 극복하기 위해서라도
자연/은총, 타락/구원의 신학적 이중구조는 새롭게 해석되어야 할 것이다.

면죄의 가능성이 우선이다

　얼마 전 연극 연출을 전공하는 아들의 소개로 희랍 비극을 주제로 한 연극
'오레스테이아' 를 보았다.* 연극의 내용인즉 다음과 같다. 트로이 원정길에
나선 아가멤논은 아르테미 여신의 노여움을 풀고 항해 시 순풍을 얻기 위해
자신의 딸 이피게네이아를 제물로 바친다. 그의 부인 클리타임네스트는 딸
을 희생시킨 남편을 증오하며 복수로 조카와 불륜을 맺고 그와 함께 귀국한
남편 아가멤논을 살해한다. 이제 또 다른 딸인 오레스테스가 어머니를 죽이
고 복수 여신들의 칼날을 피해 이곳저곳 숨어 지낸다. 죄와 벌의 연쇄 고리가
끊임없이 이어지고 있었다. 이에 아테네 여신은 법정을 열고 오레스테스를
재판한다. 피의 복수를 대신할 정의의 법정을 세우기 위해 노력하려는 것이
다. 오레스테스의 살인죄에 대한 재판관들의 투표 결과는 찬성과 반대 동수
로 나왔다. 그러나 아테네 여신이 개표 전에 세웠던 규칙에 따라 가부 동수였
기에 무죄로 판명되었다. 이제 오레스테스는 법의 도움으로 복수의 여신들

에게 시달리지 않을 수 있게 되었다. 오레스테스의 방면 결정은 죄가 반드시 상응하는 벌로써 탕감되는 것이 아니라 합리적 결정에 의해 면죄될 수 있음을 말하고 있다. 법의 본질적 역할이 벌을 주는 데 있지 않고 가능한 한 면죄의 합리적 근거를 제공하는 데 있다는 것이다. 면죄의 가능성이 먼저이고 처벌의 필연성이 차선이란 사실이다. 결국 고대 희랍의 지혜는 법이 모든 것을 해결한다는 착각으로부터 우리를 해방시켜 준다.

오늘 우리의 주제가 되는 합법적 살인, 사형 제도에 관해 보수 신학자들과는 전혀 다른 길을 보여주고 있는 것이다. 그렇기에 만일 우리 기독교 신학자들이 '면죄 가능성' 에 우선권을 부여하지 못한다면, 성서를 그리 해석할 수 없다면 그 옛적 바울이 자신 있게 말했던 바 기독교 복음이 희랍의 지혜를 결코 능가할 수 없을지도 모르겠다.

교회의 편법,
기독교 위기를 앞당긴다

익히 알 듯, 예수의 사후 간절하게 기다리던 하느님 나라 대신 이 땅에 교회가 생겨났다. 바로 사도행전은 하느님 나라의 지연으로 인한 교회 생성의 역사를 기록한 책이다. 이후 교회는 하느님의 마지막 때가 도래하기까지 하느님이 직접 통치하는 천년왕국으로 이해되었다. 이 와중에서 교회는 하느님 나라와 대치 가능한 기관이 되었고 성직자 계급을 통해 치리되었으며 교회 밖에는 구원이 없다는 명제를 만들어 내었다.

이렇게 오만한 교회의 자기이해가 생겨났음에도 불구하고 교회는 결코 하느님 나라가 아니다. 인간사의 모든 경험들이 그 속에 함께 얽혀 있기 때문이다. 기독교 교회의 범죄사(犯罪史)라는 책이 3권으로 엮어질 정도이니 부정할 수 없는 사실이다. 그럼에도 교회가 하느님 나라의 진정한 징표이고 그래야 한다는 점에서 그것은 기독교 신앙인에게 여전히 중요하다. 종교개혁은 교회의 이런 위상을 되찾기 위한 몸부림이었다. 교회 공동체 안에 진정한 구원이 있는가를 고뇌하며 성찰하는 사건이었던 것이다.

개혁대상이 된 기독교

한국 땅에 기독교 복음이 들어오고 교회가 생겨난 지 1세기를 지나면서 개신교는 사회의 지탄을 받으며 오히려 개혁의 대상이 되고 있다. 1920-30년대 한국 기독교가 민족의 문제를 도외시하고 선교사에 빌붙어 자기 배를 채우고 있을 때, 당시 사회는 예수를 길바닥에 내쳐 버리고 말았다. 타락한 이승만 정권을 한국 교회가 감쌌을 때 백성들은 교회를 향해 돌팔매질을 해댔다. 그러나 지금의 상황은 그 이상이다. 교회를 향한 교회를 사랑하는 이들의 비판이 거세다. 사회적 부가 세습되고 가난이 대물림되는 상황에서 교회 역시 예외가 아니다. 온갖 이유로 자식의 교회 세습을 정당화하며 기득권을 확대 재생산하는 구조 속에 편입되어 있는 까닭이다. 이미 종교 귀족, 종교 권력이란 말이 회자된 지 오래이다. 감독과 총회장을 뽑는 선교의 타락상은 성직(聖職) 자체의 의미를 의심케 한다. 거룩의 탈을 쓰고 세속 정치인의 권모술수를 배우며 피와 땀이 베어 있는 교회 헌금을 불의한 돈으로 만들어 버린다. 그래서 제비뽑기라는 자기 모멸적인 선거방식이 거론되고 있을 정도이다. 소수이긴 하나 교회 헌금으로 치부한 목회자가 있고, 도덕적 순결함을 상실한 지도자들이 회개하지 않으며 성직 매매, 교회 매매가 그럴듯한 명목으로 확대 재생산되고 있다.

얼마 전부터 몇몇 대형 교회는 시대에 뒤진 기업 경영 원리를 배워 문어발식 확장을 시도해 왔다. 목회자의 유명세에 따른 교회의 브랜드를 사용하여 타 지역에 몇 개의 지(支)성전를 세웠고 최근에는 수십 개의 교회를 세워 신(新) 사도행전을 쓰려고 하는 교회도 있다고 들었다. 경험하고 있는 중이지만 지성전에서는 독자적인 설교 행위가 발생하지 않는다. 그곳의 목회자는 관리자로만 존재할 뿐이다. 교회 창립자의 카리스마를 각 지역으로 확산시키는 통로여야 하기 때문이다. 로마 교황청의 하부구조로 존재했던 교회에게 독자성을 되찾아 준 것이 종교개혁이었건만, 이 점에서 오늘의 개신교회는 과거로 회귀하고 있다. 여기에는 자본주의 논리가 크게 역할을 하고 있다. 교회에 왜 그렇게 많은 돈이 몰리는지도 생각할 여지가 있는 것이지만–암흑시대로 불리는 중세의 교회는 고리대금업을 하는 상인 계급들을 하느님의 것(시간)을 도적질하는 것으로 보고 교회에 발들이지 못하게 했었다—기존 지역 교회들의 존재 기반을 흔들 만한 물질적 투자가 동반되고 있다. 이로 인해 대형 할인점에 의해 소형 슈퍼마켓들이 폐점되는 경우와 비교될 상황이 지역 교회 내에 생겨나는 중이다.

거듭 말하거니와 교회는 그 자체로 완결된 독자적인 구원 공동체로서 하느님 나라의 지표이어야 마땅하다. 특정 목회자의 초상화가 걸려 있고 그의 설교만이 전달되어야 하는 사적 공동체가 아닌 것이다. 자신의 친족 혹은 자신의 뜻에 부합한 사람에게 그 교회를 관리케 하여 거대한 족벌 경영 체제를 만들려 한다면, 아무리 아름다운 말로 표현하더라도 이런 형식 자체는 하느님 나라의 표지(標識)로 이해될 수 없다. 우선 지역 교회 목회자들이 반발하고 있지 않은가? 특정 교회의 확장을 지향하는 지 교회가 지역 내 교회들과 화합하지 못함은 당연지사이며 또한 관리자로서만 만족할 수 없는 목회자의 자의식이 결국에는 교회 브랜드 창시자를 배반하는 꼴이 되어 상호간에 온갖 험담이 오고가는 사례가 적지 않다.

무엇보다 필자는 교회가 동종교배로 인해 열등한 기관이 될 것을 염려한다. 동일한 생각을 가진 사람들에 의해서 교회 운영이 지속되고 목회가 정형화된다면 그것은 참으로 불행한 일이다. 불고 싶은 대로 불기에 인간이 예상치 못하는 이질적 경험도 요구하는 하느님 영의 창조 역사를 거역하는 교회는 자기 몸체 불리다가 멸망한 공룡의 운명을 뒤따를 수 있다. 혹자는 브랜드 창시자의 교회를 크게 하지 않고 다양한 지 교회를 세우는 일이 왜 비난받을 일이냐고 물을 것이다. 거듭 강조하지만 그것은 하느님 나라의 징표가 될 수 없기 때문이다. 이는 21세기 시대 인식의 한계, 교회 존립 근거 및 이유에 대한 시각차, 그리고 예수의 삶과 가르침에 대한 편협성에서 기인한다. 한마디로 더 이상 자본주의 방식으로 교회를 바라보아서는 안 된다는 것이다. 그래서 교회가 무엇인지 되묻고, 예수를 새롭게 다시 보고 우리 시대의 징표를 바르게 읽는 신학적 작업이 중요한 과제일 수밖에 없다.

교회에 대한 제이미지

성서에 나오는 교회에 관한 수많은 이미지를 다음 네 가지로 묶어 정리할 수 있다. 첫째는 하느님과 더불어 인간사 속의 수많은 억압으로부터 자유를 향한 순례자의 길로 나선 하느님의 백성(레 26:19)이란 이미지이다. 여기서는 인간을 억압하는 일체의 것, 그것이 죄이든지 사회적 이념이든지 정치적 현실이든지 간에 자유가 있는 곳에 하느님(영)이 계시다고 가르친다. 그리고 인간에게 하느님이 자유하게 했으니 다시는 종의 멍에를 메지 말 것(갈 5:1)을 강조한다.

둘째로 교회는 자기중심적으로 능력을 행사하는 집단이 아니라 오히려 희생적 섬김을 배우는 종의 공동체(마 20:25-26)로서 이해되고 있다. 하느님을 사랑하는 마음으로 이웃을 사랑하며 궁핍한 자들에게 선한 이웃이 되는 데 기독교 교회의 존재 이유가 있다는 것이다.

셋째는 그리스도 몸으로서의 교회 이해이다(고전 12:12 이하). 한 주님 안에서 같은 성령, 같은 세례를 받음으로써 서로 다른 우리가 한몸을 이루었음을 감사하는 공동체란 것이다. 하는 역할, 빈부격차, 남녀 간의 성(性) 역시 문제가 되지 않는 평등 공동체로서의 교회를 강조한다.

마지막으로 교회는 종말의 때를 준비하는 성령의 공동체로서—성령의 능력 안에 있는 교회(몰트만)—존재한다(행 2:17). 즉 교회는 하느님 나라의 표징으로서 성령 안에서 새로운 삶을 미리 체험하는 공간이란 것이다. 따라서 교회는 세상을 향해 희망을 가질 이유를 반드시 제시해야만 한다.

그러나 이런 성서적 교회상이 제시되어 있음에도 불구하고 현실의 교회는 본질로부터 너무도 멀리 떠나 있다. 하느님 권위를 등에 업고 위계질서를 만들어 내는 교회 구조가 복음 자체를 위협한다. 교회가 제도로 전락해 버리고 거룩을 빌미로 권력이 남용된다. 사회적 책임을 망각하고 사적 친교 공동체로 전락한 것도 교회의 일면이다. 교회 중심주의 또한 신앙인의 삶을 교회 종속적으로 만들고 있다. 시민단체에 가입하여 활동하는 것을 의심스런 눈으로 바라본다. 질문이 허용되지 않으며, 생각하는 신앙, 이해를 추구하는 신앙의 모습이 보이지 않고 믿음의 율법화 현상 또한 심각한 수준이다. 신앙인을 진정한 믿음의 세계로 안내하기보다는 교회 숫자놀음의 대상으로 삼는다.

이런 현상은 특정 개인의 카리스마에 의해 유지되는 대형 교회에서 잘 드러난다. 바로 교회 세습이나 지 교회에 대한 발상 등은 이런 교회들에 의해 시작된 것이다. 하느님의 권위가 목회자 개인의 카리스마와 혼동되고, 그로써 목회자 권위에 의존한 인간관계가 아들세대로까지 이어지게 되며, 그 와중에서 목회자를 추종하는 가신(家臣) 그룹들이 생겨나 세습을 지지하게 되는 것이다. 이런 점에서 교회는 하느님을 빌미로 민주주의를 거부하고 소수의 종교가들에 의해 운영되는 사적 기관처럼 인식되기도 한다. 이런 교회일수록 교회 지상주의를 말하고 신앙인을 오로지 'church man'으로 만들어 버린다. 사람들을 끼리끼리의 친밀 집단으로 묶어 놓고 조직에 충성할 것을 학습시키고 있는 것이다.

이런 교회들은 대외적으로 자선 사업을 하는 집단으로 비쳐지기를 원한다. 그래서 자신들의 인적·물적 자원을 동원하여 자기 과시적 업적을 많이 쌓는다. 하지만 교회의 구조 자체가 민주적이지 못하고 유무형의 부모 자산이 그대로 세습되는 전근대적 조직으로서의 교회는 세상에 희망을 줄 수 없다. 많은 일을 하는 듯이 보이지만 그것은 결국 세상에 영향을 주지도 않고 그로부터 영향을 받지도 않으려는 자기 독백적이며 폐쇄적인 구조 속에 교회가 갇혀 있기 때문이다. 대형 교회를 중심으로 한 개(個)교회주의의 문제점이 여기에 있다고 생각한다.

하나이고 거룩하며 보편적인 사도적 교회

전 세계적으로 교회는 니케아 신조에 따라 지금껏 "하나이고 거룩하며 보편적인 사도적 교회"로서의 자신을 이해했다. 시대가 달라져 당시의 의미를 그대로 보지할 수는 없으나, 이것은 오늘의 한국 교회 현실을 비판할 준엄한 시금석이 된다고 믿는다. 하나, 곧 통일성이란 무엇을 이름하는가? 그것은 외형적인 조직이나 직책, 교리 그리고 특정 교단을 지칭하지 않는다. 그것은 우리 모두가 성령 안에서 그리스도를 통해 같은 소망을 품고 있는가를 묻는다. 오늘의 교회는 정말 소망을 확신하는가? 그렇다면 그것은 어떤 소망인가? 사람들에게 거짓된 환상을 심어 주고 눈에 보이는 교회가 전부라고 가르치지는 않는가? 교회 밖에 구원이 없다는 옛 교리를 가르쳐 사회 통합을 해치기보다는 우리 안에서 진실한 구원 곧 기독교의 본질이 구현되고 있는가를 물어야 하는 것이다. 그러나 이 통일성은 결코 다양성을 부정하지 않는다. 같은 소망을 품고 있다면 얼마든지 다양한 형식은 존재할 수 있는 것이다.

하지만 요즘 '목사의 크기는 교회의 크기에 있다.'는 망령된 이야기가 전해진다. 모두를 대형 교회를 좇는 부나방으로 만들어 가고 있는 것이다. 또 모든 교회가 자기 교회 같아야 한다고 믿고 있는 종교가들도 있다. 현실적으로 존재하는 무수한 차이를 무시하고 지성전을 세우려는 발상이 여기에서 비롯한다. 교회의 거룩함 역시 교회 자체가 거룩하고 깨끗하기에 이름 붙여진 것이 아니다. 그리스도를 통해 의로워지고 그를 통해 성화의 길로 나서겠다는 다짐이 있기에 해당하는 말이다. 그렇기에 교회도 마침표를 찍을 수 있는 공간이 아니다. 교회 역시 성화의 대상으로서 남을 심판하는 위치에 있지 않다. 더욱 교회는 세상 속에 홀로 거룩하게 존재할 수도 없고 해서도 안 된다. 모두가 건강하여 의사가 필요없는 사회가 좋은 세상이듯이 종교가 필요하지 않은 세계가 아름다운 세계일 수 있다. 하지만 이것은 불가능한 일이다. 그럴수록 교회는 세상의 불의를 비판하고 힘들고 어려운 사람들과 결속해야 한다. 자기 조직 유지하기 바쁜 오늘의 교회를 거룩하다고 말하기 어렵다. 세리와 창기들과 함께 먹고 마시며 진흙탕 속에 살았던 예수의 존재양식을 통해 거룩한 교회의 진면목을 볼 수 있는 것이다.

보편성이란 말 역시 대단히 구체성을 띤 언표이다. 보편성이란 모든 사람을 포용하겠다는 뜻이다. 보편적이기에 역설적으로 당파적이 되어야 한다. 세상에는 가진 것 없고 병들고 희망을 빼앗긴 사람이 너무도 많다. 버려진 아이들, 불치의 병에 걸린 사람들, 이들을 받아 줄 공간이 턱없이 부족하다. 하지만 교회에서조차 이들이 설 자리가 없다. 이들이 바라는 것은 물질적 도움만이 아니다. 인간으로서 가치 있는 대접을 받기 원한다. 인격의 해방을 바라는 것이다. 그러나 교회는 이런 존재를 성도로 받아들이기를 부담스러워한다. 그들은 결코 공동체의 일원일 수 없고 오로지 베풂을 받는 대상이기 때문이다. 이들을 성도로 인정하지 못한다면 교회의 보편성은 허구이다. 중산층들이 모이는 교회, 그래서 물질이 많아져 대형 교회를 세우고 그것을 대물림하며 그 브랜드로 지 교회를 세우는 일은 사도행전의 새 장을 쓰는 일이 아니다. 교회를 세우려 한다면 오른손이 하는 일을 왼손이 모를 정도로 조용하게, 겸손하게 해야 한다.

마지막으로 교회의 사도성. 그것은 우리 모두가 예수에 의해 시작된 하느님 나라의 증인이 되었다는 사실이다. 더 이상 교회는 목회자의 교회가 아니며 목회자만이 사도성을 계승한 것이 아니라는 것이다. 이는 종교개혁 전통을 이어받은 개신교 신앙의 핵심이다. 하지만 왕국 같은 대교회를 이룬 목회자들은 과거 중세로 돌아가려고 한다. 평신도들에게 신앙적 주체성을 가르치기보다 교회 조직 및 성직자 권위에 종속되게 만든다. 그들을 성화시켜 사회에 내보내려 하지 않는다. 오로지 교회 구성원으로서 교인으로 머물게 할 뿐이다. 이것은 사도성을 부정하는 한국 교회의 큰 과실이 아닐 수 없다. 이것은 한국 교회가 성령의 능력 안에 있지 않음을 보여주는 확실한 지표이다. 그렇기에 한국 교회는 자신의 위상을 자랑하기보다는 삼가야만 한다. 물론 신학적으로 아무리 정당해도 인습상 목회적으로 수용되기 어려운 부분이 있고, 목회적으로 아무리 옳아도 신학적으로 틀린 것이 있을 수 있다. 이론과 현실 간의 차이가 있고 신학의 본성 자체가 교회보다 크고 넓기 때문이다.

하지만 한국 교회는 너무도 큰 간극을 가지고 있다. 교회 권력은 이제 신학을 정죄하고 옳은 소리에 귀 기울이려 하지 않는다. 여기에서 누가 예수를 죽였는가가 아니라 무엇이 예수를 죽였는가를 물으라고 했던 한 성서신학자의 말이 떠오른다. 예수마저도 죽일 수 있는 교회가 되어 버린 것은 아닌지 대교회들은 깊이 성찰할 일이다.

성도(聖徒)라 불리는 그리스도인은 하느님의 살림살이를 위해 이 땅에 부름받은 존재이며, 교회는 그 살림살이의 원칙을 배우고 익히는 곳이다. 몰트만(J?rgen Moltmann, 1926-)이 말하듯 하느님의 종말 역시 이 세상을 새롭게 창조하는 것이지 이 세상 외의 별천지로 우리를 인도하는 것이 아니다. 주지하듯 살림살이란 살리는 일을 사는 인간의 총체적 몸짓을 말한다. 가정 내 어머니의 역할이 구체적 모습일 것이다. 모두가 먹을 것을 위해 울부짖는 현실에서 하느님 역시 모두를 살리는 현명한 생태학적 경영자(시편 104편)의 모습으로 나타난다. 하느님 형상으로서의 인간, 그 말의 본래 뜻 또한 다음과 같다. 하느님이 당신이 지은 피조물들에게 지속적으로 은총의 행위를 베푸시듯 그 은총 행위에 상응하는 존재로 살아가라는 것이다. 당신이 지은 자연 및 인간세계가 허무한 것에 종노릇하지 않기를 바라며 그 일을 위해 우리 인간을 창조했다는 사실이다. 그런데 현실은 어떤가? 신의 피조물이 탄식하며 울부짖고 있다고 말한다(롬 8:18 이하). 불행하게도 19, 20세기 신학과 교회는 자신의 고유 영역을 인간 영혼으로 한정시켜 버렸다. 전 자연을 과학에게 내맡겨 버린 채로. 과학의 열매를 따먹기는 해도 그로 인해 생겨난 문제에 대해서는 둔감하다. 기독교 복음 역시 자본주의적으로 해석되어 '많은 것이 좋다(More means better)'는 논리로 전파되고 있다. 그래서 오늘의 교회는 이 세계를 살릴 힘을 상실했고 하느님 형상을 잃어버린 사람들을 치유할 능력을 갖지 못했다. 세상을 구원할 원대한 꿈을 접고 자신들만의 자족적 집단으로 존재하려 할 뿐이다.

예수의 목회, 예수의 공동체

공생애 기간 중의 예수 행적은 죄 용서와 병자 치유로 집약된다. 특히 치유란 하느님의 구원 능력이 인간의 몸, 사회 내 구조적 문제, 나아가 전 우주에까지 미쳤음을 보여준다. 그래서 죄 용서와 치유 행위는 실상 둘이 아니다. 따라서 죄의 문제를 인간 영혼과만 관계시켜 협소하게 이해하는 교회는 반쪽의 진리만을 선포하고 있는 것이다. 치유는 죄의 문제를 포함하며 넘어서는 더욱 포괄적 개념으로서 이 땅 위에 교회의 존재 이유를 설명하는 사실 적합한 화두가 될 수 있다. 이런 맥락에서 살림 공동체는 곧 치유 공동체로 불려야 마땅하다. 그렇다면 무엇을 치유할 것인가? 오늘 우리의 문제가 무엇이기에 예수 그가 대답이 된다고 믿으며 그를 선포하고 있는 것인가?

평등 이념이 역사의 뒷전으로 물러난 지금 경쟁의 논리가 지배하는 신자유주의 이념이 세계적 차원에서 실험되고 있다. 그러나 '미국식(서구식)의 세계화는 악마적이다.' 라는 말이 회자될 정도로 불평등을 심화시키는 신자유주의에 대한 반발 또한 확산 중이다. 뜻 있는 학자들은 21세기의 새 이념으로 평등을 배제한 자유 대신 '단순성(Simplicity)'을 거론하기 시작했다. 이는 인간의 욕망을 부추기는 자본주의적 도시 문화에 대한 이의제기이다. 자본주의 이념 속에 젖어 있는 교회는 생태학적 경영자로서 하느님의 파트너가 될 수 없다는 것이다. 여기에는 가인의 에토스를 넘어서려는 문명 비판적인 신학적 자각이 자리하고 있다. 동생 아벨을 살해한 가인은 하느님으로부터 보호를 받을 수 없다고 판단했고 자신의 안정을 확보지기 위하여 인류 최초로 도시(놋) 문명을 건설했다. 도시 문명을 이룬 그 후예들의 삶은 죄와 타락의 역사였고 급기야 홍수로 멸망을 당하게 된다. 예나 지금이나 도시는 검소나 검약의 가치를 비웃고 소비력을 인간 존재의 척도로 생각하는 공간이다. 남들보다 빠르게, 많이, 큰 것을 얻으려 하며 그로써 삶의 안정을 얻었다고 생각한다. 하지만 도시의 삶은 손의 창조력을 말살시킨 채 인간 삶을 종속적으로 만들고 '바람에 날리는 겨' 처럼 뿌리 뽑혀진 삶을 살게 한다. 도시 문화 한가운데 존재하는 교회, 그들이 가르치는 종교성은 도시적 영성일 뿐이다. 수없이 마음의 가난을 외쳐 왔지만 그들의 영성은 가난하지 않다.

100만 명의 노아가 필요한 시대

이런 상황에서 하느님은 노아를 하느님 살림살이의 새 주역으로 내세웠다. J 기자에 따르면 노아는 족보상으로 가인의 후예가 아니다. 아담과 하와의 세 번째 아들 '셋' 의 후손으로 되어 있다. 그리고 방주에서 나온 노아가 행한 첫 번째 일은 하느님께 예배하고 포도나무를 심은 것이라고 말한다. 가인의 에토스를 넘어선 최초의 인간이 되었다는 것이다. 이것은 그가 소비력을 통해 스스로의 안정을 도모하는 도시문명을 접고 하느님과 함께 하는 생명문화의 창시자가 되었음을 의미한다. 하느님이 노아에게 주신 살림살이의 법칙은 다음과 같다. 사람들 눈에서 억울한 눈물이 흐르지 않도록 할 것과 동물(자연)을 피(생명) 흐르는 채로 취하지 말라는 것(창 9:1-7)이다. 이 법칙을 통해 하느님은 인류에게 처음 창조 때보다 더 좋은 세상을 주시려 했다.

하지만 인류는 또다시 하느님의 살림살이에 실패했다. 모든 피조물이 허무한데 굴복하며 탄식하고 있는 현실이기 때문이다. 지금 우리가 너무도 자신의 소리만을 크게 내며 살기에 남의 소리를 못 들어서 그러하지 세상에는 온통 비탄과 탄식 소리뿐인 것을 알아야 한다. 이 소리를 듣는 것이 성령을 체험하는 것이며 예수 그리스도를 만나는 길이다. 성령이 탄식하는 소리를 듣고 낯선 이의 모습으로 다가온 부활의 예수를 만나야만 한다. 교회란 속도가 숭배되고 빠름이 능력인 세상에서 살던 사람이 욕망의 전차로부터 내려 멈추어 서는 곳이다. 2등의 운명을 부정하고 장자의 축복을 위해 온갖 거짓을 범했던 야곱이 무릎 꿇고 씨름하다 쩔뚝거리며 걸었던 압복 강변이다. 그래서 평소 듣지 못한 소리를 듣고 보지 못한 사람을 다시 찾는 공간이라 하겠다. 나만이 아니라 우리 모두를 함께 발견하는 시간이 바로 예배이다. 하느님 살림살이의 준칙을 재확인하는 거룩한 행위 그것이 예배란 말이다. 거룩(holiness)은 전체(wholeness)를 느끼는 일이며 그로써 구원(salvation)이 생겨날 수 있는 것임을 명심할 일이다.

주 5일 근무제가 되면서 한국 교회는 교인 이탈을 크게 염려한다. 상당 부분 자본주의적 경제적 맥락에서이다. 하지만 교회는 성도들에게 진정한 의미의 안식을 되돌려 줄 기회로 생각해야 한다. 지금껏 교회는 성수주일을 율법적으로 강요해 왔다. 그러나 그것이 정말 성서가 말하는 안식일을 지키는 것이었던가를 반성해야 한다. 피곤에 지친 몸이 회복되는 날, 이웃을 염려하고 돌볼 수 있는 날, 들의 백합화를 보고 하늘 나는 새를 바라보며 하느님의

창조세계를 느낄 수 있는 날이 될 수 있도록 교회는 성도들에게 안식일을 되돌려 주어야 한다. 하지만 교회 중심적인 생각으로 가득 차 있으면 결코 이룰 수 없는 꿈이다. 교회를 대물림하고 지성전을 몇 개씩 세우겠다는 것은 모두 하느님 살림살이에 역행하는 자본주의 가치관의 산물이다. 거룩을 빌미 삼은 편법의 결과인 것이다. 머리 둘 곳 없었던 예수인데 오늘의 교회는 자신만으로도 부족해 대물림할 묘책을 찾고 있다. 교회가 교회답지 못하였기에 생겨난 문제들이다. 하느님 살림살이를 모른 체하고 그 준칙대로 살지 않으며 지금처럼 편법이 난무하게 되면, 시민 불복종운동처럼 진정 교회를 사랑하는 이들에 의해 교회 거부 운동이 일어날 수도 있다. 새벽 3시부터 새벽기도회를 위해 강남의 거리를 복잡하게 하는 교회가 있다 하니 놀라운 일이다. 하지만 이런 식의 모임은 우리의 일상이 병들어 있다는 반증이며 오히려 일상성을 빼앗는 결과를 초래할 수 있기에 조심할 일이다.

단순성의 가치 실현을 위해, 하느님의 바른 살림살이를 위해 목회자의 설교와 교회 교육의 방향이 달라져야 한다. 목회자는 무엇보다 제소리를 내야 한다. 성서 말씀이 아무리 좋은들 그것은 남의 소리에 불과하다. 하느님 말씀을 주체적 진리로 표현해 내야 한다는 것이다. 남의 설교를 앵무새처럼 읊조리거나 바쁘다는 핑계로 남이 써 준 설교를 강단에서 선포하는 일은 자신의 몸을 파는 매춘의 행위와 다름없다. 여러 역할이 있지만 설교란 본래 우리가 하느님 자녀임을 깨닫게 하는 일이다. 이 세상에 살고 있으나 우리를 하느님 본성(Imago Dei)을 지닌 존재라고 가르치는 것이다. 하느님 형상으로서의 인간은 이 세상을 모든 것으로 생각하지 않는다. 그래서 설교는 자본주의 가치에 젖어 소비를 최고의 미덕으로 알고 물질적 인간으로 존재하는 우리에게 '내가 평화를 주는 것이 아니라 검을 주러 왔다.' 고 말해야 한다. 인간 및 자연 모두를 파멸로 이끄는 물질적 도시 문화를 거스를 수 있는 힘을 주어야 한다는 말이다.

물질적 축복을 하느님의 축복과 동일시하는 오류를 반복해서는 안 될 것이다. 필요 이상의 물질을 쓰고 살아가는 일이 우리 시대의 죄악이 되었기 때문이다. 따라서 교회 내 가르침은 무엇보다 생명 가치에 초점을 맞추어야 한다. 느림의 미학이 필요한 것도 이 때문이다. 속도가 숭배되고 빠름이 능력이 되는 현실의 쳇바퀴로부터 내려와 하느님의 시간, 시계 밖의 시간, 돈으로 계산될 수 없는 시간이 있음을 배워야 한다는 것이다. 그래서 예수는 들의 백합화를 보고 공중의 새를 바라보도록 우리에게 권유하고 있다. 자기 소리만 내지 않고 남의 소리를 남의 소리로 들을 수 있는 내적인 고요, 침묵도 생명 가치에 이르게 하는 힘이다. 세상과 관계를 맺는 우리의 오감을 정화시키기 때문이다. 물질에 대한 이해 자체도 달라져야 한다. 물질 없이는 한 순간도 존재할 수 없는 것이 인간이지만 '최소한의 물질로 살려고 할 때 그 물질은 물질이 아니라 정신이다.' 라는 사실을 자각해야 한다. 이 모든 것이 인간은 빵으로만 사는 것이 아니라 하느님 말씀으로 살아야 한다는 성서적 의미인 것이다. 이것이 자본주의적 도시 문화, 가인적 에토스를 넘어서는 대안적 가치인 것으로, 치유 및 살림 공동체로서 제3천년 기를 맞이한 교회가 감당해야 할 몫이다.

다시 말하거니와 예수는 화석화된 유대(율법) 문화를 재활성화 시키기 위해 요즘 말로 하느님 자비에 기초하여 대안 문화를 제시하신 분이었다. 그의 죽음 이후 생겨난 하늘나라의 징표로서 교회는 부단히 그 징표를 세상 속에 나타내 보여야만 한다. 그러나 지금과 같은 모습으로는 결단코 아니다. 보수 근본주의 교회가 성하고 감성적 영성으로 무장한 교회가 여전히 성장하고 있는 듯이 보이지만 그것이 진정한 교회인지 엄격히 되물어 보아야 한다. 그 속에는 가인의 에토스로 무장된 시대정신과 맞설 '검' 이 보이지 않기 때문이

다. 그래서 종교개혁은 계속되어야 한다는 명제가 여전히 개신교의 본질이
되어야만 한다. 2017년 종교개혁500주년이 지금 눈 앞에 있지 않은가?

　필자는 틴달로스의 신화로 오늘의 교회 모습을 진단하며 글을 마치고 싶
다. 틴달로스는 제우스의 아들이지만 미움을 받아 일생을 물속에 갇혀 지내
는 형벌을 받았다. 자신의 온몸이 목까지 물속에 잠겨있으나 정작 목말라 물
한 모금 마시려 할 때마다 물이 빠져나가 영원히 목마를 수밖에 없는 운명이
었던 것이다. 일생을 물속에 갇혀 있으나 영원히 목마른 존재 틴달로스. 그가
오늘 우리 기독교인의 모습으로 비쳐지는 것은 무슨 일일까? 일생을 교회 속
에 머물지만 영원히 목마른 양들이 많은 것은 무슨 이유일까? 가인의 에토스
를 벗어나려는 교회의 몸부림이 없다면, 거룩을 빌미로 편법을 일삼는 교회
들이 사라지지 않는다면 우리 주변에는 점점 야위어 가는 양들만이 차고 넘
칠 것이다. 종교개혁 기념일을 지나며 이것이 우리 모두의 고민이 되기를 간
절히 염원한다.

한국 교회,
개혁의 대상인가 주체인가

생명을 잉태하는 봄이 되었다. 차디차게 굳은 흙을 뚫고 파릇한 새싹이 여기저기 돋아난다. 감옥의 창틈에 뿌리 내린 모진 잡초를 보며 삶의 의욕을 재삼 불태웠다는 시인의 고백이 떠오른다. 자연은 이렇듯 옛것을 벗고 새로움을 잉태하는데, 그래서 사람들에게 희망을 선사하는데, 유독 사람이 하는 일이란 해를 달리해도 절망스럽기만 하다. 다방 숫자보다도 많다고 하는 한국의 교회와 사찰, 그들이 이 땅에 존재하는 이유도 결국은 사람 사는 세상에 참 희망을 주려는 것일 터인데 그들 존재가 전혀 실감나지 않는다. 교회와 사찰 안에 모여드는 사람은 많아도 그들 가르침의 향기를 세상에 내뿜는 참사람(眞人)이 보이지 않는다. 종교인은 많되 세상에 대한 연민이 상실되고 있는 것이다. 거룩의 탈을 쓰고 살되 그들 내면이 전혀 거룩하지 않다. 비움과 희생을 가르치는 종교가 전혀 가난하지도 않고 자신을 포기하려 들지 않는다. 오로지 자기 몸 불리기만을 계속할 뿐이다. 그리하여 한국의 종교는 그 어느 교파를 막론하고 개혁의 주체가 아니라 개혁의 대상이 되어 버렸다. 예수의 연민과 불타의 고뇌를 잃어버린 채 교리라는 두터운 껍질로 온몸을 휘감고 있는 오늘의 종교는 현대인들의 마음으로부터 퇴출될 수밖에 없다.

본래 종교인은 정신적 삶을 사는 사람들이다. 성직자 집단만이 아니라 일반 신앙인 역시 종교 창시자의 뜻을 존중하며 살려고 하는 의지를 지닌 존재들이다. 이들에게 필요한 것은 다음 양심과 소명이다.

무엇보다 양심

자신의 생(生)을 명(命) 받은 존재는 누구나 양심이 있다. 양심은 하느님의 마음에 가장 근접한 인간의 속성이다. 양심이 있기에 인간은 짐승으로 전락하지 않는다. 양심이 없다면 이 세상은 곧 지옥이 될 것이다. 그래서 옛 성인은 말한다. "다른 사람과 달라지기를 힘쓰지 말고 진리[義]와 하나 되기를 힘쓰라."고. 인간만이 머리를 하늘에 두고 사는 존재[天命之謂性]이기 때문이다. 하지만 오늘의 종교는 그 어느 종파를 막론하고 양심을 팔아 생계를 유지하는 싸구려 집단이 되어 버렸다. 삶에 대한 진지한 고뇌도 없고 종교 진리에 대한 물음도 없으며 오로지 축복만 구한다. 자기를 버리라는 가르침을 자기 이익을 구하는 수단으로 사용한다. 그래서 '목사의 크기는 교회의 크기' 라는 망발이 난무하며 그렇게 일군 교회를 자식에게 넘겨주지 못해 안달이다. 지교회를 설립하여 브랜드 파워를 활용하려는 교회도 늘어나는 추세이다. 후임 목사 구하는 일에 돈이 오가기도 한다. 목사가 설교를 팔아 돈을 구하는 일도 쉽게 눈에 띈다. 하느님의 말씀을 전한다면 그 말씀에 부끄럽지 않은 삶을 살아야 함에도 불구하고 말은 말이고 삶은 삶이 되어 버렸다. 남의 설교문을 갖고 제단에 올라서 제 것인 양 말하는 얼굴 두꺼운 사람도 적지 않다. 자신의 삶이 배어 있지 않은 설교라면 매춘 행위와 다르지 않다. 성직자가 돈의 문제와 성의 문제에 걸려 넘어지지 않으면 목회에 성공한 것이란 말이 나돌 정도로 종교인들의 세계가 망가졌다. 유혹이 많은 현실을 부정할 수는 없으나 그것이 변명 거리가 될 수 없다. 얼마나 많은 이들이 성의 유혹에 빠지고 돈의 욕심에 빠져 사는가? 절대 빈곤한 목회자들보다 대교회, 대사찰에 속한 종교인들의 타락상이 자주 매스컴에 오르곤 한다. 자신의 실수를 인정하고 하느님께 죄를 구하는 양심마저도 실종되었다. 무수한 변명뿐이다. 종교계 안에는 의인 몇 사람이 없어 이런 현실을 지적하지 못한다. 모두가 병들었기에 동병상련을 느낄 뿐이다. 서로를 변호하고 무기력한 종교 세력을 지탱하기에 급급하다. 이 모두는 목사이고 종교인 이전에 인간의 양심과 상식을 포기한 결과이다. 양심을 회복하여 정신적 존재로 다시 태어나지 않으면 한국 교회와 사찰 그 모두는 21세기 시민사회로부터 퇴출될 것이다.

종교인에게 필요한 것은 양심 이상의 소명(calling)

인간은 본래 사명적 존재이다. 사명을 위해 살고 사명을 위해 죽을 수 있는 존재라는 것이다. 사명이란 심부름을 받은 생명을 뜻한다. 종교인으로서 우리는 특정한 시공간 내에서 태어난 존재들이다. 그렇기에 종교인들 역시 민족에게서, 역사로부터, 그리고 조상의 심부름을 받고 태어난 존재들이 분명하다. 더더욱 성직자들은 하느님의 심부름을 받은 사도(使徒)로서 이 민족의 역사적 운명 앞에 서야 할 존재들이다. 우리 민족의 역사에 대한 기독교인의 사명은 지대하다. 신자유주의로 인해 좋은 것 다 빼앗긴 채 살고 있는 우리 민족, 이 땅에서 생존의 길을 찾고자 하는 중국 동포, 한 맺힌 우리 민족의 역사를 가슴에 품을 만한 넉넉한 마음이 필요하다. 무엇보다 종교인은 하느님으로부터 온 사명감의 존재들이기 때문이다. 하느님은 모두의 부모로서 차별이 없는 대자대비의 존재인 것이다. 그의 마음을 품고 민족의 현실에 동참하여 그들을 행복하게 만드는 것이 우리의 사명이다. 그러나 종교인들은 민족을 자신의 영위를 위한 대상으로만 생각한다. 민족 구성원을 종교적 흥정의 대상으로 삼고 있는 것이다. 남의 종교를 험담하고 교인 숫자 늘리며 교세 부풀리는 일이 최대 관심사가 되어 버렸다. 예수가 다시 온다 해도 교회 문전에서 박대할 만큼 부와 명예를 탐닉하는 소위 넓은 길을 가는 바리새적 종교인으로 변한 것이다. 수억의 돈을 쓰고 감독이 되고 그 돈을 더 얻어 쓰기 위해 안달하는 장로들이 생겨난 것은 어제오늘의 일이 아니다. 교인 숫자에 따라 프리미엄이 붙어 교회가 흥정의 대상이 되고 후임 목사들에게 물질적 부담을 안기며 자신의 교회를 넘기는 성전 매매가 이젠 다반사가 되어 버린 것이다. 자기 눈 속의 들보를 인정하지 않는 교회는 계시 및 구원 종교라는 이름으로 자신의 존재 근거인 전통 종교, 역사 그리고 문화 및 풍습을 무시하고 교리적 시각에서 민족을 평가하고 정죄한다. 교회의 실상이 이러하다면 시민 불복종 운동이 생겨났듯이 평범한 한국인은 물론 교회를 사랑하는 이들이 교회 안 나가기 운동을 벌일지 모른 일이다. 그러나 분명한 것은 한국 문화와 민족 앞에 교만한 종교가 되어서는 안 된다는 사실이다. 의사가 필요하지 않은 사회가 건강한 사회이듯이 교회와 사찰이 없는 사회가 좋은 사회라는 사실을 겸허히 인정해야 한다. 자신의 교리로 민족의 현실, 21세기라는 현실을 재단하기 재단하기보다는 스스로 사실 적합한 종교로 탈바꿈하려는 노력이 필요한 것이다. 이것이 하느님으로부터 심부름을 받은 오늘의 종교적 삶의 모습이다. 인간 생애의 최고의 날은 자기 인생의 사명을 자각하는 순간이라 한다. 자신의 사명을 깨달을 때 새로운 인생이 시작된다는 것이다. 오늘의 교회는 새로운 사명감이 절대로 필요하다. 이 새로운 사명감이 종교인인 우리를 위대하게 만들고 인생을 용감하게 살도록 힘을 주는 것이다.

말한 대로 이젠 성직자의 길 자체가 좁은 길이 아닌 현실로 접어들었다. 민족이 처한 정치, 경제 및 사회 현실에 동참하기보다는 종교 귀족의 삶을 지향하고 있기 때문이다. 다시 한 번 종교인들은 예수가 말한 좁은 길의 의미를 발견해야 한다. 그것은 민족을 위해 자신의 삶을 불태우는 일이다. 민족을 위해 죽고자 하는 마음이 필요하다는 것이다. 그것이 이 땅에 교회가 존재하는 이유이고 기독교를 창시한 바울의 민족애를 재현하는 일일 것이다.

사랑이 이긴다

성탄의 신비

대림절 끝자락을 지나 성탄 절기에 접어든 지난 한 주간 대한민국은 대통령 선거(2012.12.19) 결과를 놓고 희비가 교차했다. 절반쯤(1,577만 명)은 기뻐 즐거워 했을 것이고, 그에는 못 미쳤으나 역시 절반의 사람(1,469만 명)들은 낙담하고 공허해 하며 서로를 위로하느라 분주했다. 어떤 이들은 붕괴되는 중산층 비율이 높은 현실에서 민생문제를 파고든 세력이 정치적 이념을 명분 삼은 진영을 이긴 것이라 긍정적으로 분석했다. 51.6%의 지지를 얻어 51년 6개월 만에 5·16을 복귀시켜, 이미 고인이 되었으나 백성들 속에 살아 있던 노무현을 완전히 죽인 사건이라 명명하기도 한다. 반대로 혹자는 정치 금번 대선을 경제적 불안을 앞세워 인간의 인문학적 상상력과 영성을 침몰시킨 불행한 결말이었다고 부정적으로 이해했다. 여하튼 뿌리 깊은 지역 갈등을 넘어 자식-부모 세대들 간 갈등 역시 화급한 사안이 되었고, 보수-진보 세력 간 이념 차도 더욱 벌어질 전망인 바, 이들 또한 저마다 달라져야 할 당위적 과제를 걸머지고 있다. 서로가 서로를 보듬고 감싸지 않으면 권력을 세습한 주변 극우 세력들로 인해 이 땅이 더욱 어렵게 될 것이다. 불현듯 나타나 신선한 충격을 주었던 표상원 경찰대 교수의 말처럼 진보 중에도 신중한 사람이 필요하고 보수 중에도 과감한 사람이 요청되는 때이다.

바로 이런 상황에서 우리는 2012년 성탄을 축하하며 그 뜻을 기리고 있다.

비록 '2012년을 점령하라' 고 했던 고문 받아 세상을 떠난 사람의 유지를 그들 방식대로 따르지는 못했으나 이제 신앙의 이름으로 모인 이곳에서 우리의 방식대로 세상을 바라보아야겠다. '사랑이 이긴다' 는 것이 바로 성탄이 주는 세상을 점령하는 방식이다.

예수 탄생 당시에도 유대 땅은 정확히 오늘 우리 현실처럼 양분되어 있었다. 세상이 달라지기를 바라며 하늘을 쳐다보고 변화의 징조를 읽어 낸 소수 지혜자와 뭇 민중들이 있었는가 하면, 기존 권력을 유지하고자 더 큰 권력(로마)에게 무릎 꿇고 달라지는 것을 두려워했던 집단들이 공존한 것이다. 역사적 사실인지는 알 수 없으나 예수 탄생 얼마 후 비슷한 시기에 태어난 아이들 모두를 죽일 만큼 당시 권력은 사악했다. 다행히도 예수는 성령의 지시로 그 현장을 피할 수 있었고 헤롯의 죽음 이후 이집트로부터 갈릴리 나사렛 땅으로 돌아올 수 있었다.

누가복음서에 나오는 마리아의 찬가, 즉 하느님 뜻으로 예수를 잉태했던 어미 마리아가 불렀던 그 노래는 예수가 교만한 사람을 흩고, 비천한 사람을 높이며 주린 사람을 배부르게 하고 권력자를 빈손으로 떠나보낸 자가 될 것을 기대해 본다. 자신에게서 태어난 아들이 세상과 사람을 전혀 달리 보는 관점을 가지기를 바랐던 것이다. 오늘 우리의 개념으로는 주류가 아닌 비주류의 시각에서 세상을 바라보라는 것이었다. 그래서 예수, 그가 꿈꿨던 세상은 이전 세상과는 전혀 달랐던 것이다.

흔히들 인간에게 보수주의가 본성상 더 적합하다고들 말한다. 익숙한 것을 수용하고 낯선 것을 배척하는 것이 우리의 일상사인 까닭이다. 보수주의는 특별한 현상이 아니라 인간의 일상적, 보편적 모습일 뿐이다. 그럴수록 진보주의자가 되는 것은 참 어렵다. 새로운 사유 습성을 창조해 그것을 지배적으로 만들어 가야 할, 즉 본능을 거스르는 일인 까닭이다. 성서의 예수는 우리에게 이 길을 제시한다. 그 일, 곧 우리를 다른 인간으로 만들기 위해 이 땅에 온 것이다. 그것을 우리는 구원이라 말할 뿐이다. 그가 꿈꾸는 세상은 한마디로 본능을 넘어선 사랑이 이기는 세상이었다. 하지만 성서는 거룩한 패배의 역사를 기록한 책이다. 하느님이 원하는 세상을 역주행하는 사람들의 이야기로 가득 차 있다. 그럼에도 성서가 중요하고 의미 있는 것은 그 패배 안에서 나아갈 길이 있음을 말하기 때문이다. 새로운 세상이 오려다가 문득 멈춘 그 자리, 그 암담한 고개를 결코 포기하지 않도록 가르치는 것이 성서의 텍스트인 것이다. 바로 예수의 탄생 이야기는 거룩한 패배의 역사가 꽃피운 절정이다. 마태가 전하는 예수의 족보 속에는 창기의 피가 흘렀고 이방인의 아픔도 있었으며 억울한 여인의 한도 서려 있고 배고픔도 피해 갈 수 없었다. 이런 예수가 가슴에 사랑을 품고 머리에 하느님 나라라는 지도를 갖고 우리 곁에 오신 것이다. 족보 속에 담긴 인간 불행의 역사를 끊고자 했다고 생각한다. 우리 역시 그 심지를 갖고 그 지도에 따라 살아갈 존재라는 것이 성탄의 뜻일 것이다.

흥미롭게도 해가 가장 짧은 동짓날, 즉 해가 없는 바로 그날 팥죽을 먹음으로서 우리 조상들은 새로운 해를 품고자 했다. 그래서 '가장 캄캄한 날 떠먹는 팥죽은 입으로 하는 광합성이다' 라고 서해성이란 한 시인이 노래했다.

하지만 다른 세상을 꿈꿨던 사람들을 위한 예수의 출현은 결코 쉽지 않았다. 우리는 이를 교리적으로 성육신이라 말한다. 예수의 출생, 성육신은 만신전의 추상화된 희랍의 최고신, 일체 다른 형상을 인정치 않는 유대교의 야훼, 그리고 로마황제 나아가 유대인의 왕들의 현존 앞에서 그 존재 가치를 인정받을 수 없었기 때문이다. 비록 이후 교회가 이런 예수를 인간적으로 무흠할 뿐 아니라 하느님 자신인 것을 강조하며 그를 믿으면 구원을 받고 천국행 티켓을 얻는 것이라 가르쳤으나, 히브리 전통은 물론, 헬라철학 그리고 로마 제국 하에서 인간 예수가 하느님이 될 수 있는 근거는 박약했다. 이때 숨통을 터준 것이 아프리카적 사유방식, 'I am because we are.'라는 것이었다. 나란 존재를 항시 이웃들, 곧 복수성 하에서 생각해 왔던 아프리카 사유가 신적 유일성과 예수를 함께 통찰할 수 있는 근거를 제공했다는 사실이다. 이로써 몸이 된 하느님을 말할 수 있는 근거가 생겨날 수 있었다. 비록 예수가 결국 이런 연유로 동족에 의해 죽을 수밖에 없었으나 몸이 된 하느님은 인류 역사상 최고의 사건이었다. 몸이신 하느님은 세상의 수많은 몸들과 연결되며 그 몸들이 위치한 시공간과 분리될 수 없다. 하느님의 육화(肉化)가 예수라는 몸속에서 생기했듯, 그래서 예수가 임한 곳곳이 사랑의 장소가 되었던 것처럼, 우리가 발 딛고 사는 이 땅을 전혀 다른 공간으로 만들어 가는 것이 성탄이 주는 과제란 것이다.

이를 현대철학은 탈(脫)영토화와 재(再)영토화란 말로 개념화했다. 슬픔과 절망이 있는 시공간을 탈취하여 사랑과 기쁨이 있는 공간으로 다시 만들어 내는 것, 즉 탈영토화와 재영토화가 바로 성육신 신비의 본질이란 것이다. 이는 예수의 심지와 그 머릿속의 지도가 있을 때 가능할 것이다. 그렇기에 사람은 사랑으로 완성된다는 것이 성탄절이 주는 케리그마(복음)이다. 주변 정세도 어렵고 국민 통합도 난제일 터, 그래서 2013년을 맞는 이 땅의 미래가 더없이 염려스러운 이때, 성육신 속에 내재된 탈(脫)과 재(再)의 변증법, 오로지 사랑으로 완성하는 성탄의 신비가 우리 삶 속에 재현되기를 간절히 소망한다.

신(神)과 인간
이분법을 넘어서는 종교

본고에서 필자는 자비에 보브와 감독의 영화, 〈신과 인간〉을 본 감상을 근거로 종교와 그로부터 벌어지는 현실 그리고 우리 자신을 신앙적으로 되돌아보는 시간을 갖고자 한다. 하지만 저는 오늘 설교에서 본 영화에 대한 제 생각을 많이 이야기하지는 않을 것이다. 혹시 영화를 못 본 분을 위하여 줄거리를 소개하는 일은 필요할 것이다. 우선 영화에서 파스칼의 광세를 읽는 늙은 의사, 그의 말이 이 영화의 절정이자 오늘날의 종교 실상을 잘 보여준다고 생각했다. "사람이 종교적 신념으로 악을 행할 때만큼 그토록 완벽하고 기분 좋을 수는 없다."는 내용이었다. 종교가 이원론에 빠지면 그를 추종하는 자들은 열광적이 되고 그들과 마주한 낯선 이들은 희생양이 될 수밖에 없다는 메시지일 것이다. 이런 이분법적 사유를 종교에서 몰아내고자 하는 일은 개종에만 관심하는 이들의 시각에선 악이자 자신들이 믿은 신을 배반하는 경우가 아닐 수 없다. 그러나 오늘의 성서는 원수를 사랑하라 했으며 너희를 사랑하는 자만 사랑하는 것은 무익한 일이라 하였으며 하늘 아버지는 악한 자와 선한 자 모두에게 햇빛과 비를 주시는 분이라고 말하고 있다. 종교란 어느 이유에서든지 간에 이원론(이분법)과는 짝할 수 없다는 것이다.

〈신과 인간〉이란 영화는 순교에 직면한 알제리의 아틀라스 수도회 소속 수도사들의 번민을 주제로 한 영화이다. 실화를 바탕으로 하여 제작되었다고 들었다. 주지하듯 당시 프랑스와 알제리는 식민 모국과 식민지의 관계로서 갈등상태에 있었다. 이런 갈등은 식민-피식민의 갈등뿐 아니라 의당 기독교와 이슬람 간의 종교 갈등이기도 했다. 하지만 프랑스 수도사들과 알제리 마을 사람들은 오랫동안 평화롭게 지내고 있었다. 수도원은 마을 주민을 위해 무상 의료를 제공하며 빈민을 도왔고, 그곳 이슬람 사람들은 수도원의 일을 함께 하는 생활공동체를 이루어 왔던 것이다. 영화 속에서 수도사들은 이슬람식으로 거행되는 할례의식에도 참여하는 등 마을 주민의 생활세계에 깊이 접근했으며 수도원장인 콘스탄틴은 설교를 준비할 때마다 성서와 코란을 함께 펴놓곤 했다. 간혹 찾아오는 이슬람 청중들을 위한 배려 차원에서였다.

하지만 이런 평화, 프랑스-알제리·기독교-이슬람 간의 생활공동체는 오래 지속될 수 없었다. 이슬람 테러 단체가 이 수도원에 침입하여 외국인들, 기독교인, 코란을 어긴 사람들을 살육하는 일이 벌어졌기 때문이다. 급기야 기독교의 성스러운 절기인 성탄절에도 이들은 침입하였다. 자신들의 부상자를 치료할 명목으로 수도원의 의사를 데리고 갈 계획에서다. 하지만 수도원장은 이날이 성탄절인 것을 상기시켰고 테러리스트의 우두머리는 미안한 마음을 표하고 수도원을 조용히 떠났다. 하지만 위협이 눈앞의 현실인 상황에서 이 사건 이후 수도사들은 다음과 같은 선택에 직면하게 된다. 목숨을 보존하기 위해 수도원을 떠날 것인가 아니면 그대로 머무를 것인가에 대한 고민이었다. 수도사들의 입장은 떠나는 것과 남는 것, 그리고 좀 더 생각해 보는 쪽 등으로 나눠지게 되었다. 때론 논쟁하며 홀로 기도하는 중에 자신이 선택할 길을 생각해 보지만 정작 떠나자는 측도 정히 갈 곳이 없음을 서서히 자각하게 되었다. 이미 오래전부터 알제리 산골 수도원에서 터전을 닦은 이들이기에 다른 곳을 생각할 여지가 없었던 것이다. 떠날 것을 강력히 주장했던 한 수도사에게 수도원장은 다음처럼 말했다. "우리는 이미 나 자신을 떠났고 가족을 떠났고 나라를 떠났다. 우리의 소명(사명)은 이 떠남 위에 있는 것이 아닐까요?" 그러자 다음의 질문이 이어졌다. "이 상황에서 우리는 왜 죽어야 하지요? 순교가 무슨 의미가 있는 것일까요?" 수도원장이 다시 말했다. "어떤 상황에서도 우리는 죽음을 피해야 합니다. 그렇지만 우리는 사랑이 희망이란 사실을 끝까지 믿어야만 합니다. 사랑은 모든 것을 견딥니다." 이 말을 마친 후 두 수도사는 서로를 부둥켜안고 말았다.

한편 식민국 알제리 정부는 수도사들에게 정부군의 도움을 받든지 아니면 속히 수도원을 떠나 본국 프랑스로 갈 것을 강요하였다. 그리고는 우리 정부군 편이 아니면 테러리스트 편이라는 억지 논리를 펴기도 했다. 하지만 수도사들은 이들의 정치적 이분법 역시 넘어서야 했다. 아틀라스 수도회는 부상당한 테러리스트들을 오히려 치료해 주었고 수도원장은 죽은 테러리스트 지도자의 죽음을 크게 애도한 것이다.

영화 말미에 수도사들은 남을 것인가 떠날 것인가를 두고 투표를 했지만 결과는 만장일치로 남는 길을 택했다. 그리고 영화는 수도사들이 하얀 눈길을 힘겹게 걸으며 어디론가 끌려가는 것을 보여주며 막을 내린다. 검은 화면에는 자막으로 이들의 죽음이 누구에 의한 것인지 아직 밝혀진 바 없다고 쓰여 있었다. 테러리스트에 의한 죽음인지 정부군의 소행인지 알 수 없다는 묘한 여운을 남긴 것이다. 다시 한 번 파스칼의 팡세 내용이 떠올려진다. "사람이 종교적 신념으로 악을 행할 때만큼 그토록 완벽하고 기분 좋을 수는 없다."는 참으로 섬뜩한 말이다. 그가 테러리스트든지 정부군이든지 간에 악마(敵)를 죽일 때 어떤 죄책감도 없이 오히려 쾌감을 느낀다는 옛 말이 지금 눈앞의 현실인 것은 참 불행한 일이다.

종교가 이런 극단적 이원론에 사로잡힐 때 죄책감은커녕 오히려 신의 뜻을 수행했다는 감사(?)가 넘칠 수 있는 바, 여기에 종교의 무서움이 있다. 이원론의 종교는 내부적 결속을 위해 타자를 적으로 규정하는 일에 익숙하다. 정부군과 테러리스트 간 대립 사이에 프랑스 수도사들이 있었고 동시에 프랑스와 알제리 기독교와 이슬람이라는 적대적 이항 대립이 있는 것이다. 서구 근본주의자들이 이슬람 종교들을 악의 축으로 규정하는 것도 이런 논리의 재현일 뿐이다. 이슬람 근본주의뿐 아니라 우리 기독교 안에도, 한국 교회의 일상성 속에서 그런 장치가 신앙의 이름으로 자행되고 있음을 모르지 않는다. 자신들만의 구원을 말하고 축복을 독점하길 바라기 때문이다. 하지만 〈신과 인간〉이란 영화는 수도사들이 이런 이원론을 모호하게 만들어 버렸음을 강조하였다. 프랑스와 알제리, 이슬람교와 기독교 그리고 정부군과 테러리스트 간의 양 극단의 경계를 허물어 버린 것이다. 그것이 바로 항상 '떠남' 위에 있던 수도사들의 삶의 양식이었던 것이라 생각한다. 하지만 테러리스트 수장의 죽음을 애도하며 그 시체에게 기도를 올린 수도사들은 결국 어느 편에도 속하지 못한 채 주검이 되어 버리고 말았다.

오늘 예수께서 성서 말씀을 통해 너희를 모욕하는 사람들을 위해 기도할 것과 겉옷을 빼앗는 사람에게 속옷마저 줄 것 그리고 아무것도 바라지 말고 주라고 하신 것은 결국 종교의 이름으로 자행되는 이원론을 넘어설 것을 요구하신 것이다. 예수 역시도 이런 이원론의 종교로 인해 십자가를 지고 죽으셨지만 말이다. 하지만 경계를 허무는 일들이 삶 속에서 거듭 일어나는 것 또한 종교의 힘이라고 생각할 수 있는 것이다.

영화 이야기를 마무리하며 드는 생각이 있어 잠시 변죽을 울려 본다. 어느 모임에서 정박아를 딸로 둔 어머니의 눈물어린 고백을 영상으로 듣고 본 적이 있었다. 우연치 않게 정박아로 태어난 딸을 정작 어머니조차 처음에는 마음으로 받아들일 수 없었다고 한다. 아낌없이 주고 싶고 모든 것을 수용코자 했지만 어느 순간까지 어머니 마음속엔 다른 아이들의 경우처럼 희망(미래)이 없다는 것에 좌절하고 포기하고픈 순간이 한두 번이 아니었던 것이다. 자신의 노력이 아무 쓸모없는 것이 될 수 있다는 판단, 더 이상 이 아이가 좋아질 수 없을 것이란 절망적인 현실 앞에서 어머니는 딸아이를 온전히 수용할 수 없었다고 고백했다. 하지만 결국 어머니는 있는 그대로의 아이를 사랑할 수 있는 은총을 받았다. 희망도 없고 미래도 부재하나 그 아이를 온전히 받아들이는 존재가 부모인 것을 알게 된 것이다. 그간 머리로 알았던 부모의 길을 온몸으로 체득한 순간을 그들 젊은 부부가 담담하게 증언하는 것에 마음이 많이 아팠다.

이 이야기를 들으며 저는 볼 수도 들을 수도 없는 하느님이 계시다면 이런 어머니의 마음과 견줄 수 있다고 생각했다. 하느님 당신의 자녀들이지만 못난 친구들이 세상 도처에 깔린 현실에서 하느님에게 이분법적 구별이란 존재치 않을 것이기 때문이다. 어느 종교라 하더라도 이원론(이분법)을 내세우는 종교는 없는 것이다. 단지 제도화되는 기나긴 역사적 과정에서 자신만의 신을 만들었기에 그리 되는 것일 뿐이다. 이원론의 종교는 불확실한 시대를 사는 사람들에게 확실함을 심어주는 매력이 있다. 따라서 끊임없이 종교 안팎을 나누며 내부의 사람들에게 구원의 확실성을 강요하고 외부를 악으로 규정하곤 한다. 하지만 우리 시대에 필요한 영성적 종교는 그리 하지 않는다. 매사를 전체적 관점에서 바라보는 까닭이다. 종교가 이원론에 빠지는 순간 종교는 사악해진다. 종교 안에 머무르는 사람들을 비합리적 열광과 무모함, 이기심으로 빠져 들게 하는 탓이다. 알제리에서 있었던 실상을 기초로 만들어진 〈신과 인간〉은 오늘 우리에게 종교란 무엇인가를 새삼 질문하게 한다. 확실성의 열망을 찾고자 하는 사람들에게 종교는 과연 확실성을 선물로 줄 수 있는 것인지, 아니면 불확실성 한가운데서도 종교는 여전히 의미가 있는 것인지 토론거리가 충분할 것 같다.

　분명한 것은 인간이 만든 경계를 거듭 넘어서는 일이 성령의 역사란 생각이다. 불고 싶은 대로 부는 성령은 인간이 만든 확실성(교리)의 틀을 단숨에 부술 수 있을 것이다. 이를 위해 우리의 삶은 수도사들의 고백처럼 항시 '떠남' 속에 있어야 할 것이다. 인생을 사는 순례자, 그것이 바로 우리들의 신앙적 실존이란 생각이다. 안정을 최상의 가치로 삼고 안주하는 삶의 태도는 이원론의 종교에 쉽게 굴복되고 말 것이다. 이원론의 종교는 실상 달콤한 맛을 선사한 것이다. 남을 죽이고도 감사할 수 있는 평안함을 선사하는 까닭이다. 우리 일상 속에서 항상 반복되는 것이 바로 이원론의 유혹인 것을 깨달아 알 필요가 있을 듯 싶다. 그래서 성서는 거듭 원수를 사랑하라고 가르친다. 결국 우리 자신을 위해서 그리 하라는 것이다.

　영화 〈신과 인간〉에 나오는 말로 설교의 이 글의 채우고 싶다. 수도사 모두가 수도원에 남기로 작정했을 때를 회고하면서 수도원장 콘스탄틴이 했던 말이다. "테러리스트들이 떠난 후 우리는 철야기도와 미사로 성탄절을 기념했습니다. 우리를 위해 태어난 한 아이를 환영한 것입니다. 우리의 약함과 위협에도 불구하고 일상의 일을 하면서 주방에서, 정원에서, 기도와 종소리에서 우리는 폭력에 저항했습니다. 매일 우리들 각자의 일상적 삶에서 우리에게 손짓하는 예수 그리스도가 무엇인지 생각해 보았습니다. 그것은 탄생이었습니다. 우리의 인생은 탄생에서 탄생으로 이어집니다. 그리스도께서 이런 탄생을 통해 우리를 하느님 나라로 이끌어 주실 것입니다."

　평범한 일상이 항시 새로운 것을 깨닫게 하고 우리를 변화시킨다는 수도원장의 말, 즉 매일 매일의 새로운 탄생, 이것이야말로 우리가 추구하는 종교의 참모습일 것이다.

신학하는 이들에게
책 읽기는 기도이자 사건이다

늦가을로 접어들었다. 거리에 나뒹구는 빛바랜 낙엽을 밟으면서, 그리고 앙상한 가지를 드러낸 나무에 애처롭게 달려 있는 소수의 잎새를 보며 우리는 친구를 떠올리며 하늘을 그리워하게 된다. 그러다 기도가 터져 나오고 글을 끌쩍이게 되며, 잘 꾸며진 서점으로 발길을 돌려 내 맘을 알아 줄 책들을 찾게 된다. 나이 50을 훌쩍 넘긴 내가 그러한대 20대 젊은이들이야 더할 나위 없을 듯하다. 학창시절 수중에 단돈 몇 백 원이라도 생기면 문고판 책 한 권을 사서 뿌듯한 마음으로 귀가하던 기억이 가을에 더없이 소중하게 떠오른다. 열정은 있었으나 실상 멋모르고 신학을 하겠다고 덤벼들었던 지난 시절, 참으로 고비가 많았으나 그때마다 나락으로 떨어지지 않게 나를 지켜준 것은 오로지 책이었다.

지금은 책값이 많이 비싸졌으나 그 속에 담긴 무궁한 지혜를 책에서 얻을 수 있는 만큼 배고팠던 옛적부터 지금까지 책값 비싸다는 생각을 해 본 적이 없다. 일일이 열거할 수 없을 정도로 많은 책들이 나를 울렸고 생각을 다잡게 했으며 싸늘했던 마음을 다시 뜨겁게 했다. 내 고민이 절실할수록, 외롭고 지쳐 만사에 의지를 상실했을 때도 책은 그런 나를 다시 일으켜 하늘에 무릎 꿇게 했으며 소홀했던 학업을 지속할 수 있도록 이끌었다. 스위스 유학시절에도 그렇게 먹고 싶던 빅맥 세트를 뒤로하고 헌책방을 뒤져 곰팡이 냄새나는 책 한 권을 샀던 기억도 떠오른다. 마치 밭에 묻힌 보물을 찾은 심정으로 기뻐하며 기숙사로 돌아와서 먼지를 털고 주름진 곳을 펴며 헤진 곳을 풀로 발라 책장에 꽂아놓고 언젠가는 독파할 생각에 배불러했던 그 시절이 그립다.

어느덧 모교 감신대의 교수가 되어 26년이란 긴 세월을 살고 있다. 지금도 새 책을 사서 읽는 일이 가장 즐겁다. 이제는 나 역시 책을 펴내는 저자가 되었고 그럴수록 나의 책들 역시 독자들 삶에 용기가 되고 길잡이가 되었으면 하는 바람을 갖고 있다. 그간 나에게 주어진 보직 중 도서관장이란 직책을 가장 사랑하고 있다. 조금 과장하면 10년 가까운 세월을 도서관에서 보낸 듯싶다. 책을 좋아했던 나에게 여전히 책과 더불어 살 수 있는 삶과 직책을 준 것을 하늘에 감사한다. 이런 마음으로 나는 어느 가을을 맞이하여 도서관 사서 선생님들과 더불어 두 가지 뜻깊은 일을 했다. 하나는 국내 주요 신학대학 도서관들과 더불어 신학생 시절 읽어야 할 필독도서 100권 선정을 논의 끝에 성사시킨 일이다. 5년 앞으로 다가온 종교개혁 500주년을 떠올리며 후학들을 다시금 책의 사람으로 만들고 싶었던 것이다. 교파로, 파벌로 나눠진 한국교회의 미래를 위해 순수한 학창시절 이들이 서로 다른 교정에서라도 같은 책을 읽고 고민할 수 있다면 장성하여 목사가 되었다 하더라도 상호 '공통감(애큐메니즘)'을 창출할 수 있다고 믿었던 탓이다. 다른 하나는 감신교정에서 책을 통해 부모와 자녀가 하나 된 경험을 만들어 낸 일이다. 우선 학부모들에게 자녀가 읽었으면 좋을 책 한 권을 자식들에게 주는 편지와 더불어 학교로 보내 줄 것을 부탁하는 서신을 띄웠다. 상당한 수의 학부모들이 응해 주었고 편지와 책을 받은 자녀들의 마음이 따뜻해졌다. 이제 자녀들이 부모가 추천한 책을 읽고 자신의 달라질 삶을 부모에게 글로 전할 것이다. 이처럼 책은 말문이 막혔던 부모 자식 간을 소통시켰고 사랑의 마음을 나눌 수 있게 했다. 한 권의 책이 사람을 달리 만들 수 있기에, 이는 신학 하는 젊은이들에게 기도이자 찬양이다. 이 해가 저물려면 아직도 긴 시간이 남아 있다. 만약 올해 영혼을 울리는 한 권의 책도 만나지 못했다면 지금 당장 서점으로 달려가 원하는 코너를 기웃거려 보라. 하느님께서 좋은 책을 만나게 하실 것이다.

'하는' 생각과 '나는' 생각

책을 읽다 보면 종종 신비스런 일들이 생겨난다. 저자의 생각을 따라가노라면 불현듯 새로운 생각이 떠오르는 까닭이다. 필자는 이를 '하는' 생각과 '나는' 생각이라 부르고 싶다. 분명 내 의지대로 시작한 생각이었으나 어느 순간 예기치 못한 생각이 머릿속을 가득 채우고 있다. 앞의 글에서 필자가 책 읽기를 기도라 했듯이 여기서는 계시적 사건이라 해도 틀리지 않을 것이다. 어디서부터인지는 모르나 생각하다 생각나는 경우를 누구도 부정할 수 없을 것이다. 의당 '하는' 생각만으로 책 읽기는 충분치 않다. 의도치 않게 떠오른 생각이 책 읽기의 별미이며 자신을 한없이 고양시켜 주기 때문이다. 따라서 책이 독자의 손에 쥐어진 이상 그것은 더 이상 저자의 것일 수만은 없다. 옛적부터 읽기만 하고 생각하지 않으면 책 읽기의 효과가 반감된다는 것이 이를 일컫는 말일 듯싶다.

하지만 이런 '나는' 생각은 의식의 차원에서만 발생하는 것은 아니다. 무의식의 영역에서도 생기(生起)하기에 더더욱 신비하다. 필자에게는 다음과 같은 경험이 있다. 20대 후반 스위스 바젤대학교 유학시절 현대신학의 아버지라 불리는 슐라이에르마하의 저술을 읽고 그 핵심을 파악하여 논문을 써야만 했다. 칸트와 헤겔식의 종교 이해를 거부하며 감정을 토대로 종교의 자존성을 말해야 했기에 그의 글은 '하는' 생각만으로는 이해하기 어려웠다. 그의 책을 읽다 잠이 든 순간 꿈에서 슐라이에르마하 그가 나타나 생각이 멈춘 그 지점을 가리키며 이해의 실마리를 풀어 준 독특한 경험을 한 적이 있다.

이런 꿈(무의식) 속의 경험을 필자는 '나는' 생각이라 명명해도 좋다고 생각한다. 절실하게 생각에 집중할 때 전혀 낯선 경험이 발생할 수 있다는 말이다.

줄탁동시란 말이 있다. 어미가 품은 알은 밖으로 생명력을 분출하는 바, 이 순간을 놓치지 않고 어미는 주둥이로 알의 껍질을 깨뜨려 준다는 뜻이다. 안팎의 힘이 동시성을 지닐 때 비로소 새로운 생명이 탄생한다는 것이다. 책 읽기도 마찬가지라 생각한다. '하는' 생각이 절실할 때 '나는' 생각이 생기하고 그것이 자신을 변화시킬 수 있는 것이다. 그래서 책 읽기는 기도이자 사건이며 계시의 순간이라 했다. 성서도 이렇게 읽는 것이 옳다. 성서를 읽으며 예수에 대한 생각으로 골몰할 경우, 때론 무의식 상태에서라도 '나는' 생각 곧 사건이 발생할 수 있는 것이다.

필자가 좋아하는 분 중에 다석(多夕) 유영모란 어른이 있다. 독창적인 한국적 기독교 사상가라 불리나 세계 철학자 반열에 오른 분이다. 그는 염재신재(念在神在), 곧 생각이 있는 곳에 하느님이 계신다는 말씀을 자주하셨다. 세상사만 걱정하고 염려하며 사는 존재인 듯하지만 우리에게 종종 거룩한 생각, 형이상학적 사유가 가능한 것은 하느님이 계시기 때문이란 것이다. 여기서 생각은 분명 '나는' 생각일 것이며 정확히는 '하면서 나는' 생각이라야 옳을 듯싶다. 여하튼 책을 읽어야 생각이 시작된다. 책 없이 생각하는 것은 종종 망상이 될 소지가 크다. 그러나 책과 더불어 시작된 사유는 하느님과 함께하는 삶을 경험토록 할 것이다. 11월 마지막 주, 겨울로 치닫기 직전에 늦가을 정취를 맘껏 느끼며 책을 손에 들어 보기를 권한다.

나에게
꽃으로 다가온 현장

내 나이 50줄을 훨씬 넘긴 시점에서 오재식 선생님을 알게 된 것이 한편 한없이 부끄러우면서도 얼마나 다행한 일인지 감사하며 지난 몇 년을 살아왔다. 같은 시간을 살면서도 선생님을 몰랐다는 것은 제 삶에서 현장의 부재를 뜻하는 것이기에 오늘 이 자리에 서는 마음이 참으로 버겁고 무거울 뿐이다. 하지만 늦었으나 선생님을 통해 현장을 배우고 고민하기 시작한 것은 정말 고맙고 감사한 일이다. 이런 고백을 할 수밖에 없는 제가 벌써 4-5년간 겨자씨 공동체를 통해 선생님 앞에서 설교를 하고 지냈으니 저의 불손과 오만이 하늘에 닿은 듯하다. 하지만 선생님은 그런 인연으로 저에게 오늘의 기회를 주셨고 회고록 출판을 준비하신 안재웅 님을 비롯한 여러 선생님들 그리고 시대와 민족의 아픔을 치유코자 동분서주하셨던 평생 동지 분들께서 이를 허락하셨다. 그렇기에 두렵고 떨리는 마음뿐이지만 선생님 남기신 족적을 더 잘 따르려는 마음으로 이 자리에 서게 되었다.

'꽃으로 다가온 현장'

기독교서회로부터 받은 가제본된 책을 보는 순간 우선 '꽃으로 다가온 현장' 이란 제목부터 예사롭지 않았다. 누구나 피하거나 지나치고 싶은 현장이 자신에게 꽃으로 다가왔다는 선생님의 고백은 책 전문을 읽어 보고서야 수

궁할 수 있는 본인 생애의 축약이자 기독교 신앙의 본질을 적시했다. 스쳐지나갈 수밖에 없는 국내외 뭇 현장에 발길을 멈춰 마음을 주었고 또 마음을 빼앗기며 힘겹게 사셨으나 오히려 그것이 자신을 구원했다고 선생님은 아름답게 확신하며 회고하신 것이다. 이는 하느님이 인간 되지 않고서는 인간을 구원할 수 없었다는 성육신 신학이 선생님에게서 구체화된 경우라 하겠다.

여기서 저는 남미에서 활동했던 독일계 신부 이반 일리치가 선한 사마리아인의 비유를 해석하며 남긴 말 '최선이 타락하면 최악이다.' 를 떠올려 본다. 주지하듯 유대인과 적대관계에 있던 사마리아인 역시 대제사장, 율법학자처럼 강도 만난 이의 현장을 떠날 수 있었고 떠나야 할 이유가 충분히 있었다. 하지만 그는 그리 하지 않았고 예수께서는 그 같은 삶의 선택이 영생의 길, 곧 최선의 삶이라 말씀하였다. 그렇기에 현장을 외면하는 것은 일리치의 말대로 최선을 최악으로 만드는 일이었다. 이 점에서 선생님은 영생의 길을 갔던 우리 시대의 선한 사마리아인이었다. 기독교 사회운동가로서 선생님이 남긴 발자취, 본 회고록은 그 옛날 전태일의 죽음을 예수의 그것이라 선언하였듯이 기독교 신앙을 최선의 상태로 구현하고자 한 새로운 복음서, 신(新) 사도행전이 될 것이라 생각한다.

이처럼 현장이 자신에게 꽃이 되고 구원이 되었다는 고백 속에서 선생님은 회고록을 읽는 후학들에게 공간, 곧 현장을 자신의 삶의 주체로 삼을 것을 간절히 요구하였다. 이는 몇 차례 수술 후 병상에 누워 자신의 삶을 돌이키며 하시는 말씀이기에 진정성을 지닌 사자후(獅子吼)라 생각하여 시간의 주인처럼 행세하기보다는 스쳐 지나는 듯 우발적으로 찾아온 공간(현장)에게 자신의 시간을 맡길 때 더 큰 시간이 찾아오며 공간 역시 전혀 다른 곳이 될 수 있다고 역설한 것이다. 이는 '나를 사랑하느냐' 는 부활하신 예수의 물음 앞에 마주했던 베드로의 운명, '지금까지는 내 마음대로 다녔으나 이제는 남이 나를 띠 띠우고 내가 원치 않는 곳으로 데려가리라(요한 21: 15-18).' 는 삶을 사랑하라는 것이다. 우리를 멈춰 세운 공간이 자신의 시간뿐 아니라 자신을 불렀던 공간 자체를 전혀 새롭게 만든다는 것을 온몸으로 사신 선생님이기에 감히 하실 수 있는 말씀이었다.

주위를 돌아보면 절망, 굶주림, 폭력, 전쟁으로 고통 받고 무시당하는 사람이 많고 피조물의 탄식이 전 우주에 가득 차 있다. 이를 직시하고 그를 증언할 용기를 가질 때 비로소 시간과 공간이 달리 만들어질 수 있다는 것이 선생님의 확신이다. 결국 자기 정체성의 포기를 통해 고통 받는 세상을 위해 개방적 존재가 되란 말씀이기도 한 것인데, 이 역시 성육신 신학의 핵심일 것이다. 선생님은 하느님 육화의 삶을 신학자의 교리로서가 아니라 기독교 사회운동가로서의 지난한 삶 속에서 표현하셨다. 일체 생명을 감싸 안을 수 있는 공간, 한국을 비롯한 아시아 곳곳에서 그 공간을 만들기 위해 수많은 국내외 단체를 통해 선생님의 팔십 평생의 삶이 쓰이고 바쳐진 것은 선생님 속에 하느님이 사셨던 증거라 생각한다. 그래서 선생님은 자신의 삶 속에 한 점의 회한도 남기지 않았다고 말씀할 수 있었다.

선생님은 하느님이 함께하셨다는 삶의 증거로서 수많은 친구, 동료들의 존재를 언급하였다. 본래 낯선 타자들이었으나 현장, 즉 공간 안에서 씨줄날줄로 엮어진 국내외 뭇 친구들의 손길, 마음의 덕택으로 자신이 활동했고 살아왔음을 고백하는 것이다. 선생님에게 친구, 동료는 하느님을 대신하는 존재들이었다. 진보와 보수를 아우르는 기독교 신학자들, 사회 활동가들 그리고 국내외 기독교 단체들이 항상 선생님 주변에 있었고 선생님을 앞세워 일하고자 한 것이다. 회고록 속에는 실제로 헤아릴 수 없을 만큼 많은 국내외 인사들의 이름이 거명된다. 혹시 구술하는 동안 누구 빠진 이름이 없는가를 여러 번 살펴보셨을지도 모르겠다. 어느 한 사람도 소홀히 생각할 수 없을 만큼 선생님 삶에 소중한 분들인 까닭이다.

하지만 '하느님이 일하시니 나도 일한다'는 심정으로 항시 일은 본인의 몫이었으나 정작 선생님은 그들로 인해 공간이 달라졌으며 본인 스스로도 새롭게 되었음을 고백하였다. 선생님의 지인들로부터 수차례 들은 것은 어느 경우든 일의 공로, 열매를 결코 자신의 몫으로 여기신 적이 없는 유일한 분이란 사실이다. 회고록을 통해 필자는 선생님의 이런 삶의 자세가 미국 오바마 대통령의 스승인 조직운동가 알린스키에게서 유래한 것임을 알게 되었다. 그러나 배웠다고 아는 것이 아니며 더더욱 그대로 살 수 없는 현실에서 배워 안 것을 지켜 자신 속에 체화시켜 낸 선생님의 삶은 백번의 죽음과 천번의 고통을 감내하며 얻은 하늘이 주신 열매일 것이다. 모든 과실을 친구, 동료, 현장의 사람들에게 돌렸으되 하느님은 선생님에게 모두를 품을 수 있고 모두를 손잡게 하는 어진 인품을 선물로 주신 것이다. 선생님의 인품 속에서 겸비한 종으로서 그리스도의 모습이 겹쳐지는 것은 저만의 판단은 아닐 것이라 믿는다.

결국 인생의 더 많은 시간을 외국에서 살아야 했던 선생님의 디아스포라의 삶, 일본, 스위스, 미국 등에서 살았던 삶의 여정은 상술된 이런 정신을 깨우치기 위한 외롭고 험난한 과정이었다. 가난한 아시아를 서구의 눈이 아닌 예수의 눈으로 재발견했고 분단된 조국의 진정한 해방, 곧 통일을 위한 초석을 놓았으며 나아가 민족을 넘어 세계화를 위한 에큐메니컬 운동의 과제를 제안하는 것도 모두 이런 에토스(ethos)의 산물이라 하겠다. 지금도 선생님은 신앙을 지닌 젊은이들에게 아시아를 배우라고 강권한다. 서구에 의해 발견된 아시아, 문명이 만들어 놓은 아시아가 아니라 있는 그대로의 아시아를 새롭게 발견하는 것을 예수 정신이라고 믿는 까닭이다. 서구적 한계를 뛰어 넘고 자본주의를 극복할 수 있는 기독교를. 그리워하는 것도 선생님의 몫이었다 '민족 통일과 평화에 대한 한국 기독교 선언', 소위 88선언을 기초했던 선생님은 외세에 의존했던 남북한 정권을 혹독히 비판했고 동족을 적대하는 이데올로기에 침묵했던 한국 교회를 질타했다. 이를 속죄라도 하듯 선생님은 월드비전 시절 진보, 보수 교회를 아우르며 북한 돕기에 누구보다 앞장서신 것을 모두가 알 것이다.

하지만 선생님은 결코 민족, 국가주의에 틀에 갇혀 있지 않았다. 민족을 사랑했으나 지구 공간 전체를 생각하는 것을 에큐메니컬 운동의 과제라 인식하신 까닭이다. 민족의 경계를 넘어 아시아 나아가 세계를 공동체로 엮어 내는 것, 즉 모두가 공유하는 공간을 창출하는 책임을 이 땅에 사는 후학들에게 맡기신 것이다. 이는 일방적 힘(이념)이 지배하는 현실 공간에 대한 저항을 요구하는 바, 이를 위해 선생님은 평생 사람을 키우고 조직을 만드는 일에 헌신하셨다. 선생님이 뿌린 씨앗들로 에큐메니컬 기독교 운동이 다시금 활기차게 될 날을 기대해 본다. 지난 반세기 동안 선생님의 덕분으로 한국 기독교계는 참으로 행복했고 세상에 당당할 수 있었던 것에 대해 깊은 감사를 올린다.

'노옥신 그의 이름을 부르다'

이제 마지막으로 '노옥신 그의 이름을 부르다'로 명명된 한 장(章)의 내용을 소개할 차례가 되었다. 평소 교회에서 보여주신 '로맨스 그레이'를 통해 선생님의 사모님 사랑을 가늠할 수 있다고 생각했으나 반세기 이상을 함께 하신 사랑과 정(情)의 깊이는 헤아릴 수 없을 만큼 깊었다. 오늘의 회고록은 실상 노옥신 사모님 없었다면 쓸 수 없는 책일 것이다. 거의 두 세대에 걸친 한국 기독교의 역사를 증언할 목적으로 구술되어 출판된 오재식 선생님의 회고록이 선생님에 대한 노옥신 사모님의 사랑과 헌신 그리고 믿음의 결과물인 것을 이곳에 오신 분들은 모르지 않을 것이다. 세상과 역사 앞에 당당했던 한국 기독교 역사는 그렇기에 한 여인, 노옥신에 대한 기억과 함께(In Memory of Her) 후세로 전달되어야 마땅한 일이다.

자녀들 역시 국내외 현장을 꽃으로 알고 누볐던 아버지 탓에 힘들었고 원치 않는 선택을 했을 것이다. 그런 중에서도 훌륭하게 성장했고 저마다 가정을 꾸려 5명의 손자 손녀를 두 분께 안겨드렸으니 참으로 어진 이들이라 아니할 수 없을 듯하다.

함께 팔순을 맞이하신 우리들 인생의 선생님들, 두 분에게 우리와 함께할 수 있는 시간이 좀 더 많이 주어지길 그들을 당신 팔처럼 쓰셨던 하느님께 청원하고 싶다. 선생님, 꽃은 봄과 여름에만 피는 것이 아니다. 늦은 가을에도 심지어 겨울에 피는 동백꽃도 있다 하니 더욱 화사하게 이 시기를 지나실 것을 기도한다. 앞으로도 현장 곳곳에서 '나사렛 예수 이름으로 일어나 걸으라' 고 외치는 후학들이 많아질 것이다. 왜냐하면 선생님은 수없는 길을 만들고 스스로 길이 되셨기 때문이다. 선생님은 우리에게 또 다른 전태일이 되었다. 선생님이 계셔서 우리는 긴 세월 동안 고맙고 참으로 감사했다.

이단의 시대의 종교적 정체성 물음

수행적 진리를 향해

'이단(異端)의 시대' 란 말은 오래전 고인이 된 종교 사회학자 피터 버거(P. Berger, 1929-1984)의 개념이다. 특정 지역에 태어나 그곳의 종교만을 알고 그런 삶의 양식을 유일하게 생각하던 사람들이 교통의 발달과 문명의 교류를 통해 다른 세계를 알고 낯선 가치관과 조우하면서 자신의 것을 근본적으로 되묻게 된 현실을 전통 종교의 시각에서 이단의 시대라 한 것이다. 달리 말하면 오늘날 종교는 백화점 진열대의 상품처럼 사람들에 의해 선택될 수밖에 없는 상황에 있기에 더 이상 그 자체로 절대적 권위를 지닐 수 없고 바로 선택에 맡겨진 이런 상황 자체가 어느 종교의 경우든 이단의 시대로 경험될 수밖에 없다는 것이 그의 생각이다. 물론 종교 자체는 여전히 '안식일이 사람을 위해 있다' 는 차원에서 소중하고 귀한 것임을 부정할 사람은 누구도 없다. 하지만 이단의 시대에 접어든 만큼 '나는 나다' 란 주장은 설득력이 없다. 상품 간의 비교는 당연한 것이며 너를 통해서만 내 존재는 확인되고 그 상품과 더불어 살아가는 사람들의 삶의 질을 상품의 가치가 증명될 수 있을 뿐이다.

그런데 오늘 우리가 우려하는 바는 백화점 관리자들이 특정 상품을 좋은 곳에 위치시켜 그것만을 사도록 홍보하고 있는 현실이다. 자신의 상품을 더 많이 판매하기 위해서 제조사 간 선의의 경쟁은 필연적이다. 따라서 다른 상품을 의도적으로 배제시키는 것은 근대 이후 민주사회에서는 범법이자 초법적 행위라 하겠다. 이는 오늘 우리의 종교 환경이 다원성에 노출되어 있는 까닭이다. 다원성은 가치 다원주의를 말하는 것으로 누가 더 옳은가를 객관적으로 보증할 수 없음을 뜻한다. 그럴수록 개방적 진리관 이상으로 요구되는 것이 종교 자체의 수행적 능력(Performative Truth)이다. 이는 나뭇가지의 흔들림을 통해 바람의 존재를 알 듯 종교가 공적 영역에서 자신의 과제를 충실히 감당하고 있는가의 물음일 것이다. 종교는 사적 영역에 속한 사안이지만 공적 영역에 위치하며 공공성을 위해 존재하는 것이기에 이 물음은 대단히 중요하다. 이 점에서 창시자의 정신에 더 근접하려고 노력하는 것이나 그것을 자체적 교리 체계로 표현하는 것 이상으로 공적 삶으로 표출시키는 것은 필요불가결한 일이다. 상품들 간 선의의 공정경쟁이 필요하듯 종교 간에도 마찬가지로 그렇다. 이단의 시대인 까닭에 상품의 질이 상품을 구매하는 동력일 수밖에 없고 그로 인해 종교세계에 발 담고 그와 관계를 맺기를 원할 것이다. 부모 자식 간의 대물림 신앙도 완전히 종식되지는 않겠으나 이전보다 그 비율이 현저히 쇠퇴한 것도 사실이다. 이 점에서 선의의 경쟁마저 종교 갈등이라 매도하는 것은 바람직한 일은 아니다. 많은 이들이 관심하는 종교들은 분명 변화하는 세계에 합당한 자기 변혁을 시도했다고 보는 것이 옳다. 요컨대다원성, 다원주의 시대에 차이를 긍정하는 힘을 키우되 자기 세계로부터 벗어나 보편적 가치를 위한 노력도 경주해야 할 것이란 말이다. 종교의 세계에선 '행한 것만큼만 믿는 것'이란 말도 있지 않은가?

오늘 토론의 주제는 주로 종교 갈등과 평화의 문제이다. 개체 종교 자신에 대한 반성보다는 사회통합을 해치는 종교들 간의 반목과 갈등을 주제로 삼았기에 종교 자체에 대한 반성이 충분치 않았다. 물론 윤경로 선생께서 기독교의 문제점을 여실히 지적해 주었지만 말이다. 윤경로 선생의 글 모두를 긍정하지만 덧붙이고 싶은 사안이 두 가지가 있다. 우선 선생께서 지적하신 교회(기독교)의 배타성, 집단화, 정치화, 세속화(교회세습)의 실태는 백번 지당한 말씀이나 정도의 차이가 있을 뿐 기독교만의 문제는 아닐 듯싶다. 오히려 이런 사안들을 발생시킨 기독교적 원죄를 헤아린다면 그것은 유대교의 선민사상에서 비롯한 예외주의(특수주의)라고 생각한다. 종교에 대한 서구 언어의 표기법에 따르면 일체 종교는 '~ism'으로 끝나지만 기독교만 그렇지 않다. 여기에는 기독교를 제외한 일체 종교는 인간이 만든 이념, 이데올로기, 그래서 거짓된 것이란 선입견이 자리한다. 기독교만이 유일한 계시종교란 것이다. 이 점에서 계시신앙이란 기독교적 교리 문제가 강조되는 한 지적된 사안은 해결되기 어렵고, 따라서 기독교를 비롯한 제종교가 모두 차축 시대의 종교란 의식이 더한층 강조될 필요가 있을 것이다.

다음으로 종교와 정치의 분리가 종교개혁 이후로, 특히 시민사회의 등장과 함께 정설로 된 것이 사실이다. 하지만 이것은 기독교가 로마의 제국주의를 뒷받침했던 종교였던 것을 비판하는 방식이었을 뿐이다. 오히려 정치와 관련된 기독교적 정체성은 소외된 자, 낮은 자를 편드는 데 있다. 오늘처럼 신적 가치(교리)를 수호한다는 명목으로 기득권을 유지 확대하기 위해 기독교 정당을 만드는 방식의 정교일치는 의당 거부될 일이지만, 약자를 대변한다는 차원에서 교회가 정치에 참여하는 일은 오히려 권장될 부분이다.

불교학자 조성택 선생의 글 역시 배울 바가 적지 않았다. 한 인격 안에서 종교인과 시민의 삶이 공존하는 이중정체성을 종교인의 실존으로 본 것은 의미 깊다. 하지만 이 점에서 종교의 역할이 사적 영역으로 축소된 것은 문제이다. 이 역시 다원적 가치와 정교분리를 바탕으로 하는 세속사회의 등장 탓이다. 탈근대(Postmodern) 시대가 종교의 사사(私事)화를 도왔을 것이 분명하다. 근본적으로 조성택 선생은 일상에서 반복·확대되는 종교 갈등의 본질을 공과 사를 구별 못하는 미성숙한 민주주의에서 보고 있다. 혜안에 감사하나 종교를 사적 영역으로 밀쳐놓은 관점에는 선뜻 동의하기 어렵다. 이것은 근대적 산물일 뿐 종교의 본질과는 무관한 처사다. 종교란 말의 어원 자체가 전체성·상호연결성을 적시하는 것으로서 결코 사적인 것으로 축소될 수 없다는 말이다. 개인과 전체는 나뉠 수 없다는 것이 종교가 가르치는 이상일 터인데 종교로부터 야기된 문제점을 종교 밖 제도나 법으로 극복하려는 것은 현실적이긴 하나 종교의 직무유기란 생각도 떨칠 수 없다. 상대적으로 피해를 당한 종단의 입장에선 이것이 최상의 해결책일 수 있겠으나 종교의 자정 능력을 스스로 포기한 대가라 한다면 세속화 시대에 누가 종교라는 상품을 찾으려 하겠는가?

　이 외에도 종교 간 갈등과 폭력성은 기본적으로 종교가 지나치게 성직자 중심의 체제로 변질되어 가는데 그 원인이 있다. 한마디로 종교가 지켜야 할 것이 너무 많아진 탓이다. 개별 종교의 내부를 들여다보면 세속사회보다 더 세속적 모습들이 많다. 다른 자리에서도 거듭 지적했던 바, 대한민국의 욕망 지수가 OECD 20개 국가 중에서 가장 높다는 영국 BBC방송의 전언은 기독교, 불교를 막론하고 이 땅의 종교들 모두가 실제로 무용지물이었음을 알리는 지표이다. 향후 한국 사회에서 무신론자들이 더 많아질 것이란 판단을 독서 경향을 분석한 출판업자들이 하고 있다는 사실도 유념해야 할 것이다. 이반 일리치(Ivan Illich, 1926-2002)란 가톨릭 신부의 말을 각색하여 이 글을 맺고자 한다. 모든 종교는 최선을 자체 속에 지니고 있다. 그러나 '최선이 타락하면 최악이 되는 것'을 종교인 모두는 깊이 새김질해야만 한다. 유구한 민족의 전통을 버리는 것(기독교)도 큰 문제이나 그 틀 안에서 안주한 채 서양 것의 한계만을 지적하는 것(불교)도 옳은 태도는 아닐 것이다.

이슬람 종교에 대한 귀중한 경험

테헤란에서 열렸던 종교 간 대화 모임 참가 소감

과거 페르시아 인들의 삶을 느낄 수 있다는 감격(?)에 주변 사람들의 걱정과 만류가 귀에 들어오지 않았다. 친미적 성향의 한국 사람들로선 반미 기치를 드높이는 이란 땅 테헤란에서 열린 종교 간 대화 모임(2010.9.11-12)이 의아스럽게 여겨졌던 모양이다. 하지만 레바논을 비롯한 요르단, 시리아 그리고 경유지인 두바이 등을 다녀왔던 차에, 그곳과는 같은 종교를 신앙하면서도 또 다른 이란 지역을 경험해 보고 싶었다. 같은 이슬람 지역이지만 그곳의 대다수가 시아파라는 것도 뒤늦게 알았다. 동행한 이슬람 학자 박현도 박사는 마호메트의 제자들을 예언자로 추종하는 것이 수니파라면 그의 직계 혈통과 후손들에게 정통성을 부여하는 것이 시아파의 특징이라 말해 주었다. 일견 스승과 제자의 관계로 사적 계보가 형성되는 것이 바람직해 보이나 가계 혈통에서도 좋은 예언자들이 많이 배출되었고 극단적 테러리즘을 거부하며 정의에 오히려 더 많은 관심을 가진 쪽이 시아파라는 것도 그의 설명이다.

거의 일주일 동안 테헤란에서 가장 좋다는 호텔에 머물며 동행한 광주 대교구 김희중 주교님 덕분에 융숭한 대접을 받았으나 그곳 스케줄에 일정을 맞추다 보니 거리 한번 나다닐 여유가 없었다. 과거 페르시아 제국을 이룰 만큼 대단한 잠재력을 지닌 나라이긴 했으나 오늘의 모습은 30년 전 한국의 모습이라 상상해도 좋을 것이다. 시내 도로 곳곳에는 어느 시간대를 막론하고 자동차로 꽉 차 있고 교통법규를 무시하며 운전하는 것이 곡예처럼 보였다.

어느 날 한국 음식점을 찾기 위해 택시를 탔었는데 길을 잘못 들었다 하여 뒤로 질주하는 택시 속에서 기겁을 한 적도 있었다. 그러다 보니 도심의 공기는 매연으로 그 신선함을 잃고 말았다. 도심을 벗어난 비교적 한가한 곳에 있는 숙소였고 행사장도 그리 멀지 않았으나 일과를 마치고 돌아와 보면 코 속에는 매연의 흔적들이 괴로울 만치 쌓여 있었다. 사람들 개개인에게서 후한 인심과 넉넉한 마음을 읽을 수 있었던 것이 가장 좋은 기억으로 남는다. 테헤란에서 남쪽으로 서너 시간을 달려 도착한 카산이란 마을에서 우리는 비교적 잘 보관된 조로아스터교의 성전을 볼 수 있었고 근처에서 마을 사람들을 만날 수 있었는데, 낯선 외국인인 우리에게 자신들의 먹을 것을 애써 나눠주려는 훈훈한 마음을 느낄 수 있었다.

아랍권에서의 종교 간 대화

이란에서 아시아의 종교문화들 간의 대화 모임이 정부 주도로 열린다는 소식을 전해 듣고 처음에는 필자 역시도 의아했다. 철저한 유신론에 근거한 이슬람교의 시각에서 과연 비유신론의 전통을 지닌 아시아 종교들을 얼마만큼 수용할 수 있는지 납득하기 어려웠던 까닭이다. 여하튼 7대 종단으로 구성된 한국종교인평화회의에 관여했던 덕분에 필자는 본 모임의 대표 수장인 김희중 주교와 실무자들과 함께 본회 종교간대화위원회 위원장 자격으로 글을 준비하여 참여하게 되었다. 주교님은 Keynote Speaker로서 역할 하였고 필자는 '세계화와 종교' 분과에서 동아시아적 시각을 반영한 논문 하나를 발표할 수 있었다.

주교님을 앞세운 우리 참가팀은 본 모임에 앞서 주최 측의 배려로 두 번의 뜻깊은―갑작스러운―모임을 열 수 있었다. 도착 다음 날로 기억되는 바, 종교 간 대화를 주도하는 이슬람 연구소에서 '아브라함 종교에서의 정의'를 주제로 프로토콜에도 없었던 대화를 하게 된 것이다. 여러 학자들이 주제에 관한 의견을 밝혔으나 핵심 논지는 다음과 같은 것이었다. 아브라함 종교 전통에서 볼 때 정의는 무조건적 가치를 지녔으며 평화는 오히려 상대적, 조건적 개념이란 것이다. 이후 종교 간 대화 모임에서도 이런 이야기는 지속적으로 반복되었고 이란에서 존경받는 국가 최고지도자 아나톨라와의 만남에서도 여실히 드러났다.

이들의 주장을 곱씹어 보면 이런 것이라 생각된다. 그들에게 정의는 서구적 간섭과 폭력이 없는 상태를 우선적으로 뜻했다. 더욱이 하느님 이름을 들먹이며 아브라함을 조상으로 하는 서구 기독교와 이슬람은 모두 한 후손이기에 저마다 자신들의 정당성은 침해받을 수 없다고 주장하는 것이다. 지금껏 서구 제국주의에 의해 당했던 자신들 역사의 시각에서 보면 백번 지당한 말일 수 있다. 그러나 필자 생각에 이들의 정의는 나라 밖 서구를 향한 저항적 민족주의에 근거한 개념이라 생각되었다. 민족을 지키기 위해 종교란 이름을 앞세워 정의를 무한정 강조하고 있는 것이다. 하지만 그렇다고 하여 평화를 상대적, 조건적 가치로 격하시키는 것에는 동의할 수 없다. 정의와 평화는 항상 함께 가는 개념일 뿐 상하, 선후 차원에서 나뉠 수 없는 까닭이다. 거꾸로 말하면 정의, 곧 자신들 민족의 정체성이 보장되지 않을 경우 평화는 얼마든지 깨져도 좋다는 발상을 하고 있는 것이다.

이런 점에서 우리가 참여하는 종교 간 대화 모임이 기독교 서구가 추모하는 9·11사건에 맞춰 개최된다고 하는 것이 예사롭지 않았다. 서구가 이슬람 국가의 민족적, 종교적 정체성을 인정하지 못할 때 곧 부정의를 행한다면 9·11사건은 언제든 반복·재현될 수 있다는 논리로까지 비약할 수 있는 토대를 제공할 수 있기 때문이다. 다음 날 이슬람교의 위대한 스승 아나톨라와의 만남에서도 이런 경향성이 역시 부드러운 방식으로 드러났다. 그는 김희중 대주교께서도 감탄할 만큼 온화한 인품과 학문 그리고 덕성을 지닌 분이었다. 정치와 종교가 하나인 상황에서 정치를 접고 오로지 학문과 영성을 쌓고 있는 분이라 느낌이 남달랐던 것도 사실이다. 대주교님과의 대화 끝에 필자에게도 묻고 답할 수 있는 기회가 주어졌다. 정의의 중요성과 절대성을 역설하는 그에게 필자는 라인홀드 니버의 『도덕적 인간과 비도덕적 사회』의 견해를 빌려 다음처럼 기독교적 관점을 제시했다. 우선 개인으로서는 한없이 의롭고 정당할 수 있으나 사회 자체가 비도덕적인 현실에서 정의를 사회적 차원에서 실현한다는 것이 감당할 수 없는 폭력을 불러올 수 있음을 환기시켰다. 이런 정황에서 정의를 완성할 수 있는 길은 사랑밖에 없음을 강조했다. 정의를 그릇에 비유하여 그릇에 물을 가득 채우려면 그릇이 넘쳐야만 하는데 바로 그 넘침이 사랑이란 것이다.

아울러 필자는 전날의 대화에서도 밝혔듯 정의와 평화를 위해 생명이란 더 큰 범주가 설정되어야 한다고 말하였다. 정의를 절대화하는 과정에서 평화가 깨지는 것은 물론 삶의 영구불변한 토대인 생명 자체가 붕괴되는 현실을 간과할 수 없다는 차원에서이다. 창세기 9장이 말하듯 사람들 상호 간의 정의와 자연 생명은 동전의 양면과 같은 것이기에 정의를 위해 생명을 파괴하는 것은 아브라함 종교의 본뜻이 아닌 것을 기독교적 입장에서 말했으나, 이슬람 종교 지도자들에게 그리 설득력이 있게 다가가지 못했던 것 같다. 아마도 이슬람 종교와 문명을 초토화시켜 온 서구 세력에 대한 피해의식과 분노가 너무 컸던 탓인가 싶다. 이들 입장을 충분히 이해할 수는 있었으나 동의할 수 없는 심정을 말하는 과정이 너무도 힘들게 느껴졌다.

이후 9월 11일~12일 이틀간 우리나라로 치면 외교안보연구소와 같은 공간에서 화려하게 아시아 문화와 종교 간 대화를 위한 국제회의가 열렸다. 이곳에서 필자는 다시 한 번 이들 견해를 주목했고 그에 대한 동아시아 기독교인의 시각을 전해야만 하였다. 회의장 입구에는 조로아스터교, 알미니안 가톨릭 교회 등을 소개하는 책자·성물 등이 전시되어 있었는데 이는 이슬람 국가지만 기독교를 비롯한 이웃종교를 인정한다는 나름의 몸짓을 보여준 것이라 생각한다. 하지만 기존 신앙은 인정하되 결코 포교할 수 없는 그들의 종교 정책은 서구적인 종교 자유와는 거리가 크게 멀다.

이틀간의 여정이었으나 금번 컨퍼런스는 상당한 규모로 진행됐다. 20여 개 나라의 학자들이 모여 38개의 논문을 발표했으며, 마지막에는 정의와 평화를 위한 종교의 역할을 담은 소위 테헤란 성명서가 채택되기도 했다. 필자는 종교 간 대화와 세계화를 주제로 한 분과에서 논문을 발표했는데 그 제목은 '세계화의 시각에서 본 민족주의와 탈(脫)민족주의 간의 논쟁—세계화를 위한 아시아 종교들의 역할을 찾아서' 였다. 그 내용을 소개하자면 다음과 같다. 민족주의가 서구 제국주의에 대한 저항적 성격을 띠는 한 긍정적인 면이 적지 않으나 그것이 내부의 모순들, 예컨대 여성·노동자를 포함한 사회적 약자들과 국가 내부의 부정의들에 침묵을 강요하는 부정적 측면 역시 헤아릴 수 없을 만큼 많다. 하지만 서구 제국주의가 세계화란 미명하에 초국적·다국적 형태로 민족국가의 경계를 침범하면 할수록 아시아 국가들은 종교를 앞세워 민족주의를 강화시켜 왔고, 그 결과 반민주적 독재가 자국(自國) 안에서 성행할 수밖에 없음을 지적했다. 더욱 실제 역사가 그러했듯 기독교와 서구화가 동일시되는 상황에서 기독교는 이슬람교나 불교의 시각에선 항거의 표적이었다. 하지만 필자는 비(非)유신론적 아시아 종교 토양에서 재구성(토착화)된 기독교는 서구적 기독교의 에토스와 다른 점이 많음을 지적하였다. 반서구, 비기독교를 외치는 이슬람 세계에 기독교의 다른 일면을 보여주고 싶었던 것이다. 이를 위해 필자는 일차적으로 유불선 종교의 바탕 위에 서구 기독교를 수용하여 발전시킨 동학(東學)의 시천주(侍天主), 사인여천(事人如天) 사상을 소개하였고 그것을 기독교적으로 수용한 함석헌의 씨알 사상을 언급함으로써 민족/탈민족 논쟁의 한국적 대안을 드러낼 수 있었다. 결국 종교 간 대화란 토착화 과정을 통해 성숙되는 것이며 토착화의 근본 목적은 자본이 추동하는 거짓된 세계화를 벗고 민족/탈민족, 부분/전체가 함께 아우러지는 진실한 세계화를 이루는 데 있다고 주장하였다.

여기서 중요한 것은 정의를 앞세움으로써 평화를 후퇴시키는 이슬람적 시도와는 달리 고난을 평화의 도구로 해석하는 성서의 고난사관이다. 정의가 실현되지 못할 때 평화를 포기하고 정의의 이름으로 폭력을 정당화하는 입장과는 분명한 선을 그었던 것이다. 하지만 이런 주장은 인도나 필리핀에서 온 소수의 불교, 기독교 학자들을 제외하곤 결코 주목하지 않았다. 심지어 스리랑카에서 온 승려학자는 자신의 조국에서 기독교가 저질렀던 사악한 행위를 열거하며 기독교를 배타했고 그것은 서구화와 동일시하였다. 사실 스리랑카의 경우 기독교인은 나라를 팔아먹은 매국노와 동일시될 수밖에 없는 슬픈 역사를 지닌 것도 사실이다. 이 점에선 민족을 분열시켜 자국의 이득을 취한 서구 기독교 국가들 특히 영국의 책임이 크다. 하지만 그럼에도 전혀 다른 기독교 이해가 아시아 지역에서 발생하고 있으며 더 이상 과거의 시각으로 미래를 재단할 수 없는 것임에도, 이런 우려가 좀처럼 불식되고 있지 않다. 이런 이유로 대다수 논문들은 반서구, 비기독교적 특색을 띠었고 필자와 같은 주장을 하는 학자들은 극소수였다.

잘못된 평화가 정의를 망친다

하지만 필자의 주장을 포기할 수 없었던 것은 이란을 포함한 이슬람 국가들의 빈부 격차 문제는 심각할 정도이며 풍습이란 이름으로 자유를 갈망하는 여성들을 옥죄는 현실이 일상이 되어 버린 까닭이다. 종교의 이름으로 반기독교, 탈(脫)서구의 기치를 들고 민중의 시선을 밖으로 돌리는 것 역시 서구제국주의의 타락만큼이나 비도덕적이란 판단이 틀리지 않을 듯싶다. 이 점에서 일본의 한 불교학자는 이슬람 국가들이 반서구, 비(非)기독교적 정서를지닌 아시아 종교들의 힘을 결집하여 서구 기독교 중심의 세계와 맞서려고한다는 조심스런 평가도 한 바 있다. 이 점에서 한국종교인평화회의의 대표자격으로 참석한 우리는 본 모임 끝에 발표된 정의와 평화를 위한 테헤란 선언이 기존의 세계종교평화회의(WCRP)의 입장과 결코 이질적 성격을 띠어서는 아니 될 것을 천명했고 오로지 그 선상에서만 의미를 지닐 수 있다는 입장을 전하고 돌아왔다.

이란 수도 테헤란에서 있었던 컨퍼런스에 참여하기 위해 우리는 도하에서긴 시간을 기다려야 했다. 돌아올 때는 짧은 시간 경유했으나, 갈 때는 12시간 이상을 머물렀기에 도하를 조금이나마 알 수 있었다. 이미 두바이를 통해경험했으나 도하 역시 풀 한 포기 없는 사막을 기름의 힘으로 벽천지로 만들어 놓았다. 어마어마한 규모의 쇼핑몰을 만들어 놓고 원주민이자 지배층의아랍인들은 자신들의 멋진 옷 속에 뱃살을 숨긴 채 여전히 입고 먹고 마시며오락을 즐겼고, 하녀들을 시켜 쇼핑한 물건을 운반하는 여인네들을 부지기수로 목격하였다. 반면 아시아 각지에서 온 노동자들은 그 무더운 사막 한가운데서 나올 오줌이 없을 정도로 심각한 노동을 하고 있었다. 서구 자본주의를 비판하는 이슬람 국가에서 그보다 더한 양극화의 삶을 드러낸다면 서구를 향한 그들의 저항을 누가 과연 진실되게 들어 줄 수 있을 것인가 묻지 않을 수 없다. 이집트를 비롯한 중동의 여러 나라들이 무너지는 현실을 보고 아랍 국가들이 긴장하여 종교의 이름으로 내부를 결속하려고 힘쓰겠으나 빈부격차가 좁혀지지 않는다면 그리고 자유의 감각이 날로 확장되지 않는다면 기름으로 세운 국가권력은 모래 위에 세워진 집일 뿐이다.

같은 종교를 갖고 있고 비슷한 언어를 사용하며 삶의 역사가 크게 다르지 않음에도 불구하고 서구의 '분리와 지배' 정책에 부화뇌동했던 자신의 과거와 그리고 오늘의 현실을 더 깊게 그리고 아프게 성찰하는 것이 그들이 해야 할 시급한 과제가 아닐까 생각한다. 그럼에도 기독교 서구가 오직 기름만을 위해 중동을 지금처럼 폐허로 만들어 간다면 그들 또한 하늘로부터 받을 화급이 적지 않을 것이다. 서구 기독교인들이 기름을 많이 쓰면 쓸수록 아랍 지역의 독재정권이 늘어나고 강해지는 악순환을 아랍의 민중들과 양심 있는 서구의 기독교인들이 함께 인식하고 행동할 때 비로소 정의와 평화의 길이 시작되지 않겠는가? 바로 이런 맥락에서 필자는 테헤란 모임에서 자신이 전체임을 아는 '씨알'의 의미를 던져 놓고 온 것이다. 또한 정의 자체가 절대적 가치일 수 없으며 그것은 항시 평화와 같이 가는 것이고 이 둘은 생명의 범주 속에서 하나로 묶여야 한다는 것 역시 필자가 말한 핵심의 하나이다.

여하튼 정의와 평화에 대한 이슬람 국가들의 인식을 분명히 안 것은 필자에게 큰 소득이었고 이후에 좀 더 정확히 읽고 그에 대한 신학적 평가를 쓸 수 있는 여건이 마련되었으면 한다. 금번 이란 정부가 대주교님과 함께 필자를 초청해 준 것에 대해 감사한 마음을 금할 길 없다. 좀 더 정확히 알고 이해하여 기독교와 이슬람, 한국과 중동 국가들의 올바른 관계를 위해 기여하고픈 마음 간절하다.

다종교 사회,
기독교인과 이슬람의 만남

기독교 신학자로서 필자는 비교적 여러 이슬람 국가들을 방문하였다. 시리아, 레바논을 비롯하여 최근에는 이란 지역까지 다녀왔던 것이다. 그곳에서 이슬람 종교 지도자들을 만났고 정의와 평화를 주제로 한 심포지엄에도 참여했었다. 정말 좋은 경험이었다. 종교를 막론하고 무슬림들과 인간적으로 가까워질 수 있었기 때문이다. 또한 필자가 몸담고 있는 한국종교인평화회의에서는 두 차례에 걸쳐 아시아 지역 이슬람 학자들과 한국 거주 무슬림들을 초청하여 '다가서고 다가오기' 란 이름으로 서로 이해를 도모한 바도 있었다. 특히 한국 땅에서 무슬림으로 사는 것의 어려움을 몸으로 느끼게 된 것은 큰 수확이었다. 최근 〈한겨레신문〉이 이곳에서 무슬림과 결혼하여 사는 한국인들의 삶을 기획 시리즈로 소개한 것도 진일보된 내용이라 생각한다. 유학 중 만났거나 일터에서 친밀감을 느끼며 가족을 이뤘으나, 기독교 세(勢)가 강하고 다문화 사회에 대한 인식이 충분치 못해 어려운 현실 속에서 힘겹게 살고 있었다. 하지만 당당하게 사는 모습이 보기 좋았다. 지금 한국에는 7대 종단이 한국종교인평화회의를 주도하고 있는데 한국의 이슬람교 역시 이 모임에 합류할 의사를 밝히고 있다. 물론 기독교 측의 반대가 심하고 이 땅의 이슬람교 역시 한국 정부의 직간접적 영향에 있기에 풀어야 할 숙제가 많지만, 언젠가 이런 날이 올 것이라 그들은 기대하고 있다.

주지하듯 지난해 UN은 종교 화합 주간을 선포한 바 있고 한국에서도 올해 부터 그 행사를 시작한다. 언론에서도 다문화 사회의 도래를 예고하고 그에 맞는 의식 변화를 홍보하고 있다. 그러나 아직 우리의 다문화 정책은 이웃 종교인을 개종시키듯 한국적으로 동화시키는 것이라 생각하는 경향이다. 무슬림의 언어로 말하고, 살고, 믿는 일을 가능케 하는 것이 다문화 사회의 핵심이라 생각한다. 하지만 동시에 이 땅에 사는 사람들과의 어우러짐 역시 그들에게 요구된다. 아직 논쟁 중이긴 하나 이 땅의 무슬림 중에는 '코슬림' 이라 명명되기를 바라는 이들도 있다 하다. 오래 지속된 단일 민족 국가의 장벽을 넘어서고자 하는 노력이 있어야 가능한 일이다. 기독교에서는 이를 토착화(문화이입, Inculturation)라고 불러왔다. 자신의 정체성을 지키면서 이 땅의 문화와 접목하는 삶의 양식을 갖는 일은 다문화 사회의 이상이기도 한 것이다.

이 땅에 기독교가 전파된 지 이제 120년 정도가 지나고 있다. 이 땅의 무슬림 역사도 점차 길어질 터인데 어떤 방식으로 시간을 쌓아 갈지를 그 이상으로 고민해야 할 것이다. 이를 위해 이슬람에 대한 서구의 그릇된 통념을 부술 훌륭한 지도자들, 넉넉한 마음을 지닌 종교가들, 일선 사회운동가들이 많아졌으면 좋겠다. 한국인들 중에서 그런 역할을 하는 사람이 나오면 더더욱 좋을 것이다. 지금 이곳에 거주하는 무슬림들을 이끌 한국적 리더십이 없다는 말을 자주 듣곤 한다. 이것이 현실적으로 가장 큰 문제 중 하나일 것이다.

흔히들 선교를 일종의 대화라 한다. 다종교 사회에서 개종보다는 대화와 소통이 우선이란 것이다. 터키 방문단 여러분들의 방문을 통해 진일보된 대화와 상생의 길이 열렸으면 좋겠다. 우리가 아는 바 터키는 초기 기독교의 유산을 가장 많이 지녔을 뿐 아니라 이슬람 문명의 꽃을 피운 곳으로서 세계 이슬람 국가들 중에서 가장 큰 영향력을 지닌 나라이다. 한국 무슬림들의 정의와 평화로운 삶을 위해 앞으로도 큰 역할을 해 주실 것을 기대해 본다.

종교 평화 실현을 위한 기독교적 입장
21세기 종교개혁에로의 꿈

2017년이 되면 중세를 깨고 근대의 여명을 선사한 종교개혁이 일어난 지 500년을 맞게 된다. 교회가 세상을 통치하던 시대의 종말은 민족주의의 발현과 구텐베르크 활자 문화의 발견 때문이란 것은 주지의 사실이다. 민족의 발견은 이후 개체 곧 자아의 발견으로 이어졌고 활자 문화는 누구라도 성서를 직접 읽고 사유할 수 있는 힘을 선사했기에 종교개혁은 근대를 열 수 있었던 것이다. 당시 종교개혁의 원리는 '오직 믿음으로만!' 이었다. 중세교회가 업적/보상 이론에 빠져 인간 희생을 무리하게 강요했을 때 이 원리는 인간을 해방시키는 실로 순기능을 행사할 수 있었다. 하지만 믿음이란 말 속에 행위가 결코 생략될 수도, 된 것도 아니었건만 이후 기독교 역사는 믿음과 행위를 분리시켰고 믿음을 값싼 은총과 결부시켰으며 그로써 신앙을 사사화(私事化)했다. 오늘의 기독교가 교회 중심적 사유에 함몰되어 세상을 온전히 보지 못하고 이웃 종교들을 배타하는 것도 모두 이런 맥락에서이다. '오직 믿음' 이란 신앙 원리가 종교개혁을 주도하여 성사시켰던 것은 긴 세월 동안 축적된 중세교회의 오류라는 상황에 기인할 뿐 그것 자체가 성서의 본뜻이라 이해할 수는 없다. 성서는 어느 경우도 행위를 떠난 믿음을 말한 적이 없는 까닭이다.

최근 역사적 예수를 연구하는 몇몇 성서학자들은 종교개혁의 지평을 넘어서야 성서를 옳게 만날 수 있다는 주장도 서슴지 않고 있다. 무엇보다 오늘 우리의 상황은 종교개혁 시대와 너무도 달라져 있다. 근대가 아닌 탈현대 시대를 살고 있으며, 민족주의를 넘어 다민족 시대에 접어들었고, 개신교와 가톨릭만이 아니라 비유신론적인 아시아 종교들과 공존해야 할 과제를 안고 있으며, 세상과 소통하는 방식도 활자 시대와는 비교할 수 없을 정도로 빠르고 공통감을 창출할 수 있는 현실을 살고 있는 것이다. 또한 하나밖에 없는 지구의 생명이 끝을 보이는 상황에서 인류는 이제 매순간 올바른 행위[正行]를 요구하고 있는 바, 이제 기독교는 알기 위해서 믿음을 강조하는 것만큼 믿기 위해서라도 세상을 옳게 이해하고 아는 일이 중요하게 되었다. 이미 기독교는 JPIC 모임을 통해 세상에 배고픈 다수의 사람이 있고 군사 문화가 지속되며 자연 생명을 파괴하는 한 기독교의 구원(정신)은 아직 구현되지 못했다고 선포한 바 있었고, 이를 실현시키려면 이웃 종교와의 대화와 공존, 나아가 협력이 필수적임을 선포한 바 있다. 종교 간에 평화가 없으면 세계 평화도 없다는 H. 큉(Kueng)의 세계 윤리 구상이 바로 그것이다.

최근 여성 종교학자 카렌 암스트롱의 저서 『축(軸)의 시대』가 많은 이들의 공감 속에서 읽혀지고 있다. 인간의 근본 인식을 바꿔 놓은 축의 시대 종교들은 저마다 다른 형태이긴 하나 한계상황이라 일컫는 피할 수 없는 고통의 현실에서 시작되었고 자신들의 분노를 외부의 적을 향해 표출하지 않고 내면에서 승화시켰으며 자신들 고통의 시각에서 타자의 고통을 이해하는 공감을 기본 에토스로 하였다는 것이 저자의 견해이다. 지금까지 인류는 축(軸)의 시대의 통찰을 넘어 본 적이 없었고 오히려 지금이야말로 축(軸)의 종교들의 지혜가 너무도 필요한 시점이 되었음을 역설한다.

지금 인류 문명은 어떤 정신적 혁명 없이는 하나밖에 없는 지구 행성을 구할 수 없다는 위기감이 팽배하다. 정신의 새로운 개벽을 요구하고 있는 것이다. 주지하듯 모든 종교는 저마다 다른 세계관을 젖줄로 삼아 탄생되었다. 자연환경과 풍토가 달랐기에 인간 이해도 같을 수 없었고 종교적 표상 또한 독자적일 수밖에 없었다. 지금껏 서구(기독교) 중심적 세계관 때문에 일체 차이가 차별로 인식되어 왔으나 차이는 오히려 인류의 앞날을 위해 축복이다. 우리 모두는 같은 방식으로 기도할 수 없으나 같은 목적을 위해 기도할 수 있는 까닭이다. 이 점에서 차이는 인류의 미래를 위해 축복이며 기독교 역시도 오순절 사건을 통해 차이의 축제를 선포했다. 축(軸)의 시대가 미래를 위해 과거 종교의 유산을 환기시킨 것은 이점에서 의미 깊은 시도라 하겠다.

그렇다면 기독교는 신앙의 자유가 보장된 오늘의 민주적 사회에서 종교 간 공존과 평화를 위해 어떤 역할을 할 수 있고 해야 하는가, 성서는 세간의 인습적 교회와 달리 종교 평화 실현을 위해 어떤 메시지를 선포하는가를 물어야 할 시점이다. 이에 필자는 구약성서와 예수 말씀 그리고 바울서신에 나타난 기독교적 입장을 천명하고 한국 교회가 성서적 토대에 입각하여 이웃 종교와 공존할 수 있는 시각을 제시할 것이다. 최근 불교계가 종교 간 대화와 평화를 위한 아소카 선언을 준비하고 있는 정황에서 2011년 성탄의 절기를 지나며 이런 주제를 고민하지 않는 것은 신학의 직무유기라 생각한 까닭이다. 비록 불교계에서도 보수 근본주의 입장으로 준비된 아소카 선언이 공표되지 못하고 있으나 종교 간 생명과 평화의 메시지를 성탄의 절기에 준비했다는 것은 우리 기독교계를 한없이 부끄럽게 만든다. 필자의 이 작은 논지가 성탄 절기에 우리 모두의 마음속에 다시 생각되기를 바라며 글을 시작한다.

성서를 통해 전달된 하느님 뜻은 정의와 평화 그리고 생명이다

구약성서 창세기 9장은 노아의 홍수 사건 이후 하느님과 인류가 맺은 새 계약의 실상과 본질을 적시한다. 이전의 창조 시보다 더 큰 축복을 약속하시되 하느님은 인간에게 다음과 같은 두 가지 조건을 제시하셨다. 사람들 눈에서 억울한 눈물을 흘리게 하지 말 것과 동물을 피(생명)채 먹지 말라는 것이었다. 앞의 것이 인간 간의 정의 차원이라면 나중 것은 동물을 포함한 전 자연과의 형평성 문제라 하겠다. 이 점에 입각할 때 기독교인이란 믿음의 유무로 사람들을 편 가르기에 앞서 이런 약속을 자신의 한계로 받아들이는 삶을 사는 존재라 할 수 있다. 결국 이 두 조건은 상식과 불통하는 종교로서의 기독교가 아닌 세상과 소통하며 세상을 책임지는 기독교적 상식과 성숙을 알리는 지표인 셈이다. 노아와 맺은 하느님의 새 계약은 이웃 종교와 능히 함께 할 수 있는 진리인 것이 확실하다.

성서는 하늘과 사람 그리고 땅, 소위 천지인 상관관계를 중시한다

여타 이웃 종교들과 동일한 방식은 아니겠으나 성서에는 천지인(天地人) 삼재(三才)론과 흡사한 진리관이 반영되어 있다. 인간이 하느님께 죄를 범하면 인간 간에 상극적 반목이 생기며 인간 간의 갈등은 자연을 소외시키며 결국 자연으로부터 축출될 수밖에 없다는 가르침이다. 불교적 연기설(緣起說), 동학의 시천주(侍天主), 원불교의 사은(四恩) 사상과 결코 무관한 내용이 아니라 여겨진다. 역으로 인간이 하느님께 돌아오면 대머리 산에서도 강물이 넘쳐 흐른다는 것이 성서의 내용이고 보면 성서는 이웃 종교들과 불통(不通)할 이치가 없다. 인간끼리 화목하고 자연과 공생하는 현실을 만들어 내는 것이 결과적으로 하느님을 믿는 일이라면 이웃 종교인들과 더불어 얼마든지 이 일을 함께 할 수 있다. 하여 이천 년 역사 속에서 만들어진 교리를 넘어 성서의 본뜻을 향하는 노력이 무엇보다 필요한 시점이다.

성서의 하느님은 자신에게 바치는 제사를 원치 않고 인간 간 화평을 바라신다

포로기 이후 이스라엘 민족의 신관이 근본적으로 변화한다. 지금껏 출애

굽의 기적과 권능을 행하신 민족의 하느님만을 알았으나 하느님이 자신들 민족을 이토록 버릴 수도 있다는 현실을 직시한 것이다. 이 점에서 구약성서 기자들은 고아와 과부를 돌보는 것이 제사보다 낫다는 깨침을 얻었으며 칼과 창을 녹여 낫과 호미를 만드는 것이 하느님 뜻인 것을 믿게 되었다. 성서의 하느님이 이스라엘 민족을 선택한 것은 그를 지복(至福)의 통로로 사용코자 함이었지 배타적 선민의식과는 무관한 일이다. 오늘의 한국 교회가 이스라엘 민족의 배타성보다 더한 편협성을 보이는 것은 하느님 입장에선 대단히 슬픈 일일 것이다.

예수 탄생의 족보를 보면 예수를 알 수 있다

마태의 예수 족보에는 당시 유대인 율법의 기준으로는 실릴 수 없는 서너 명의 여인들 이야기가 있다. 시아버지와 성관계를 맺은 여인, 이방 여인, 창기 그리고 다윗이 범한 여인들의 이야기가 그것이다. 얼마든지 제외해 버릴 수도 있는 이 기록을 마태의 족보에 담은 이유가 있다. 그것은 예수의 삶 속에 이런 이들의 흔적이 있다는 것이며 예수는 이런 이들의 해방을 위해 자신의 공생애를 시작했음을 보여 준다. 예수의 탄생 속에 이미 무수한 갈등이 내재되어 성서는 그것을 해결하는 것이 예수의 삶인 것을 고지한 것이다. 그렇다면 예수의 삶과 그가 선포한 진리는 세상사에 내재한 뭇 갈등과 차이를 해결하고 보듬는 일이다. 그것이 복음이며 세상을 구원하는 일인 것을 다시 생각할 일이다.

하느님은 악한 자, 선한 자 모두에게 햇빛과 비를 내리시는 분이다

예수 말씀으로서 진정성을 확보하는 마태복음의 증언은 성서의 하느님이 인류 보편적인 존재임을 강조한다. 배고픈 민중들에게 구하고 찾고 두드리라는 가르침을 주었으나 동시에 그들에게 하늘 아버지의 이런 온전함을 배우라고도 하신 것이다. 자신의 종교를 선하고 이웃 종교를 악마시하는 것은 예수의 본뜻과 무관한 일이다. 하느님은 인간 누구에게라도 보편적 조건을 제시하고 공급하시는 분인 까닭이다. 이런 상황이 마련되지 못한 것 자체를 부정의로 여기신다. 그럴수록 종교는 저마다 창시자의 정신에 따라 최선을 다해 그 가치를 실현시켜야 한다. 오늘날 종교는 창시자의 본뜻을 실현시킴에 있어 선의의 경쟁을 하는 것이 옳다. 하지만 창시자의 정신, 곧 축(軸)의 종교들의 가치는 자신의 한계를 통해 이웃의 한계를 함께 느끼는 공감의 에토스에 근거한다는 것이 우리의 생각이다.

나를 반대하지 않는 사람은 나를 지지하는 사람들이다

이 말씀은 예수의 이름을 빌려 귀신을 쫓고 있던 사람들을 예수의 제자들이 비난할 때 하신 예수의 어록 중 하나이다. 예수는 비록 그들이 자신의 이름을 도용하였지만 귀신들린 자로부터 인간을 해방시키는 일을 하고 있다면 그 행위만으로도 그들은 자신과 동료이자 친구일 수 있다고 말씀하신 것이다. 여기서 예수의 이름은 교리적 측면이고 귀신 축출행위는 정행을 적시한다. 한마디로 예수의 관심은 교리가 아니라 사람에 대한 연민에 근거한 행위에 있었다는 것이다. 이것은 안식일의 교리를 부수고 병자를 고치셨던 예수의 행적에서 더욱 잘 나타난다. 오늘날 인류 앞에 놓인 전대미문의 난제들, 생태, 복지, 평화 등 이 문제를 해결하는 주체가 다르고 방식이 상이할지라도 이런 행위 자체에 관심을 갖는 자를 예수는 자신의 편이라 여기신다. 교리적 차원이 아닌 실천적 차원에서 종교는 자신들이 쌓았던 벽을 부술 필요가 있는 것이다. 더구나 민주화된 사회에서 종교 정당을 통해 특정 종교 이념을 확산시키려는 시도는 오늘 예수의 말씀과는 너무도 거리가 멀다.

오늘의 종교는 탄식하는 소리를 듣는 것이 그 본업이다

사도바울은 자신의 시대를 삶과 죽음이 교차하는 위기로 읽었다. 사람들이 너무도 자신들 소리만 크게 내고 살아서 못들을 뿐이지 세상사 속에는 죽겠다고 아우성치는 탄식의 소리로 가득 차 있다는 것이 바울의 생각이다. 그에 의하면 하느님 영인 성령은 인간을 대신하여 탄식하며 인간을 위로하는 역할을 한다. 만약 그렇다면 피조물을 포함한 이웃들의 고통을 듣고 이해하며 그들 삶에 참여할 수 있는 것이야 말로 성령 체험의 본질이라 하겠다. 너무나 자기 한 개인의 문제만 집중하여 전체를 보지 못하는 각박한 자본주의 사회에서 피조물의 탄식에 귀 기울이는 것이야 말로 종교가 세상에 존재해야 할 이유인 것을 바울이 가르치고 있다.

바울의 다메섹 회심의 본질―군자불기(君子不器)의 영성

사도바울은 본래 정통 유대인이자 희랍 교육을 받은 유대인 중 대단한 지식인 계급에 속했다. 평소 그는 예수 믿는 사람들을 핍박하며 잡아 가두는 일에 관심이 많았다. 하지만 다메섹으로 향하던 중 그는 눈이 멀었고 하느님의 소리를 들었으며 이후 예수를 그리스도로 증거하는 사도의 삶을 살게 된다. 여기서 다메섹 체험의 본질을 새롭게 논의할 필요가 있다. 바울은 다메섹 체험을 통해 유대인의 예외주의와 지혜를 척도로 삼는 헬라인의 거짓된 보편주의와 단절하였다. 당시의 시대 담론이었던 특수 예외주의와 거짓된 보편주의, 그것은 오늘의 종교 역시 빠지기 쉬운 함정이다. 모든 종교가 이런 유혹에 빠져 있는 한 그것은 세상을 구원치 못하고 더욱 인간을 소외시킬 수밖에 없다는 것이 바울이 로마서에 언급한 내용이다. 군자는 결코 그릇이란 용기에 제한될 수 없다는 논어의 가르침과도 일맥상통한다. 하지만 바울은 다시금 유대인에게는 유대인처럼, 헬라인에게는 헬라인처럼 행위함으로써 그들을 구원할 수 있었다. 이는 산은 산이요 물은 물이요, 산은 산이 아니고 물은 물이 아니며, 다시금 산이 산 되며 물이 물 되는 경지라 아니할 수 없다.

일체 막힌 담을 헐어 내는 평화와 소통의 길

종교란 본래 인간 의식을 전체(Wholeness)로 지향하게 해야 옳다. 하지만 오늘의 기독교는 철옹성 같은 교회를 짓는 중에 자신을 거대한 담으로 둘러싸고 있다. 세속적으로는 커지는 것이라 하겠으나 그것은 종교 본질에 있어 한없이 축소되는 것임을 알지 못한다. 본래 경계 없는 것을 경계 짓고 있는 까닭이다. 바울서신의 핵심은 예수가 인간이 만든 모든 담을 허물어 버린다는 것이다. 그것이 사적으로는 편견일 수 있겠고 기형적 자본주의사회가 만들어 낸 강남/북 간의 공간적 차이일 수도 있겠으며 남북 분단의 모습일 수도 있겠다. 종교가 만든 교리, 이념적 담마저 허물어 버리는 것이 종교 창시자들의 생각이었음을 재차 강조할 필요가 있다. 종교는 어디까지나 방편일 뿐 그 이상도 아닌 것이다. 종교마저 담 속에 갇혀 버린다면 현실에서 전체를 볼 수 있는 눈을 누구도 선사할 수 없을 것이다.

이런 이유로 필자는 두 번째 종교개혁이 필요함을 역설한다. 이제 축(軸)의 시대 종교들이 그 본래 뜻으로 돌아가 종교 평화를 위해 그 어느 때보다 공감의 능력을 발휘해야만 하는 까닭이다. 종교 간 평화가 없으면 세계 평화는 물론 인간과 자연 간의 공생 역시 불가하다는 것이 우리 생각이자 염려이다. 인간 의식을 전체를 향하게 하며 공감력을 확장시키는 것이 이 시대 종교가 할 일이다. 이제 기독교인 된 우리는 상술한 기독교적 방식으로 이웃 종교와 만날 수 있는 새로운 주체성을 확립할 필요가 있다. 기독교 안에서 기독교를 새롭게 선교하는 지난한 과정 속에서 두 번째 종교개혁의 여명이 동틀 것이다.

지역에서의 종교 간 대화,
그 절실한 의미

2012년 용(龍)의 해가 시작되었다. 그것도 크나큰 꿈틀거림이 예상되는 흑룡의 해라 하니 기대와 염려가 교차된다. 월가에서 시작된 1%에 대한 99%의 항변이 세계적 차원에서 사회적 약자에 대한 관심을 증폭시켰고 평등과 정의의 요구가 도처에서 분출되고 있다. 한국도 예외가 아니어서 반값 등록금 문제부터 출산 지원 및 유아 보육, 나아가 비정규직 철폐에 이르는 복지 문제가 다가올 총선과 대선의 핫이슈가 될 것이다. 그간 사적 차원에서 빚을 지면서까지 스펙 쌓기에 몰두하던 대학생들도 불합리한 사회구조 및 대학 행정에 이의를 제기하며 공적 영역에로 눈을 돌리기 시작했다. 이렇듯 분출되는 욕구를 사회를 혼란케 하는 요인으로 보기보다는 용트림을 통한 비약의 과정이자 단계로 보는 것이 백번 지당하다. 이는 대기업 중심의 경제정책이 함께 살 수 있는 길이 아닌 것을 처절히 학습한 결과라 할 것이다.

한국 사회가 이렇듯 변화를 지향하는데 반해 기독교를 비롯한 종교들의 움직임은 너무도 미미하다. 기독교 정당을 만들어 대사회적 세력을 과시하려는 보수적 시도들도 있으나 시대착오적 발상일 뿐이다. 물론 믿음과 행동이 함께 굴러가야 할 자동차의 두 축과 같이 종교와 정치 역시 불가분리의 관계에 있다. 양자 간의 분리는 종교가 제국주의의 틀 속에 기생할 때 생겨난 부산물인 경우가 많다. 적어도 기독교의 경우는 분명히 그러하다. 한국 사회

가 이처럼 격변을 요구하는데 종교가 힘을 보태지 않는다면 짠 맛을 잃은 소
금과 같은 존재로 전락하고 말 것이다. 최근 기독교 안에서 생명평화운동연
대가 발족되어 정치권과 의제를 함께할 수 있게 된 것이 다행스럽다.

앞으로 10년이 중요하다

향후 7~8년 이내에 종교계는 큰 역사적 사건과 만나게 된다. 우선 7년마다
열리는 세계교회협의회가 2013년 가을, 아시아에서 두 번째로 이 땅 부산에
서 열릴 것이다. 이것은 결코 기독교만의 축제가 되어서는 안 된다. 차축 시
대 종교들의 유산을 생생하게 간직한 한국 종교계의 실상이 소개되는 자리
여야만 한다. 2차 대회 개최지인 인도 뉴델리가 힌두교 문화권이었던 반면
한국은 심지어 이슬람의 색조까지 보태진 인류가 간직한 종교 유전인자들의
집산지인 까닭이다. 2017년은 루터가 종교개혁을 한 지 500년이 되는 시점이
다. 일차적으로는 사회적 문젯거리가 된 개신교 교회들을 각성시키는 계기
일 것이나 여타 종교들에게 줄 파장도 적지 않다고 믿는다. OECD 국가들 중
에서 한국이 욕망지수가 가장 높은 나라로 적시되었던 때문이다. 본래 종교
와 욕망은 반비례해야 옳은 것인데 그렇지 못한 현실은 종교 무용론을 피할
수 없게 하는 까닭이다. 일찍이 성직자 제도를 비판했던 함석헌의 말씀을 빌
리지 않더라도 종교가 종교를 위해 존재하는 실상을 곳곳에서 경험할 수 있
지 않은가? 향후 종교 간 대화는 이점을 간과해서는 아니 될 것이다. 마지막
으로 2019년은 민족을 위해 종교 간 차이를 뒷전에 두었던 기미독립선언이
발표된 지 100년이 되는 시점이다. 이는 향후 7년 이내에 다가올 역사적 사건
이 아닐 수 없다. 이 땅의 종교들이 민족의 당면 과제인 독립 앞에서 행동을
함께했다는 것은 한국은 물론 세계종교사에 있어 찾기 힘든 부분이다. 오늘
우리 시대에도 여러 종교가 함께할 과제들이 적지 않은 바, 당시의 지혜와 결

단이 시급하다. 기독교의 경우 선교사들의 그릇된 가르침—정치적 사건에 개입치 말라, 이웃 종교인들과 함께하지 말라—등이 있었으나 스스로 경계를 넘어설 수 있었던 것이다. 종교 간 대화 운동, 나아가 종교의 해방적 차원을 역설했던 죄로 출교 처분을 당한 신학자 변선환이, 독립선언에 참여하는 것을 깊이 고민하다 마지막에 합류하여 끝까지 변절치 않았던 신석구 목사에게서 세례받은 것을 자랑스럽게 생각했던 것은 기억할 만한 일이다.

두 해 전 UN에서는 매년 2월에 종교 간 상호 이해를 위한 주간을 지정할 것을 명시화했다. '종교 간 평화 없이 세계 평화 없다'는 한스 큉의 '세계 윤리 구상(Weltethos)'이 구체화된 사례로 평가할 수 있겠다. 종교 간 갈등을 부추겼던 정부조차 문광부를 통해 종교 화합 주간 행사를 적극 후원할 계획을 세워 놓았다. 이에 한국종교인평화회의는 문광부의 지원하에 해마다 5월 중 종교 화합 및 이해 주간 행사를 거대하게 준비할 것이다. 가장 많은 이들이 오가는 광화문 광장이 주 행사장이 될 것인데 여러모로 기대되는 바가 크다. 하지만 이런 행사는 대중적 계몽을 위해 가시적 효과에 무게중심을 둘 것이다. 종교 간 갈등을 부추기는 교계 현실에서 이런 식이라도 이해 증진의 기회가 발생한다면 그보다 좋은 일은 없을 듯하다. 하지만 이런 기회를 통해 종단에 몸담고 있는 성직자들은 지금부터 2019년을 7년 앞둔 격변의 2012년에 한국 사회와 세계를 위한 존재 이유를 더욱 절실하게 물어야만 한다.

하지만 종교 간 대화와 협력이 이론 영역에서만이 아니라 현실에서 구체적으로 일어나려면 주제가 분명해야 하고 그 지역이 협소할수록 좋다. 종교인평화회의의 지역 모임이 필요한 이유이다. 그래서 여해(如海) 강원용 목사의 유지를 따르는 대화문화아카데미에서는 가칭 33인 종교인 지역 모임을 결성할 것을 제안한 바 있다. 지역 단위로 현안 문제를 위해 종교가 힘을 합쳐 세상을 바꿔 보자는 취지에서이다.

본래 종교 공동체는 지역에 뿌리를 두는 것이 순리이다. 자신이 처한 구체적 공간에서 종교가 지닌 큰 뜻을 구현시켜 내야 한다는 것이다. 비록 도시화로 인해 공동체 개념이 흔적 없이 사라져 가고 있기는 하나 종교는 지역의 당면 과제를 위해 뜻을 모을 필요가 있다. 이런 시각에서 볼 때 동일한 종교, 예컨대 기독교 교회들 간의 관계보다 이웃 종교인들 간의 만남이 더욱 쉬울 수 있다. 이런 현상에 대해 토론의 여지가 없지 않으나 저마다 경계를 허물고 친구가 되는 일에 주저하거나 망설일 필요가 전혀 없다. 어느 교황의 말대로 같은 방식으로는 기도할 수 없을지 몰라도 같은 주제를 놓고서는 얼마든지 기도할 수 있기 때문이다. 뜻을 나누는 사람들이 진정한 친구라면 종교인들은 가난, 생태계 파괴와 같은 지역사회 내의 공동의 적들 앞에 함께 서야만 하는 것이다. 같이 노래를 부르는 삼소회 차원을 넘어 환경, 교통, 보육, 교육 등 지역 현안을 위해 33인의 지역 종교인들이 독립선언 때의 마음으로 뜻을 모아 행동한다면 현실은 조금씩 달라질 것이다. 깊은 산속에는 본래 어떤 길도 없었으나 한두 사람이 걸어 다니면서부터 누구나 갈 수 있는 작은 길이 생긴 것이 아니었을까? 종교가 공적인 곳에 마음을 두지 못하고 사적 영역으로 축소하는 것은 종교 본질에 어긋나는 일이다. 그래서 H. 아렌트 같은 정치 철학자는 공공(公共)에 대한 관심을 불멸성의 다른 말로 이해한 바 있다.

이제는 불교, 기독교, 천도교 등 어느 종교의 이름과 형식이 중요한 시대는 지났다. 종교가 통째로 비판되고 그 무용성이 집단적으로 고발되는 현실인 것이다. 항차 어느 순간 침잠해 있던 소위 무종교인들이 대거 종교비판을 앞세워 탈종교화를 선언할지도 모를 일이다. 그런 징조가 이미 독자 성향을 항상 주시하는 출판업자들 사이에서는 예감되고 있다 하니 과장된 지적은 아닐 듯싶다.

종교의 구체성

이상과 같이 이야기한 지역 현안을 위한 종교 간 대화와 협력을 필자는 종교의 구체성이라 부르고 싶다. 개념적으로 정의된 광대한 사랑에는 모두가 동의하나 눈앞의 현실에 애정을 표하기는 어려운 법이기 때문이다. 그러나 구체성을 결여한 종교 간 대화, 스스로의 경계를 허물지 못하는 종교적 실상, 나아가 자신 종교를 위해 종교를 유지·존속시키려는 태도는 자기모순이자 이율배반이다. 지역에 위치한 교회가 주변 현안을 놓친 채 천국을 말하거나 우주적·세계적 평화를 외치는 것은 참으로 공허하다. 이점에서 필자는 최근 논의 중인 다중(多衆) 개념을 빌려 지역에서의 종교 간 대화와 협력 의미를 간략하게 정리해 보고자 한다.

다중(多衆)이란 민중, 대중과도 다른 개념이다. 민중이 계급적 색조를 띤다면 대중(大衆)은 획일적 의미가 짙다. 반면 다중은 생산노동자만을 지칭하지 않고 저마다 노동에 있어 특이성을 지닌 까닭에 획일적이지 않다. 예컨대 컴퓨터 프로그래머, 노인복지사, 환경 운동가, 교사, 신문기자들은 저마다 하는 일(노동)이 같지 않다. 그렇기에 그들은 대중이라 불리지 않는다. 마찬가지로 종래와 같은 노동자계급이 아니기에 민중과도 거리가 있다. 이렇듯 특이성을 갖고 주변 삶에 대한 정치적 의식을 표출하는 존재를 다중이라 한다.

다중은 지역 안에 위치한 존재만을 일컫지 않는다. 지역 밖의 존재들 역시 다중의 범주 속에 의당 엮일 수 있다. 그렇기에 지역의 문제는 동시에 모두의 현안, 항차 전(全) 지구적 차원의 의제가 될 수 있는 것이다. 하지만 중요한 것은 언제든 지역이다. 지역의 현안이 출발점이 될 때 세계적 차원을 지닐 수 있다. 이렇듯 다중의 역할은 현안을 해결하는 삶정치에 있다. 특이성을 지녔기에 저마다 하는 일은 다르나 이들에게는 공통의 과제가 있는 까닭이다. 이점에서 다중은 부화뇌동하는 대중과 달리 민중과 닮아 있다. 하여 다중은 차이를 강조하는 탈현대성의 시각에서 민중을 재해석한 것이라 말해도 좋다.

　세계적 차원에서 다중은 가난을 공동의 적이라 규정한다. 1%만을 위한 경제체제에 대한 항거가 이미 다중을 통해 생기한 삶정치의 모습이기도 하다. 지역적 차원에서도 다중의 과제가 없을 수 없다. 지자제가 안착되었기에 지역을 위한 삶정치가 다중이 감당할 몫이 된 것이다. 지역마다 조금씩 다를 수는 있어도 복지, 교육, 주거, 환경, 언론 등의 문제가 관심사일 것이며 이를 묶는 큰 틀은 분명 지역 내의 정의일 것이다. 지난해 마이클 센델의 『정의란 무엇인가』란 책이 일본에 비해 인구 대비 4배나 많이 팔렸다는 사실은 한국 사회가 곳곳에서 부정의하다는 반증이다. 정의의 다른 말은 분배 문제의 불균형이자 가난이 아닐까 싶다. 그렇다면 다중의 적은 역시 지역 내 빈곤의 문제이다. 이것은 인간답게 살 수 있는 권리로서 한계는 있겠으나 종교가 놓칠 수 없는 부분이다. 다중 이론을 주창하는 사람들은 다중이 지닌 집단 지성을 신뢰한다. 삶정치를 위해 스스로 진화하는 다중의 역량을 믿는 것이다. 요즘 그 일면이겠으나 SNS 등을 통해 집단 지성의 진가가 여실히 드러나고 있다.

　이 점에서 필자는 지역 현안에 관심하는 종교 역시 자신을 다중 지성의 일원으로 생각할 필요가 있다고 생각한다. 종교의 한문 표현에 의거 저마다 으뜸이란 배타적(절대적) 주장을 거두고, 특이성을 지닌 한 존재 양태로서 공동의 적을 향한 삶정치에 투신해야 한다는 것이다. 종교가 스스로 다중의 한 표현이 될 때 종교는 더 많은 다중을 삶정치로 이끌 수 있다. 이것을 전도 내지 선(포)교의 다른 표현이라 이해해도 좋다. 사안이 복잡하고 거대하기에 특정 종교가 모든 것을 감당할 수 있는 시기는 이미 지났다. 종교가 자신을 특이성을 지닌 다중의 일원이자 그것의 한 표현으로 자신을 자리매김(정체성)하는 것이 지역에서 종교 간 대화와 협력을 위해 전제될 사안이다. 이를 위해 공동의 적에 대한 관심이 무엇보다 필요하다. 중생이 아프니 붓다가 아픈 법이며 당시의 보안법인 안식법을 어겨 가며 병자를 고치고 가난한 이들을 먹인 것이 예수의 마음이었다.

일반적으로 종교를 급진성(Radicality)이란 말과 함께 쓰는 것을 기성종교들은 두려워한다. 하지만 급진성과 보수성은 의미상 다르지 않다. 왜냐면 'Radicality' 란 부분이 아니라 전체를 바라보는 시각이며 문제의 실상을 뿌리까지 찾아 가는 근본적 태도를 말하기 때문이다. 그렇다면 오늘의 종교는 보수/진보의 문제로 갈등할 것이 아니라 우리에게 공동의 적이 무엇인지를 놓고 지역 안에서 고민하며 협력하는 모습을 보여야 마땅하다. 그것이 지역에 종교가 있는 이유일 것이고 뭇 다중들과 소통할 수 있는 힘을 얻는 길이다. 수원을 중심으로 경기 지역에서 종교 간 대화와 협력을 위한 운동이 창발(創發)함에 기쁨이 크다. 다중 지성의 선각자로서 종교인들의 활동을 기대하며 지역을 위해 헌신할 33명의 종교인들의 이름이 널리 회자되기를 간절한 마음으로 기도한다.

종교 간 대화의 미래
한국종교인평화회의의 시각에서

오늘 우리 사회가 주목하고 있는 한국종교인평화회의는 창시자들의 시대를 지나 2세대, 3세대 인물들의 활동장이 되고 있다. 한국을 위한 종교가 아니라 특정종교의 한국이 될 만큼 아(我)가 비아(非我)로 홀대받던 상황에서 강원용, 김수환, 법정 등의 걸출한 인물들이 나타나 한국을 재발견했고 이 땅에서 제 종교의 공존을 선포한 일은 세계 역사 속에서 그 유래를 많이 찾을 수 없을 듯하다. 2세대 학자로서 종교 간 대화를 외치다 교계의 희생양이 된 변선환의 죽음도 결코 사장될 수 없는 우리의 역사이다. 본격적으로 보살(菩薩) 예수론을 말한 길희성 역시 한국종교인평화회의를 위해 일했던 2세대 인물이다.

창시자들은 갈 곳을 찾아 떠났고 2세대 학자들 역시 현실 뒤편에 서 있다. 그러나 그들이 바라고 원하던 종교 간의 화합과 공존의 현실은 요원하며 그들만큼 사명을 갖고 현실과 부닥칠 수 있는 인물 역시 잘 눈에 띄지 않는다. 세월이 지나면 창립 취지가 얼마만큼 변질되는 것을 감안할 수 있으나, 오늘 우리의 현실은 뜻은 희미한 채 조직으로만 존속하는 것이 아닐지 깊게 성찰할 일이다. 한국종교인평화회의가 현실 역사 속에 꼭 있어야 할 이유를 물어야 할 것이다.

한국종교인평화회의는 한국 내 제 종교들이 자발적으로 종교적 사명을 다하고자 모인 단체이다. 조만간 한국의 이슬람 종교인들도 우리 모임의 일원이 될 듯하다. 종교인들이 모였다면 아름다운 향기가 나야 한다. 그리고 백성과 민중을 위한 역할이 있어야 하며 종교 본질에 입각한 분명한 소리가 울려야 마땅하다. 북한에 대한 시각도 종교인의 관점에서 더욱 분명해져야 할 것이고 4대강 개발에 대한 입장 역시도 생명 논리로 접근했어야 옳다. 본 모임에서조차 지위에 대한 관심이 앞서고, 세(勢)를 누리고자 하며, 대접받는 일에 익숙하다면, 그리고 진리를 몸소 실험할 용기를 갖지 않고 힘의 논리에 파묻혀 버릴 경우, 창시자들의 용기와 2세대의 희생을 가치 없게 하는 것이다.

종교인평화회의에서는 지금보다 치열하게 상호 간의 소통 원리를 개발해야 하고, 어느 사업을 우선적으로 해야 할 것인지를 논의해야 하며, 함께 일할 경우 서로 자신이 했단 의식조차 없이 그리해야 할 것이다. 물론 사람이 모인 곳에 갈등과 혼란이 있는 법이긴 하나 3·1독립선언서가 그리 나왔듯 상대를 앞세워야 하지 않겠는가? 항시 우리가 조심할 것은 본말이 전도되지 않는 일이다. 일을 위해 우리가 있는 것이지 우리를 위해 일이 있는 것은 아니다. 최근 하비 콕스란 신학자가 『종교의 미래(The Future of Faith)』란 책을 냈다. 그가 말한 미래는 예수의 시대였다. 소위 오래된 미래가 그것이다. 창시자의 삶을 육화(肉化)시켜 서로 그렇게 살 때 인류의 미래가 있다는 것이다. 제2의 차축(車軸) 시대라 불리는 지금 분리된 종교들이 함께 수렴(收斂)될 때이다. 불교 사찰을 하느님 땅으로 만드는 방식이 아니라 함께 세상을 달리 만드는 방식으로 그리될 것이다. 여기서 필자는 원효(元曉)의 화쟁론(和諍論)을 근거로 함께 수렴되는 종교상을 제시하고 한국종교인평화회의의 과제로서 감히 지구를 구하는 일, 즉 기후 붕괴 시대를 사는 종교인 삶을 언급하려 한다.

화쟁론에 근거한 종교 간 대화

종교 간의 대화는 물론 어제오늘의 일이 아니다. 기독교 서구에서는 다원주의란 이름으로 다른 제 종교 간의 관계 짓는 법을 발전시켜 왔다. 그러나 그들의 논리가 아무리 정교하다 해도 여전히 서구(기독교) 중심적 시각을 벗기 어려웠다. 이 점에서 원효의 화쟁론에 입각한 대화법은 인간의 상식에 호소하는 것으로서 동서 종교 모두에게 설득력을 지닌다.

화쟁론은 체용론(體用論)에 근거한 것으로서 본래 중국에서 유입된 불교 내 종파들을 회통시킨 원효의 핵심 사상이다. 서구 기독교가 신을 발견했다면 동양에는 체용이 있다는 말이 있듯이, 본체와 현상이 불가분의 관계에 있다는 본 개념은 동양 종교 모두에게 중요한 의미를 지닌다. 몸은 몸짓을 통해 자신을 표현하는 바, 몸이 없으면 몸짓은 불가능하며 몸짓들 간에는 상호 차이가 있을 수 있다는 사상이다. 재론하면 용(用)의 측면에선 청색과 남색이 상호 다르지만 동일한 바탕(體)이라는 사실이다. 얼음과 물 간의 차이가 있으나 같은 원천이고 거울이 만 가지 상(相)을 다 용납하듯 상호 간 차이를 회통시키는 길이 있음을 원효는 확신한 것이다. 따라서 화쟁은 '나는 옳고 너는 그릇되었다' 고 말하지 않는다. 오히려 '모두가 옳을 수도 그를 수도 있음' 을 천명한다. 언어가 지닌 근원적 한계를 직시하고 그 방편(方便)적 의미를 염두에 두었던 까닭이다. 언어에 대한 오해로 인해 인간 및 세계에 대해 오늘의 맥락에서 자기 종교에 대한 집착이 위험수위에 놓였다는 것이다.

종교의 세계를 있음/없음, 긍/부정으로 나누어 생각하는 일은 언어의 방편일 뿐 진리 자체를 들어낼 수 없는 바, 사람들은 한편만을 진리로 생각하며 산다. 이에 원효는 이쟁(異諍)을 회통(會通)시킴에 있어 '비동비이(非同非異)'를 말하고 있다. 양자 부정을 통해 한편만이 진리란 생각을 끊고자 한 것이다. 바로 '여언이취(如言而取)' 와 '득의이언(得意而言)' 이란 두 말이 이를 실천하는 방식이다. 전자는 말 그대로를 따르면 어느 것도 받을 수 없음을 적시하며 후자는 뜻을 살려 들으면 어느 것도 내칠 수 없다는 말이다. 앞의 것으로 원효는 자신을 부정했고 나중 것으로 원수마저 긍정하고 포용하는 입장을 드러냈던 것이다. 여기에는 의견 차가 크더라도 함께 살아야 한다는 공동체 의식, 오늘의 말로 언표하자면 지구적 차원의 에큐메니컬(ecumenical)한 의식이 근간이 되어 있다. 원효는 차이를 강조하는 이들에 대한 미운 마음을 자신에게 돌리고 같음을 지향하는 동류 사람들에게 향했던 마음을 미운 그들에게 돌렸던 것이다. 말이 치우칠 때 그를 바로잡고 뜻이 옳을 때 그것을 살려 내는 비동비이의 원리는 자유(無碍)의 길이자 용서와 화해의 길로서 생명 공동체를 향한 종교의 목적이자 본령(本領)이 아닐 수 없다.

사실 기독교 입장에서도 이런 논의가 없었던 것은 아니다. 비록 기독교 역사 속에서 부정신학(否定神學)의 전통이 억압되었던 것은 사실이나 화쟁론과 같은 맥락을 지닌 논의가 존속했다. 최근에는 성령론을 중심으로 과거 사장된 논의들을 재활시키는 신학적 노력들이 일어나고 있다.

주지하듯 기독교는 자신들 내적 영역에서 이해된 신의 활동과 현존을 표현하는 일에 지대한 공헌을 해 왔다. 하지만 기독교 외적인 영역에서 하느님 활동과 현존을 언표하는 일에는 소극적이었고 게을렀다. 에큐메니컬 신학자로 저명한 J. 몰트만조차 '그리스도 십자가가 없으면 하느님 안에 있는 세계의 비전은 순수 환상 내지 범허무주의에 빠진다' 고 말할 정도였다.

토대적 성령론

다행히도 하느님 영의 활동이 시대가 요구하는 보편성의 토대가 될 수 있다는 것이 요즘의 생각인 듯하다. 이웃 종교들의 삶의 영역은 물론 인간 외적인 자연 역시도 성령의 활동장일 수 있다는 것이다. 이로 인해 전통적 기독교(기독론)가 지닌 난제, 특수 계시와 일반계시의 경계를 무너트릴 수 있게 되었다. 하느님 영이 그리스도 종속성으로부터 벗어난 것이다. 공통의 장에서 공통의 담론을 구축하는 것이 하느님 영의 보편적 활동에 적합한 일이라는 사실이다. 기독교의 고유한 체험만이 아니라 세계 내 인간 존재의 보편적 체험역시 새로운 성령 이해에 있어 중요함을 숙지한 것이다. 인간 체험의 보편화를 성령론적 상상의 결과로 인식하는 까닭이다. 공공성이 인간 체험의 보편성인 한에서 더욱 그러하다. 여기서 진리는 일관된 체계가 아니라 항시 상응적 진리로 이해된다. 성령론적 상상이 기독교적 체험으로부터 출발하지만그 지평을 인류 공통 체험의 장으로 확대시킬 수 있기 때문이다. 종교 간 만남에 있어 기독교적 표준을 드러내기보다는 영역을 넓히는 일, 곧 보편화에관심하는 것이 중요하다는 발상이다.

종교가 고립성, 파괴성을 드러낸다면 그것은 영의 마성(魔性)적 일면일 뿐이다. 공동체적 삶을 파괴하는 것은 영의 공공성에 상처를 입히는 행위일 수밖에 없다. 향후 기독교의 과제는 인간 및 자연 공동체 안에서 공공성을 해치는 마성적 힘에 공동 대처하는 방안을 모색해야 할 것이다. 이를 위해 비서구적 진리 독법(讀法)을 부단히 연구해야 할 것이고, 그들의 문화와 상황, 신념과관습을 통해 세계를 조망하는 방식을 배울 필요가 있다.

이렇듯 세계 전체를 성령론적 지평에서 이해할 경우 현실의 세계가 진리를 떠날 수 없다는 체용론의 시각과 크게 다르지 않다. 성령의 보편성과 체용론에 기반한 화쟁론은 일미(一味)를 공유할 수 있다. 비서구적 진리 독법으로서의 화쟁론이 성령의 보편성(공공성)과 다르지 않다는 것이다. 더욱이 이 두개념이 함께 살아야 할 삶의 지평(공동체성)에 우선성을 부여하는 한 상응적 진리임이 틀림없다는 확신을 지닐 수 있다.

그렇다면 인류의 공동체성을 깨치는 최대의 마성이 무엇인지를 고민할 시점이 되었다. 주지하듯 IPCC(정부 간 기후 협약체)는 기후 붕괴 시대를 예고하고있다. 인류가 지금처럼, 소위 아메리칸드림을 좇아 그들처럼 산다고 한다면 지구가 서너 개 정도는 더 있어야 할 것이라 말한다. 지구 온도 상승 6도의 악몽이 금세기 안에 현실이 될 수 있다는 것이 환경 학자들의 생각이다.

익히 경험하듯 환경문제에 관한 한 불편한 '진실' 은 환경을 살리는 일을 실천하기 어렵고 자본주의사회에서 인간의 욕망을 줄이기 힘겹다는 사실이다. 자본주의만큼 인간 및 자연 공동체를 해치는 마성적 세력이 없다. 지속적으로 차별을 만들어 가는 사회, 보편성을 꿈꿀 수 없게 만드는 신자유주의 체제하의 자본주의는 함께 맞서야 할 마성의 실체임이 틀림없다. 종교마저 이런 마성으로부터 자유롭기는커녕 자본주의가 종교를 자본주의화 시킨다는 말이 난무할 정도로 타락한 모습을 하고 있다. 종교 지도자 치고 배기량이 큰 차를 타지 않는 사람이 없고, 그것을 부끄럽게 여기는 사람도 없다. 실상은 배고파 남의 물건을 훔친 장발장의 죄보다 필요 이상의 에너지를 의식 없이 사용하는 인간 삶의 양식이 큰 죄임을 종교가 가르쳐야 함에도 말이다. 많은 교회와 사찰이 부유해졌으니 자발적 가난은 누구도 귀담아듣지 않게 되었고 어느덧 종교 역시도 인간 욕망을 충족시키는 도구로 전락해 버리고 말았다. 어느 종교 가릴 것 없이 모두 성직자의 종교로 변질되어 버린 것이다.

지구 재앙에 대한 마지막 경고가 울리는 시점에서도 여전히 간간이 흘러내리는 벌꿀에 취해 인류의 미래를 예견하지도, 책임을 감당하지도 못하는 종교는 결코 유익하지 않다. 이를 위해 필자가 한국종교인평화회의에 제안하는 바는 다음 세 가지이다. 첫째는 손의 창조력 회복이며, 둘째는 최소한의 물질로 살자는 것이고, 셋째는 은총의 감각을 회복하는 일이다. 이 셋은 하나로 연결된 주제로서 동전의 양면처럼 얽혀 있다. 어느 것 하나라도 이는 다른 것도 실현되기 쉽지 않기 때문이다.

첫째는 도시 문화에 대한 비판이다. 도시 문화는 인간으로 하여금 스스로 할 수 있는 힘을 박탈해 버린다. 자신의 본질을 드러내기는커녕 먹고 살기 위한 노동자로 전락한 도시적 삶 속에서 인간의 손은 창조성과 무관해진다. 본래 인간 지능이 발달한 까닭은 직립으로 두 손이 자유로웠기 때문이다. 손의 창조력 결핍은 삶을 돈의 노예로 만들 수밖에 없다. 돈으로 해결하기보다는 자신의 힘으로 해결할 수 있는 능력을 길러야 한다는 것이다. 이것이 있어야 우리는 다음으로 단순한 삶을 살 수 있고 즐길 수 있다. 21세기의 화두는 자유도 평등도 아닌 단순성(Simplicity)이다. 이것 없이는 인류의 미래 아니 종교의 미래도 없다. 지구 생명이 사라질 운명에 처해있기 때문이다. 최소한의 물질은 물질이 아니라 정신이라는 한 철학자의 가르침도 유념할 부분이다.

마지막으로 이런 생각의 성패 여부는 본질적으로 은총(恩寵)의 감각을 회복하는 데 있다. 자본주의에서의 인간은 탄탈로스 신화가 말하듯 끝없는 욕망의 희생자로 살고 있다. 아무리 가져도 부족하며 풍요 속에서 빈곤, 박탈감으로 괴로워하는 존재가 되었다. 현실 사회가 욕망을 가르쳐 놓고 일자리를 주지 않으니 청년 백수들을 어찌하란 말인가? 최상의 것을 거저 얻었다는 고백, 은총의 감각 없이 자본주의와 맞설 수 없고 기후 재앙을 극복할 수는 없을 듯싶다. 은총이란 특정 종교가 전유한 개념이 결코 아니다. 연기설이 그렇고 사은(四恩) 사상이 그것을 말하지 않는가? 동학의 시천주 역시 이와 무관한 개념일 수 없다. 우리 모두 함께 모여 자본주의 욕망을 확대재생산하는 구태를 벗고 기후 붕괴라는 전대미문의 재앙에 직면하여 종교 창시자들의 생각으로 돌아가는 훈련의 장에서 만나야 할 것이다. 우리는 적어도 성녀로 불리는 테레사의 유언쯤은 명심하고 살아야 할 존재들이 아니던가? "우리는 성공하기 위해 불려진 존재가 아니라 신실하기 위해 부름받은 존재들이다(We are called upon not to be successful, but to be faithful)."

한국에 있어
종교 간 대화 운동의 향방

국내에서 일어난 종교 간 대화 운동의 역사가 근 50년에 이르고 있으나 답보 상태에 있다. 대화 운동을 발의했던 당시 종교 지도자들의 열정과 문제의식 그리고 순수성이 오히려 사라진 듯 보일 정도가 되었다. 마치 시간이 흐르면 초창기 신앙 운동이 형식적으로 변하듯 대화 운동 역시 길지 않은 역사 속에서 그런 수순을 밟고 있는 듯하다. 조직과 기구로 명맥을 유지하고 그 안에서 종파의 유/불리를 셈하는 행태는 대화 운동의 미래를 어둡게 하는 일로서 극복해야 할 과제다. 그래서 종단 대표들의 헌신적 의지와 대화 운동에 참여하는 각 종단 실무자들의 역할이 어느 때보다 중요한 시점이 되었다. 조직과 기구를 통해 종단의 권익을 지키려는 노력 이상으로 이 속에서 자기 종교의 가치 실현을 선행 과제로 삼으란 말이다. 종교 본연의 힘이 회복될 때 종교 간 대화 운동 역시 옳게 회복되리란 것이 앞선 이들의 확신이었던 까닭이다.

그러나 실상 종교 간 대화와 협력은 쉬운 일이 아니다. 한 종단 내 교파일치운동(Ecumenical movement)의 난맥상을 볼 때 상호 다른 종교들과 하나 된다는 것이 불가능한 것처럼 보이기 때문이다. 한국적 상황에서 한국종교인평화회의와 종교지도자협의회(종지협)가 공존하고 있는 현실도 결국 교파 간 불일치 탓이라 하겠다. 이렇듯 문제의 원인이 기독교 측에 있긴 하지만 이런 이원적 구조를 묵인하고 그 틀에 안주해 온 이웃 종교 측에도 아쉬움이 없지 않다.

양분된 기독교 연합 단체에 동시적으로 참여하는 일 자체가 대화 운동의 취지와 목적을 벗어난 정치적 산물이고 무엇이 종교 간 일치 이념에 사상적으로 부합하는가에 대한 판단 유보의 결과란 생각 때문이다. 후술하겠으나 여하튼 두 단체가 공존하는 상황을 종식시키는 것이 우리의 과제로 남아있다. 그럼에도 비슷하기에 상호 밀쳐냄이 있고 전혀 다르기에 끌림이 생기듯 한국적 상황에서 종교 간 대화 운동이 교파일치운동보다 용이할 수 있다는 생각을 떨칠 수 없다. 동일한 세계관에서 태동된 종교들 간에는 옳고 그름을 따지는 '변증법적 대화'가 요구되나 낯선 세계관을 배경한 종교들 간에는 '대화적 대화'가 필요하다는 것을 정설로 믿고 싶은 것이다.

주지하듯 초기 각 종단 내 선각자들이 종교 간 대화 운동을 주창했던 큰 이유 중 하나는 3·1독립선언서의 전통을 복원시키기 위함이었다. 실제로 강원용 목사는 종교 간 대화 운동의 출발점을 본 사건에서 찾았다. 민족 독립을 위해 동학(천도교)과 기독교 그리고 불교 대표자들이 함께 뜻을 모았고 후일 유학자들 역시 파리강화회의에 독립 의지를 천명한 것 등은 기독교 서구로선 낯선 경험일 것이다. 이제 몇 년 후인 2019년이 되면 종교 간 대화 운동을 시작한 지 백년의 역사를 맞이한다. 그로부터 100년이 지난 한국 종교들의 현실이 당시의 깊이와 넓이를 지닐 수 없고 현실 문제와 맞닥트리지 못한다면 그들의 존재 이유는 반감될 것이며 시민들로부터 외면당할 수밖에 없다.

한국 사회는 자신을 무신론자라 커밍아웃하는 사람들의 숫자가 많아지고 집단화될 조짐을 보이고 있다. 유물론적 진화론의 등장과 제도종교의 타락상이 주된 원인이 될 듯싶다. 이점에서 종교인들은 머리를 맞대고 차이를 넘어 공통의 과제 앞에 당당히 자신을 드러내야만 한다. 제도나 교리로서의 종교에 대한 관심이 실종되는 정황에서 이런 노력은 종교의 생사와 연루된 사안이기도 하다.

이원론적 차등주의와 일원론적 상대주의

실상 이런 종교 간 일치 경험이 한국 땅에서 역사적 사건화될 수 있었던 것은 서구와 다른 종교 풍토 때문이었다. 필자는 이를 이원론적 차등 주의의 서양과 일원론적 상대주의를 표방해 온 동양 간의 차이라고 생각한다. 주지하듯 성속의 구별에 익숙한 서구 전통은 동일성 철학을 잉태했고 그에 근거해 뭇 차별을 정당화했다. 하지만 동양 전통은 체용(體用)론에 근거하여 근원적 일자(一者)가 다양한 방식으로 현현했음을 믿었다. 현상적 차이는 근원적 일자가 상호 다른 방식으로 들어난 것이라 여겼기에 성속의 구별은 물론 타자를 배제하는 동일성 사유가 자리할 여지가 없었던 것이다. 이런 차이는 더욱 본질적으로 동서양 사유의 근원처가 각기 주역(周易)과 플라톤의 이데아론에 있다는 사실에 근거한다. 현실을 이념의 그림자로 보아 양자를 가치론적으로 구별했던 플라톤의 이데아론이 질서로부터 혼동을 강조했다면 주역은 거꾸로 혼동으로부터 질서를 말했기에 가치론적 차등 주의를 인정할 수 없었던 것이다. 조금씩 날라지곤 있으나 지금껏 서구 기독교는 물론 아랍 종교들 또한 배타주의를 기본 정조(ethos)로 삼은 것은 이런 이유라 하겠다.

하지만 서구 기독교를 수용했음에도 불구하고 당시 그들과 다른 경험을 창출한 한국 기독교의 경우, 그 속에 체용적 가치관이 자리(토착화)했다. 점차 서구화되는 과정에서 희미해져 버렸으나 민족주의를 표방했던 당시 기독교는 정치적 차원뿐 아니라 문화적(세계관적)으로도 한국적이었던 것이다. 역시 후술하겠으나 여기서 필자는 종교 간 대화 운동의 향방이 실천적 과제의 차원에서만이 아니라 궁극적으로 예수와 붓다가 무슨 상관이 있는가를 묻는 데까지 이르러야 함을 말하고 싶다.

그간 필자는 운동이라 불리기는 어렵겠으나 다양한 형태의 종교 간 대화 모임에 참여하며 이웃 종교인들과 책을 함께 읽고 수행을 같이 했으며, 한 방에서 먹고 마셨고, 종교적 주제를 놓고 난상토론을 벌인 적도 수없이 많다. 신(神)의 존재와 체용론이 힘겹게 토론되었고, 신정론과 연기설에 근거한 불교적 악의 관점이 팽팽하게 맞선 적도 적지 않았다. 원죄와 탐진치의 관계, 그리고 믿음과 수행 역시 머리를 맞대었던 주제였다. 때론 생태계 위기를 풀어내는 제 종교의 관점도 서로 나눌 수 있었다. 스님들이 기독교 서적을 읽었고, 신학자들이 불교 책을 갖고 자신의 관점을 제시했으며, 유교학자들이 불교적 시각을 평가하기도 했다. 이런 과정 자체를 종교 간 대화 운동이라 명명해도 좋을 듯싶다. 즉 실천의 자리뿐만 아니라 이론적 논의 차원 역시도 대화 운동의 본질에 속한다는 확신 때문이다.

종교는 인간을 달리 만들 책임이 있다

최근에는 '인간은 정말 변할 수 있는 존재인가?'를 주제로 각 종단 소속 학자들의 진솔한 고백을 나눈 적도 있었다. 진솔함과 솔직함만 있다면 종교 간 대화 운동은 지금보다 조금은 나아질 수 있다는 확신을 갖게 된 것은 큰 수확이었다. 저마다 교권을 등에 업고 종단을 대표한다는 생각 때문에 때론 솔직성을 잃었고 권위적 사고를 떨쳐버릴 수 없었으나 본연의 인간으로 돌아가면 외적 차이에도 불구하고 통하지 않는 말이 없음을 발견한 것이다. 위 주제에 대한 한결같은 대답은 인간은 쉽게 달라질 수 없다는 것이었다. 외적 은총만으로, 단박의 깨침으로 인간이 변할 수 있다는 것은 현실에서 쉽게 생기(生起)하지 않는다. 종단의 차이는 그야말로 외적인 껍질에 불과했다. 그 속에서 숨 쉬며 살아가는 성직자들의 고뇌는 형식은 달랐으나 내용에 있어 같다는 것이 탐색의 결과였다.

이렇듯 여러 모양으로 종교 간 대화 모임에 참석했던 경험에 비춰 볼 때 서구에서 제시한 종교 간 대화 유형이 기독교적 시각을 반영한 것만이 아님을 알게 되었고, 그 어느 유형으로도 현실을 옳게 설명할 수 없다는 생각에 이르렀다. 우선 자기 종교만의 절대 우위를 강조하는 배타주의가 기독교의 경우뿐 아니라 최근 아소카 선언에서 불거졌듯 불교에도 해당되는 것임을 알게 되었다. 자기 종교의 시각에서 이웃 종교를 이해하려는 포괄 주의 유형도 종교가 의당 보편성을 추구하는 한에서 어느 종교도 이런 유혹에서 벗어나기 어렵다. 다원주의 역시도 상호 관계성을 설명치 못하는 한 머리가 아닌 가슴으로 이해될 수 없는 여지를 남긴다. 차이로만 끝나 버린다면 차이에 의지한 자기주장은 결코 포기될 수 없기 때문이다. 실천(正行)의 차원에서 종교 간 대화를 수행하는 것 또한 필요하나 충분치 못하다. 실천으로 종교를 환원시키는 것은 종교의 윤리화를 뜻하는 것으로서 성속일여(聖俗一如)와는 같지 않다.

종교 언어는 은유이다

여기서 필자는 종교 언어의 절대화를 포기하고 그것이 주는 은유적 의미에 주목할 것을 제안하고 싶다. 기독교가 은총(恩寵)을 말하고 불교가 연기설(緣起說)을 강조하며 그리고 원불교가 사은(四恩) 사상을 역설하고 천도교가 시천주(侍天主) 주문을 외우는 것은 모두 인간은 관계적 존재로서 자기 혼자만으로 인생을 살 수 없다는 가르침을 주기 위한 방편이란 것이다. 종교 언어란 어느 경우든 '그렇지만 그렇지 않은(it is, but it is not)' 은유적 성격을 지녔음을 인정하라는 말이다. 연기설이 상호 의존적 관계성을 지시하는 한 연기설은 창조주의 은총을 신뢰하는 기독교와 은유적으로 만날 수 있는 개념이다.

몇 해 전 고인이 된 신학자 D. 죌레는 기독교의 은총을 이렇게 풀어 낸 적이 있었다. '은총이란 최상의 것을 거저 받았다는 고백이다.' 라고. 우리는 그것 없이는 살 수 없는 천지(자연)와 동포와 사회를 무상으로 받았고 하늘을 내 속에 값없이 모셔 살고 있는 존재이며 이렇듯 관계의 그물망을 토대로 했다는 점에서 은총의 존재임이 틀림없다. 따라서 삶이 은총인 것을 고백하며 그 은총에 걸 맞는 삶을 사는 것이 종교이고 그것을 표현한 것이 종교 언어라 생각하면 이웃 종교를 수용하는 폭이 훨씬 더 넓어질 수 있을 것이다. 인격적 하느님 이해에 경도된 기독교 역시도 이 점에서 은유(metaphor)적 차원을 깊게 성찰할 필요가 크고 많을 것이다.

이를 위해 하이데거의 시간성 개념의 한계를 지적하고 종교를 풍토(공간성)와 관계시켜 새롭게 이해한 와쓰지 데쯔우로의 『풍토와 인간』이란 책 내용을 소개하는 것이 도움이 될 듯싶다. 물론 그 역시도 결정론적 시각을 피하기 위해 풍토를 절대화하지는 않았으나 기독교 서구가 간과한 점을 공간의 시각에서 적시한 공이 있다. 그의 요지는 풍토가 인간의 자기 이해를 결정짓는 토대이고 인간의 자기 이해의 빛에서 종교적 표상이 달라진다는 것이다. 자연에 의존할 수밖에 없는 몬순형 풍토의 불교, 자연(사막)을 극복해야만 생존 가능한 히브리 종교(기독교), 그리고 자연이 질서(코스모스)로 이해된 희랍적 세계관에서 궁극적 실상이 저마다 달리 표상되는 것은 당연한 이치다. 수용적 인간상, 의지적 인간상, 합리적 인간상에 근거해 업(業) 사상이 출현했고 초자연적 인격신이 등장했으며 합리적 철학이 전개된 것이 바로 문명(종교) 발상지의 초기 모습이었던 것이다. 사막 풍토의 초자연적 신관이 희랍의 합리성과 조우한 결과가 가톨릭 신학(존재유비)이며 히브리 신관이 일조량이 부족한 유럽 북서부에서 인간 내면성을 강조한 종교(신앙유비)로 발전시킨 것이 개신교라는 위 책의 지적은 종교의 절대화를 피할 수 있는 상당한 근거가 된다. 종교 자체가 목적이 아닌 방편이란 생각을 더한층 배울 수 있는 까닭이다.

이 점에서 필자는 세계관과 종교의 관계를 물과 물고기의 관계라 정리하였다. 물과 물고기를 둘로 나눌 수 없듯이 세계관과 종교 역시 불이(不二)적 관계일 수밖에 없다. 세계관은 앞서 본대로 자연(풍토)을 근간으로 한다. 어떤 자연환경과 만나는가에 따라 인간의 자기 이해에 차이가 생기며 종교적 표상이 달리 구성되기 때문이다. 따라서 자연에 근거한 세계관의 차이란 자연스런 것일 뿐 결코 가치 판단의 대상일 수 없다. 이 경우 차이는 레비나스의 말대로 이웃 종교인들에게 각기 '초월'로밖에는 달리 경험될 수 없다. 초월이란 말은 이런 경우에 사용될 수 있는 말이다. 따라서 종교 간 대화 운동은 이웃 종교에게서 자기를 뛰어 넘는 초월을 발견하는 일이다. 그런데 그 초월은 결국 인간이란 존재가 은총의 존재인 것을 자기 언어로 재확인시키는 결과를 가져 올 뿐이다. 필자는 이를 '자기 발견의 해석학'이라 부르며 결국 종교란 '관(觀)'을 갖는 일이라고 정리하고 싶다. 모두가 보는 '견(見)'의 세계와 달리 아무도 보지 못하는 캄캄한 밤에 부엉이가 볼 수 있는 것을 일컬어 '관(觀)'이라 한다. 일상 견(見)의 세계에 살고 있다면 우리는 종교적 인간일 수 없다. 아무리 종교적 언어와 의례에 익숙하다고 해도 말이다. 오로지 은총의 감각을 회복할 때—상호 다른 종교언어를 사용할 지라도—우리는 '관(觀)'의 사람이며 종교인이 될 수 있는 것이다. 종교 간 대화는 이웃 종교인들도 '관'에 의거 은총의 삶을 살고 있음을 새롭게 발견하는 자리라 생각한다.

자기 종교를 의심하라

이렇듯 이웃 종교에 대한 자기 발견의 눈(觀)을 갖기 위해 우리는 자기 종교에 대해 의심의 눈을 돌려야 한다. 맹목적 헌신은 자신의 종교를 세상의 독으로 만들 수 있기 때문이다. 일반적으로 종교는 신도들에게 종단을 향한 신앙의 눈만을 강요한다. 하지만 자기 발견의 눈을 위해 우리는 자신이 헌신하는 종단과 종교에 예리한 의심의 해석학을 발휘해야만 하는 것이다. 자기 종교를 비판적으로 볼 수 없다면 우리는 종교 언어로부터 자유로울 수 없다. 이전보다 더 많이 경전을 읽고 표리부동한 종교 세계에 대해 의문을 품어야 할 것이며 더 많이 향유코자 기복적이 되어가는 자신을 아프게 성찰해야 옳다. 종교를 의지하되 맹종치 말 것이며 신도를 수단화하는 성직자들을 멀리하며 종교 경전을 이데올로기화하는 가르침을 거부하고 종교 지도자들의 독선을 경계해야 할 책임이 있다.

두서없이 말을 늘어놓은 듯하다. 하지만 본고의 주제에 관한 필자의 생각이 간헐적으로나마 소개되었다. 마지막 항목에서 좀 더 집약적으로 의견을 개진할 생각이다. 필자는 앞서 종교 간 대화 운동이 실천이 중요하되 그 이상이 될 것을 주문했다. 종교 간 대화 운동의 목적을 좀 더 근본적인 곳에 두고 싶어서이다. 주지하듯 오늘의 시대를 두 번째 차축 시대 혹은 영성의 시대라 한다. 이를 함께 말하면 첫 번째 차축 시대를 거치면서 제 형태로 분화되었던 종교들이 영성이란 이름하에 점차 한곳으로 수렴되는 시점이란 것이다. 최근 신과학 사조 역시도 이런 흐름에 일조하는 추세이다.

종교 없는 영성은 가능하되 영성 없는 종교는 퇴출될 것이란 말도 회자된다. 이 점에서 필자는 다석(多夕) 유영모가 말한 귀일(歸一) 사상에 주목한다. 이것은 일명 한국적 통섭(通涉)론이라 불리기도 한다. 이는 유물론적 환원주의를 표방한 윌슨식 통섭(統攝)과 구별되는 것으로 영성이 중심이 되는 후천(後天) 시대의 종교 양식을 적시한다. 후자의 통섭이 하나에로 모든 것을 환원시키는 제국주의적 개념이라면 처음 통섭은 오히려 그를 배격한다. 즉 통섭(統攝)이 큰 상자 속에 작은 상자가 겹겹으로 싸여지는 상태라면 통섭(通涉)은 오히려 소금이 물에 녹아 소금물이 되어 둘의 구별이 사라진 모습을 말한다.

그렇다면 다석(多夕)의 귀일(歸一)사상이 어찌하여 통섭(通涉)이 될 수 있다는 것인가? 다석(多夕)에게는 모든 종교는 결국 하나로 돌아간다는 확신이 있었다. "전체인 하나는 개체의 하나가 나오기 전에 나온 것입니다. 모든 개체는 하나에서 나오고 전체인 하나에로 돌아갑니다." 하지만 이것은 서구의 신(실재)중심주의와 전혀 다르다. 오히려 다석(多夕)의 귀일 사상은 한국 고유한 삼재(三才)론에 기초한 것으로 우주 생성의 근원인 하나가 '참나'와 다르지 않기에 나를 찾는 것이 하나로 돌아가는[歸一] 것인 까닭이다. 소위 『천부경』의 핵심인 '인중천지일(人中天地一)' 이란 말이 그것을 말한다. 따라서 다석(多夕)은 이런 큰 하나[元一]를 놀랍게도 인간의 밑둥(바탈)이라 했고 만물 속의 신(神)이라고도 말할 수 있었다. 이처럼 불측(不測)의 큰 하나와 바탈이 같은 것이기에 유불선을 막론하고 인간 정신을 큰 하나로 고동(鼓動)시키는 것―빈탕한데 맞혀 놀이―을 종교의 할 일이라 여겼다. 달리 말하면 바탈의 완성을 통해 천지 화육을 돕는 '하나'로 돌아가는 것이 종교 간 회통 원리였던 것이다. 이 점에서 다석(多夕)의 귀일 사상은 포함삼교(包含三敎)로서 접화군생(接化群生)하는 현묘한 도(道) 그 자체와 같다. 유불선은 물론 기독교 속에도 녹아들어 각기 자신들의 방식으로 인간과 사물 일체를 살려내는 일을 하는 도(道, 元一 혹은 온통)였기에 그것이 통섭(通涉)일 수 있었던 것이다. 저마다의 종교 형태를 유지하면서도 인간 정신을 빈탕에 맞혀 놀도록 부르는 그 소리에 우리는 응답할 수 있고 그때 비로소 우리는 후천 시대의 영성적 삶을 살 수 있는 것이다.

종교 간 대화 운동의 목적을 귀일(歸一)에 두는 것을 한국 종교인들의 과제로 여길 수 있다면 참으로 좋겠다. 회통 정신에 투철한 불교, 조상숭배만이 아니라 본래 무극(無極)의 중요성을 강조했던 유교 역시도 이에 동의할 수 있을 것이라 본다. 일본까지도 품어 안으며 평화적으로 민족 독립을 원했던 3·1독립선언서의 정신을 귀일 사상의 시각에서 풀어내 봄 직도 하다.

2013년 가을이 되면 전 세계 기독교인들이 이 땅을 방문할 예정이다. 한국 서울에 세계 최대의 교회가 있다는 것을 자랑하고 미국 다음으로 선교사를 많이 파송하는 기독교 종주국 된 것을 자랑하기보다는 다양한 종교들이 공존하며 하나로 돌아가는 두 번째 차축 시대가 실험되고 있음을 만천하에 드러내야 할 것이다. 그럼에도 이에 앞서 7대 종단은 현실적으로 접화군생(接化群生)을 향한 열망을 키워 나가야 한다. 2012년은 성장을 멈추는 첫해로 기억될 것이란 경제학자의 말이 있을 정도로 어려운 시점이 될 것이다. 정의의 열풍이 금년 일 년간 한국 사회에 불었던 것도 되씹어 볼 일이다. 『정의란 무엇인가』란 책이 인구 대비 일본의 4배 이상 팔렸다는 사실이 의미하는 바를 간과할 수 없다. 성장이 멈추는 시점에서 갈등과 분쟁이 많아질 것이고 그럴수록 나눔의 가치가 커질 터인데 과연 종교는 접화군생의 힘을 표출하고 그 가치를 실현시킬 수 있을지 고민해야 한다. 기회 있을 때마다 필자가 거듭 강조하듯 OECD 국가들 중에서 욕망지수가 가장 높은 나라가 되어 있는 현실에서 종교가 과연 무엇을 했는지 되물을 일이 한두 가지가 아니다.

나눔은 단순성이 최고의 가치가 될 때 실현 가능해진다. 접화군생의 힘을 갖기 위해서라도 종교는 지금보다 한없이 단순해져야 한다. 겉옷을 달라는 자에게 자신의 속옷까지 내주어야 할 현실에서 축적한 종교적 부를 내놓아야 마땅하다. 중생이 아프면 부처도 아프다는 말이 있고 지금 배고픈 자에게 한 것이 곧 내게 한 것이라는 예수의 말씀이 있다면 그것을 그대로 살아 내야 한다. 다행히도 6자회담이 재개되는 현실에서 크게는 통일을 위해, 작게는 북한 주민의 배고픔을 위해 7대 종교들이 한마음이 될 수 있다면 그것처럼 아름다운 일이 없을 것이다. 하지만 지금처럼 정부 돈 가지고 북한을 방문하는 정도로 만족한다면 큰 오산이다. 종교인조차 생색내는 일로 만족한다면 통일 후 그들에게 도(道)를 전할 면목을 잃을 것이다.

최선이 타락하면 차선이 되지 않고 최악이 된다는 이반 일리치 신부의 말을 기억할 필요가 있다. 수차 언급했듯이 강도 만난 이웃의 곁을 제사장과 레위인(율법학자)이 지나갔다. 예배를 위해서 율법을 지키기 위해서 그리했겠으나 그들은 신이 인간이 되었던 최선의 사건을 최악으로 만든 존재들이 되고 말았다. 하지만 정작 유대인과 적대 관계에 있었던 사마리아인이 강도 만난 유대인을 끝까지 돌봐 주었다. 물론 그 역시 자신의 관습, 민족적 차원의 분노에 의거해 그냥 지나칠 수도 있었다. 그러나 그는 그리하지 않았다. 성서는 그처럼 사는 것, 선한 이웃이 되는 것[接化群生]을 영생이라 하였다. 인간이 만든 일체의 장벽을 허무는 것, 그것이 제도이건, 인습이건 법률이건 간에 그것을 넘어 강도 만난 이웃을 돕는 접화군생의 삶은 종교인이 감당해야 할 몫이다. 종교 간 대화 운동의 실천은 이런 모험을 통해 가능하다. 모든 것을 팔고 일체 제약을 넘어서 이 일을 감당해야만 하는 것이다.

2019년 – 3·1선언 100주년을 준비하라

필자는 지난 2년 가까운 세월 동안 한국종교인평화회의 종교간대화위원회 위원장직을 맡았다. 그간 여러 곳에서 종교 간 대화 경험이 있었기에 잘 감당할 수 있을 것이라 여겼다. 하지만 그리하지 못했다. 필자는 한국종교인평화회의가 해야 할 으뜸 과제는 종교 간 대화 담론을 만들어 내는 일이라 생각했다. 하지만 본회는 일종의 사업 단체로 자리매김되고 있다. 그것이 잘못되었다는 것은 결코 아니다. 7대 종단이 모여 종교인 신분으로 함께 사업을 하는 것은 대단히 아름다운 일이다. 하지만 동시에 종교 간 대화의 이론을 만들어 내고 그것을 실험하는 것 역시 중요하다. 그간 이 점이 대단히 소홀했다. 종교 연합 기구로서 한국종교인평화회의는 개별 종교가 역량상 할 수 없는 이론적 차원을 맘껏 연구하는 분위기를 조성했어야 했다. 그러나 그간 종교간대화위원회의 인적자원은 정부와 관계된 행사에 강의하는 일로 분주했다. 함께 모여 대화하고 한국적 토양에서 그 이론을 축적해 가는 일에 관심이 없었던 것이 한 이유일 것이다. 필자는 속한 위원회 안에서 올 한 해 동안 『축(軸)의 시대』를 함께 읽고 종교 간 대화 방향을 정립하고자 했었다. 실행 위원들도 참여토록 독려했으나 지속되지 못했다. 종교 간 대화를 지속하는 것에 대한 확신이 부족한 듯 보였다. 때론 실무 차원에서 이것이 공허한 탁상공론에 머문다는 판단이 앞섰던 것 같다. 위원들 대다수가 너무 오랫동안 본회에 속해 있다 보니 타성이 생긴 것도 문제점으로 지적될 수 있다. 좀 더 열성을 지닌 최고의 학자들이 모여 한국종교인평화회의에 정신적 근거를 제공할 수 있기를 소망한다. 이를 위해 본회는 종교 간 대화를 시도하는 여러 단체들과 허심탄회한 대화를 나눌 필요가 있다. 주변을 보면 적지 않은 곳에서 종교인들 간의 치열한 만남의 장이 이뤄지고 있다. 외형상 화려한 종교 연합 기구들만 주목될 이유가 없다. 종교 담당 언론 기자들의 종교 탐방 기사도 주목할 것이 많다. 이들의 경험을 수혈하여 할 바를 재고하고 방향을 수정하여 큰 의미를 창출할 수 있는 여건을 마련해야만 할 것이다.

이와 함께 종교인평화회의는 2019년의 3·1독립선언 100주년을 준비하며 최소한 지역마다 33인 종교인들 모임을 결성시키는 일을 착수했으면 한다. 이를 위해 종교 연합 기구들과의 실질적 대화를 시작해야 한다. 빈곤, 환경, 복지, 통일 등의 문제 해결을 위해 지역별로 33인의 종교인 대표 모임을 조직하여 관리하고 도움을 주는 구조로 재편될 필요가 있다. 이를 위해 종교 간 대화 운동의 선구자 역할을 했던 대화문화아카데미가 구체적 활동을 시작할 계획이다. 함께 이 일을 성사시킬 책임이 한국종교인평화회의에 있다고 생각한다. 본 사안은 언론의 도움을 받을 수 있고 문광부와도 교감할 수 있는 주제이기에 대대적으로 계획해 볼만하다. 끝으로 이 일에 종사하는 실무자들에게 봉사와 헌신을 요구하는 만큼 실질적인 합당한 대우를 하는 것이 중요하다. 하는 일이 귀한 만큼 자신감 넘치는 삶을 살도록 하는 것이 한국종교인평화회의에게 남겨진 과제라 생각한다.

개념 차이는
상호 보완적일 뿐 절대적이지 않다

영담 스님의 글을 참으로 흥미롭게 읽었다. 간결한 문체와 논리적 정합성을 갖고 읽는 이들의 마음을 사로잡는 귀한 논문을 쓰셨다. 기독교 서구가 종교 간 대화의 자리에서 부지불식간 범하는 오류도 점잖게 지적하신 줄 안다. 지난해 UN에서 종교 화합 주간을 공식화한 것에 힘입어 지난 5월 초 한국에서도 한국종교인평화회의 주관으로 종교 화합 주간 선포식을 했고, 상호 이해를 위한 후속 모임들이 이어질 것이다. 이 점에서 영담 스님의 발제는 이후 전개될 종교 긴 대화 모임에 있어 커다란 시침이 될 듯하다. 특별히 URI(한국종교연합)가 한국 문화에 근거하여 종교 간 상호 이해를 도모한 점에 깊이 감사한다. 이 땅의 모든 종교들이 한국 문화를 모태로 하여 자신을 재구성하는 것이 바람직하다는 판단 때문이다.

종교 차이는 동서양 개념차의 산물인가

영담 스님은 '개념'에 대한 이해에 근거하여 종교 간 차이를 설명코자 했다. 개념이란 항시 '주관성'과 무관할 수 없는 말이다. 여기서 '주관성'은 '개념'이 만들어진 역사성과 지역성을 뜻하는 바 이를 세계관이라 통칭할 수 있다. 세계관이란 특별히 자연 즉 풍토성과 더욱 근원적으로 관계된다. 인간이 자신을 이해하고 종교성을 표출하는 근본적 터전이 바로 풍토인 까닭이다. 기독교와 불교가 사막과 몬순 풍토의 차이에서 비롯한 것이라 말해도 틀리지 않을 것이다. 사막 풍토하에서 자연을 극복하려는 의지적 인간 이해가 비롯했고 초월적 인격신(人格神)관이 생겨났다. 불교의 경우 은총과 폐해의 양면성을 지닌 자연(몬순 풍토)의 위력 앞에서 인간의 자기 이해 방식은 수용적일 수밖에 없었고 업과 윤회와 같은 종교성이 자연스럽게 생기(生起)했을 것이다. 이처럼 세계관과 종교는 물과 물고기의 관계와 같은 것으로 세계관이 다르면 종교 역시 달리 개념화될 수밖에 없다. 이 점에서 동서양 종교 차이를 세계관의 차이이자 개념 간 차이라 본 것은 탁견이다.

하지만 세계관에 터한 이런 종교차를 결정론적으로 보는 것은 바람직하지 않을 듯싶다. 종교란 항시 전래되는 지역 문화 속에서 달리 뿌리내려 왔던 까닭이다. 인도와 중국 그리고 한국의 불교가 같지만 다르며 한국의 기독교 역시 서구의 그것과 달리 토착화되었다. 또한 종교 간 차이를 가치중립적으로 보는 것도 생각해 볼 여지가 많다. 초월신관은 일체를 상대화시키기에 세상의 불의에 저항하는 장점이 있으며 연기론은 오늘과 같은 생태 위기 시대를 극복할 적합한 가치관(종교성)을 제시할 수 있기 때문이다. 저마다 종교가 세계관에 의존적으로 태동되었던 탓에 그곳에서 자기 고유한 역할이 있었던 것이 사실이다. 그럴수록 종교들 간의 차이뿐 아니라 그것이 세상을 위해 존재하는 한, 그들 간의 '상호 불가결한 보충'을 말해야 옳다. 이를 논평자는 종종 종교 간 대화에 있어 '자기 발견의 눈'이라 언급했었다. 자신의 종교에 대해 믿음(신뢰)과 비판(회의) 양면성은 물론─세계관의 한계는 종교(언어)의 한계란 말이 있듯─자신 속의 부재를 이웃 종교에게서 찾는 노력 또한 필요한 일이다. 여하튼 영담 스님은 동서양 개념 차에 근거하여 종교 간 다름을 긍정하는 것이 종교 간 화합의 핵심인 것을 설파했다. 전적으로 동의할 수 있는 논지라 생각한다. '동과 서'라는 EBS 다큐멘터리 내용은 그의 논지에 참으로 적합했다.

　여러 예를 통해 드러난 명확한 사실은 동양 사람들이 개체들 간의 관계에 주목하는 반면 서양인들은 주로 개체의 속성을 분석하는 일에 주안점을 둔다는 것이다. 이는 물체와 물질에 주목하는 동서 간 차이이기도 하다. 결국 전체성에 관심하는 동양과 달리 서양인들은 개체성에 주목한다는 논리로 확장된다. 동서양 그림을 비교할 때도 전자가 배경에 관심하는 반면 후자는 인물에 집중한다는 사실도 오래전에 회자된 바 있다. 또한 전체성은 관계성과 동의어로서 동양인들이 명사보다는 동사 위주의 삶의 세계에 주목한 것에서도 그 흔적을 찾아낸다. 한 개체의 행복은 주변(환경)과 더불어 그리될 수 있는 것 일뿐 혼자만의 즐거움은 전체론적 사유에서 평가받지 못한다. 나 위주의 서양과 달리 상대방의 관점에서 생각하는 것 역시 동양적 전체성, 관계성을 설명하는 단골 메뉴이다. 영담 스님이 정리한 바로는 서양은 개체들의 집합을 세상이라 하고 동양은 처음부터 분리됨이 없는 하나의 장(場)을 그리 부른다는 것이고 따라서 독립적 시각을 중시하는 서양과 달리 동양은 전체론적으로 사유하는 데 익숙하며 따라서 명사 중심이 아니라 세계 내적인 상호작용(동사)을 강조하고 있다는 것이다.

　이렇듯 스님께서 EBS 다큐멘터리 내용을 소개하면서 동서양에서 만들어진 개념 차(差)를 길게 설명한 것은 이런 차이에 근거하여 형성된 종교들을 자기 식대로가 아니라 있는 그대로 정당하게 이해할 목적에서였다. 다름을 공히 인정해야 공존이 가능하다는 생각 때문이었다. 기독교인들이 종교 간 대화 중에 무심코 사용하는 신(神)이란 개념이 불교적 시각에서는 얼마나 불편한 것인지 기독교인들이 깊이 생각해 줄 것을 요구했다. 이런 사소한 지적조차 고려되지 못할 때 종교 화합은 영원한 난제로 남을 공산이 큰 까닭이다. 시종일관 차이만을 강조했던 스님께서 마지막 장에 이르러 종교 간 공통분

모를 생각한다. 종교이기에 교리상 같은 것도 존재할 것이라 판단한 것 같다. 하지만 공통 분모 역시도 차이를 강조할 목적에서 찾은 것이라 여겨진다. 남(남의 종교)을 대하는 태도에 대한 여러 종교들의 견해를 밝히는 것이 본 글의 결론이었다. 즉 자기 싫은 일을 남에게 시키지 말 것(공자), 대점을 받고자 하는 대로 대접할 것(예수), 내 고통스런 것을 남에게 강요치 말라(힌두교), 그리고 자기 종교를 찬양치 말고 다른 종교를 비방치 말라(붓다)는 위대한 성인들의 가르침을 온전히 실천하는 한국 종교인 되기를 소망하고 있는 것이다.

스님의 이런 요청은 사실 『축(軸)의 시대』의 저자인 카렌 암스트롱의 결론과 동일하다. B.C. 900-B.C. 200년에 걸쳐 생겨난 동서양의 축의 종교들의 핵심이 바로 '네가 원치 않는 것을 남에게 하지 말라'는 이 말속에 함축되었다는 것이다. 그런데 불행히도 인류는 아직 축의 시대의 지평을 넘지 못했다고 지적한다. 이후로는 이런 공통된 요구에 기반하여 공감하는 힘을 키울 때 종교는 물론 인류의 미래가 있다는 것을 결론으로 제시했다. 본 논평자 역시 이런 주장에 전적으로 동의한다. 하지만 이런 생각이 너무 소극적 발상이라 여겨지기도 한다. 기독교의 지나친 자기 확장, 자기표현으로 인해 상처받은 종교, 종교인들이 너무 많은 탓이 아닐까도 생각해 본다.

앞서도 언급했듯 차이에 근거한 종교 화합의 길도 중요하나 자기 발견의 눈에 의거 서로를 '불가결한 상호 보충' 내지 '사랑하는 싸움'으로 생각하는 논리를 개발하면 좋겠다는 생각도 해 본다. 나아가 기독교 서구가 발전시킨 공통 근거에 대한 불교 측 반응도 폭넓게 개진되었으면 좋겠다. 이런 제안의 이면에는 다음과 같은 논리가 내재되어 있다. 우선 전체론적 사유와 개체적 사유가 동서양의 개념 차이기도 하지만 이것은 한 인간의 삶에 있어 함께 필요한 구성 요소이다. 그렇기에 최근 뇌 과학에서는 이런 개념 쌍을 우뇌와 좌뇌의 기능으로 더불어 설명하고 있다. 서구 합리(개인)주의의 영향하에서 우뇌의 역할이 지나칠 만큼 커졌기에 전체론(좌뇌)적 사유를 개진시킬 충분한 이유가 있다. 하지만 지난 역사 속에서 전체론적 사유로 인해 개체의 독립된 인격이 존중된 적이 부재했음을 생각해 보는 것도 상호 보완의 차원에서 생각해 볼 일이다.

개념차는 극복되어야 할 의제

여기서 필자가 말하려는 요지는 결국 스님께서 말씀한 동서양 개념 차란 것이 오늘의 시점에서는 한 인간 속에서 통전되어야 할 가치라는 사실이다. 동서양 사람에게 각기 저마다 어느 한쪽 사유가 두드러져 있음을 부정할 수 없겠으나 이것이 원치 않게 본질 주의로 오도되지 않기 위해서 통전적 사유가 반드시 필요하다는 것이다. 실상 오늘 이 시대를 살고 있는 한국 사람이 동양인인지 서양인인지도 물어야 될 부분이다. 과연 서구 근대화의 급속한 영향과 자본주의의 강압하에서 우리가 과연 전체론적 사유를 할 만큼 넉넉한 존재인가도 질문해야 되지 않겠는가? 만약 이런 두 개념이 차이로서만 의미가 있는 것이 아니라 통합되어야 할 무엇이라면 불교와 기독교, 동서양 종교들 간에는 '싫어하는 일을 하지 않는 것'에 만족치 않고 꿈꿔 볼 그 이상이 있다고 생각한다.

불교 측에서 서구의 유신론적 종교들이 지닌 신개념을 기피만 할 것이 아니라 적극 생각해 볼 여지가 있다. 예수와 붓다를 함께 바라볼 수 있는 해석학적(자기 발견적) 눈도 필요한 시점이다. 동시대를 사는 인류가 상당수 인격신관과 관계를 맺고 사는 실상을 배려의 차원에서라도 관심해야 옳다. 니체가 신(神)의 죽음을 선포한 이래 기독교 신학에서는 불교적 공(호)을 신학적으로 깊게 사유하고 있는 추세이다. 인격과 비(非)인격을 아우르는 새로운 신관(神觀; 범재신론)이 공(호)과의 대화 속에서 구체화 되고 있다, 특히 다석 유영모 같은 창조적 기독교 사상가는 하느님을 '없이 있는 분'이라 했고 그런 하느님과 잇대어 사는 삶을 '빈탕한데 맞혀 노는 것'이라 했으며 이런 삶을 갖지 못한 인간을 '덜없는 존재'라 하여 그들에게 '일좌식(一坐食), 일언인(一言仁)'의 삶, 곧 십자가의 길을 요구하고 있는 것이다. 이런 기독교 이해가 가능한 것은 유불선 사상과 천지인(天地人) 삼재(三才) 사상의 시각 탓이었다.

오늘 URI가 종교와 한국 문화를 주제로 평화 포럼을 하는 마당에서 불교가 더욱 한국적 불교가 되기 위해서라도 민족 고유한 천지인(天地人) 삼재(三才) 사상과 조우할 수 있다면 기독교와 더욱 가까워질 수 있다는 생각을 해 본다. 일찍이 역사학자 토인비가 20세기의 기적을 동이 서에서 먼 것처럼 결코 만날 수 없던 불교와 기독교가 만난 것이라 하였고 그리고 저마다 달리 분화된 종교들이 '영성'이란 이름하에 하나로 모이는 제2의 차축 시대의 도래를 예견하는 정황에서 양자 간에 좀 더 적극적인 관계 맺음이 시도되었으면 좋겠다.

토착화 신학을
말한다

1946년 최남선은 『조선상식문답』이라는 책을 통하여, 자주독립하여 임자 노릇 하게 된 이 땅의 사람들이 최소한 알아야 할 것을 정리해 놓았다. 흰옷, 서낭당, 솟대, 3이란 숫자가 그것이다. 그러나 해방 이후 50년이 지난 지금에도 우리 전통문화는 한국인인 우리에게 상식이 되지 못하고 수수께끼로 남아 있다. 근대화만이 살 길이라고 외치며 서구적 가치를 이 땅에 이식시켜 온 오리엔탈 지식인들의 역할(?)이 지대했기 때문이다.

이로부터 『우리 문화의 수수께끼』를 쓴 소장 민속학자 주강현은 우리 모두가 문화 테러리스트가 되어야 한다고 주창한다. 우리 문화에 대한 근거 없는 자존심도, 불필요한 자기 비하도 모두 테러의 대상이라는 것이다. 자신이 지닌 지식과 세계관, 가치관 등 모든 관념 체계가 서구 이론으로 구성되어 있음을 모르고, 동서 이분법을 넘어 합리적이고 보편적인 입장에 서 있다고 생각하는 거짓 보편주의를 해체해야 할 내용으로 본다.[*] 왜곡된 우리 문화를 서구의 잣대가 아닌 왜곡되기 이전의 동양적 · 한국적 세계관과 가치관을 전제로 재인식해야 한다고 강조한다.

[*] 에드워드 사이드, 『오리엔탈리즘』, 박홍규 역, 교보문고, 1991.

이 점에서 가다머(Hans-Georg Gadame, 1900-2002)의 해석학은 크게 도움이 된다. 인간 존재는 선험적인 주관적 순수의식으로 존재하지 않으며 역사적인 '세계-내-존재(in-der-Welt-sein)'로서 살아 있다는 것이다. 여기서 언급되는 세계란 자연환경도, 주관적 자아와 마주하는 객관적 실재도 아니며, 주관과 객관을 앞서 있는 어떤 것, 즉 삶이 그 속에서 생성되는 생활세계의 의미 연관 구조의 총체를 지시한다. 역사가 인간에게 속한 것이 아니라 인간이 역사에 속한 것이라는 설명이다.* 이것은 그리스도교 문화전통 밖에서 수천 년간 살아온 사람들이 성경을 읽고 복음을 이해할 때, 그 사람은 진공상태 속에서 복음과 만나지 않고 자신의 역사성과 전통으로 구성된 이해의 선(先) 판단(편견) 안에서 그것을 이해하고 듣는 것임을 의미하는 것이다. 즉 해석자는 자기 스스로 고유한 역사적 상황에 처해 있음을 알게 될 때, 자신의 상황에서 끌어낸 인식을 가지고 타문화를 이해할 수밖에 없다는 것이다. 기독교의 선교란, 복음이 전하는 그리스도교의 진리 체험이 이해의 선 구조 안에서 그것과 함께 이루어 가는 새로운 삶의 체험, 곧 토착화의 과정인 것이다.

그러나 그동안 식민지 피지배 과정을 통해, 우리 문화 고유의 영향사(전통)가 단절되었고 왜곡된 서구 중심의 오리엔탈리즘이 오히려 '이해의 선(先) 구조'로서 영향사를 대신해 왔음을 부인할 수 없다. 바로 이것이 한국의 근대사, 해방 이후 한국의 정신사의 실상이었다. 이 점에서 토착화 신학의 산실인 감신대의 신학자들은 한국 종교 문화에 대한 주체성 물음을 분명히 갖고 그와 열린 대화를 시도했던, 당시로서는 유일무이한 사상들이었다.

20세기 초엽 근대화와 서구화를 함께 거부하는 보수 수구파들, 그리고 서

---

* 김경재, 『해석학과 종교신학』, 한국신학연구소, 1994, 53쪽 이하.

구의 근대화만이 아니라 그의 정신세계마저 수입하여 그로써 동양의 도(道)를 대신하려 했던 소위 급진개혁파들만 넘실거릴 때 동도서법(東道西法)의 원리를 주장했던 최초의 신학자 최병헌(崔炳憲, 1958-1927)을 생각해 보자.* 유교 집안에서 태어나 일평생 유교적 가르침 속에 살아 왔던 그는 기독교 복음을 만나게 되었을 때 동양의 하늘과 서양의 하늘이 다르지 않음을 역설하면서 자신의 영혼 속에서 양자 간의 대화를 시도하였다. 최초의 신학 논문 '죄도리'(1901)와 비교종교학적 논문 '성산유람긔'(1907) 그리고 동양종교와 기독교의 만남에 대한 연구인 '만종일연'(1922)은 이러한 노력의 산물이다. 이들 책 속에서 최병헌은 유교의 내재적 원리와 기독교 간의 끊임없는 상호이해의 과정을 통해서 복음이 한국적으로 수용될 수 있는 것임을 나타내 보였다. 물론 최병헌이 인격신의 부재, 자력 구원 강조, 내세론 결핍의 이유를 들어 유교의 한계를 지적하고 기독교로의 개종을 필연적인 것으로 수용하고 있지만, 이 단계에 이르기까지 그는 유교적 주체성(선판단) 하에서 기독교 복음을 해석해 내는 신학적 작업을 주도했다.

토착화 신학의 선구자들

최병헌에게 있어서 기독교인이 되는 것은 한국인이기를 멈추는 것이 아니라 오히려 한국인으로 살며 한국인으로 생각하는 것이어야만 했다. 또한 '동양지천즉서양지천(東洋之天卽西洋之天)'을 말하며 한국인이 결코 서양인보다 열등하지 않다고 보았던 최병헌은 '동서의 종교 모두 자유를 배태하고 있는 것

---

* 최병헌에 대해서는 변선환의 『한국적 신학의 모색』(한국신학연구소, 1997)과 이정배의 『하느님 영은 불고 싶은 대로 분다』(한들출판사, 1998) 그리고 이덕주의 『한국 토착교회 형성사 연구』(한국기독교역사연구소, 2000) 등을 참고하라.

이며 자유가 실현되는 곳에 국가의 자립이 가능할 수 있다.'고 말함으로써 정치와 종교와의 상호 관련성도 말한 바 있었다. 그렇기에 탁사 최병헌이야 말로 선교사들이 만들어 준 사상적 감옥으로부터 탈출하여 신앙의 토착화, 곧 감신의 학문적 전통을 세워 놓은 기념비적 존재라고 할 수 있는 것이다.

한국 최초의 조직신학자로서『기독교신학개론』을 썼던 정경옥(鄭景玉, 1903-1945) 역시 감신의 학문성, 토착화 전통을 발전·계승시키는 데 결정적인 역할을 한 분이다. 일제 말기에 이르러 한국 기독교는 다음 세 형태로 자신의 모습을 드러내고 있었다. 초월성·인간의 영적 순수성·죄성 강조·문자주의적 성서 이해를 근간으로 하는 보수 근본주의, 성서 ㅍ 연구의 자율성을 말하면서 현실 변혁적인 복음의 대 사회적 역할에 관심하는 진보주의, 그리고 신(神)의 말씀이 성경 안에만 국한되어 있다고 보지 않으며 성서뿐만 아니라 인류의 문화나 역사를 통해서도 폭넓게 말씀하신다고 믿는 정경옥의 자유주의가 바로 그것이었다. 정경옥의 다음 말을 음미해 보자. "나는 계시가 역사임을 믿는다. 그리고 그것이 하나님의 창조와 섭리 아래 있는 이상 계시인 것을 믿는다. 이처럼 일반 계시를 수용한다고 해서 결코 특수적 계시를 부정하는 아무런 이유도 되지 못한다."* 정경옥은 우리 민족의 역사가 하나님과 아무 관계가 없는 백지 상태로 존재해 왔다는 사실을 인정할 수 없었다. 때로는 불교로, 때로는 유교 문화로 꽃피웠던 한국 민족의 역사는 어떤 형태로든 하나님 계시의 한 표현이었음을 강변한 것이다. 아울러 민족문화의 신학적·종교적 의미를 강조한다고 해서 그리스도 사건이 부정된다고 생각하지 않았다. 당시 장로교회가 박형룡을 통하여 한국의 신학을 사도적 전통의 신앙을 그대

---

* 정경옥, 「나의 신조」, 『신학세계』 17권 3호 22조, 37조. 정경옥, 『기독교신학개론』, 감리교 신학교 1939, 서문.

로 보수하는 신학으로 자리매김할 때, 정경옥의 일반 계시론은 최병헌의 맥을 이어 감신 학문성의 변별력을 분명하게 보여주는 구체적 예증이 아닐 수 없다. 더더욱 이러한 이론을 토대로 한국 최초의 조직신학 개론서인『기독교 신학개론』을 썼다는 것은 이후 감신대의 자랑거리가 되고 있는 것이다.

1960년대, 한창 민주화 열기가 고조되어 반독재 투쟁이 일어나고 있을 무렵, 한국 신학계에서는 토착화 논쟁이 시작되었다. 당시 시대상으로 보아 전혀 의외의 상황이 발생한 것이다. 당시 토착화 논의를 주도하신 분들 역시 감신의 선배인 유동식(素琴, 1922-)과 윤성범(尹聖範, 1916-1980)이었다. 언젠가 한번 필자가 유동식 선생에게 질문한 적이 있다. 어떻게 그런 험악한 난세에 민중신학, 정치신학이 아니라 토착화론이라는 담론을 시작할 수 있었느냐고. 그때 선생께서는 일본으로부터 민족해방을 얻어낸 시점에서 우리의 주체성, 한국적인 것에 대한 관심이 솟구쳤기에 해방 이후 야기된 우리 내부의 갈등은 민족적 주체성의 빛에서 너무 작게만 느껴졌다고 대답하였다.* 충분히 그럴 수 있다는 생각이 들었다. 혹자는 이들 토착화 신학자들이 한국의 정치적 문제에 둔감하였다고 비판하기도 하는 바, 당시 이들 두 선배 신학자의 학문적 판단은 결코 그릇되지 않았다고 믿는다.

유동식의 토착화론은 접목론(接木論)으로 불린다. 복음이라는 접순이 피선교국의 전통문화 및 문화 공동체의 역사적 현실이라는 밑둥에 접붙여져 접순이 가진 우수한 유전적 특성을 발현시켜 내도록 하는 데 토착화론의 목적이 있다는 것이다. 다시 말해 접순이 가진 생명력을 만개시킬 수 있는 에너지는 이 땅의 문화와 종교 전통이라는 점이 유동식에게 중요한 요소다. 따라서

---

* 본 내용은 유동식 교수의 고희 기념 논문집 말미 좌담회에 실려 있다.『한국종교와 한국신학』, 한국신학연구소, 1993.

우리 민족문화를 구성해 온 종교와 그 경전들을 배경으로 복음을 이해하는 것이야말로 한국신학의 본질이라고 역설했다. 물론 유동식에게 한국의 전통 문화유산이 하나의 잠재력으로만 평가되고 현실(Reality)로 인정되지 못한다는 한계가 있으나, 유동식의 접목론은 수용자로서 한국인의 입장에서 신학할 수 있는 새로운 가능성을 열어 놓은 것이다.

유교와 대화했던 윤성범 역시 토양(유교)에 대한 씨앗(복음)의 일방적 초월성을 말하지 않았고, 비록 씨앗 자체가 변질될 수 있는 가능성을 갖고 있긴 하지만 토양 속으로의 내재화를 떠나서는 복음이 복음일 수 없다는 입장을 피력했다. 후기의 윤성범은 성리학(性理學)에 나타난 형이상학적이며, 존재론적인 '성(誠)'의 개념을 한국적 사유의 핵으로 보고, 이것이 복음과 만나는 한국의 문화적 선험성이 될 뿐 아니라 기독교 계시 개념과 등가적 의미를 지닌다는 이중적 사유로 발전되기도 하였다.[*] 이처럼 성(誠)을 문화적 선험성이자 동시에 계시와 동일시하는 윤성범의 토착화론 속에서 우리는 여전히 유교의 내재적 원리의 빛에서 기독교 복음을 이해하려 했던 최병헌과의 사상적 연계성을 확인할 수 있게 된다. 유교 문화권 속에 살고 있는 우리에게 서구적 계시 개념보다는 성(誠)을 통해 기독교 진리를 더 잘 알릴 수 있다는 윤성범의 한국적 주체성의 자각이 돋보이는 부분이다.

토착화를 넘어선 길

이 두 토착화 신학자를 스승으로 모셨던 변선환(一雅, 1927-1995)의 토착화론은 한 단계 진일보된 모습을 드러내었다. 1980년대 이후 종교 다원주의 사조

---

[*] 윤성범, 「바르트의 靈 이해와 기술의 문제」, 『기독교사상』, 1969, 10월호.

를 한국 신학계에 정착시켜 신학 담론을 주도해 온 변선환은 아시아의 종교성과 민중성을 함께 엮어내는 일에 관심을 두었다. 따라서 변선환은 그리스도가 헬레니즘의 도전을 받은 이래 두 번째로 동양 종교의 도전을 받고 있음을 주목하고 희랍 철학자들이 신적 진리의 매개자였던 것 못지않게 동양의 종교 성인들의 삶을 중요시해야 한다고 역설하였다.

서구 기독교를 선교의 주체로 여기고 아시아를 선교의 객체로 보는 태도에서 벗어나서, 기독교와 동양종교가 각기 주체와 주체로서의 만남, 즉 실재에 대한 신앙체험과 신앙체험 간의 만남을 이루어 내야 한다는 사실 역시 그의 핵심 주장 중 하나였다. 이를 위해 변선환은 비(非)신화화를 넘어 비(非)케리그마화까지 생각하고 있었던 바, 케리그마 역시 당시 그리스도교인(바울)이 처한 역사 · 문화적 상황 속에서 나온 정체성의 표현이라 보았기 때문이다.*
이러한 변선환의 신학적 전거는 신약성서의 기독론적 진술이 그 언어들의 삶의 자리와 언어적 속성을 알게 될 때, 그 본래의 의미가 드러난다는 종교해방신학자 폴 니터(Paul F. Knitter)의 말을 통해 그 정당성을 입증 받고 있다.

이분들 외에도 감리교 토착화 신학 전통을 일궈낸, 그래서 감신의 독특한 학문성을 한국 신학계에 펼쳐낸 위대한 학자들이 많이 있다. 박봉배, 송길섭, 김광식 등이 바로 그분들이며, 이 전통 하에서 감신의 학문성을 이끌어가는 교수들이 신학 내 각 분야에서 오늘도 일하고 있다.

감신의 선배 신학자들은 그 옛날부터 하이데거, 가다머 등의 해석학을 전혀 알지도 못하는 상태에서, 그리고 탈식민주의(post-colonialism) 해석학 등의 담론을 배운 적이 없는 맥락에서 오늘날 논의되는 사항을 이미 30-40년 전에 구

---

* F. Buri, 『Entmythologisierung oder Entkerygmatizierung der Theologie』, Kerygma und Mythos, Bd II , Hamburg 1952.

체화했다. 물론 이들의 논의 구조가 잘 다듬어진 현대 해석학의 이론의 빛에서 볼 때 거칠고 부족한 부분이 있음을 부정할 수 없다. 그러나 그 옛날 아주 캄캄했던 한국의 현실 속에서 이처럼 미래 지향적인 학문을 시도했고 민족의 주체성을 강조했다는 것은 향후 감리교 신학의 학문성을 이끌어야 할 오늘의 우리에게 무거운 책임으로 다가온다. 이제 새천년을 이제 막 경험하는 우리가 던져야 할 질문은 다음과 같다. 신자유주의 체제하에 전(全)세계를 단일 이념으로 몰아가려는 세계화의 도상에서, 민족 주체성이 파괴되고 자연이 망가지는 상황에서 신학이란 과연 무엇이며 무슨 역할을 해야 하는 것일까? 이 상황 속에서 토착화론이 여전히 살아 있고 미래를 책임질 만한 감신의 학문적 전통으로 존속할 수 있는 것일까? 그렇다면 토착화론은 어떤 형태로 재론되어야 하는 것인가?

구성 신학으로서의 토착화론

얼마 전 고인이 된 하버드 대학 신학부 교수였던 고든 카우프만(Gordon Kaufman, 1925-2011)은 다음과 같이 말한다. "신학은 근본적으로 구성(consturtive) 활동 혹은 재구성 활동이지 결코 기술이나 설명 활동이 아니다. 이 사실을 깨닫지 못한다면 우리는 신학을 잘못된 길로 인도하게 되고 결국 신학함에 있어서나 그 결론을 평가함에 있어 잘못된 비판 기준을 사용하게 되는 것이다."* 따라서 토착화 전통 속에 있는 우리는 오늘의 인간이 직면한 현실세계, 즉 한국적 문화 현실만이 아니라 과학기술 세계에 대한 이해를 명확히 하고, 기독교 전통 속에 지속되어 온 궁극적 실재로서의 하나님 담론에 대한 비판

---

* G. 카우프만, 『신학방법론』, 기독교통합학문연구소 역, 한들출판사, 1999, 15-23쪽.

적 성찰을 충실히 해 내는 한편, 새롭게 이해된 하나님 담론과 더불어 오늘 우리가 경험하는 새로운 세계를 해명하는 고난도의 신학적 작업을 감당해야 한다. 그래서 과거의 토착화 신학은 다음 두 가지 문제의식을 토대로 앞으로 생명신학이란 이름하에 새롭게 그 학문성과 실천성을 지속해 가야만 한다. 즉 신학의 주제가 우주 생명의 역사를 다루는 데까지 확장되어야 하며 신학적 진리가 연역적·선험적으로 규정된 도그마가 아니라 귀납적·경험적으로 재구성돼야 한다는 사실이다. 이러한 문제의식은 감신의 학문적 전통을 미래로 이어가게 할 뿐 아니라, 미래의 학문적 성과를 오늘 이미 맛볼 수 있게 할 것이다. 이렇게 해서 토착화 신학전통은 미래를 책임질 수 있는 학문으로 발돋움할 것이다.

새롭게 싹트는 아시아 신학

인도 신학자 아마라도스와의 만남

오랜만에 인도에서 활동하는 아시아 신학자를 만났고 함께 대화했다. 파니카, 피에리스, 송천성 등의 아시아 신학자들이 무대 뒤로 사라진 현실에서 누가 그 뒤를 이을 것인지 궁금하던 차에 그 역할을 감당할 만한 학자를 만난 것이다. 아말라도스 그는 50대 중반의 온화한 사람으로서 힌두교, 불교 전통 속에서 활동하는 아시아 가톨릭 신학자였다. 그동안 우리가 책으로 읽고 알던 몇 사람 아시아 신학자들이 있었으나 이렇듯 가까이에서 그 후속 세대를 만날 수 있게 되어 개인적으로 기쁨이 컸다. 필자 역시 한국 개신교의 토착화 전통을 이어가는 신학자로서 아시아 신학 방법론에 관심을 갖고 그에 기초해 성서를 해석해 가는 학문적 자세에 커다란 충격을 받았다. 본고에서는 아말라도스가 발표한 논문 「아시아 신학의 미래」를 요약정리하고 한국 신학자의 시각에서 그의 신학 방법론에 대해 몇 가지 묻고자 한다.

　우선 아말라도스는 수입된 서구 신학 체계를 답습하는 식민지 신학을 벗고 아시아적 정체성 속에서 신학이 생기(生起)할 것을 강조했다. 비록 아시아의 의미가 광범위하여 하나로 묶기가 어렵긴 하나 그래도 서구와 대별되는 변별성이 있다고 믿었다. 그리스 철학에서 비롯한 유럽적 신학 사유가 항시 신/세계, 인간/자연의 이분법적 구조를 전제했다면 아시아적 사유란 실재에 대한 전일적(상호의존적), 통합적 경험을 중시했던 까닭이다. 따라서 보편적,

일의(一意)적이며 추상적인 서구 신학 개념들과 달리 아시아적 사유는 다의(多意)적이며 은유적인 상징성을 특징으로 한다. 순수 이론적인 것에 비해 실천 지향적인 것 역시 아시아적 사유의 본질로 여겼다. 이 점에서 아말라도스는 역사적 이야기(설화)들로 구성된 성서가 실상은 아시아적 사유 구조와 부합되며 이런 틀에서 예수 이야기를 다시 말하는 것이 복음화의 길이라고 확신하였다. 이 와중에서 예수의 유일회성은 서구인들에게는 난제(難題)였을지라도 아시아인에게는 극복 가능한 사안이라 판단하는 듯싶었다. 예수의 유일회성 문제는 세상에 대한 하느님 활동이 일방적이지 않고 다차원적이란 관점에서 해결된다는 것이다. 이는 아시아 종교들이 종전처럼 그리스도 안에서 자신을 성취하는 '성서의 전(前) 단계' 이상의 의미임을 적시한다. 하느님은 이웃 종교, 타 문화 속에서 이미 여러 방식으로 현존하며 활동하고 있다는 것이다. 하느님이 각기 그들의 역사, 문화 속에서 말씀한다는 삶의 다차원적 종교 상황은 아시아 신학이 무엇보다 대화적이며 나아가 서구 신학과 협력적일 수밖에 없는 이유를 잘 드러낸다. 누구를 막론하고 게토(Getto)화된 세상 속에서 살 수 없기 때문이다. 여기서 핵심은 교회를 하느님 나라의 상징 혹은 성례전으로 본 것이다.

주지하듯 예수가 품었던 하느님 나라의 열정은 배고픈 자를 먹이는 일이었고 사람을 안식일의 주인으로 만드는 일이었다. 바로 이것이 선교의 목적인 바, 지역 교회는 다음과 같은 세 과제를 떠맡아야 할 종(Servant)의 기관이어야 한다. 우선적으로 교회는 가난한 이들, 풍부한 문화 그리고 아시아의 제 종교들과 복음을 대화시키며 함께 일하는 곳이다. 성서 속의 예수의 이야기를 그들에게 전해 주고 그들의 이야기를 청취하는 과정에서 하느님이 '모든 것 중에서 모든 것이 되는' 모두의 목표가 될 수 있다는 것이 아시아 신학자의 바람이자 뜻인 것이다.

이상과 같은 아시아적 사유 패러다임과 하느님 활동의 다차원성(多次元性)을 전제로 아마라도스는 아시아에서의 교회의 존립 이유를 세계(보편) 교회와의 관계성에서 말하고 있다. 그러나 지역 교회 없이 보편 교회가 없다는 것이 저자의 확신이었다. 이는 신학의 무게중심이 예수의 유일성으로부터 하느님 나라에로 옮겨졌음을 뜻하는 바이기도 했다. 지역 내 가난과 문화 그리고 종교들의 실재(Reality)와 끊임없이 대화하는 일은 실상 서구 교회, 나아가 유럽 기독교 중심부와의 갈등을 유발할 수 있다. 하지만 그럴수록 지역 교회가 자신의 자주성을 찾고자 하는 노력은 중단할 수 없는 일이다. 물론 가톨릭 신학자로서 아마라도스는 중심부로부터의 일탈 내지 탈주를 원치 않았다. 대신 교회가 다수결로 정책이 결정되지 않고 상호 교감하는 민주적 기관(consensual democracy)이기를 바랄 뿐이다. 다소 애매하며 오용될 여지가 많은 개념이나 그가 이렇듯 표현하는 이유를 알 것 같다. 결국 아마라도스는 국가와 교회 간의 엄격한 분리 대신 아시아적 가난의 시각에서 아시아 종교 지도자들이 세속의 정치적 영역에서도 자신들 역할이 있어야 할 것을 주문했다. 이로부터 아시아 교회의 신학을 선생님은 공적 신학(Public Theology)이라 일컫고 있다. 다종교적 세속(가난)의 현실에서 교회는 정의를 향한 의식과 행위(正行)를 촉발시키는 이웃 종교들 및 뭇 이념들과의 대화에 앞장서야 하기 때문이다.

하지만 아마라도스는 지역 교회에서 생기된 아시아 신학이 세계 신학에도 기여할 바가 적지 않다고 보았다. 서구 신학이 직면한 두 위기, 생태 위기와 세속화에 직면하여 본래 이분법을 알지 못한 아시아적 사유가 치유할 힘을 주는 까닭이다. 주지하듯 생태위기는 신/자연의 분리 탓이며 세속화는 성/속의 존재론적 구별 때문이란 것이 통설이다. 하지만 아시아 신학에게 창조란 상호 관계성의 지속적 실상이며 '니르바나가 곧 삼사라라' 는 것이 애시당초의 전제이자 이룰 과제이기에 세속화란 아시아 지평에선 무의미한 말이 되고 만다. 이 점에서 아말라도스는 아시아 해방신학이 남미의 그것보다 통전적일 수 있다고 자신한다. 삶이란 정치 경제적 지평 그 이상의 차원을 지녔다는 확신 때문이다. 억압의 경험에만 초점을 맞춘다면 아시아의 종교성, 풍부한 문화를 온전히 담보해 낼 수 없다고 본 것이다.

아시아 해방신학을 위한 화두 – 성령

이렇듯 세계 신학으로서의 통전적 아시아 해방신학을 위해 아말라도스가 앞세우는 신학적 개념은 '성령'이다. 지금껏 기독론에 종속된 개념으로만 머물렀으나 '불고 싶은 대로 부는' 영(靈)의 자율성이 더욱 강조되어야 한다고 믿었다. 성령이야말로 지식(사유, 남성)만을 중시하는 서구에 비해 감정, 정서, 몸 그리고 여성(약자)에 관심하는 아시아적 사유에 적합한 것이란 확신 때문이다. 나아가 성령은 아시아적 핵심 개념인 'sadhana'나 'pranah'과 일치하는 것으로서 신학의 우주적 지평을 강조하기 위해서라도 전제되어야 한다고 보았다. 서구가 강조한 예수 그리스도 역시 성령의 빛에서 재조명되어야 한다는 것이 그의 뜻이었던 것이다. 따라서 아말라도스는 서구가 역사적 그리스도(historical Christ)만을 강조하는 것에 견줘 그것을 오히려 우주적 그리스도의 구체적 상징이라는 역발상을 제안했다. '그리스도가 예수보다 크다'는 파니카 신부의 말을 반복한 것이다. 달리 말하면 육화된 성서의 예수는 선험적 존재라기보다 하느님의 현존의 다른 양식으로서 제 종교와의 지속적 대화를 통해 후천적으로 발견될 수 있다는 사실이다. 이로부터 인격신만을 강조하던 서구 신학과 달리 비인격성을 '절대'의 개념으로 소유한 아시아 종교들의 신관(神觀)이 중요하다. 아시아인에게 있어 절대자는 인격이기보다 '나 자신(deeper I)'이며 신비주의자들에게 익숙한 'It'의 경험으로 더 잘 알려질 수도 있는 까닭이다. 따라서 성령의 범주를 사용하는 것이 인격적 신관을 앞세우는 것보다 효과적인 것이 틀림없는 듯싶다.

아말라도스의 인간에 대한 이해 역시 동일선상에 있다. 아시아적 맥락에서 인간은 신[靈]이자 몸[肉]이며 자연이다. 몸속에 있는 영으로서 인간을 나누는 것은 인간을 자연을 분리하는 것으로 서구 신학에서나 가능한 일이었다. 이런 차원에서 인간은 의당 신과의 동역자(Co-worker)라 하겠다. 물론 탐진치로 인해 인간이 자연을 파괴할 수 있는 존재(karma)이기도 하다. 그는 영적 차원만이 아니라 구체적 시공간 안에서 인간의 집단적 책임성이 생기할 수 있음을 믿고자 했으나, 그것을 하느님 신비의 영역으로 남겨 놓았다. 결국 아말라드스는 서구의 일의적(一意的) 논리 구조가 오해하듯 종교 다원주의는 결코 상대주의가 아니라 풍부한 영적 자산을 뜻하는 바, 조화(Harmony)의 신학에 이르는 길이라 확신했다. 神-人-宇宙의 조화는 다차원성을 지닌 하나의 실재에 우리가 힘껏 노력하여 이를 수 있을 때(God is all in allem) 가능한 아시아 신학의 목표이자 과제라는 것이다.

이상과 같은 아말라드스의 신학적 견해에 논평자는 찬사를 보내며 힘을 보태고 싶은 마음뿐이다. 아주 쉽고 명쾌하게 아시아 신학의 미래를 살펴 주었던 까닭이다. 토착화에 관심하는 이웃 신학자로서 필자는 그에게 다음 몇 가지 질문을 던지고 싶다.

인도신학자에 대한 한국신학의 응답

우선 인도 신학자로 아말라도스는 서구의 이분법적 양자택일(either or) 사유와 아시아의 통전적·전일적 사유 즉 'both and'를 대별했다. 틀린 구별은 아니겠으나 전통적인 이런 구별법이 아직도 서구에서 통용되는지 의문이다. 현대 서구 신학 역시 전일적 사유로 경도되어 가는 추세인 까닭이다. 혹시 힌두교·불교권 신학자인 아말라도스의 경우 'both and' 보다는 'neither nor'

라는 양자 부정의 논리가 더 아시아적 사유로 여겨지지 않을까 생각한다. 'both and'는 오히려 중국적 사유에 더 근접할 수 있다는 생각 때문이다.

다음으로 필자는 아시아 신학을 'Narrative' 곧 이야기(설화)로 보는 것에 대해 동의하지만 전적으로 그렇게만 생각하지 않는다. 아말라도스가 후반부에 성령을 앞세워 신학의 구조를 일관되게 설명하였듯 아시아 신학 역시 아시아적 논리에 근거하여 체계를 만들 필요가 있기 때문이다. 물론 이런 제안이 탈(脫)현대에 걸맞지 않는 주장임을 알지만 혹시나 아시아에는 논리가 없고 정서와 감정, 상상력뿐이라는 오해가 있다면 이것을 통해 불식시켜야 할 필요가 있는 것이다. 아말라도스의 아시아적 논리가 서구를 품지 못한다면 그것은 진정한 아시아의 길이 아닐 듯하다. 이 점에서 필자는 출애굽으로부터 예수의 하느님 나라 담론으로 이어지는 'Narrative'가 수용키 어려운 거대 담론은 아닌지 묻고 싶다.

셋째로 아말라도스의 경우 아시아적 정체성을 포괄적으로 언표했으나 정말 그러한지 의문이 든다. 지리적으로 편차가 크고, 서구 근대화의 속도가 다르며, 기독교의 영향력이 변별된 정황에서 포괄적 방식하에 '아시아 정체성'을 말하기가 쉽지 않을 듯하다. 그래서 요즘은 아시아적 정체성을 '혼종성'이라 이름 짓는 아시아 학자들도 적지 않다. 그만큼 순수 아시아성이란 것이 실종되었다는 사실이다. 혼종성이 실재(reality)이고 순수 정체성이 관념이란 평가를 숙지할 필요가 있을 것이다.

넷째로 아말라도스의 아시아 신학에 있어 예수의 유일성(Uniqueness)에 대한 정교한 이해가 요청된다. 필자 보기에 우주적 그리스도의 빛에서 기독교적 양식의 육화를 역사적 예수라 한 것 같다. 이는 우주적 그리스도가 매우 다양한 방식으로 현현한다는 전제가 있었기에 가능하다. 그렇다면 그의 기독론은『　　하느님은 많은 이름을 지녔다』는 책을 썼던 J. 힉(Hick)이란 서구 종교다원 신학자와 차이가 없어 보인다. 이럴 경우 아시아 지역에서 기독교인이 되어 지역 교회를 섬길 필연적 이유를 묻는다면 어찌 대답할 것인가? 아말라도스의 글 속에서 종종 '역사적 그리스도' 란 말이 언급되는데 그것은 '역사적 예수' 와는 다른 말인지도 알고 싶다. 요즘 한국 신학계는 역사적 예수 연구물들이 봇물 터지듯 소개되고 있는 바, 오히려 역사적 예수가 동서양을 막론하여 탈(脫)형이상학 시대정신에 맞고 또한 '예수 살기' 의 역동성을 수여할 수 있다고 보는 것에 대한 의견을 듣고 싶다.

다섯째로 일찍이 A. 피에리스는 아시아의 가난과 아시아의 종교성을 예수가 세례받던 요단강이라 보았고 서구 신학이 아시아에 정착하려면 역시 이곳에서 세례받아야 한다고 역설하였다. 아말라도스의 경우도 이와 비슷한 논조이나 굳이 구별한다면 가난보다는 종교성(문화) 쪽에 더욱 무게중심을 둔 듯싶다. 정말 그렇다면 아시아의 문화, 아시아적 사유 방식이 가난의 문제를 해결할 수 있는 근원이자 첩경이 될 수 있는지 묻고 싶다. 양자의 관계를 옛적의 헤겔과 마르크스가 논쟁했듯 현실(물질)과 의식(정신)의 관계로 본 것이란 느낌도 든다. 진정코 오늘의 아시아에서 남미 해방신학과 다른 '지구적' 해방신학을 기대해도 좋을지 그것이 가능한지 아말라도스의 답변을 듣고 싶다.

여섯째로 이와 관계된 질문으로서 아말라도스는 서구 신학이 직면한 두 위기, 생태학과 세속화를 극복할 수 있는 힘을 아시아적 사유에서 기대했다. 신(인간)/자연, 성/속의 이분법적 구별이 없었기에 아시아의 경우 세속화란 말 자체가 무의미하다고 본 것이다. 하지만 필자 보기에 생태학과 탈세속화는 향후 새로운 방식으로 기독교 서구에서 더 용이할 듯싶다. 물론 아시아적 전일적 사유가 큰 도움이 되겠으나 그것이 인간을 행위로 추동하는 충분한 동력이 될 수 없다는 판단 때문이다. 생태적 파괴가 아시아의 불교 국가들 속에서 확산되는 이유가 충분히 설명될 수 없다.

마지막 일곱째로 아말라도스는 인간의 이기심, 죄성에 대한 통찰을 놓치지 않았으나 그 극복의 과제를 깊게 다루지 않고 있다. 세계에 대한 인간의 집단적 책임성의 문제인 바, 이것을 신적 신비의 차원으로 미뤄 놓기는 아쉬움이 많다. 오히려 아시아 종교와 문화가 강조하는 수행 전통을 강력히 제시하는 편이 좋았을 것이란 생각도 해 보았다. 이 점에서 한국의 토종 신학자 다석(多夕) 유영모 선생께서 인간의 탐진치를 벗는 자속(自贖)의 길을 강조했던 바, 이것은 성패 여부를 떠나 아시아적 정체성을 강조하는 차원에서 포기할 수 없는 주제라 생각한다.

이상과 같은 방식으로 필자는 우리 시대에 아시아에서 활동하는 인도 신학자 아말라도스와 뜻깊은 만남을 이뤘고 충분한 대화를 나눌 수 있었다. 가톨릭 신학자로서 물론 그것이 새로운 차원이었으나 보편성에 대한 믿음이 지나쳐 진정한 다원성과 어찌 공존할 수 있는지를 더 토론하지 못하고 여러 이유로 다음 만남으로 기회를 미뤄야 했다. 우리의 만남을 주선한 가톨릭 내 평신도 신학 연구모임인 우리신학연구소 측에 진심으로 고마운 마음을 표한다. 평신도로서 신학 활동하는 이들의 모임을 보며 개신교 신학자로서 한없이 부럽고 감사했다.

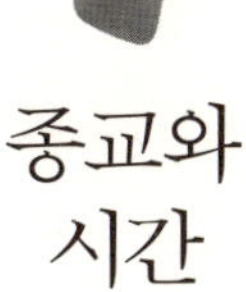

종교와
시간

흔히 종교라 하면 으뜸가는 교리(신조)를 생각한다. 'Religion'의 일본어 번역을 생각 없이 차용한 결과이다. 그 결과 기독교·불교를 막론하고 예외 없이 자신의 우월성을 배타적으로 강조하게 되었다. 기독교의 경우 신적 계시를 앞세워 종교의 범주에 속하기를 거부할 정도로 예외주의적 관점이 짙고 최근 아소카 선언을 앞두고 불교계가 이견을 표출한 것 역시도 으뜸가는 종교로서의 자신의 입지를 공고히 하려는 포석이라 하겠다. 인격적 신관과 연기설 간의 양보 없는 물밑 싸움이 벌어지고 있는 것이다. 세계 평화가 깨지더라도 자신의 종교적 진리를 정의의 차원에서 절대화하려는 최근 이슬람 근본주의의 등장도 이와 무관치 않다. 종교가 정치적 현실에 부응하여 근본주의적 색채로 덧입혀지는 것은 인류의 미래를 위해 참으로 바람직하지 않다.

종교란 무엇인가?

본래 종교의 어원 'religio'는 으뜸간다는 마루 종(宗) 자와는 거리가 멀다. 삼라만상이 상호 '관계' 적으로 존재하고 있는가를 경외하는 마음으로 지켜본다는 뜻을 함의한다고 배웠다. 아마도 이는 기독교 역사 일천 년을 지배했던 플라톤 철학의 자리에 자연의 능동성을 강조한 아리스토텔레스 사상이 유입되면서 생겨난 새로운 정의(定意)일 것이다. 여기서 '관계'는 신과 인간 나아가 신과 만물의 관계까지 포함한다. 따라서 하느님 역시도 자연 속에서 만나며 시간이 그의 현존을 접할 수 있는 자리가 될 수 있었다. 시간으로부터 탈주만이 능사가 아니고 영원한 천상 세계로의 이행만을 지향하지 않았다는 말이다. 이런 시각은 종종 범재신론(Panentheism)이라 명명되는 바, 불교와 같은 동양 종교들과도 소통될 여지가 충분하다. 실체론을 거부하고 상호 의존적 발생을 말하는 연기설(緣起說) 역시 시간성을 떠나서는 의미를 상실하는 까닭이다. 그렇다고 일체 종교가 같아졌다고 말할 수는 없다. 90도 상승의 초월 세계를 부정할 수 없는 기독교의 경우 0도=360도의 세계관을 지닌 불교와 달리 상하(上下) 구조를 온전히 떨쳐 버릴 수 없는 이유에서다. 하지만 키에르케고어와 같은 신학자에게서 드러났듯 시간 안에서 영원성을 만나는 것이 기독교의 본질이기에 점차 종교들 간의 간격은 좁혀질 수밖에 없다.

최근 생태학에 관심하는 여성 신학은 기독교의 핵심인 성육신을 '초월을 초월하기'로 풀어낸다. 지금 이곳이야말로 초월을 초월한 구체적 자리라는 것이다. 지금 이 순간, 여기에서 달라질 수 없다면 종교란 무용지물임을 강조하기 위해서이다. 불교가 일도출생사(一道出生死)를 말하듯 기독교 역시 지금 이곳에서 전적 메타노이아(방향 전회)를 성사시켜야 한다는 말이다. 이를 위해 큰 죽음을 죽는 일, 곧 내가 죽고 내 안에 그리스도가 사는 일, 바로 그것이 불교, 기독교를 떠나 종교적 삶을 사는 이유이자 목적이다. 그럴 때 비로소 이 세상이 얼마나 상호 의존적으로 엮어져 있는[如如] 곳인가를 온전하게 볼 수 있을 것이며 자리이타(自利利他)의 길이 열릴 수 있을 법하다.

종교와 시간의 관계―기독교의 경우

이미 앞에서 우리는 기독교를 여타 종교와 구별했던 성육신 교리를 초월을 초월하기로 새롭게 해석한 현대신학적 시도를 소개했다. 성육신 역시 연기설 못지않게 시간성을 떠나서는 종교가 될 수 없음을 알리는 기독교적 지표라는 것이다. 본 장에서는 이를 근거로 기독교의 시간성을 좀 더 상세히 밝힐 생각이다. 일찍이 철학자 하이데거는 종래의 형이상학 전통을 뒤집고 시간성 안에서 존재를 밝히려고 하였다. 그래서 초기 그의 철학은 시간 안에 살고 있는 인간 현존재를 분석하는 데 주력한 것이다. 기독교가 역사적 존재인 예수를 떠나서는 하느님을 알 수 없는 것도 같은 이치이며, 우리 인간을 논함 없이 하느님을 말하는 것 또한 정당할 수 없다.

주지하듯 아우슈비츠 경험 이후 기독교 신학은 영광의 신 대신 이 땅에서 인간과 함께 고통 받는 신, 예수에 주목했다. 삼위일체 구조 속에서 그런 예수가 하느님인 것을 고백했으나 무게중심을 인간 예수에게 둔 것이다. 이처럼 신의 위대함을 고통 받는 인간 예수에게서 본 것은 신학의 전회(前回)이자 종교를 시간과 불이(不二)적 관계를 맺도록 했던 구체적 범례라 하겠다. 이천년 기독교 역사는 한강 물처럼 크고 넓어졌고 화려해졌으나 누구도 목말라 하지 않는 물이 되고 말았다. 아무도 머리 숙여 그곳의 물을 마시려 하지 않고 있는 실상이다. 이를 일컬어 우리는 시간의 변질이라 말한다. 이반 일리치의 말을 빌려 최선이 타락하여 최악이 된 경우라 말할 수 있다. 시간 속에 육화된 성서의 예수는 분명 최선이다. 타자를 부정하는 맥락에서가 아니라 시간성을 온전히 담보했다는 점에서 그렇다. 영원히 신으로 머물 수 있는 분이 그 자리를 포기하고 인간의 몸을 입고 더욱이 창녀, 이방인의 혈통을 따라[*] 이 땅에 오셨다는 것은 최선이라 아니할 수 없다. 이런 역설의 실현이 종교를 시간성과 관계시키는 기독교적 입장이자 목적이라 해도 좋다. 성탄의 절기

---

[*] 마태복음 1장 예수 족보를 참조하라.

가 기독교인 뿐 아니라 전 세계인 모두에게 소중한 이유도 여기에 있다. 성서가 말하는 선한 사마리아인의 이야기 핵심 역시 바로 그것이다. 강도 만난 유대인에 대한 대제사장, 율법학자 그리고 당시 유대인에게 차별받으며 상종치 않던 사마리아인의 태도가 누가복음서에 기록되어 있다. 예배 의식을 위해 급히 달려가던 대제사장이 곤경에 처한 사람을 지나치는 것은 일상에서 항상 볼 수 있는 일이다. 종교 업무를 위해 일상의 긴급 상황은 지금도 쉽게 무시되곤 한다. 직책상 피를 보는 것이 금기시되었던 레위 율법학자 역시 강도만난 자로부터 시선을 돌리는 것이 당연지사였을 터이다. 자신의 율법을 지키기 위해서 말이다. 유대인과 상종치 않았던 사마리아인도 의당 그 자리를 피해 지나치는 것이 옳았을 것이다. 하지만 그는 그리 하지 않았다. 평소 원수처럼 지나던 유대인이었으나 곤궁에 처한 그를 지나칠 수 없었고 자신의 부재 이후까지도 염려하였다. 여기서 대제사장과 유대인의 종교적 삶은 최선이 타락하여 최악이 된 경우라 평가된다. 종교가 시간성과 옳게 조우하지 못했던 탓이다. 이로써 하느님이 인간이 된 사건, 곧 최선은 시간 속에서 무용지물이 되고 말았다. 종교가 시간 속에서 사건화되어야 한다는 것이 기독교가 알리는 지혜이다.

바울의 다메섹 체험을 통해서도 진리가 사건화되는 경우를 목도할 수 있다. 본래 좋은 유대 가문 출신이었고 헬라 문화에 익숙했던 그에게 예수란 존재는 참으로 낯선 존재였다. 자기 동족이 예수에게 마음 빼앗기는 것에 못내 분노하던 사람이 바울이었다. 예수 믿은 이들을 잡으러 가던 중 다메섹에서 갑작스레 눈이 멀게 된다. 이후 바울은 누구보다 예수를 따랐고 그 없었더라면 기독교 역시 존재하지 못했을 것이란 평가가 있을 정도이다. 여기서 현실의 기독교인들이 오해하는 대목이 있다. 그것은 바울을 바울되게 했던 다메섹 체험의 본질에 관한 것이다. 유대 민족으로서 율법을 지녔다는 특수주의,

그리고 희랍 지혜에 근거하여 여타 담론을 야만으로 규정했던 거짓된 보편
주의가 한순간에 포기된 것이 체험의 핵심이었고, 그것이 바울의 부활 신앙
이었다. 따라서 그가 선포한 기독교는 일체의 특권을 버린 데 그 요체가 있
다. 마치 신이 자신의 신(神)됨을 버렸듯이 말이다. 종교가 한 개인의 시간적
삶 속에서 사건화되는 것, 바로 그것을 일컬어 우리는 최선이라 말하고 있다.

  이처럼 역사적 예수가 그랬고 선한 사마리아인의 비유를 통해 보듯 예수
의 삶이 그러했으며 스스로 특정 그릇이 되기를 거부함으로[君子不器] 모든 것
을 품어 않을 수 있었던 바울에 이르기까지 이들은 종교를 시간성 속에서 구
체화시켰던 존재들이다. 하지만 교리가 되어버린 기독교는 복음(최선)을 시간
속에서 사건화시키기 어렵다. 거듭 대제사장들과 율법학자들만을 양산할 뿐
이며 기독교라는 특권에 안주하며 배타적 에토스를 종교의 본질로 여기는
종교인을 양육할 수밖에 없을 듯싶다.

가온찍기—다석 유영모의 종교 이해

  기독교를 동양적으로 이해한 사상가로서 다석 유영모를 언급할 순서가 되
었다. 종교와 시간의 관계를 동양적 시각에서 창발적으로 이해한 사상가로서
동서 종교를 회통(會通)시킬 수 있는 기독계의 원효라 일컬어질 수 있는 분이
다. 다석이란 호가 상징하듯 그에게 종교는 항시 '없음'을 토대로 이해되었
다. 하느님을 '없이 계신 이'라 칭한 것이다. '없음'에 방점을 찍은 그의 종교
이해는 다음처럼 사이(間)의 중요성을 환기시켰다. 일찍이 천지인(天地人) 삼재
사상의 중요성을 터득한 그는 일체를 하늘땅 사이(天地間), 곳(빔) 사이(空間), 때
사이(時間), 사람 사이(人間)의 존재라 일컬었다. 사이의 존재인 까닭에 누구도
실체일 수 없고 저마다 관계적 위상을 지닐 수밖에 없음을 역설한 것이다. 특
히 여기서 중요한 것은 시간, 곧 '때 사이'의 의미이다. 다석에게 시간은 가고

가며 오고 오는 지속된 크로노스적 의미 이상인 바, 흔히 말하듯 카이로스적 차원을 지닌다. 하지만 이 경우 카이로스는 서구 실존철학의 그것과 같으면서 다른 일면이 있다. 그것은 시간과 단절되면서 시간을 완성시키는 일인 까닭이다. '때 사이'의 존재인 인간은 시간의 인과율을 끊어냄으로서 때를 숙성시킬 수 있다는 것으로, 소위 '누에의 철학'이라 일컬어진다. 뽕잎을 먹고 자란 누에가 자신 속에서 그것을 비단 실로 만들어 배출하는 과정을 빌어 시간을 숙성시키는 인간의 삶을 말하고 싶었던 것이다. 때 사이의 존재인 인간이 가고 오는 무수한 시간 속에서 '제소리'를 낼 수 있게 될 때 비로소 그는 시간을 끊고 영원을 살 수 있는 존재가 된다고 하였다. 남의 이야기, 그것이 아무리 훌륭한 성서의 말씀, 붓다의 경전이라 하더라도 제소리가 되지 못하면 평생 남의 종살이하는 것으로 여긴 탓에 그것을 자신의 소리로 터트리는 삶을 바랐고 그를 일컬어 '가온찍기'라 하였으니 그것이 바로 구원이었다. 이는 시간을 끊는 일로서 시간을 영원으로 만드는 사건이라 말하지 않을 수 없다. 하여 다석은 하루 속에서 춘하추동을 경험했고 인생 80의 전(全) 여정을 가감 없이 보고 말할 수 있었다. 이때부터 그의 인생은 '하루살이'가 되었으며 자신의 산 날 수를 셈하며 살게 되었다. 김교신이 일보(日步)란 말을 즐겨 쓰게 된 것도 다석의 영향이었고 함석헌의 '씨알' 역시 이런 자각에서 비롯한 것이었으니 한국 기독교는 그에게 빚진 바가 너무도 크고 많다.

　다석의 궁극적 목적은 인간 역시도 '없이 계신 그분'처럼 없이 사는 것이었다. 하지만 인간은 좀처럼 '없이 살지' 못한다. 바로 견물불가생(見物不可生)의 존재가 되지 못한 것을 그는 없음을 있음으로 보는 종교관 탓으로 돌렸다. 제 뜻 버려 하늘 뜻 구했던 예수처럼 우리에게도 십자가가 필요함을 역설했고 그것이 바로 시간 속에서 영원을 구현하는 사건인 것을 거듭 강조했다. 그에게 십자가는 '일좌식일언인(一坐食一言仁)'으로 재해석되었다. 하루 한 끼 먹고, 늘 기도하며 언제나 걷고 해혼(解婚)을 통해 부부간의 새로운 관계를 맺는 일이 바로 십자가이고 시간을 숙성시키는 종교적 삶인 것이다. 이를 문자적으로 이해할 필요는 전혀 없다. 지구 생태계를 위해 단순성이 미덕인 시대가 되었고 G20 국가들 중에서 욕망지수가 가장 높은 곳이 한국임을 생각한다면 우리가 담당할 몫이 너무도 분명하기 때문이다.

길을 가다 길이 되라

종교와 시간의 관계를 기독교적 시각에서 짧게 생각해 보았다. 마지막 말을 多夕의 생각을 차용하여 '길을 가다 길이 되라' 는 말로 정해 보았다. 그에게 예수는 따라야 할 스승이었고 의중지인(意中之人)이었다. 그러나 그보다 더 중요한 것은 없이 계신 분이 인간의 바탈[本然之性] 속에 품수되었다는 그의 확신이다. 그를 근거로 인간은 자신 속의 탐진치를 버려 마음을 편안케 하고 궁극적으로 자신의 바탈을 이곳에서 불사를 수 있는 지경까지 나아가길 바랐다. 예수를 따라 길을 가다 스스로 길이 될 것을 주문한 것이다. 하지만 그것이 예수이건, 붓다이건 간에 그 길을 가다 스스로 길이 될 수 있다는 것이 다석의 확신이었고 종교가 시간적 구조 속에 존재해야 할 이유였다. 자신의 바탈을 깨닫고 그 바탈의 소리를 내는 것, 스스로 자신을 제소리로 만드는 것, 그것이 종교와 시간의 관계성에 대한 다석의 대답일 것이다. 이 땅에 살면서 때 사이를 지나며 인간이 빈탕이신 하느님과 더불어 놀 수 있기를 소망한다.

다석(多夕) 유영모의
삶과 사상을 말한다

주지하듯 다석(多夕)이란 유영모 선생의 호를 일컫는다. 선생의 호가 지닌 뜻을 캐내면 그의 사상을 일견할 수 있다. 다석(多夕)은 한문자가 말하듯 '많은 저녁' 이란 뜻이다. 그가 저녁을 좋아하는 이유는 그것이 지니는 동양적 함의 때문이다. 지금껏 기독교로 대변되는 서구는 항시 '빛'을 선호했고 그와 동일시되었다. 빛은 기독교 서구에 있어 언제든 악을 이기고 어둠을 극복하는 선의 상징이었던 것이다. 주지하듯 빛은 달리 표현하면 인간의 의식과 동일시된다. 빛이 있어 판단이 가능해지듯 일체의 것을 분별하는 기준이 바로 의식인 탓이다. 의식으로 인해 선악 판단이 가능하고 호불호가 명백해지는 것이 일상사이다. 지금껏 서구는 빛 내지 인간 의식(이성)을 앞세워 주체(동일)성 철학을 탄생시켰고 그로써 서구 밖 세계를 지배하고 정복하는 이데올로기를 정초해 왔다. 하지만 다석은 자신의 호를 통해 오히려 이런 빛을 *끄라*고 말한다. 빛, 곧 의식 때문에 인간은 더 큰 세계(영성)를 보지 못하고 자신 속에 갇혀 버린다는 것이다. 한낮의 빛 때문에 밤에 빛나는 창대한 우주를 보지 못하고, 자기의식으로 인해 존재의 여여성(如如性, Suchness)을 놓쳐 버리는 것이 인간의 현실이다. 이 점에서 영성을 통해 더 큰 세계를 보고자 인간의 의식을 *끄라는* 것이 다석이란 호가 지닌 뜻이다. 이 점에서 한 철학자는 다석 사상의 본질을 '태양(빛)을 *끄라*' 는 한마디 말로 정의한 바 있다. 이는 동양사상의 진수를 보인 것으로서, 이후 얼마 전 타계한 제자 김흥호가 말하듯 그는 자신의 사상을 '동양적 기독교' 라 표현할 수 있었다.

최근에 이르러 다석(多夕) 유영모(1890-1981)는 널리 알려지기 시작했다. 1960 년대 YMCA 현동완 총무의 지원과 도움으로 유영모는 그곳에서 연경반을 열어 소수의 제자들을 가르쳤다. 하지만 유영모는 많은 제자를 거느릴 만한 대중 학자는 아니었다. 들을 귀 있는 각자(覺者)들을 상대로 열과 성을 다해 가르쳤을 뿐이다. 청중이 한두 사람, 어느 경우는 전혀 없었던 때도 있었으나 당시 연경반이 열리지 않은 적이 없었다 한다. 청중이 전혀 없을 것을 염려하며 자신만이라도 자리를 지켜야 한다는 심정으로 그곳을 찾은 적도 있었다고 김흥호는 술회했다.

지금껏 함석헌의 스승으로 호칭되어 왔으나 2008년 서울에서 열린 세계 철학자 대회를 통해 한국을 대표할 뿐 아니라 세계 철학의 반열에 서는 대사 상가로 평가될 수 있었다. 다석이 남긴 난해한 저술인 〈다석일지(多夕日誌)〉가 김흥호에 풀어졌고 박영호가 그를 대중화하였으며 몇몇 철학자, 신학자들이 다석 사상을 학문화하였던 덕분이다. 당시 다석은 세계에 이미 널리 알려진 불교의 원효, 유교의 퇴계, 율곡에 버금가는 학자로서 평가받을 수 있었다. 하지만 기독교를 배경으로 했기에 기독교 사상가로 자리매김되었으나 그의 사상은 유불선을 아우르는 통섭적 구조를 가지고 있었다. 이 경우 통섭은 하나의 원리로 일체를 꿰는 서구(E. 윌슨)의 것과 달리 물과 소금이 소금물이 되어 둘이 나뉠 수 없는 상태에 이른 것이라 하겠다. 지금껏 서구 기독교가 신에게로 모든 것을 귀결시켰다면 최근 사회생물학자들은 유전자 훤원주의를 앞세워 신학에 반기를 들고 있는 추세이다. 그러나 어느 경우든 하나의 원리로 일체를 귀결시키는 것은 다석의 통섭론, 곧 동양적 기독교 이해와는 거리가 멀다. 이는 난랑비 서문에 실린 최치원의 '포함삼교' 에서 말하는 '함(含)'

원리가 구체화된 경우라 하겠다. 한국 고유한 도(道, 風流)가 유불선을 포함하되 각기 그들 고유한 색조를 결코 소멸치 않았다는 것이다. 소금물 속에 소금과 물이 공존하듯 다석의 기독교가 유불선의 맛을 지닌 동양적 기독교로 불리는 이유가 바로 여기에 있다. 이런 다석 사상의 배경으로 흔히 다음의 요소들이 거론된다.

다석을 만들고 이끈 정신적 유산들

우선 아(我)와 비아(非我)의 투쟁을 자신의 역사관으로 삼았던 단재 신채호의 영향력이 다석에게 평생 영향을 미쳤다. 단재는 대종교를 중시했던 사람으로서 후일 민족 독립을 위해 아나키즘을 주창하기도 했던 급진적 민족주의자였다. 하지만 단재의 영향력은 다석으로 하여금 민족 경전인 천부경에 관심을 갖게 했고, 그 속에 담긴 천지인(天地人) 삼재(三才) 사상을 자기 철학의 근간으로 삼도록 했다.

이후 다석은 삼재론 자체를 종교적으로 해석했고 이에 근거하여 기독교를 비롯한 유불선 종교를 동양적(한국적)으로 달리 구성할 수 있었다. 예컨대 성부·성자·성령을 불교의 견성·고행·성불, 유교의 천명지위성(天命之謂性), 솔성지위도(率性之謂道), 수도지위교(修道之謂敎)와 다르지 않다고 본 것이다. 이는 이어서 말할 제소리의 차원에서 이해될 수 있는 경지이다. 알려졌듯 톨스토이 영향은 기독교를 비정통적으로 이해할 수 있는 토대가 되었다. 여기서 비정통적이라 함은 이후 '동양적'이란 한정사와 쉽게 만날 수 있는 부분이다. 톨스토이는 러시아정교회에서 사유재산의 철폐와 성직제도 타파를 위해 힘쓰던 사상가이기도 했다. 임종 시 정교회와 가족들로부터 배척받아 객사한 아픈 삶의 경험을 갖고 있는 존재이다. 늙은 나이에 스스로 자신이 엄선한 톨스토이 바이블을 만들기도 했는데 특히 산상수훈을 중시했다. 톨스토이 바이블의 영향으로 다석 역시 문자로 된 성서 자체가 진리가 아니라 성서가 제소리로 터져 나올 때 그것이 진리인 것을 강조할 수 있었는데, 이를 다석은 동양적 해석이라 여겼다. 김흥호는 스승의 '제소리'를 'Understand'의 차원이 아닌 'Overstand', 즉 문자에 사로잡히지 않고 문자를 넘어선 영적 해석학이라 말씀한 바 있다. 앞서 말한 유불선의 회통 내지 통섭의 자리인 것이다.

셋째로 일본 유학 시절 우치무라 간조가 주도한 무교회주의와의 관계 및 그 영향력을 언급하지 않을 수 없다. 일체 형식을 거부하며 종교개혁가인 루터의 대속적 기독교 정신세계에 깊이 빠져 있던 우치무라의 진리 파지의 정신에 깊이 감동되었던 것이다. 형식을 거부하는 용기, 성서 진리만을 생각하는 열정을 그로부터 배운 것이다. 하지만 다석은 후일 루터의 대속사상을 추종하는 우치무라와 결별했으며 그를 토대로 일본적 기독교를 추구하는 그의 정신세계를 추종할 수 없다고 선언했다. 다석은 대속(代贖)이 아닌 자속(自贖), 자기 십자가를 지는 삶이 기독교 본질, 더욱 동양적 기독교에 합당한 것이라 여겼던 것이다. 이런 다석의 시각은 그보다 유학이 늦었던 제자 함석헌에게서도 그대로 재현되었다. 함석헌이 '성서'로 본 조선 역사를 '뜻'으로 본 한국 역사로 책명을 바꾼 것도 이런 맥락과 무관치 않다. 기독교를 성서로만이 아니라 유불선의 차원에서 달리 보겠다는 함석헌의 의지를 후자의 책 서문을 통해 접할 수 있다.

인도의 간디 역시 다석에게 깊은 공감을 불러일으킨 존재였다. 특별히 자신의 삶을 진리와의 투쟁이라 여기며–My Life is my Message–비폭력적 삶을 위해 헌신했던 간디의 삶의 방식을 다석 역시 실험했던 까닭이다. 그가 일식(一食)을 평생 실천했고 부인과 더불어 해혼(解婚)을 선포한 것도 간디적 삶에서 배운 것이라 말할 수 있을 것이다. 진리 파지, 즉 마음공부를 위해 몸 공부[修身]가 언제든 앞서야 한다는 것이 동양의 기본 정신이기도 했던 탓이다.

끝으로 가족사 이야기 역시 다석 사상의 배경을 이해함에 있어 대단히 중요하다. 본래 다석에겐 10여 명의 형제들이 있었으나 청년 시절까지 살아남은 형제는 자신과 바로 밑의 동생 영묵뿐이었다. 하지만 그마저 사별한 직후 다석은 어린 시절 누구나 읽었던 유교경전 보다 노장사상에 심취했고 그것이 이후 다석을 더욱 철저하게 동양 정신세계로 이끌었던 동력이라 박영호는 보고 있다.

생각하러 온 사람

앞서 보았듯 다석은 자신이 이 땅에 온 목적을 '생각하기 위해서' 라고 했다. 생각하는 것만이 자신이 할 일이라 수차례 언급했다. 물론 구기동 자택에서 벌을 쳤고 손수 농사를 짓곤 했으나, 그것은 결코 생계 수단은 아니었다. 다행히도 싸전을 했던 부친의 부유함 덕택으로 그는 평생 먹고 살기 위한 노동은 하지 않았다. 부친의 싸전은 독립 자금을 중국으로 운반하는 거점으로 이용되기도 했다고 전해진다. 다석이 자신의 재산 상당 부분을 후일 동광원에 기증한 것도 이런 가계 배경 때문일 것이다.

무엇보다 중요한 것은 다석이 일식(一食)을 하고 해혼(解婚)한 것 또한 오로지 생각하는 일에 몰두하기 위함이었다는 사실이다. '염재신재(念在神在)', 곧 생각이 있는 곳에 하느님이 있다는 것이 그의 확신이었던 것이다. 이는 데카르트의 독아론(獨我論) 철학과는 크게 다르다. 그는 언제든 '하는' 생각이 있다면 반드시 '나는' 생각이 있음을 믿었기 때문이다. 다석의 이런 생각은 나중에 그의 제자 함석헌에 의해 '생각하는 백성이라야 산다' 는 말로 계승되어 갔다. 다석은 함석헌의 말로 알려진 '씨알' 이란 개념을 최초로 사용한 분이다. 『대학』에 나오는 '친민(親民)' 의 민(民)을 '씨알' 이란 순 우리말로 풀어냈고, 개개인 속에 하늘의 본성인 덕(속알)이 가득 차 있기에 그를 길러내는 것이 가장 중요한 일인 것을 역설했다. 유불선이 이 땅에 들어온 것은 바로 이 일을 하기 위함이라고 했다.

삼재론에 근간을 두고 만들어진 한글 속에서 다석은 우리 민족을 하늘로 불러내는 뜻이 있다고 믿고 한글을 갖고 기독교적으로 사유하는 방식을 찾아내기도 했다. 즉 천지인(天地人)의 소통을 강조하는 삼재론에서 다석은 세상을 뚫고 하늘로 오르는 인간의 길, 곧 십자가를 발견한 것이다. 인간의 삶이란 세상을 뚫고 오르는 과정에서 한번 죽어야 '참'이 될 수 있다고 하면서 삶-잠-참(누에의 철학)의 길을 말하고 있다. 삶은 죽어야(잠) 진리(참)가 될 수 있다는 것이다. 이는 마치 누에가 뽕잎을 먹고 비단실을 뽑아내는 것과 비견할 수 있을 것이다.

다석은 함석헌 외에도 또 다른 제자 김교신을 많이 사랑했다. 우치무라 간조를 끝까지 지켰고 그의 무교회주의를 신봉했기에 자신과 사상적으로 다른 길을 걸었으나 다석은 그가 만든 『성서조선』을 격려했고 그의 집회에서 많은 말씀을 남기셨다. 그가 44세의 나이로 세상을 떠난 날부터 다석 자신의 살아있는 생애를 날 수로 헤아리기 시작한 것은 유명한 사건이다. 그때부터 일일일생주의(一日一生主義)가 다석의 삶을 지배한 것이다. 하루 속에서 일생(영원) 보기 시작한 것이다. 삶이란 양이 아니라 질인 것을 강조하기 위함이다.

현재(鉉齋)란 호를 선생에게서 받은 김흥호 역시 다석의 직계제자로서 그의 유고인 〈다석일지〉를 풀어내어 오늘날 그의 사상을 연구할 수 있는 계기를 만들어 준 직계 제자이다. 국보급 유학자로 한국학연구원장을 지낸 유승국 역시 살아생전 다석을 한국 최고의 성인으로 받들었으며 민중 신학자 안병무, 적십자 총재직을 수행한 서영훈 역시도 다석의 강의를 듣고 삶을 달리 만든 분들이다. 최근에는 마지막 직계 제자 박영호, 가톨릭 신학자 정양모 등이 주축이 되어 다석학회가 만들어졌고, 이곳에서는 다석이 남긴 주옥같은 그러나 난해한 개념들을 풀어 사전화하는 작업에 몰두하고 있다. 이 외에도 박재순, 김흡영을 비롯하여 필자 역시도 다석 사상을 기독교 안팎의 대중들에게 널리 소개하고자 힘쓰고 있는 중이다.

한마디로 다석 사상은 우리에게 '길을 가다 길이 될 것'을 주문한다. 아무리 좋은 성서, 불경이라 할지라도 결국 그것은 자기 밖이 것인 바, 밖의 불에 의지하지 말고 자신 속의 빛으로 세상을 보고 세상을 살라는 것이다. 한마디로 제소리(獅子吼)를 내며 사는 인생이 되라는 것이다.

다석의 기독교 이해

앞서 보았듯이 다석은 비록 기독교 사상가로 알려져 있으나 이 범주에 한정된 인물은 결코 아니다. 한때 기독교에 심취하여 주일이면 세 번씩 예배에 참석할 정도로 열심이었고, 남강 이승훈을 기독교 신앙에 입문 시킬 정도였으나, 이후 그는 자신의 정통적 신앙 양식을 버리고 말았다. 톨스토이의 비정통적 신앙 양식의 영향과 우치무라와의 사상적 결별이 주된 이유였을 것이다. 하지만 그로부터 38년이 지난 시점에서 그는 다시금 자신의 오도송(悟道頌)인 '믿음에 들어간 이의 노래'를 고백하며 '하나도 아니고 둘도 아닌' 불이(不二)적 하느님에게 귀의하게 되었다. 지난 시절 자신의 믿음 양식을 연못가에 물이 움직이기만을 38년간 기다렸던 수동적 앉은뱅이 상태로 고백할 정도로 이후 믿음의 양식이 전혀 달라진 것이다. 다석은 '주가 자신을 차지했고 다 가져서 내 것이라 주장할 것이 하나도 남지 않았다.'고 노래했다. 하느님과 자신이 이제 결코 둘이 아닌 상태가 되었다는 고백인 것이다. 이 경험으로 다석은 더욱 철저하게 비정통(비대상적)적인 방식으로 기독교 신앙을 고백하며 자신의 종교적 · 철학적 신앙 체계를 수립하기 시작했다. 물론 그는 자신을 철학자로 내세운 바 없으나 난해한 그의 글을 읽는 중에 심오한 논리를 발견할 수 있을 것이며 그 속에서 자생적인 아시아 신학자의 면모를 체감할 수 있을 것이다.

다석은 기독교가 말하는 '있음'으로서의 유신론적 표상을 버리고 다석은 신을 '없이 있는 이'라 하였다. 본래 '없이 있다'는 것은 상호 모순되는 진술로서 서양 논리로는 결코 이해될 수 없는 말이다. 하지만 불교나 유교 등에서는 이미 오래 전부터 '진공묘유(眞空妙有)' 혹은 '태극이무극(太極而無極)'이란 말로서 대극적 일치의 방식으로서 궁극적 실재를 표현해 왔다. 진짜 있음은 진실로 없는 것이라는 말은 서양에서도 종종 엑카르트(M. Eckart)와 같은 신비주의자(부정신학자)들이 사용했었다. 앞서 본대로 빛의 표상과 의식을 갖고서는 '있음'만 알 뿐 '없음'의 영역을 포착할 수 없다는 것이다. 하지만 다석은 '없이 있는' 이런 존재를 단순히 유교나 불교(空 내지 絶對無)로부터 차용했던 것은 아니다. 바로 이 점이 다석의 독창적인 것인 바, 오히려 그는 한국 고대 경전인 『천부경』에 나타난 삼재 사상에서 그 근거를 찾았다. 다석이 뭇 경전 가운데 순수 한글로 풀어낸 것은 『천부경』과 『도덕경』이 전부일 만큼 천부경은 그에게 소중한 자료였다. 주지하듯 삼재론은 시베리아 샤머니즘 토양에서 생성된 수렵문화의 산물로서 농경 문화권을 배경하여 생성된 중국 음양론과 변별된 한국 고유한 사상 체계이다. 동물의 몸을 먹고 사는 수렵문화권에서는 가시적 형태로 확인될 수는 없으나 죽은 동물들 영혼에 깊이 관심했었다. 살아 움직이던 동물이 자신을 몸을 바치기는 했으나 그를 움직였던 영혼마저 실종되는 것은 아니라 믿었던 것이다. 그 까닭에 없는(보이지 않는) 세계가 결코 없는 것이 아님을 느껴서[感] 아는[知] 정서가 수렵 문화권에서 발달할 수 있었다. 이렇듯 없으나 존재하는 세계를 『천부경』에서는 하늘이라 했고 항차 하늘 신앙을 발전시켰으며 이런 하늘이 인간 속에 내주하고 있다는 '인중천지일(人中天地一)' 이론을 기초할 수 있었다. 결국 다석은 유/불교는 물론 기독교 역시 삼재론에 터한 '없이 있음'의 근거 하에 한국에서 전개되어야 한다고 확신했다. 그리고 그것이 인간 속에 내주하고 있다고 믿었으며 그것이 바로 동학에서 말하는 시천주 사상으로 표현되었다고 생각한다.

주지하듯 유불선 모두 공히 인간 속에서 신적인 것을 찾는 종교들이다. 인간 속에 불성(佛性)이 있다는 불교나 천명지위성(天命之謂性)을 말하는 유교 역시 이 점에서 다르지 않다. 인내천 사상으로까지 발전된 동학의 경우도 마찬가지일 것이다. 다석 역시 '없이 있는 이'의 존재처를 의당 인간의 '밑둥(바탈)'에서 찾았다. 인간의 밑둥, 곧 본성[本然之性]을 신적인 것과 같은 것으로 생각한 것이다. 이런 사상을 다석은 삼재론에서 연유된 것으로 보았다. 그것이 유/불교와 동학의 인간 이해를 강화시킨 요인이라는 것이다. 여하튼 인간의 '밑둥' 이야말로 '없이 있는 이'의 인식 근거라는 것이 다석의 생각이었다. 그러나 그는 동시에 바탈을 '받할'의 차원에서 읽었다. '받할'이란 위로부터 받아서 할 것이 있다는 행위로서 하늘이 부여한 사명감과 무관할 수 없다. 따라서 인간의 밑둥, 곧 바탈이란 존재와 행위의 양면성을 지닌다고 말할 수 있다. 이 점에서 다석은 불교의 공(空, 존재)과 유교적 행위[孝]를 모두 적절하게 활용했다고 볼 수 있다.

이처럼 인간이 바탈을 지닌 한에서 인간은 누구나 석가든 예수이든지 간에 존재론적으로 차이가 없다고 다석은 보았다. 누구라도 '얼'의 차원에서는 예수와 같은 존재이자 석가와도 본질상 같다는 것을 주장했으며 다석은 이를 기독교적으로 성령의 실재[Reality]라고 생각했다. 따라서 인간이라면 누구라도 외적인 불을 끄고 자신의 내면의 빛으로 거룩한 존재가 될 수 있다는 것이 다석의 지론이다. 이처럼 존재론과 수행론을 결부시킴으로서 다석은 대상적 믿음, 곧 대속론(代贖論)에 의존한 정통 기독교로부터 탈주할 수 있었다.

하지만 이상과 같은 존재론적 가능에도 불구하고 실제로 인간은 실제로 탐진치(貪嗔痴)로 인해 자신 속의 바탈을 온전히 구현하기 어려운 것이 사실이다. 그럴수록 다석은 백사천난(百死千難)의 수행을 종교의 본질이라 여길 수밖에 없었다. 유교가 솔성지위도(率性之謂道)를 말하고 불교가 성불(成佛)을 위해 고행을 중시하고 기독교가 십자가의 길을 제시하는 것도 이런 이유였던 것이다. 인습적 기독교가 십자가에서 '대속'을 보았고 역사적 예수 이론가들이 '하느님 나라의 열정'을 적시코자 했다면 다석에게 십자가는 한마디로 '몸을 줄이고 마음을 늘리는 것'이었다. 바로 그것이 여타 아시아 종교들과 회통할 수 있는 동양적 기독교의 힘이라고 생각했던 것이다. 이 점에서 다석은 유불선 모두 하늘로부터 계시 받을 것은 다 받은 종교들이라 인정했다.

하지만 다석은 제도적 교회, 대속만을 강요하는 서구적 기독교와는 결별했으되 예수가 자신의 유일한 스승임을 부정하지 않았다. 그것 역시도 실상 인습적 교회가 강요하는 소위 구속주, 즉 대속 신앙과는 거리가 많은 생각이다. 왜냐하면 다석은 예수의 십자가를 자신 역시 좇아 가야 할 길로 생각했기 때문이다. 젊은 나이에 예수가 하늘 뜻 따라 십자가를 졌듯이 다석 역시도 제 뜻 버려 하늘 뜻 좇고자 대단하게 했던 것이다. 스스로 익은 열매가 되어 자신 역시도 제단에 자신을 바칠 수 있었던 것이다. 물론 그는 '오직 예수만!'의 구원을 외치는 기독교 사상가가 아닌 것은 분명하다. 그러나 저마다 종교는 다르겠으나 자신의 방식대로 '몸 줄여 맘 늘리는' 길을 갈 수 있다면. 그것은 십자가의 길에서 멀지 않다는 것이 그의 생각이다. 단지 다석은 그 길을 예수의 방식대로 가고자 했을 뿐이다. 여기서 우리는 대속만 가르치는 기독교에 대한 다석의 저항을 느낄 수 있다. 다석 역시도 일상에서 인간의 삶이 대속 없이는 유지될 수 없음을 인정한다. 굳이 불교의 연기론(緣起論)을 말하지 않더라도 남의 생명을 취해야 살 수 있고 남의 수고 덕분으로 사는 것이 일상인 까닭이다. 오히려 그는 대속을 기독교만의 전유가 아니라 일상의 양식임을 천명한 것이다.

반면 십자가는 이런 인과성을 끊고 자신을 하늘에 제물로 바치는 행위로서 자기 자신의 희생을 요구하고 있다. 지금껏 남의 생명을 취해 살았다면 이제는 자기 생명을 바치라는 것이 바로 십자가가 요구하는 바라 생각한 것이다. '제 뜻을 버려 하늘 뜻' 구했기에 예수가 그리스도 되었듯이 우리도 항차 그리 살고 그리 되기를 바라는 것이다. 그것이 인간이 사는 이유이고 '실성(失性)' 치 않을 수 있는 길이며 '참'이 될 수 있는 누에의 존재 양식이다. 이 점에서 다석은 누차 우리가 오히려 예수보다 더 큰 일을 할 수 있는 존재인 것을 강조했다. 예수 역시 완전고(完全稿)가 아니라 미정고(未定稿, Never-ending Story)란 것이다.

다석에 의해 재해석된 십자가 – '一座食一言仁'

처음부터 동양(비정통)적 기독교의 길을 가고자 했던 다석은 서구 기독교를 '일좌식일언인(一座食一言仁)'의 맥락 하에서 대속적인 방식이 아닌 수행적인 기독교로 재탄생시켰다. 더욱 구체적으로는 십자가에 대한 동양적 해석인 셈이다. 이로서 다석은 수행자의 역할이 간과된 서구 기독교(특히 개신교)에게 새로운 방향성(동양적 에토스)을 부여한 것이다.

이런 논의는 그의 제자 김흥호에 의해서 강조되었는데 상당한 교육적·생태학적 그리고 영성적 의미를 함유하고 있다. 남의 생명을 취하는 길이 아닌 자기 생명을 바치는 길로서 십자가를 이해하고 고행을 말하는 까닭에 이런 가르침은 대속과 은총에 익숙한 지금의 기독교인들에게 수용되기 쉽지 않다. 중세 면죄부보다 더 타락한 것이 개신교 은총사상이란 말이 있을 정도로 은총이 수행과 대립되는 상황에서 다석 사상은 곧잘 불편한 진실이 될 개연성이 크다. 달리 말하면 자본주의적 욕망(안정성)과 종교성이 양면처럼 이해되는 현실에서 다석의 제안은 참으로 '래디컬(근본적)' 한 까닭이다. 이것은 예수 믿기를 넘어 예수 살기로의 시도이자 행한 것만큼만 아는 것이라는 지행합일(知行合一)의 정신세계이기도 할 것이다. 그렇다면 '일좌식일언인'이 어찌 십자가의 길이 되는 것이며 그 뜻이 무엇일까?

우리는 하루 세 끼를 먹는다. 이는 남의 생명을 먹고 사는 일이다. A. 슈바이처의 말대로 살려고 하는 생명의 의지를 꺾고 자기 생명을 유지하는 길인 것이다. 이런 상황에서 하지만 하루 한 끼를 먹는 일, 일식(一食)은 자기 생명을 바치는 일이 된다. 나머지 두 끼만큼 자기 몸의 축적 분을 사용하는 까닭이다. 이는 결국 몸을 줄여 마음을 크게 하는 일로 귀결될 것이다. 여기에는 그리스도의 피로 구속된다는 타자(대상) 의존적 대속 사상이 자리할 여지가 없다. 예수 자신이 그랬듯 오히려 자기 자신을 제물로 바치는 행위가 요구될 뿐이다. 다석은 삶의 마지막 순간까지 일식을 하였다.

함석헌은 물론 김흥호 역시 평생 일식을 실천하며 살고자 했다. 물론 실패한 경험이 반복되었으나 삶의 지향성은 분명했다. 김흥호는 나이 80을 훌쩍 넘긴 시점까지 그리 살았다. 최근에는 일본인 의사의 책 『일일일식(一日 一食)』이 베스트셀러가 되고 있다. 이것이 건강에도 유익한 것이 실증된 셈이다. 다석이 '몸성이'를 '마음놓이'를 위한 필수적 요건으로 보았고 '마음놓이'가 이뤄질 때 비로서 바탈이 불살라질 수 있다(바탈태우)고 본 것도 같은 맥락일 것이다. 그러나 마지막 장에서 재론할 터이므로 일식의 의미를 문자적으로 협소화할 필요는 없다. 필자는 이를 문명 비판적, 생태 교육적 시각에서 재론할 수 있다고 생각한다.

여기서 일좌란 명상, 생각하기 등으로 이해하면 좋겠다. 다석은 언제든 새벽 4시면 일어나서 냉수욕하고 채로 몇 시간 동안 사색에 잠겼다. 생각하러 온 사람답게 먹는 것 잊고 형이상학적 사유에 골몰했다. 인간이 성욕을 갖는 것은 다른 성(性)이 있는 증거이듯 인간에게 형이상학적 욕망이 생기(生起)하는 것 역시 하느님이 계시다는 증거라고 이해했던 것이다. 생각하는 백성이 되어야 이 민족에게 희망이 있음을 천명하였던 것이다. 따라서 혹자는 적어도 하루에 향 하나 탈 시간 동안 깊이 사색할 것을 요구한 바 있었다. 자기 소리만 내며(Invocation) 살던 사람이 자기 말을 끊고 명상(Meditation)을 넘어 관상(Contemplation)에 이르면 비로소 우리는 자기 소리를 그치고 하늘의 소리를 하늘의 소리로, 자연의 소리를 자연의 소리로 들을 수 있는 힘이 생겨나는 까닭이다. 남의 소리를 남의 소리로 들을 수 있을 때 비로소 세상과 하나 되는 길이 열릴 수 있다는 것이 생각하는 힘의 신비이다. 다석이 말하는 형이상학적 욕망은 결국 세상을 구하는 길이다. 사람을 비롯한 피조물들의 온갖 고통과 하나 될 수 있는 힘을 얻기 때문이다. 하느님과 자신의 밑둥(바탈)이 하나라는 생각에 이르면 세상의 고통이 자신의 고통으로 느껴질 수밖에 없을 것이다.

다석은 일언을 통해 부부간의 해혼(解婚)을 생각했다. 인간이 이 땅에 온 목적은 동물의 그것과 다르다고 생각한 탓이다. 자식을 낳고 삶이 어느 정도 정리되면 사람은 더 이상 남녀 관계에 마음을 빼앗겨서는 아니 된다는 뜻이다. 이 점에서 다석은 항상 '맛'을 좇지 말고 '뜻'을 좇을 것을 강조했다. 색(色)을 멀리하지 못한다면 인간은 자신의 본성(천명)을 잃는 실성(失性)한 존재가 될 수 있다고 경고했던 것이다. 하여 다석은 색(色)을 비롯한 일체의 물(物)과 거리를 두도록 '견물불가생(見物不可生)' 즉 물질을 보고 마음을 빼앗기지 말 것을 주문했다.

대한민국이 OECD 국가 중에서 욕망지수가 가장 높은 나라로 평가된 것은 수치가 아닐 수 없다. 기독교를 비롯해 축의 시대 종교들이 살아 움직이는 현실임에도 욕망지수가 높다는 것은 종교의 무용성을 드러 낼 뿐이다. 포르노 영상물이 가장 범람하며 짝퉁 제품이 활개를 치고 성형수술로 자신의 실상을 감추는 으뜸가는 나라라는 사실은 종교 강국의 이미지를 대단히 실추시킨다. 아마도 이를 단호하게 지키라는 차원에서 다석은 이를 일언이라 말한 것이라 생각된다.

필자가 알기로 일인(一仁)은 다석 선생이 어느 곳을 가든 항시 걸어갔다는 사실을 각인시킨다. 인천은 물론 개성까지도 걸어서 다녀왔다는 기록이 있을 정도이다. 종일 단식하고도 북한산을 청년처럼 올라갔다는 말씀도 김흥호에게 들었다. 함석헌, 김흥호 등 제자들 역시도 한때 새벽 4시 오류동을 떠나 구기동 선생님 댁에 말씀 듣고자 걸어갔다는 말도 회자된다. 또한 매일 아침 다석은 냉수마찰을 거르지 않았고 자신의 기체(氣體, 단전)를 종종 제자들에게 만져보라고도 했었다.

이는 결국 자신의 몸에 대한 관심과 사랑을 뜻한다고 보면 좋을 것이다. 혹자는 다석이 인간의 얼, 정신적인 것에만 관심했던 육체 혐오(영지주의)적 사상가라고 평가하나 실상 다석은 지금껏 보았듯이 몸 건강 없이 마음도 정신도 온전할 수 없음을 강조했다. 다석 사상의 진수는 오로지 '몸성히, 마음 놓이 그리고 바탈 태우'의 세 단계를 통해 나타난다. 거듭 말하지만 몸이 건강해야 마음이 놓을 수 있고 마음이 편안해야 하늘이 주신 바탈(밑둥)을 불사를 수 있다는 것이다. 사람이란 하늘 주신 '바탈'을 살았기(사름)에 사람일 수 있는 것이며 그때 사람이 비로소 사랑으로 온전해질 수 있는 것이다. 일인(一仁)이란 한마디로 자신의 몸 사랑에 기초하여 자신을 바탈을 불사르는 전 과정이라 말할 수 있을 것이다.

덜없는 인간에서 없이 있는 인간으로

다석 사상의 핵심은 인간을 성인, 군자와 본질적으로 차이가 없는 선한(얼) 존재로 보는 데 있다. 기독교 서구에서 전개된 종교다원주의 사조가 예수, 석가, 공자 등 특별난 존재에 초점을 두고 그들 간의 무차별적 가치 다원성을 강조했다면 다석의 공헌은 오히려 이런 위대한 존재들(Massgender Mensch)들과 보통의 인간들이 본래적 차이가 없음을 강조한 데 있다. 누구나가 하늘이 품수한 본성, 바탈을 지녔기에 존재론적으로 다를 수 없다는 것이다. 인간 이해의 이런 급진적 보편화는 동양 정신의 산물로서 자기 긍정의 원리를 제시하며 동시에 자기 책임을 무한 강조할 수밖에 없다. 보았듯이 '없이 계신 이'의 인식 근거가 인간의 '바탈(밑둥)'인 한에서 인간 역시도 없이 있어야 할 존재인 바, 실제로 여전히 '덜' 없는 존재로 살고 있기에 인간은 더욱 철저하게 소유 지향성으로부터 존재 지향적으로 매순간 전환을 요구받고 있는 것이다. 인류의 미래를 위해 필요한 것이 바로 존재 지향적 인간상인 바 이를 더욱 철저하게 이룰 수 있는 토대가 다석 사상 속에 있는 것이다. 다석이 서구 종교성의 본질이라 여긴 '거룩'을 '깨끗' –깨어져서 끝이 나는 것–으로 이해한 것은 바로 소유로부터의 철저한 전회를 상상할 수 있는 부분이다. 그렇기에 인간은 누구나 하늘로부터 받은 것을 누구나 가지고 있다는 바탈(받할) 사상은 서구의 독아적(獨我的) 주체성을 넘어 상호 연관된 관계적 주체성을 말할 수 있는 적실한 토대가 될 수 있다.

다석은 그러나 인간을 존재론적 측면에서만 보지 않았다. 뜻이나 얼만을 중시하는 인간관을 갖지 않았다는 것이다. 수차례 언급했듯 인간 몸의 중요성을 어느 철학자보다 강조했고 몸적 바탕 위에서만 인간의 정신 및 영혼의 세계도 열릴 수 있다고 생각한 것이다. 몸과 혼 그리고 정신과 영혼의 관계를 다석은 '몸성히', '마음 놓이' '바탈 태우'란 말로서 설명했던 것이다. 이와 연속선상에서 다석은 진물성(盡物性)이란 말을 자주 사용했다. 이는 신유학의 인식론인 격물치지(格物致知)를 다석이 재(再) 개념화한 것으로서 사물의 본성을 꿰뚫어 그와 홀연히 하나 되는 방식을 일컫고 있다. 예컨대 인간이 닭을 온전히 안다면 그처럼 새벽을 깨우는 부지런한 존재가 되어야 한다는 것이다. 인간의 본성이 동물의 그것과 다른 이유도 바로 여기에 있다. 결국 다석이 일식(一食)과 단색(斷色)을 무엇보다 강조한 것도 결국 몸에 대한 관심 때문이며 그를 통해 정신의 세계로 나가고자 했던 것으로 일체 존재들과 하나 되기 위함이었다. 일식과 단색은 한마디로 몸을 망치는 탐진치를 극복하여 진물성(盡物性) 하려는 데 있었다고 하겠다. 이는 현대적 감각으로 말하면 인간을 생태적 자아로서 거듭나게 하는 방편이었던 것이다. 인류의 미래를 위해 생태적 자아로의 각성이 필요한 시대가 되었다.

다석은 위인지학(爲人之學)으로 타락한 주지주의(主知主義)적 교육을 배격했고, 씨알이 지닌 역동적 생명력에 대해 크나큰 신뢰를 보냈다. 양지(良志)에 대한 확신을 깨쳤던 옛적의 양명처럼 그렇게 다석은 무지렁이 씨알이라도 그의 본바탕에 근거할 때 하늘의 뜻을 누구보다 실현시킬 수 있다고 믿었던 것이다. 이 경우 인간은 위기지학(爲己之學)을 위해 존재할 뿐이다. 예수 역시도 백사천난한 십자가의 길을 통해서 그리스도가 된 것이기에 누구라도 노력 끝에 성인이 될 수 있다고 본 것이다. 이때 성인이란 자신의 몸을 줄여 마음을 크게 한 존재라 할 수 있겠다. 종교란 본래 길을 가다 길이 되는 차원에서 성립되는 것이지 객관적 사실에 대한 지적 승인이나 학습으로 대신할 수 없다는 것이 다석의 지론이었던 것이다. 그가 16세에 받았던 세례를 스스로 무효화하고 '믿음에 들어간 이의 노래' 라는 오도송을 새롭게 지은 것도 바로 이런 이유에서였다.

밖의 불을 끄고 자신의 빛을 따라 살라는 것이 그의 종교이자 가르침이었다. 성서나 불경의 말씀이 아무리 좋은들 그것을 그대로 반복하는 것은 평생 남의 소리를 하며 인생을 사는 것이라 했고, 그 경우 대다수 'Should be complex' 에 빠질 수밖에 없다고 보았다. 자신이 감당할 수 없는 말을 내뱉고 사는 종교인일수록 많이 걸리는 정신병의 일종인 것이다. 그럴수록 누에가 보여주듯 제 소리를 갖는 사는 것의 중요성을 강조했다. 뽕잎을 먹고 누에가 실을 내듯 경전을 읽고 자기 소리를 내야 한다는 것이다. 이 경우 제 소리는 지행합일의 차원에서 나올 수밖에 없다. 생각하는 백성이라야 산다는 말도 이런 맥락에서 이해될 부분이다. 다석이 삼재론에 입각하여 한글의 의미를 설명할 때 활용했던 '물-불-풀'의 변화 과정은 생각이 행위로 바뀌고 경전이 제 소리가 되는 과정을 적시한다고 볼 수 있다. 끊임없이 묻고(생각하고) 자신 속에서 불려서 궁극적으로 풀어내는 과정을 중시한 것이다.

'견물불가생(見物不可生)' 과 '진물성(盡物性)'

다석 사상의 종교적 가치는 무엇보다 문명 비판적(생태학적) 시각에서 찾을 수 있을 것이다. 앞서 일식(一食)에 대해 언급했듯이 자신의 몸을 바쳐 산제사를 드리는 일식은 인간 몸속에 달라붙은 탐진치라는 훈습(薰習)을 벗길 수 있는 강력한 힘이 틀림없다. 하지만 그 일식의 의미를 광의, 곧 문명비판적인 생태적 시각에서 재해석할 때 그 효력과 영향력이 배가될 수 있을 법하다. 신자유주의가 판치는 현실, 다시 말해 대량소비·대량생산 양식이 지배하는 후기 자본주의 체제 속에서 일식은 그와 맞서는 단순성(Simplicity)의 원리를 제공하는 까닭이다. 최근 환경학자들은 평등이 실종되고 자유 하나만 활개 치는 신자유주의 체제 속에서 그와 맞설 수 있는 최적의 가치로서 단순성을 거론하기 시작했다. 최소한의 물질로 사는 단순 소박한 삶을 인류가 선택할 때 세상이 달라질 수 있다는 것이다. 기후변화를 돌이킬 수 없는 기후 붕괴의 시대를 살게 된 현실에서 더 이상 과잉 생산과 소비에 의존된 경제체제를 유지하는 것의 불가함을 경고하고 있는 것이다.

이미 오래전 러시아 사상가 베르자이에프가 최소한의 물질로 살려 할 때

최소한 것은 더 이상 물질로서가 아니라 정신으로 역할 한다고 했을 때 , 일
식(一食)은 바로 '제 몸 줄여 마음 키우는' 정신적 행위로서 세상을 구하는 십
자가인 것을 새삼 각인시키고 있다. 인류에게 미래가 있다면, 그것은 단순한
삶의 양식에서 비롯할 것인 바, 다석이 앞서 말했던 '견물불가생(見物不可生)'
과 '진물성(盡物性)'에서 그 확실한 의미 근거를 찾을 수 있을 것으로 확신한
다.

이정배의 생명과 종교 이야기

등 록 1994.7.1 제1-1071
1쇄 발행 2013년 7월 10일

지은이 이정배
펴낸이 박길수
편집인 소경희
편 집 김문선
디자인 이주향
펴낸곳 도서출판 모시는사람들
        110-775 서울시 종로구 경운동 88번지 수운회관 1207호
전 화 02-735-7173, 02-737-7173 / 팩스 02-730-7173

인 쇄 (주)상지사P&B(031-955-3636)
배 본 문화유통북스(031-937-6100)
홈페이지 http://blog.daum.net/donghak21

값은 뒤표지에 있습니다.
ISBN 978-89-97472-44-4   03200

* 잘못된 책은 바꿔드립니다.
* 이 책의 전부 또는 일부 내용을 재사용하려면 사전에 저작권자와 도서출판
  모시는사람들의 동의를 받아야 합니다.

이 도서의 국립중앙도서관 출판시도서목록(CIP)은 e-CIP 홈페이지
(http://www.nl.go.kr/ecip)에서 이용하실 수 있습니다.
(CIP제어번호:2013008134)